KB234681

문화재콘텐츠
연구와

Cultural Heritage – Contents Studies and Art Historical Novel ShinGongSaNolGa
전략과 개발모형, 콘텐츠북 활용의 실제

미술사소설
신공사뇌가

문화재콘텐츠 연구와

Cultural Heritage – Contents Studies and Art Historical Novel ShinGongSaNoiGa

전략과 개발모형, 콘텐츠북 활용의 실제

미술사소설 신공사뇌가

김진영 · 곽동해 지음

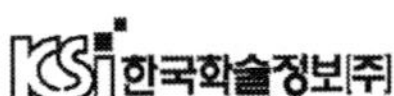

한국학술정보㈜

오래된 미래, 문화재콘텐츠 연구에 부쳐

1. 콘텐츠가 핵심이다

누구나 말한다. "콘텐츠가 핵심이다"라고…….

하지만 "콘텐츠가 무엇입니까?"라고 물어 오면 매번 설명하기가 그리 쉽지 않다.

콘텐츠란 용어가 한국사회에 등장한 것은 1990년대 중반이다. 그리고 내용물을 뜻하는 이 트렌디한 용어를 한국인이 입에 달게 된 것은 10여 년이 채 안 된다.

2003년 입사한 첫 직장에서 나는 "콘텐츠가 핵심이다"라는 말을 처음 듣게 된다. 당시 유명 경영컨설턴트였던 회사 대표는 "콘텐츠가 밥 먹여 줄 것이다"라는 말을 입에 달고 지냈다. 대표는 이른바 현장에서 감(感)이 좋은 사람이었는데 그분의 콘텐츠에 대한 믿음은 한마디로 황금알을 낳는 거위 수준이었다.

생각해보면 그때가 바로 콘텐츠가 비즈니스 모델로 활용되기 시작한 시점이었다. 수습기간이 끝나자 대표는 연구부서에 콘텐츠팀을 만들고 나를 그리로 보냈다. 그때를 떠올려 보면 솔직히 부담스러웠다. 경영컨설팅 회사에 입사했지만 정작 나는 이익을 남기는 비즈니스와는 너무도 먼 이익 없이 사는 것을 고민하던 철학과 출신이었다. 그

저 이런저런 조사업무를 담당하리라 생각했던 것과 달리 다음 날 새로운 콘텐츠 기획을 맡게 되었다.

그리고 10년이 지나자 비즈니스 현장에서나 통하리라 생각하던 '그때 그 콘텐츠'가 문화재 현장에서도 중요한 연구 이슈가 되었다. 이제는 모두 콘텐츠의 핵심은 인문학에서 찾는다고 하지 않는가?

그때 그 감(感) 좋았던 대표의 한마디가 생각난다.

"자네는 콘텐츠팀에 딱 맞을 듯하네."

2. 오래된 미래, 문화재콘텐츠

글을 적을 때 나는 핵심가치를 연상시키는 단어 몇 개를 골라 입에 외며 작업한다. 이 방법은 논리 전개의 비약을 막고 글 전체의 일관성을 유지하는 데 크게 도움을 준다.

문화재콘텐츠 논문을 작업할 때 골랐던 단어는 『오래된 미래(Ancient Future)』였다. 『오래된 미래』는 티베트 라다크를 배경으로 한 문명비평서이다. 무엇보다 나는 그 제목이 주는 상반성, 모호함, 이중성이 무척 인상적이었다.

문화재콘텐츠라는 용어 또한 그렇다. 문화재는 오래된 것이며 콘텐츠는 미래적 가치이다. 오래된 것은 전통가치이다. 오래된 것은 형식적으로 쓸모가 없어지기 마련이다. 결국 그 정신, 내용, 본질적 가치만 남는다. 미래는 새로운 도구를 만들어내는 혁신의 대상이지만 핵심은 오래된 것에서 찾기 마련이다. 내용과 기술, 본질과 형식, 전통과 미래, 이 상반되는 개념들을 이어주는 단어 '오래된 미래, 문화재콘텐츠'는 다른 것 그 이상의 가치를 지향하는 융합가치이다.

콘텐츠는 기술적 상징이다. 문화재의 내용을 표현하는 현대적 표현법이다. 콘텐츠를 만들기 위해 문화재가 수단이 되어서는 안 된다. 문화재의 가치를 보존, 계승하기 위해 콘텐츠를 활용하는 것이다. 그렇다면 목적과 수단이 분명해지고 우리가 문화재콘텐츠 연구를 통해 가야 할 방향도 분명해진다. 콘텐츠를 통해 문화재의 온존한 계승과 창조적 발전을 도모하는 것이다.

핵심은 콘텐츠가 분명하지만 콘텐츠가 어디서 오는지 생각해보자.

이 연구서는 문화재콘텐츠의 이해와 전략, 개발모형을 제시한 학위논문을 바탕으로 했다. 무엇보다 핵심적 방법으로 제시한 구체적 결과물, 즉 콘텐츠북을 더하여 연구서를 구성하였다.

제1부 문화재콘텐츠의 전략과 개발모형에서는 문화재 분야에 적합한 콘텐츠 개발의 전략과 방법을 모색하여 구체적 모형을 제시하였다.

제2부 콘텐츠북 - 미술사 전문소설 '신공사뇌가'는 구체적 결과물인 콘텐츠북의 스토리를 수록하였다. 이 스토리는 미술사 전문소설 형식으로 석굴암, 성덕대왕신종, 불국사와 같은 문화재 연구를 바탕으로 가상의 스토리를 구성한 학술원형의 창조적 변용이다.

제3부 콘텐츠북 - 신공사뇌가 연구분석에서는 개발한 스토리콘텐츠에 대한 내용분석과 모형적용을 검토하였다. 특히 신공사뇌가의 바탕이 된 학술원형과 창조적 가설을 분석하여 단순한 이야기로서가 아니라 전문콘텐츠로서 가치를 확보하는 역할도 가지고 있다.

3. 지난 3년, 가까운 미래

이 책에 생명력을 불어넣어 주신 분은 스승이신 곽동해 교수님이다. 지난 몇 해 동안 현장조사에 나설 때마다 긴 시간 아이디어를 내가며 토론했던 내용들이 이 책에 고스란히 담기게 되었다. 부족한 제자를 아이디어 파트너로 인정해주시고 기꺼이 글을 더해주신 스승의 기대가 헛되지 않았음을 증명해 보이고 싶다.

이 책은 스토리 구상에서부터 3년이 넘게 걸렸다. 다시 공부를 시작하며 평범하던 일상, 사람과도 멀어졌다. 대신 다시 바라보고 다시 떠날 수 있어 다행이다. 더 당신답다는 말를 들을 수 있어 즐겁다.

가까운 미래에, 언제나 책값을 아끼지 않았던 아내와 곧 두 다리로 제 숲을 향해 달려갈 레슬리에게 즐거운 소식을 전해주고 싶다.

2012. 4.

김진영

문화재콘텐츠 연구와 활용의 새로운 가능성을 기대하며

최근 문화재 분야에서는 기존 연구 성과를 어떻게 활용할 것인가의 이슈가 관심을 끌고 있다. 특히 문화재 분야 주무기관인 문화재청에서는 이 분야를 중점 과제로 선정하여 앞으로 관련 연구가 확대될 것으로 기대된다. 이는 문화재 분야의 연구조사가 보존과 유지라는 근본목표에서 보다 다양한 방식의 콘텐츠 활용으로 확대되고 있음을 의미한다. 하지만 실상은 그리 녹록지 않다. 전문 학자들 사이에서 여전히 디지털 기기를 활용하는 강의나 연구조차 불편해하는 처지에 과연 이 분야에 대한 이해와 관심을 가질 만한 환경이 성숙되어 있느냐의 질문에는 확신이 없다. 솔직히 말하자면 문화재 분야에서의 콘텐츠를 연구한 논문조차 쉽게 찾아볼 수 없는 것이 현실이다.

문화재 분야에서 콘텐츠 연구가 주목받기 시작한 것은 그리 오래전의 일이 아니다. 디지털시대가 열리면서 다양한 첨단장비가 개발되었고, 문화재 연구와 기록화사업에 응용되기 시작했다. 기존 아날로그방식을 대신하여 문화재의 보호를 위한 연구에 각종 디지털 첨단기기가 활용되면서부터 문화재콘텐츠 연구가 시작된 것이다. 그러나 엄밀히 말하자면 그것은 '새로운 방법'에 지나지 않는다. 문화재콘텐츠 연구는 단지 기존의 연구정보를 기록화하는 방법의 첨단화가 아니다. 보다 '창조적인 내용'을 구축하여 미래 활용을 위한 새로운 가치 창조의 가능성을 개척하는 것이다.

그동안 문화재분야는 전문가들의 연구 성과가 대중에게 쉽게 전달되지 못했다. 연구를 위한 연구가 거듭되었고, 활용에서는 왜곡과 오류의 시비가 빈번했다. 무엇보다도 대중성이 결여된 연구는 세상과 소통을 막고, 그들만의 리그가 되고 말았다. 이것은 마치 의사나 과학자가 치료기술이나 신기술을 개발하고도 대중적으로 사용하지 못한 것과 다를 바 없다. 전문연구자 입장에서는 그런 상황이 안타까운 동시에 무거운 책임감을 느낀다. 나 역시 몇 권의 책을 저술했지만 전공자 외에 대중들에게 다가서려는 노력이 부족했음을 시인한다.

이러한 현실에서 이 책은 문화재연구의 새로운 패러다임을 제시해 준다고 하겠다. 무엇보다 문화재콘텐츠 연구와 활용에 대한 가능성을 예견하고 준비해 온 오랜 노력의 결과물이다. 이 책은 지난 수년간 문화재 현장에서의 다양한 시도와 아이디어를 다듬은 결과물이라는 점과 미술사 전문소설이라는 창작물을 동시 수록했다는 점에서 기존 연구서와 확연한 차별성이 있다. 제자와 함께 원고 작업을 하는 것은 처음이었지만 다양한 콘텐츠북의 가능성을 확인했다는 점에서 새로운 자극이자 유쾌한 작업이었다. 언제나 기대 이상의 열정과 결과를 가져오는 김진영 선생에게 큰 격려를 보낸다.

　이 책은 앞으로 다양한 형태의 문화재 콘텐츠북 출간을 예고하는 시작점이다. 두터운 학술연구서가 아닌, 학술원형을 바탕으로 한 창조적인 콘텐츠는 우리 문화재의 이해와 올바른 계승에 기여할 수 있는 새로운 시도가 될 것이다. 끝으로 이 책이 문화재콘텐츠 연구와 활용의 새로운 가능성을 추구하는 모든 이에게 밑알이 될 것을 기대하면서 서문을 마친다.

임진년 만춘
곽동해 삼가 합장

차 례

콘텐츠북 「신공사뇌가(身空詞腦歌)」 분석연구

글. 곽동해, 김진영 ······· 347

CHAPTER 1

문화재콘텐츠 전략과 개발모형 연구

글. 김진영

Ⅰ. 연구개요

1. 연구 배경과 목적

문화콘텐츠 산업이 발전하면서 콘텐츠 중의 콘텐츠를 제공하는 원형 공급자로서 인문학의 역할에 대한 논의가 높아지고 있다. 현대사회의 융합(convergence) 원리는 어울릴 것 같지 않던 문화와 기술의 결합을 통해 문화 창조의 가능성을 보여 주고 있다. 이 가능성의 기본 조건은 IT 기반기술과 이를 활용하는 특정한 내용물과의 결합이다. 이 결합의 산물이 콘텐츠(contents)라고 불리며 이를 채우는 내용물로 문화(culture)가 부각되고 있다.

21세기가 문화의 세기가 될 것이라는 예측은 정확했다. 기술의 발달은 새로운 문화공간으로서 인터넷 세계를 만들었고 이 사이버 공간을 채워가는 콘텐츠는 결국 문화였다. 즉, 네트워크라는 기술은 문화의 다양성과 참여기회 증대라는 양적 확대에 결정적 매개가 되었지, 그 자신이 목적이 될 수는 없었다. 이를 통해 과거 소수에 의해 창조되어 소비되던 문화는 대중화, 다양화, 탈권위화의 특성을 가지게 되었다. 하지만 참여자가 늘고 다양한 소재로 확대된 현대 대중문화의 모습은 놀라운 변화지만 이것이 곧 문화의 발달을 의미하지는 않는다. 즉, 낮은 수준의 콘텐츠 생산과 무분별한 복제, 일회성 소비로 이어지는 악순환은 문화콘텐츠가 문화 창조의 도구가 될 수 있으리라는 기대를 충족시키지 못하고 있다. 이제 비즈니스산업 분야에서 시작된 콘텐츠산업은 대중문화를 중심으로 하는 문화콘텐츠로 확대됨과 동시에 좀 더 전문적인 원형공급자의 출현을 요구하고 있다.

이에 보다 높은 수준의 콘텐츠 원형을 공급하는 역할로서 인문학의 역할이 주목받고 있다. 특히 인문학 분야 중 역사 분야의 콘텐츠 활용사례는 인문학의 학술적 성과가 콘텐츠 산업과의 연계성, 더 나아가 새로운 가치창출과정으로 이어질 수 있는 가능성을 보여 주고 있다. 예를 들어 역사 콘텐츠의 대표적 상품인 역사스토리의 열풍은 지난 세기부터 늘 화제의 중심이 되었지만 최근에는 문화콘텐츠의 대표적 상품으로서 큰 주목을 받고 있다. 사실(fact)보다 그에 기반을 둔 픽션(fiction)의 즐거움이 더 주목받은 팩션(faction) 유행은 현대 문화코드를 정확히 보여 주는 특징이라 할 수 있다. 사실과 허구의 결합이라는 융합가치와 창조적 상상력, 현대적 고민을 이어보는 통섭, 그리고 대중의 참여와 체험을 통해 이어지는 연계산업과의 확대까지, 기존 역사적 사실의 권위를 과감하게 해체하여 문화상품으로 성공한 사례는 분명 전통 학술분야로서의 역사학이 아니라 문화콘텐츠 상품이기에 가능했다. 하지만 사실과 허구의 차이만큼 역사학을 비롯한 인문학과 문화콘텐츠 상품이 지향하는 가치간격은 넓다. 특히 매번 반복되는 왜곡논쟁은 학술적 엄격성과 문화적 상상력을 어떻게 판단할지에 대해 모호한 기준만 만들어내고 있다. 원형을 공급하는 인문학과 이를 이용해 산업적 가치를 지향하는 콘텐츠분야는 분명 한 축선에 있지만 그 지향하는 바는 서로 등을 돌린 채 나아가고 있다.

문화재 분야의 콘텐츠 연구는 역사콘텐츠의 범주로 인식될 뿐 전문적인 영역으로 논의되지 못하고 있다. 실제 문화재 분야 특성을 고려한 전문분야로서 개념 정립과 가치 검증, 개발과 활용에 대한 구체적인 연구가 부족하다. 문화재 분야는 보존과 활용이라는 두 가지 상반된 가치를 조화시켜 논의가 전개되는 특성을 가지고 있다. 이러한 차별적 특성을 고려한 본격적인 논의가 미루어진다면 향후 문화재의 콘텐츠 개발에서 보존의 가치가 위협받고 단지 활용이라는 산업적 논리가 우선시되는 결과가 우려된다.

문화재 분야는 전통적으로 문화재에 대한 조사, 기록, 복원 등의 보존가치를 우선시하는 분야이다. 그 성과를 활용하는 방법 역시 공공재로서 전시, 교육 등의 제한적인 활용에 그쳤다. 하지만 문화콘텐츠 산업이 발달하면서 문화재는 주요한 문화자원으로서 산업적 기대가 높아지고 있다. 하지만 전통적 문화재 연구의 목적은 보존과 복원, 전승에 있고 문화산업의 목적은 상품개발 등의 산업적 활용에 있는 등 그 목적이 다르다. 이런 현실은 두 분야의 연계작업과 협력이 제한적일 수밖에 없게 한다. 왜곡과 오류, 정체불명의 콘텐츠 상품이 범람하는 것은 이러한 본격적인 논의가 부족한 데서 비롯된다고 볼 수 있다. 선행단계 전문가의 역량이 학술연구에 국한되어 있고 오히려 이 분야를 다루는 주도적인 역할은 산업 전문가의 주도로 비전문성에 좌우되는 현실이라고 할 수 있다.

문화재 분야의 콘텐츠 연구는 이러한 문제점을 극복하여 새로운 가치창조의 도구로서 가능성을 입증하여야 한다. 즉, 학술분야의 전문콘텐츠 연구와 제작을 통해 원천소스를 창조하고 이를 기반으로

산업적 활용을 하는 형태는 연구와 산업이 하나의 연장선으로 이어
질 수 있는 가능성이다. 이에 본 연구는 미술사를 중심으로 문화재
제 분야를 대상으로 한 문화재콘텐츠의 개념 정립과 가치를 확인하
여 보존과 계승이라는 문화재의 성격에 적합한 개발방법과 전략을
모색하는 데 그 목적이 있다. 학술적으로는 미술사 기반, 예술적으로
는 전통미술 연구를 바탕으로 문화를 소재로 한 콘텐츠 개발이 아니라
문화를 담을 수 있는 도구로서 콘텐츠의 가능성을 검토하는 것이다.
　이 연구는 산업 분야의 요구에 앞선 문화재 분야의 콘텐츠 개발에
대한 선행적 연구로서 보존, 활용, 계승, 발전이라는 온전한 문화재콘
텐츠 개발 논의의 시작이 될 것으로 기대한다.

2. 연구 범위와 방법

　본 연구의 범위는 좁게는 기존 미술사 연구의 성과를 바탕으로 한
미술사 전문콘텐츠 개발, 넓게는 문화재콘텐츠 개발이라는 구체적 목
적을 두고 연구-개발로 이어지는 문화재 응용분야 확대를 전제하여
논의를 전개한다. 이를 위해 문화재콘텐츠의 개념 정립에서부터 연구
가치, 구체적인 개발방법과 전략을 모색한다.
　콘텐츠 개발단계에서 해당되는 본 연구의 범위는 콘텐츠 개발이
가능한 문화재 원형에 대한 원천소스를 기획, 연구, 개발하는 단계로
이후 구체적 콘텐츠 활용 기술이 적용되기 이전 단계를 그 대상으로
한다. 콘텐츠 원형-콘텐츠 작품-콘텐츠 상품으로 그 과정을 단순화
한다면 콘텐츠 작품까지의 단계를 가리킨다. 콘텐츠 작품을 구체적인
개발 결과물로 설정하고 이를 개발하기 위한 개발모형과 전략을 제

시하여 전문연구자의 참여 확대와 문화재 분야의 콘텐츠 개발 가능성을 타진해본다. 문화재 분야에서 논의의 대상은 문화재 일반에 대한 논의를 중심으로 하고 학술분야로는 인문학 기반의 미술사를 주요 대상으로 하며 구체적 대상으로 불교 문화재를 포함시킨다.

본론에서 검토할 선행연구의 범위는 주로 인문콘텐츠의 일반개념과 방향에 대한 연구, 문화콘텐츠 원천소스(원형) 개발에 관한 현황과 각종 국가지원사업 내용 등이다. 현재 문화재 분야의 본 주제와 관련한 선행연구가 부족한 관계로 콘텐츠 개념에 관해서 인문콘텐츠 활용에 관한 연구를 출발점으로 검토하였다. 다음은 관련 분야의 연구경향이다.

문화콘텐츠분야는 문화산업의 구체적인 산업분야로 확대 전개되어 공연, 영상, 엔터테인먼트, 게임 등을 중심으로 비즈니스적 활용에 관한 산업적 가치, 마케팅적 방법, 전략 방안 등의 구체적 연구가 진행되고 있다. 이 분야는 산업적 측면이 우선되어 최근 파급효과가 큰 콘텐츠기술(CT) 위주의 발전방안이 주로 모색되고 기술적 가치의 활용에 대한 논의가 많다. 최근 산업적 분류, 인력양성, 경영모델연구 등의 연구가 많다.

문화콘텐츠 분야에서 인문학에 대한 활용 논의가 전개되자 인문학자를 중심으로 인문학소재의 콘텐츠 활용과 바람직한 방향에 대한 연구가 진행되었다. 이 분야는 초기 역사영상콘텐츠 제작의 활성화와 역사기록유산 정보화사업 등에 참여한 역사학 계통 학자들의 연구가 활발하다.1) 또 서사구조의 스토리텔링의 가치를 중심으로 한 국문학

---

1) 김기덕, 「영상역사시록의 사회적 의미」, 『역사민속학』 14호, 한국역사민속학회, 2002.
   박성미, 「영상기록보존소로서의 영상실록아카이브」, 『역사민속학』 14호, 한국역사민속학회, 2002.

과, 문예창작 계통의 연구2)도 있다. 특히 한국콘텐츠진흥원의 문화원형사업에 참여한 인문학자들이 이 사업의 개발과 전망, 활용, 문제점 분석 등을 수행한 연구성과3)가 다수 있으며 이를 바탕으로 인문학과 관련한 문화콘텐츠 관련 연구4)가 전개되었다. 하지만 여전히 인문학의 콘텐츠 활용방안 모색이라는 일반적 논의 중심이며 구체적인 개별사례에 대한 분석과 실증적 연구는 활발하지 않다.

　문화재 분야의 콘텐츠 관련 연구는 구체적으로 진행되지 않고 인문콘텐츠 연구의 범위에서 부분적으로 전통문화와 문화유산의 콘텐츠 활용방안에 대한 총론 수준의 논의가 있었다. 이러한 연구들은 문화재 전문가가 아닌 역사학자, 문화학자들에 의해 제안된 기본적인 연구방향이다. 그 외에 복식, 음식, 디자인, 관광 등 개별분야에서 문화유산의 콘텐츠 활용에 관한 연구가 있으나 그 중심은 개별분야의 산업적 활용에 관한 논의가 주를 이루는 범주에 있다. 문화재의 특성

<hr>

박경하, 「영상기록현황과 역사민속학에서의 활용」, 『역사민속학』 14호, 한국역사민속학회, 2002.
김기덕·이상훈, 「인문학 영상 아카이브센터의 필요성과 설립방안」, 『역사민속학』 17호, 한국역사민속학회, 2003.

2) 이인화 외, 『디지털 스토리텔링』, 황금가지, 2003.
최혜실, 「디지털 문화 환경과 서사의 새로운 양상: '스토리텔링 개념 등장의 시대적 배경'」, 『문학수첩』 1권 3호, 2003 가을.
______, 『문화콘텐츠 스토리텔링을 만나다』, 삼성경제연구소, 2006.

3) 황동열, 「문화원형의 디지털콘텐츠 개발모형에 관한 연구」, 『한국비블리아』 14-1, 한국비블리아학회, 2003.
박경하, 「한국문화원형콘텐츠 개발 현황과 과제」, 『인문콘텐츠』 3호, 인문콘텐츠학회, 2004.
김기덕, 「문화원형 디지털콘텐츠 사업의 사회적 효용」, 『인문콘텐츠』 5호, 인문콘텐츠학회, 2005.
심상민, 「문화원형 디지털콘텐츠 사업의 산업적 활용을 위한 기초연구」, 『인문콘텐츠』 5호, 인문콘텐츠학회, 2005.
한국문화콘텐츠진흥원, 『문화원형창작소재 개발 중장기 로드맵 수립』, 2006.

4) 김호, 「문화콘텐츠와 인문학」, 『인문콘텐츠』 창간호, 인문콘텐츠학회, 2003.
김기덕, 「콘텐츠의 개념과 인문콘텐츠」, 『인문콘텐츠』 창간호, 인문콘텐츠학회, 2003.
이남희, 「문화콘텐츠학 현황과 과제: 한국문화 역사자료의 디지털화를 중심으로」, 『한국종교』 18, 2004.
미디어문화교육연구회, 『문화콘텐츠학의 탄생』, 다할미디어, 2005.
태지호, 「문화콘텐츠학의 체계정립을 위한 기반구축에 관한 연구－분과학문으로서의 위상 정립을 중심으로」, 『인문콘텐츠』 5호, 2005.

과 학술적 가치를 고려한 종합적인 콘텐츠 개발에 관한 구체적인 연구는 미흡하며 유사한 연구는 역사범주에 포함되어 부분적으로 다뤄지고 있다.

불교문화의 콘텐츠 활용에 관한 연구5)는 불교기록의 데이터베이스화에 관한 연구, 종교콘텐츠의 연구, 관광자원의 대상으로 콘텐츠 활용에 관한 연구가 많으며 불교문화의 콘텐츠 활용이라는 큰 범주 차원에서의 논의는 전개되고 있다. 역사콘텐츠 연구의 연장에서 불교문화재 부분이 포함되어 있으나 개별적 범주로 논의가 확대되지 않았다. 이 분야에서는 불교학자들이 중심이 되어 경전기록화사업 등에 참여하면서 불교콘텐츠 전문가로 연구를 하고 있어 불교학과 관련된 연구가 비교적 활발하다.

문화재콘텐츠 연구의 구체적인 방법은 다음과 같다.

문화콘텐츠 분야의 인문학 활용에 관한 선행연구를 중심으로 한 개념설정을 통해 연구논의를 전개하고 문화재 콘텐츠 분야에 적합한 새로운 개발모형과 전략을 제시하여 실천적인 성과를 이끌어낸다.

첫째, 개념 정립 단계이다. 콘텐츠의 개념과 문화콘텐츠의 특성에 대한 이해, 문화원형과 이를 구성하는 인문콘텐츠의 역할과 가치에 대해 검토 후 이를 바탕으로 문화재콘텐츠의 차별적 특성, 개념, 콘텐츠로서 가능성을 제시한다.

둘째, 개발방법 제안이다. 문화재와 관련된 주요 콘텐츠 사업의 현황과 그 성과를 검토한 후 문화재콘텐츠 개발에 적합한 개발모형을

---

5) 정병조, 「21세기 한국문화의 불교적 고찰」, 『불교연구』, 제19집, 한국불교연구원, 2003. 2.
   유동환, 「불교문화유산의 디지털 콘텐츠화 현황과 전략연구 – 디지털복원과정에서 디지털스토리텔링의 역할」, 『전자불전』, 제8집, 동국대학교 전자불전문화콘텐츠연구소, 2006. 12.
   이재수, 「유비쿼터스 시대의 불교문화콘텐츠 연구」, 동국대 불교학과 박사학위논문, 2007.

제안한다. 이때 개발모형은 문화재 연구분야가 중심이 되고 실질적으로 활용 가능한 콘텐츠 작품을 만드는 것을 목표로 한다. 특히 문화재 연구성과를 충분히 고려하는 연구 중심의 차별적인 모형이 되어야 한다.

셋째, 구체적인 개발전략 제안이다. 콘텐츠개발의 기본전략 OSMU(One Source Multi Use) 방식의 효용가치를 점검한 후 문화재콘텐츠 개발 실정에 적합한 구체적인 전략을 제안한다. 특히 문화재 분야의 인문학적 특성과 연구자의 특성을 고려한 실제적인 전략 개발 대상을 제시하여 향후 이에 따른 결과물을 분석하여 전략의 활용가치를 평가받을 수 있게 한다.

넷째, 불교 문화재의 가치와 개발전략 검토이다. 문화재 중 구체적 대상으로 불교 문화재에 대한 논의를 추가로 하여 불교 문화재만의 특성을 검토하고 이에 적절한 개발전략을 제시한다. 이를 통해 문화재콘텐츠 개발의 특수성과 그에 적절한 방법과 전략이 필요하다는 것을 확인한다.

무엇보다 본 연구는 산업분야 개발 '소재'로 문화재를 검토하는 것이 아니라 연구 성과의 활용방안으로 콘텐츠 개발의 가능성을 확인하는 것이다. 따라서 산업적 활용방안에 대한 부분보다 문화재 연구의 성과를 어떻게 창의적인 원천소스로 만드느냐에 더 큰 가치를 두고 있다. 이를 통해 학술연구의 영역에서 문화메시지를 담은 새로운 가치창출이 가능한 응용분야로서 문화재콘텐츠 연구를 진행하고자 한다.

Ⅱ. 문화재콘텐츠의 개념 정립과 가치

1. 콘텐츠의 개념과 문화콘텐츠

문화재콘텐츠의 개념을 정리하기 위해서는 상위범주인 문화콘텐츠의 관련 용어에 대한 개념을 살펴본 뒤 구체적인 논의가 이어져야 할 것이다.

콘텐츠(contents)의 단어적 의미는 '내용물'이다. 본래 콘텐츠의 단수형인 콘텐트(content)란 용어는 1990년대 중반 유럽 국가들이 'Multi media content'라는 용어를 사용하기 시작한 것이 효시라고 본다.[6] 엄격하게 말하면 이 복수형의 콘텐츠란 용어는 영어 단어이지만 한국적인 관련 산업의 특성을 반영한 의미로 볼 수 있다. 일반적으로 영어문화권에서는 단수형의 콘텐트(content)로 발음하고 사용하는 데 반해 한국에서는 복수형의 콘텐츠로 발음하고 사용하는 것이 일반적이며[7] 이는 IT 관련 산업이 발달하고 있는 한국에서 자생한 개념이라고 볼 수 있다.

문화산업진흥법에서는 콘텐츠란 부호, 문자, 도형, 색채, 음성, 음향, 이미지 및 영상 등으로 표현된 모든 종류의 자료 또는 지식 및 이들의 집합물로서 그 보존 및 이용에 효용을 높일 수 있도록 전자적인 형태로 제작 또는 변환된 것이다. 콘텐츠라는 내용적인 개념이 등장하기 위해서는 상대되는 형식적인 개념이 있어야 하는데 이에 대해

---

6) 심상민, 「콘텐츠 비즈니스의 새 흐름과 대응전략」, 삼성경제연구소, 2002.7.29. p.1.

7) 이에 대해 그 배경을 처음부터 IT 업계가 모여 있던 테헤란밸리와 매스미디어에서 내용물 전반을 지칭하기 위해 편의상 사용한 것으로 보고 있다. media가 medium의 복수형이라는 점과 콘텐츠 산업이 one source multi use의 개념에 따라 다중적인 활용을 강조하면서 복수형이 고착되었다고 보고 있다(심상민, 앞의 글. p.1).

김기덕은 디지털 기술에 기반을 둔 멀티미디어라는 새로운 형식이
등장하면서 요청한 새로운 내용을 콘텐츠라고 보며 이를 우리말로
'디지털 내용물'로 정의하였다.8) 디지털에 기반을 둔 정보기술(IT)이
발달하면서 다양한 형식의 미디어가 등장하였고 이를 채우는 내용물
로 디지털 환경에 적합한 내용물을 통칭하여 콘텐츠라고 부른다고
정리할 수 있다.

　하지만 현재 콘텐츠란 개념은 이런 디지털 기술과 상관없이 내용
물 자체를 모두 지칭하는 개념으로 동시에 사용되고 있기도 하다. 과
거 아날로그 시대의 내용물도 좁은 의미의 디지털 콘텐츠와 합하여
더 큰 의미의 콘텐츠로 분류되는 것이다. 산업전반의 생산방식이 정
보기술을 바탕으로 발전하면서 관련 용어도 그 의미가 확대-해석되
고 있는 양상이라고 볼 수 있다. 좀 더 확대된 의미로 콘텐츠는 미디
어를 통해서 표출될 수 있으며 권리관계(원작권, 2차 저작권, 인접저
작권 등)를 주장할 수 있는 모든 종류의 원작으로 정의하기도 한다.9)
이는 대부분의 미디어가 앞으로 디지털 기술에 기반을 둔 형태로 전
환될 것임을 예측한다면 콘텐츠의 범위는 모든 창조적 저작물을 포
함하는 것으로 이해할 수 있다.

　시대에 따라 달라지는 것이 미디어란 형식이다. 과거 문자와 그림
으로 표출되던 미디어가 라디오, 텔레비전 같은 전자미디어로 전환되
었고 현재에는 온라인 웹, 스마트기기 등의 형태로 내용물을 담는 그
릇이 바뀐 것이다. 그런 면에서 그릇에 담긴 내용물은 과거에도 있었
고 앞으로도 존재할 내용이다. 분명한 것은 내용물을 담을 새로운 형

---

8) 김기덕, 「콘텐츠의 개념과 인문콘텐츠」, 『인문콘텐츠』 제1호, 2003. p.8.
9) 심상민, 앞의 글. p.2.

식이 이전시대에는 예측하기 힘들었던 높은 수준의 기술적 기반을 하고 있다는 점에서 이에 적합한 콘텐츠를 창조하는 일 역시 과거의 방식과는 큰 차이를 보일 것이다. 콘텐츠는 현대산업의 기술기반에 적합한 디지털 내용물을 지칭하는 새로운 용어이지만 그 본질적 의미는 당대의 시대형식에 맞는 창조적 저작물이라는 점 역시 분명하다.

결국 '새로운 시대에 맞는 창조적 내용물'을 오늘날 '디지털 시대에 적합한 콘텐츠'라고 부른다고 할 수 있다.

문화콘텐츠는 콘텐츠(부호, 문자, 도형, 색채, 음성, 음향, 이미지, 영상 등의 자료 정보)에 문화적 요소를 가한 것으로 디지털화된 형태의 디지털문화콘텐츠뿐 아니라 콘텐츠 형태로 정의된 모든 문화적인 콘텐츠를 포함하는 개념으로 볼 수 있다. 문화산업진흥기본법에 따르면 문화콘텐츠 산업 관련용어의 정의는 다음 <표 1-1>과 같다.

::표 1-1 문화콘텐츠산업 관련용어의 정의[10]

용어	내용
콘텐츠	부호, 문자, 도형, 색채, 음성, 음향, 이미지 및 영상 등(이들의 복합체를 포함한다)의 자료 또는 정보
문화콘텐츠	콘텐츠+문화적 요소(예술성, 창의성, 오락성, 여가성, 대중성)
문화상품	문화콘텐츠+경제적 부가가치 창출 가능성
문화산업	문화상품+제작, 유통, 소비, 기타 서비스
디지털콘텐츠	부호, 문자, 도형, 색채, 음성, 음향, 이미지 및 영상 등의 자료 또는 정보로서 그 보존 및 이용에 효용을 높일 수 있는 디지털형태로 제작 또는 처리한 것
디지털문화콘텐츠	문화적 요소가 체화되어 경제적 부가가치를 창출하는 디지털콘텐츠를 말하며, 디지털콘텐츠의 하위개념으로 정의된 것
온라인디지털콘텐츠	정보통신망에서 사용되는 디지털콘텐츠
멀티미디어콘텐츠	콘텐츠와 관련된 미디어를 유기적으로 복합시켜 새로운 표현 및 저장장치 기능을 갖게 한 콘텐츠를 말하는 것으로 복합미디어의 사용 및 유통되는 콘텐츠

<표 1-1>에 따르면 문화콘텐츠의 개념은 디지털콘텐츠나 멀티미디어콘텐츠와 같은 좁은 의미의 콘텐츠를 넘어서는 개념이다. 그럼 문화콘텐츠를 구성하는 문화적 요소란 무엇을 의미하는가?

문화(文化)는 일반적으로 동시대에 동일한 공간에서 집단 구성원들이 공동생활을 영위하며 일정한 목적이나 생활의 이상을 구현하려는 활동과 그에 따른 결과이다. 따라서 역사성과 동시성을 향유하는 공동체 구성원들의 삶을 영위하기 위한 전반적인 방식인 동시에 이들에 의해 역사적으로 구현된 물질적, 정신적 구성물을 문화라고 정의할 수 있다.11) 문화가 한 사회 또는 민족 집단의 생활양식이라는 의미로 본다면 문화적 요소는 내부적으로는 모든 구성원들이 용인하는 보편성을 바탕으로 하고 외부적으로는 특정집단과 사회가 가지는 차별적 요소로 구성되며 이는 콘텐츠의 독창성과 창조성을 결정짓는 요소가 된다.

문화콘텐츠는 산업적인 측면에서 문화산업의 하위개념이기도 하지만 두 가지 산업이 기본적으로 시장에서 거래되는 문화적 재화의 특성과 서비스를 바라보는 시각의 차이에서 구분, 파생된다는 점에서 두 개념이 혼용되어 사용되는 경우가 많다.12) 구체적으로 문화와 관련된 법령에서는 문화산업과 문화콘텐츠산업의 분류는 다음과 같다.

---

10) 안인자, 「문화분류와 문화콘텐츠 산업분류에 관한연구」, 『한국비블리아학회지』 제17권, 한국비블리아학회. 2006. p.11.에서 제시한 표를 문화산업진흥법 개정법령(2010년 12월 11일 시행)을 반영 수정.

11) 한국문화콘텐츠진흥원, 『문화원형을 중심으로 한 스토리텔링 마스터플랜』, 2007.1. p.12.

12) 문화산업이라는 용어는 산출물, 고용, 수입, 그리고 소비자의 수요를 만족시키기 위한 문화적 생산의 경제적 잠재력이라는 의미를 내포한다. 실제 명칭은 나라마다 달라 국내(문화산업, 문화콘텐츠 산업), 미국(엔터테인먼트 사업, 저작권사업), 영국(창조산업), 프랑스(문화산업), 일본(콘텐츠산업) 등과 같이 다양하게 사용되고 있다. 문화산업과 문화콘텐츠 산업의 개념은 현재 혼용되어 사용 중이다(한국문화콘텐츠진흥원, 『문화콘텐츠산업 산업분류연구』, 2004. 참조). 문화체육관광부에서 제작하는 문화산업백서에는 문화산업을 문화콘텐츠산업으로 표기 발행.

문화예술진흥법에서 문화예술이란 문학, 미술, 음악, 무용, 연극, 회화, 연예, 국악, 사진, 건축, 어문 및 출판(총 11종)을 그 구체적 분야로 제시하고 있으며 문화산업이란 문화예술의 창작물 또는 문화예술용품을 산업적 수단에 의하여 제작, 공연, 전시, 판매를 업으로 영위하는 것이다. 문화콘텐츠산업은 문화산업진흥기본법에서 8개 영역의 산업을 포함하는 영역으로 구분하고 있다.

> 가. 영화, 비디오물과 관련된 산업
> 나. 음악, 게임과 관련된 산업
> 다. 출판, 인쇄, 정기간행물과 관련된 산업
> 라. 방송영상물과 관련된 산업
> 마. 문화재와 관련된 산업
> 바. 만화, 캐릭터, 애니메이션, 에듀테인먼트, 모바일문화콘텐츠, 디자인(산업디자인은 제외한다), 광고, 공연, 미술품, 공예품과 관련된 산업
> 사. 디지털 문화콘텐츠, 사용자제작문화콘텐츠 및 멀티미디어문화콘텐츠의 수집, 가공, 개발, 제작, 저장, 검색, 유통 등과 이에 관련한 서비스를 행하는 산업
> 아. 그 밖의 전통의상, 식품 등 전통문화 자원을 활용하는 산업으로서 대통령령으로 정하는 산업

문화예술진흥법이 전통문화예술을 계승하는 목적을 가졌다면 문화콘텐츠를 정의하는 문화산업진흥기본법은 문화산업을 지원하고 육성하는 목적에서 제정된 산업지원법[13]이다. 문화콘텐츠는 그 근거가 산업적인 측면에 있어 문화적 요소(문화예술)의 산업적 활용이 가능한 콘텐츠를 가리키고 있다. 결국 문화적 요소를 산업화하여 활용

---

13) 이 외에 구체적으로 콘텐츠산업 관련 세부분야에 대한 「콘텐츠산업진흥법」, 「온라인디지털콘텐츠산업법」 등의 관련법이 있다.

하는 측면에서 ‘문화콘텐츠’는 문화산업의 상품을 구성하는 구체적 대상인 동시에 ‘문화콘텐츠산업’은 상품의 제작, 유통 등의 서비스를 제공하는 문화산업 자체이기도 하다.

문화콘텐츠는 디지털기술을 기반으로 한 지식정보사회의 문화산업이다. 과거 산업시대의 문화가 문화산업으로 생산, 소비되었다면 오늘날 지식정보사회의 문화는 문화콘텐츠로 창조, 활용되고 있다. 문화산업과 문화콘텐츠의 개념과 용어가 점점 혼용되어 사용되고 구분이 모호해지는 것은 바로 ‘내용물’인 콘텐츠를 담는 그릇이 대량생산 소비의 산업사회에서 지식정보화사회로 전환되어 가기 때문이다. 사회의 생산방식이 전환되면 문화의 창조방식도 변할 수밖에 없다. 콘텐츠와 문화콘텐츠의 개념 이해는 그런 면에서 새로운 문화를 창조하는 방식을 이해하는 중요한 전제조건이 될 것이다.

2. 문화원형과 인문콘텐츠

문화콘텐츠는 문화(원천소스)라는 대상을 콘텐츠화하는 방법을 거친 산업적 결과물을 의미한다. 이때 가장 중요한 것이 ‘콘텐츠의 원천소스를 무엇으로 구성할 것인가’이다. 문화원형은 바로 콘텐츠의 구체적인 대상으로서 문화적 요소를 구성하는 핵심개념이다.

원형은 무언가를 만들 때 가장 기초가 되는 구체적인 형(型)을 말한다. 또 본디 모양이라는 뜻으로 그 고유함과 정체성에 의미를 두고 있기도 하다. 전자는 패턴(pattern)의 뜻을 가진 원형(元型)이며 후자는 originality 또는 archetype을 가진 원형(原型)이다. 두 개의 의미를 연결하면 ‘고유한 본래모양을 가진 틀’의 의미가 된다. 물론 문화원형의 원형의미는 근원적인 의미에서 후자가 적합하지만 문화콘텐츠에서 문화원형이라는 것이 하나의 고유한 원형을 가지고 상품을 만들어낼 수 있는 틀로서 활용된다는 의미에서 전자의 의미도 중요한 개념이라고 할 수 있다. 전자가 형태와 같은 방법적 의미라면 후자는 다양성과 독창성에 기초한 내용적 의미이다.

문화 역시 인류의 총체적인 유산인 동시에 한 집단의 고유한 생활양식이자 결과물이라는 보편성과 다양성이라는 특징을 동시에 가지고 있다. 이러한 측면에서 원형의 의미를 고유성에 근거한 보편적인 틀로 확장 해석해보는 시도를 한다.

문화원형은 전통문화 가운데 그 민족 또는 그 지역의 특징을 잘 담고 있어서 다른 지역, 다른 민족과 구별되며 아울러 여러 가지로 갈라진 현재형의 본디 모습에 해당되는 문화를 말한다.14) 문화원형은 고유성과 더불어 인류의 공동유산으로서 보편성도 동시에 가지고 있다. 즉, 개별적 고유성과 동시에 인류의 집단 무의식, 공통적 경험과 교류를 포함한 역사적 조건 등의 이유로 보편적인 가치가 존재하고 있다.15) 이를 바탕으로 문화원형은 독창적인 우리 문화원형과 보편적인 글로벌 문화원형의 두 가지 형태로 존재하지만 이 둘은 별도로 존재하는 것이 아니라 우리 문화원형인 동시에 글로벌 문화원형이라

---

14) 김교빈, 「문화원형의 개념과 활용」, 『인문콘텐츠』 제6호, 인문콘텐츠학회, 2005. p.11

15) 문화원형의 보편성은 칼 융(Carl Gustav Jung)의 집단무의식 개념에서 시작한다. 융은 인간의 심층 속에는 후천적 경험을 통해 얻는 것뿐만이 아니라 태어날 때부터 선험적으로 부여된 무엇인가가 존재한다고 보았다. 이 같은 생각은 인류의 문화현상들이 겉으로 드러난 내용물에서는 시대, 환경, 전통에 따라 다양한 차이를 보이지만 그 내용물을 담고 있는 그릇은 비슷하다고 해석하는 근거가 되었다. 이를 재구성하여 제임스 힐먼은 원형심리학(archetypal psychology)을 확립하였는데 의식과 무의식, 원형 자체와 이미지로서의 원형을 구분하지 않으면서도 원형이나 영혼의 심층적 이미지들이 표출된 다양한 문화현상을 분석하였다. 그는 개인이나 집단에 의해 이미 표출된 이미지들이 개인이나 집단의 심층적 이미지들과 공명을 일으킬 때 바로 감동으로 이어지고 동시에 그러한 이미지들에 빠져들거나 열광하기도 한다고 보았다(김재영, 「원형이론의 이해: 칼 융과 그 이후의 논리를 중심으로」, 인문콘텐츠학회 워크숍 자료, 2005.2. pp.2~16. 참조).

고 볼 수 있다. 여기에 보편적 틀의 개념을 더한다면 문화콘텐츠의 문화원형은 '문화의 보편적이며 고유한 특징을 나타내는 본디 모습인 동시에 이를 활용, 발전시킬 수 있는 보편적 방식의 틀'을 의미한다.

문화콘텐츠산업에서 문화원형이라는 용어가 본격적으로 등장한 계기는 2002년부터 시작된 한국콘텐츠진흥원의 문화원형 관련 사업이다. 정부 주도의 이 콘텐츠 사업에서 그 구체적 개발 대상을 우리 문화원형으로 제시함으로써 콘텐츠 원천소스로서 이에 대한 연구와 개발에 관한 논의가 시작되었다. 이 과정에서 다수의 인문학자들이 사업의 방향과 개발 자문, 성과분석 등에 참여하면서 문화원형으로서 인문학의 가치와 활용에 대한 논의가 전개되기 시작했다. 인문학의 문화콘텐츠에서의 역할에 대한 논의는 인문콘텐츠라는 개념으로 구체화[16]되어 왔다.

인문콘텐츠는 문화원형의 주요한 공급자로서 인문학의 역할이 다시금 높아지고 있는 시점에서 시작되었다고 볼 수 있다. 사실 인문학은 오랜 세월 동안 문화예술의 주요한 원형공급자로서 그 역할을 해왔다. 전통적인 문화산업의 원형공급자로서 역할과 현재의 문화콘텐츠산업에서 그 역할은 크게 달라지지 않았으나 초기 오락 중심의 엔터테인먼트 산업의 좁은 콘텐츠 개념에서 문화 전반으로 콘텐츠 산업의 외연이 확대되면서 그 논의가 본격화되었다. 인문학은 결국 단순한 오락성 위주의 콘텐츠산업에 머무르지 않고 문화콘텐츠 그 자체가 문화산업이자 문화가 될 수 있는 핵심 원형공급자로서 중요한 의미를 가지고 있다.

---

16) 인문콘텐츠라는 용어는 2002년 초에 인문사회연구회 인문정책연구과제에서 처음 사용되었다(김기덕, 앞의 글. p.22.).

인문콘텐츠의 개념은 역사콘텐츠, 철학콘텐츠 같은 범주차원이 아니라 콘텐츠의 원형공급자로서 올바른 내용과 방향을 제시하여 디지털 기술에 부합하는 콘텐츠를 잘 구현할 수 있는 토양을 제공하는 것으로 그 목적을 삼는다. 인문콘텐츠에서 콘텐츠 창출의 가장 기본적인 원천은 인문학적 사고와 축적물로 규정한다. 그리고 이 과정에 인문학 전문가의 역할을 강조하고 있다. 콘텐츠 개발 주체의 인문학자와의 협력뿐 아니라 인문학자 역시 인문학의 성과를 디지털콘텐츠로 창조하는 과정에 적극적 참여가 필요하다는 인식의 전환과 실천연구가 필요하다고 보는 것이다. 이러한 인문학의 활용과 참여로 인류의 공동선, 인간화, 인간해방을 지향하는 것이 인문콘텐츠의 목적이라고 보았다.17)

문화콘텐츠는 문화산업 자체를 의미하는 혼용개념이기도 하며 기술적인 형태나 개발형태에서 보다 보편적 방식으로 확대될 것이 분명하다. 문화콘텐츠는 지식정보화사회의 대표적인 산업이다. 시설과 설비에 의한 대량생산이 아니라 기본적으로 지식에 바탕을 둔 산업이다. 실제 문화콘텐츠산업에서 필수적인 상상력과 창의력은 바로 고전(古典)이라 불리는 인문학자료에서 시작되며 기술적 상상력은 인간이 오랜 시간 꿈꾸었던 이상을 실현하고 있다. 고전은 인류 이상과 보편적 가치를 지향한다는 점에서 화려한 첨단기술이 조합된 영화도 결국 인류의 보편적 가치 – 진리(眞理), 선(善), 미(美) – 를 표현하는 수단이며 각종 콘텐츠가 담겨질 스마트기기의 활용도 권력의 대중 지배를 위해서가 아니라 참여의 확대, 전자민주주의 실현을 통해 인본

주의 가치 달성이라는 선 가치 실현의 수단이 된다. 콘텐츠 기술의 목표는 인간 이상의 실현이며 따라서 콘텐츠 내용물은 그 이상을 올바로 설명하고 담는 데 부족함이 없어야 한다.

문화콘텐츠산업에서 문화원형공급자로서 인문학의 가치는 다양한 콘텐츠를 제공하는 역할뿐 아니라 인류보편의 선을 그 궁극적 목적으로 두고 인문학의 근본이념인 인본주의(Humanism) 가치에 근거한 바람직한 발전 방향을 제시하는 새로운 인문운동의 형태인 동시에 인류발전에 기여할 수 있다는 데 있다.

콘텐츠가 그 내용물을 단지 상업적 활용과 소비의 대상으로만 채운다면 과거의 문화적 자산을 활용할 기회가 없어지는 것은 물론 새로운 문화자산도 만들 기회가 사라지게 될 것이다. 여기에 인간의 고민을 이해하고 인류의 고민을 해결하려는 인문학의 오랜 노력이 수준 높은 문화원형 공급으로 이루어지고 이를 통해 콘텐츠의 가치가 높은 수준에 도달하게 되면 현대 디지털 기술에 적합한 가치 있는 문화가 만들어지게 될 것이다. 인문학의 필요성과 역할은 바로 여기에 있다.

그런 면에서 인문콘텐츠 개념은 콘텐츠 산업에 전문 연구자들의 활발한 참여를 통해 콘텐츠산업이 문화 창달로 이어질 수 있다는 논의가 시작되었다는 점에서 큰 의미가 있다.

3. 문화재콘텐츠의 특성과 개념

문화콘텐츠에서 인문콘텐츠의 활용과 이에 대한 관련 연구가 가장 빨랐던 분야는 역사학이다. 1990년대부터 영상기술이 발달하면서 역사영상기록물이 제작되었고 이를 관련 연구자들은 영상역사학[18]이라고 개념을 정리하여 발전시켰다. 이때 영상역사학은 기본적으로 기록을 수집하는 측면에서 영상기록을 활용하는 개념이 강했다고 볼 수 있다. 즉, 콘텐츠 개발 측면이 아니라 역사학이 가지는 사료수집과 기록의 방법적 측면으로 정보기술을 이해했다. 1999년부터 '국가지식정보화사업'으로 불리는 학술적 DB 구축사업을 시작하였는데 이러한 지식정보화사업은 문화콘텐츠 사업의 기본 인프라에 해당되는 것이다. 역사학 자료들을 중심으로 DB화하기 위해 디지털라이징(digitalizing)하는 역사정보화사업이 본격적으로 시작되면서 조선왕조실록 같은 방대한 작업의 올바른 방향과 방법에 대한 논의가 시작되었다. 이 과정에서 역사정보화를 포함한 각종 인문학 자료를 지식 정보화하는 것과 관련된 분야를 인문정보학[19]이라고 분류했다.

역사학의 기본 특성은 각종 사료의 수집과 정리, 이를 분석하고 해석하는 데 있다. 사료의 수집을 그 시작으로 한다는 점에서 역사학은 기본적으로 DB 구축 같은 정보화의 기본 방법과 특성을 같이한다. 즉, 데이터베이스 구축이 정보화사회에서 가장 기본적인 선행작업이 된다는 측면에서 역사학은 문화콘텐츠 기반 구축부터 자연스레 참여하게 된 계기가 되었다. 정보화사업 이후 이를 바탕으로 문화원형콘텐츠 사업이 전개되면서 우리 문화원형의 공급자로서 역사분야가 중심적인 역할을 하게 되었다. 특히 우리 문화원형이라는 고유성과 차별성을 구현하는 데 역사가 주로 활용되었고 이후 이를 소재로 한 역사극과 영화가 유행하며 다양한 장르의 콘텐츠로 전개되어 역사분야

---

18) 전통적인 역사학이 문자기록에 근거하고 문자로 구현되는 역사물을 주된 창출 및 활용 대상으로 했다면 영상역사학은 새롭게 영상기록과 영상으로 구현되는 영상역사물의 창출 및 활용을 탐구하는 역사학이라고 정의할 수 있다(김기덕, 「역사가와 다큐멘터리 - 〈역사스페셜〉의 사례를 중심으로」, 『사학연구』, 2002, p.65).

19) 김현, 「인문콘텐츠를 위한 정보학 연구 추진방향」, 『인문콘텐츠』 창간호, 인문콘텐츠학회, 2003.

가 문화콘텐츠의 주요한 원형으로 자리 잡게 되었다.

역사학의 주요 특징은 바로 과거의 유산을 기록하고 활용한다는 점과 그 기록의 구조가 서사구조에 적합하다는 데 있다. 오랜 시간 역사는 현재를 수집하고 기록하여 후대에 전해왔고 이를 바탕으로 수많은 구전설화와 소설 같은 문학형식, 극 형식 공연물의 '내용'이 되어 왔다. 이 내용이 오늘날 문화콘텐츠의 주요 콘텐츠가 되어 DB 구축을 통해 정보화인프라를 구현하고 역사콘텐츠가 되어 스토리텔링의 원천소스가 되고 있다. 역사의 핵심적 특징이 지식정보사회의 기록적인 측면과 서사구조의 스토리텔링에 적합하다는 점은 바로 콘텐츠로서 활용가치를 높이는 주요 이유가 되었다.

이에 비해 미술사를 중심으로 하는 문화재 분야는 범주적 측면에서 역사콘텐츠 같은 전문분야로 논의되지 못하고 있다. 역사분야의 연장선이나 그 일부분으로 논의되거나 전통문화유산의 활용이라는 관점에서 기본 방향을 전개한 수준의 연구가 현재 상황이다. 이러한 연구도 문화재 관련 전문가가 아니라 역사학자를 중심으로 한 연구자들에 의해 제시되어 내부에서 논의는 전무한 실정이라고 볼 수 있다.

문화재 연구의 근간을 이루는 미술사(美術史)는 계통적으로는 역사학과 인접한 학문이지만 미(美)적 대상을 구체적인 연구대상으로 설정하고 있어 인문학의 범주와 예술의 범주를 아우르는 영역을 가지고 있다. 아름다움을 절대가치로 삼는 예술을 인문학적인 시각으로 분석하여 인간 보편가치가 어떻게 예술에 구현되는지를 연구하는 분야이다. 미술사는 그 연구대상을 예술에 두지만 역사, 문학, 언어, 철학, 사회, 정치 등의 인문학적 연구 성과를 바탕으로 하고 있어 인문학의 꽃으로 불리는 학문이다.

미술사의 차별적 특징이 바로 여기에 있다. 미적 대상은 바로 현실에 표출된 이미지(image)이다. 회화, 조각 등을 비롯한 다양한 예술적 결과물은 바로 아름다움의 현실구현 이미지이다. 반면 이를 분석하고 해석하여 내놓은 결과는 인문 텍스트(text)에 기반을 둔 스토리(story)이다. 미술사의 콘텐츠적 가치는 Image+Story 구조에 있다. 이미지를 놓고 스토리를 구성하는 것이 바로 콘텐츠 구성의 핵심, 스토리텔링 과정과 다를 바 없으며 '미술의 역사'를 연구하는 미술사는 이에 적합한 특징을 가지고 있다. 역사학이 기록 분석 중심의 텍스트 지향 분야라면 미술사 분야는 구체적 이미지 지향의 연구 분야이다. 미술사는 분명한 미적대상과 그에 대한 서사구조가 결합한 콘텐츠 활용에 적합한 특성을 가지고 있다.

콘텐츠의 특징은 문자, 영상, 음향 등이 다양한 형태로 결합되어 제작된다. 문화콘텐츠 개발 결과물은 영화, 애니메이션, 게임, 공연, 웹콘텐츠 등과 같이 영상(이미지)과 이야기(스토리)의 결합을 통한 복합 콘텐츠이다. 문자 위주의 단일구조가 아니라 영상과 음향, 영상과 문자 등의 2~3개 이상의 결합을 통해 복합적인 구조를 가진다는 점에서 콘텐츠에 개발에 적합한 원형소재의 조건은 시각적인 이미지와 서사적인 스토리가 적절히 조합되었는지의 여부이다.

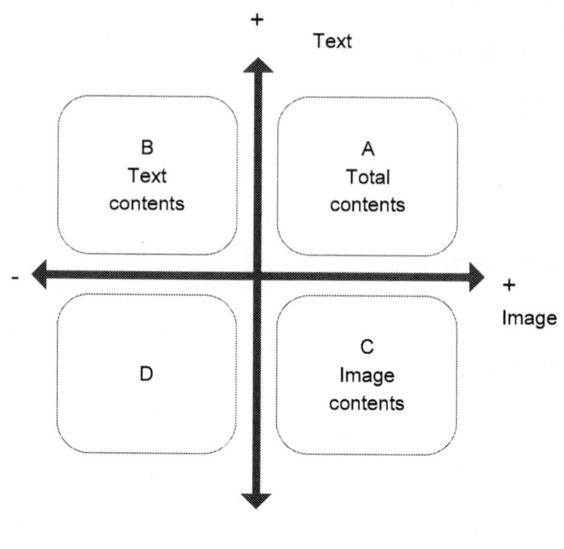

∷그림 1-1 콘텐츠 활용 적합도 모형

<그림 1-1>은 콘텐츠로서 개발가치가 어떠한지를 이미지 축(가로축-X축)과 텍스트 축(세로축-Y축)으로 나누어 적합도를 알아보기 위해 개발한 모형이다. 역사콘텐츠는 기록을 바탕으로 한 서사구조로 -X+Y 형태로 B에 해당한다. 서사구조는 콘텐츠로서 적합하나 이미지에는 취약한 구조이다. 반면 미술사를 그 대상으로 놓으면 +X+Y 형태로 A에 해당한다. 이는 이미지와 서사구조가 연결되어 있는 형태로 복합 콘텐츠로서 개발 가치가 뛰어나다고 해석할 수 있다.

이처럼 콘텐츠로서 개발 가치가 큰 미술사는 그 연구 대상을 문화적으로 가치가 있는 문화재를 그 주요 대상으로 삼는다.

문화재는 "인위적, 자연적으로 형성된 국가적, 민족적, 세계적 유산으로서 역사적, 예술적, 학술적, 경관적 가치가 큰 것을 말한다"[20]라고 관련 법률에서 밝히고 있다. 범주 면에서 문화재와 같이 사용되는 개념이 문화유산, 문화자원 등이 있다. 이 세 가지 개념의 구분은 다음과 같다.

> ① 문화재는 국가 내지 시·도, 지방자치 단체에 의해 지정된 문화유산을 뜻한다. 이는 좁은 의미의 문화재로서 현시점에서 대상물이 갖는 희소성과 보존가치가 우선적으로 있다고 판단하여 국가가 지정한 가장 대표적인 유무형 민족적 자산이다.
> ② 문화재의 외연을 둘러싼 민족자산이 문화유산이다. 문화유산은 과거로부터 전해 내려온 유무형의 민족자산으로서 현재 국가나 시도에 의해 지정되지는 않았지만 보호 관리되거나 계승, 발전시켜야 할 잠재적 문화재이다.
> ③ 문화유산의 외연을 둘러싼 민족자산이 문화자원이다. 문화자원은 과거로부터 전해 내려온 유무형의 민족자산으로서 아직 문화적 가치가 드러나거나 인정되지는 않았지만 잠재적인 문화유산 내지 문화재를 의미한다. 문화자원은 문화재의 가장 큰 범주로서 문화재와 문화유산을 포함한 이외의 문화자원의 총체를 일컫는다.
> ④ 넓은 의미의 문화재는 위의 문화재, 문화유산, 문화자원을 포괄한다.[21]

문화재는 좁은 의미로는 지정문화재를 가리키지만 넓은 의미에서는 가치가 있는 민족적 문화유산 모두를 포함하는 개념이다. 미술사는 넓은 의미의 문화재 중 주로 연구가치가 높은 문화재를 그 대상으로 삼고 있다. 이미 지정되었거나 지정할 가치가 충분히 있는 문화재

---

20) 「문화재보호법」 제2조 1항.

21) 우리나라의 문화재는 문화라는 용어 아래 자연까지 포괄하는 의미로 사용한다. 문화재 지정 대상은 문화유산뿐 아니라 자연유산도 포괄하고 있다. 이점을 고려할 때 한국의 문화재는 곧 문화유산과 자연유산을 포괄하는 민족유산을 의미한다고 볼 수 있다(심승구 외, 「문화재 활용을 위한 정책기반연구」, 문화재청, 2007, pp.29~30).

를 대상으로 한다는 점에서 본다면 좁은 의미의 문화재를 그 주요 대상으로 삼는다고 볼 수 있다.

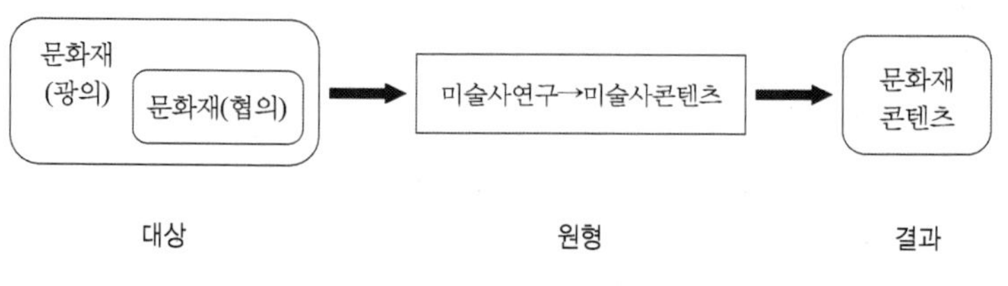

::**그림 1-2** 문화재콘텐츠의 개념도

<그림 1-2>를 보면 문화재콘텐츠의 대상은 기본적으로 넓은 의미(광의)의 문화재인 민족의 문화유산 전체를 그 대상으로 삼는다. 하지만 개발 과정에서 미술사가 주요 대상으로 삼는 가치 있는 문화유산이라는 좁은 의미(협의)의 문화재를 그 핵심적 개발 대상으로 다루게 된다. 이는 문화재콘텐츠가 학술연구 성과를 바탕으로 한 전문콘텐츠 결과물이기 때문이다. 다시 말해 잠재적인 문화자원 모두가 문화재콘텐츠의 대상이 될 수 있지만 개발과정에서 핵심 학술분야인 미술사가 그 대상으로 삼을 가치가 있는 문화재를 주요 대상으로 한다. 결국 문화재콘텐츠는 문화재를 대상으로 미술사 연구와 같은 학술연구를 원형으로 삼아 구체적인 이미지와 연계한 서사구조의 형태 특징을 가진 원천소스를 개발, 이를 활용하는 것이다.

문화재콘텐츠는 문화재를 인문학적으로 연구하는 미술사의 전문 성과를 바탕으로 콘텐츠를 개발, 활용하여 문화재 가치를 보존, 발전시키는 것이다. 미술사콘텐츠는 문화재에 미술사의 연구 성과가 나온 좁은 대상을 범위로 하고 문화재콘텐츠는 미술사의 연구를 바탕으로

한 새로운 문화재콘텐츠 개발이라는 넓은 범위를 다룬다고 볼 수 있다. 그래서 미술사콘텐츠는 전문 학술연구 개념에 더 가까운 의미이고 문화재콘텐츠는 산업적인 측면을 연계한 포괄적인 개념으로 이해하면 된다. 미술사콘텐츠의 대상이 문화재라는 점, 그리고 미술사콘텐츠를 통해 지향하는 목적과 결과가 문화재콘텐츠라는 점에서 문화재콘텐츠와 미술사콘텐츠의 개념과 관계를 정리할 수 있다.

미술사콘텐츠는 문화재콘텐츠의 과정이자 부분이지만 전문분야의 학술성과를 콘텐츠로 잇는다는 측면에서 본다면 가장 핵심적인 영역이다. 따라서 전문연구의 성과를 바탕을 한 원천소스 개발이라는 본 연구의 주요 목적을 고려한다면 본 연구에서 실질적으로 다루는 영역 또한 미술사콘텐츠의 범주에 중점을 두고 있다.

4. 보존가치와 산업적 측면에 대한 인식 재고

문화재는 다른 문화자원과 달리 보존가치에 대한 충분한 고려가 필요하다. 문화재는 그 전승과정에 있어 시간적, 공간적, 환경적, 역사적 요인으로 훼손, 변질, 소멸, 변질, 왜곡, 도난 등의 가치상실 요인이 발생하여 그 가치가 달라질 수 있는 취약점을 가지고 있다. 그래서 문화재는 기본적으로 가치유지와 복원을 우선으로 삼아 보존가치를 가장 우선시하고 있다. 전통적인 문화재 연구도 활용보다는 보존을 어떻게 잘 할 것인가에 초점이 맞춰져 있다.

문화재는 활용에 있어 공공재의 성격이 강하다. 그래서 문화재의 활용도 공공이익에 부합하는 선에서 가능했기 때문에 보존가치를 해치지 않는 범위에서 전시, 교육 정도의 활용에 그치고 있다. 그래서 상업적 활용은 제한적이다. 현재 문화재 분야의 콘텐츠 개발과 활용은 정부 주도의 지원과 사업 외에는 현실적으로 민간부분이 참여하는 데는 제한요소가 많다. 문화재는 재산상으로 소유할 수는 있으나 그 활용에 있어서는 기본적으로 오픈소스(open source)라고 볼 수 있다. 하지만 엄밀히 말하면 학술적으로는 공공재로 누구나 연구대상으로 삼을 수 있지만 상업적 활용에 있어서는 공공재이기 때문에 함부로 사용할 수 없다. 이 점이 문화재를 대상으로 전문 연구과정을 거치지 않고서는 콘텐츠로 활용하기 어려운 이유이다.

이러한 점들은 문화재콘텐츠 개발과 활용에 있어 신중한 접근과 방법을 요구하고 있다. 바로 보존가치와 활용가치에 충분한 고려가 필요하며 이 부분에 있어 문화재콘텐츠의 산업적 측면에 대한 이해가 선행되어야 한다.

문화재 개념을 현재 활용되고 있는 문화산업적인 측면에서 발전시켜 보면 다음과 같은 측면에서 조명해볼 수 있다.

① 우리 민족의 정서와 가치관의 산물인 민족문화유산
② 인류역사의 산물인 세계문화유산
③ 첨단 문화산업인 디지털콘텐츠 문화산업자원[22]

문화콘텐츠는 기본적으로 과거의 문화산업을 대체하는 산업적 범주이다. 문화적 요소가 바탕이 된 콘텐츠를 다양한 문화상품으로 제작, 유통, 서비스하는 일련의 활동을 콘텐츠 산업으로 분류하고 있다. 민족 문화유산이나 세계 문화유산 모두 보존유산으로서뿐만 아니라

---

22) 유동환, 「한국전통문화유산 콘텐츠 개발 현황과 과제」, 『국학연구』 12집, 한국국학진흥원, 2008. p.9.

동시에 문화산업 자원의 활용대상이 될 수 있으며 콘텐츠 자체가 문화유산이 될 수도 있다. 우리가 주목해야 할 부분이 바로 이 점이다. 문화재는 문화재콘텐츠의 대상인 동시에 그 결과로 만들어진 콘텐츠가 하나의 문화재가 될 수도 있다는 점을 주목해야 한다.

전통 문화재를 보존의 대상으로만 본다면 오늘날 우리의 역할은 과거의 유산을 미래에 전달하는 전달자 역할밖에 남지 않는다. 현재 우리 전통문화의 보존과 계승은 엄밀히 말하면 가치의 보존과 유지에 집중하고 있다. 새로운 형식을 만들고 오늘날의 역사의식과 이념에 맞는 독창적인 양식으로 표현된 21세기 문화재를 만드는 데는 소홀히 하는 셈이다.

현재 전해져온 각종 공예품과 도자기 등의 전통 미술품은 기본적으로 예술적 가치를 지닌 '소비재'였다. 오늘날 그 미술적 가치가 평가받을 수 있었던 것은 문화산업의 소비재로 실용성과 예술성이 결합된 상품을 민중이 사용한 가치평가 결과가 누적되었기 때문이다. 하지만 한국의 전통문화유산은 지정된 문화재로서만 존재하지 생활도구로서, 소비재로서 그 본래 활용가치는 사라져 버렸다. 과거의 그림을 그대로 그리는 방법을 연구하는 것은 문화재 계승의 절반에 불과하다. 계승이란 오늘날에 맞는 시대 변화를 표현해내고 많은 사람이 실제 활용하고 평가함으로써 그 가치를 입증해 가는 진행형의 창조과정이다. 벽에 걸린 전통그림에 오늘날 우리의 모습이 담겨 있다면 보다 많은 사람들이 관심을 가지는 예술품이 될 수 있다. 그리고 이 그림을 소비하는 사람이 많으면 많을수록 그림에 대한 시대 평가가 축적되어 현재의 문화유산이 될 수 있다. 이런 측면에서 문화재의 산업적 활용이 문화재의 가치를 훼손한다는 표현은 정확하지 않다.

전문적인 연구와 가치평가를 바탕으로 과거의 문화유산을 콘텐츠 상품으로 활용한다면 문화재의 가치를 더 빛내는 발전적 계승이 가능하다는 표현이 더 정확할 수 있다.

문화재콘텐츠에 있어 계승은 문화유산을 문화재화로, 이를 산업적으로 활용하는 것을 전제로 한다. 분명 문화재콘텐츠는 기본적으로 현대에 소비되는 문화상품이다. 과거의 문화산업 소비재가 바로 현재의 문화콘텐츠 소비재로 대체되고 있다. 문화재콘텐츠는 오늘의 그릇에 담긴 우리의 문화유산이라는 측면에서 시대에 적합한 창조적 방법으로 이해해야 한다.

문화재에서 콘텐츠를 창조하는 선순환 과정은 과거의 문화유산을 현재의 문화자본을 만들어내는 과정이 될 수 있다. 문화자본(culture capital)이란 한 사회에 지금까지 축적되어온 다양한 종류의 문화유산들이 문화상품의 생산과정에 투입되는 생산요소로 활용되는 것을 의미한다. <표 1-2>는 문화자본의 개념을 정리한 것이다.

::표 1-2 문화·문화상품·문화자본의 차이[23]

구분	문화	문화상품	문화자본
형태	무형	유·무형	유·무형
특징	상품과 서비스의 생산에 사용될 때 문화자본으로 전환	재화의 형태로 구체화된 문화자본	문화상품의 생산과정에 투입되는 문화적 요소

문화자본은 문화와 학술을 지원하는 역량이라고 볼 수 있다. 유산은 전해온 전승가치이지만 자본은 새로운 것을 창조하는 역량이다.

---

23) 김영순, 「인문학기반 문화콘텐츠학과 교과과정 검토」, 『인하교육연구』 제10호, 인하교육학회, 2004. pp.65~66. 참조.

과거의 문화적 유산이 곧 현재의 문화자본을 담보하지는 못한다. 이는 중국과 한국의 문화적 유산이 미국을 비롯한 서양문화의 유산보다 시간적, 양적 우위를 가지고 있지만 그들의 문화적 역량을 능가하지 못하는 현실을 보면 잘 알 수 있다. 문화자본이 커 가기 위해서는 필연적으로 문화산업이 발전해야 한다. 문화를 소비하고 체험하며 보다 많은 사람들이 문화상품을 찾을 때 문화가치가 더 대접받게 된다. 자본에 구애받지 않는 순수한 문화활동은 역으로 문화적 역량이 높아졌을 때 지지를 받고 더 활발하게 된다. 콘텐츠 개발은 과거의 유산을 현재의 문화자본으로 만들 수 있는 가치전환과정이다. 문화재의 활용에 관한 시대적 가치를 반영한 방법으로 전통문화재를 모방, 복원하는 수준이 아니라 새로운 문화 재화를 만들어내어, 죽은 유물이 아니라 오늘에도 빛나는 위대한 유산을 만들어가는 과정이다.

문화재콘텐츠의 궁극적 개발 의도는 단순히 상업적 활용으로 인한 수익 창출에 있지 않고 보존의 대상으로만 화석화되는 유산을 적극적으로 문화재화(財貨)로 재탄생시켜 이를 활용하여 문화자본을 키워내는 실천적 계승에 있다. 문화유산을 과거의 유산으로만 볼 뿐이지 문화재화로 활용하고 소비할 방법을 찾지 못했다면 콘텐츠 산업은 여기에 새로운 기회를 제공할 가능성이 높다. 보존과 활용의 이분법적인 구분이 아니라 보존가치를 연구하고 활용하여 새로운 문화재를 창조해 나가는 연장선에서 콘텐츠의 산업적 측면을 이해할 필요가 있다.

전통유산에 대한 보존가치와 문화산업의 시장가치는 이율배반적이다. 하지만 문화재콘텐츠는 이 두 가치의 접점(接點)에서 존재한다. 보존가치에 대한 전문적인 연구가 바탕이 되어야 하고 산업적 활용이 가능해야 문화재콘텐츠가 개발될 수 있다. 문화재콘텐츠가 새로운 문화유산이 될 수 있다는 가능성에서 산업적 측면에 대한 적극적인 이해가 필요하다.

5. 문화재콘텐츠의 가치와 발전가능성

　문화재콘텐츠의 가장 주요한 특징은 서사구조가 이미지를 향하는 형태라는 점이다. 정보화사회는 문자와 소리 같은 단일한 수단으로 정보를 전달하는 시대에서 영상을 중심으로 한 복합적인 기호가 정보를 전달하는 핵심적 수단이다. 콘텐츠 개발의 주요한 기술적, 내용적 목표도 스토리에 맞는 완성도 높은 이미지 구현에 있다고 해도 과언이 아니다. 스토리에 적합한 허구적 이미지가 아니라 구체적인 이미지에 연결된 스토리라는 이미지 지향의 특성은 문화재콘텐츠의 구조적 경쟁력이다. 이 경쟁력을 내용적으로 차별화하는 것은 이미지가 한국 고유의 문화적 요소를 내재하여 표출하고 있는 우리 문화원형이라는 점이다. 문화재의 다양한 이미지는 조형적·예술적으로, 그 자체로 차별적인 디자인 원천소스로서 높은 가치를 지니고 있다. 하지만 무엇보다 이미지 자체에 이미 역사성과 예술성, 사회성 같은 가치가 축적되어 스토리와 결합되어 있는 콘텐츠로서 가치가 더욱 크다. 즉, 문화원형을 담은 이미지 형태로서 경쟁력뿐 아니라 스토리와 결합된 복합구조의 형태로서 더 높은 가치가 있다 하겠다.

　이러한 문화재콘텐츠의 또 다른 발전 가능성은 현장과 연계될 수 있는 확장성에 있다. 문화재콘텐츠의 이미지는 허구적 형상이 아니라 이미 오랜 시간 우리 문화 현장에 자리하고 있던 유형의 문화재를 담은 형상이다. 이 이미지를 바탕으로 만들어진 무형의 콘텐츠는 실제 존재하는 유형 콘텐츠(문화재)의 새로운 형상이다. 따라서 무형의 콘텐츠와 유형 문화재와의 연계성은 구체적이며 직접적이다. 온라인상의 수많은 콘텐츠가 짧은 생명력을 가지고 사라지는 일회성 소비재로 지적받는 것은 그 실체가 없이 가상에서만 존재하기 때문이다. 이 실체의 정체성이 바로 문화원형이다.

문화재콘텐츠는 현장의 문화재를 기본 인프라로 활용할 수 있는 용이성을 가지고 있다. 이 현장의 인프라가 부족한 국가는 거대 테마파크와 같은 허구적 실체를 만들어내야 하는 어려움을 겪는다. 현장의 문화재와 무형 콘텐츠와의 연계성은 물리적 거리의 공간적 제한을 극복하게 한다. 다른 지방에 위치한 문화재가 시간과 장소의 제한 없이 다양한 콘텐츠로 접할 수 있게 됨으로써 다양성을 확대하고 지역성을 지킬 수 있는 방법이 된다.

문화재콘텐츠의 핵심 가치는 문화재 가치와 콘텐츠 가치의 결합을 통한 창조적 계승방법론에 있다. 문화재 가치는 문화원형에 대한 보존가치와 연결되어 있고 콘텐츠 가치는 활용가치와 이어져 있다. 즉, 보존과 활용이라는 가치융합을 통해 창조가치로 발달시키는 것이다.

활용이란 보존을 전제로, 보존이 잘 이루어진 상태에서 이루어지는 것이다. 잘 보존된 문화재는 활용이 가능한 상태를 의미하며 이를 연결해서 보았을 때 보존은 이미 활용의 시작이라고 볼 수 있다. 그렇게 본다면 문화재 활용도 보존의 연장선상에 있다.24) 문화재콘텐츠의 개발과정은 전문연구분야의 연구과정을 바탕으로 시작된다. 콘텐츠 자료 수집, 분류, 재해석 같은 리소스(resource) 과정을 거쳐 콘텐

츠 상품이 만들어지는 과정은 수집, 보존, 분류, 기록, 해석과 같은 문화재 보존활동과 연구의 연장선에 있으며 학술적 차원의 보존활동은 콘텐츠 개발의 선행단계가 된다. 개별적인 과정이 아니라 마치 이공계 학문에서처럼 보존의 과정이 기초연구과정으로, 활용이 응용개발 연구과정으로 이어지는 것이다.

이 과정을 통해 대중들은 문화재 콘텐츠를 소비하고 활용하여 관련연구와 산업의 외연을 확대시킬 것이다. 더불어 문화재에 대한 관심을 높여 장시간 축적된 다양성의 저변이 문화재의 보존과 계승에 지지를 보내는 높은 문화의식으로 되돌아올 것이다. 동시에 콘텐츠 개발의 다양한 원천소스를 확보하기 위해서 기초적인 문화재 보존과 연구가 선행되어야 하기에 보존활동과 연구를 독려하는 역할을 수행하게 된다. 그런 면에서 문화재에서 콘텐츠를 창조하는 선순환 과정은 보존을 바탕으로 하여 보존을 가능하게 하는 매개 역할이 될 수 있다.

과거 개발시대의 문화재 활용은 훼손과 파괴를 의미했다. 수익을 위해 문화재의 가치를 변질시켜 관광자원으로 활용했다. 하지만 문화재를 잘 활용하는 것은 그 가치를 연구하고 보존하여 대중들에게 제대로 알리는 일이 시작이다. 문화재콘텐츠의 개발은 물리적 개발이 아니라 제대로 된 문화재의 가치를 알리는 다양한 방법을 찾아내는 활동이다. 산업시대의 개발은 기계와 설비에 의한 구조물을 만드는 '하드웨어 개발'이지만 정보화시대의 개발은 지식의 집적과 활용에 의한 '소프트웨어 창조'이다.

관련 콘텐츠 개발은 훼손되어 가는 문화재의 원형 복원과 디지털 구현에 기술적 인프라(디지털 문화재)를 제공하고 보다 많은 사람들이 문화재의 정보를 얻는 콘텐츠(웹 기반, 앱 기반 콘텐츠)를 제공하며 훼손과 파괴 없이 다양한 문화 체험(증강현실, VR)을 할 수 있는 기회를 제공할 수 있다.

과거 개발개념이 파괴적 개발이라면 콘텐츠 개발은 창조적 가치 개발이라고 정의할 수 있다. 문화재콘텐츠의 가치는 오늘날의 형식에 적합한 이미지와 서사구조가 결합된 복합구조라는 점과 무형의 콘텐츠를 유형의 자산으로 연결하는 확장성에 있다. 하지만 무엇보다 시대에 맞는 창조적 계승방법으로서 그 가능성을 주목할 필요가 있다. 문화재콘텐츠 연구는 이를 위해 올바른 콘텐츠 개발 목적과 방법을 문화재분야에서 스스로 정립하려는 시도이다.

Ⅲ. 문화재콘텐츠 개발방법과 전략

1. 개발과정과 현황

문화재를 대상으로 한 구체적인 콘텐츠 개발방법을 검토하기 이전에 기존 콘텐츠 개발단계와 현황을 검토해 보겠다.

김기덕은 콘텐츠(디지털 내용물)와 기존 형식의 내용물과 비교를 위해 콘텐츠 개발단계를 다음과 같이 분류하였다.

① A: 원자료 혹은 기존 형식의 성과물
② A1: 단순 디지털 전산화
③ A2: 정보화(제대로 된 데이터베이스)
④ A3: 정보화의 활용 수준(콘텐츠의 단순 활용)
⑤ A4: 콘텐츠의 산업적 활용(문화산업)[25]

이 분류는 기존의 내용물이 콘텐츠로 전환되는 과정을 설명하기 위한 것으로 인문학을 위주로 한 텍스트(문자)형 콘텐츠에 적합한 모델이다. 이 단계 모델에 따르면 가공되지 않은 원형 A를 디지털로 전산화하는 기초단계를 A1으로 보았고 A1을 새롭게 분류 구조화하여 재가공한 결과를 A2로 구분하였다. A1과 A2의 차이를 단순 전산화와 정보화의 차이로 구분하고 있으며 콘텐츠의 원천은 A2에 있다고 강조한다. 제대로 된 정보화 과정을 거친 DB 구축이 콘텐츠 개발의 기본원천이 되는 것이다.

앞의 단계가 텍스트 위주의 정보화를 설명하기 위해 적당했다면 문화재의 복원과 같이 유형의 대상을 위주로 한 문화유산 디지털콘텐츠화 단계에 대한 설명은 다음과 같다.

① 1단계: 디지타이징(Digitizing) 단계
　－발굴 또는 전승, 보존된 문화유산을 디지털정보화

② 2단계: 아카이빙(Archiving) 단계
　－디지타이징된 정보를 저장, 분류, 데이터베이스화, 통합관리

③ 3단계: 복원(Restorology) 단계
　－인문·사회·예술적 지식을 동원하여 원형의 고증 복원

④ 4단계: 체험(Experience) 단계
　－시공간 체험, 다감각, 다차원체험, 모바일 체험서비스[26]

앞의 단계와 비교해볼 때 디지타이징은 A1과, 아카이빙은 A2 단계

---

25) 김기덕, 앞의 글, p.10.
26) 유동환, 앞의 글, p.13.

에 해당된다. 대신 활용의 단계를 단순 활용과 산업적 활용으로 구분한 것과 달리 여기서는 활용(체험)에 앞서 구체적으로 복원단계를 설정하여 콘텐츠개발 과정을 제시하였다. 크게 볼 때 두 모델 모두 DB 구축-콘텐츠 활용 2단계로 콘텐츠 개발과정을 제시하고 있다.

현재까지 콘텐츠 개발에 관련해 진행되어온 각종 사업도 '데이터베이스 구축'과 '콘텐츠 활용' 두 방향을 중심으로 진행되어 왔다. 데이터베이스 구축에 해당하는 '국가지식정보화사업'과 활용에 해당하는 '문화원형 관련사업'이 대표적이라고 할 수 있다.

국가지식정보화사업은 1999년 학술적 DB 구축을 시작으로 2000년 「지식정보자원관리법」 제정으로 근거법령이 만들어졌다. 지식정보자원이란 '국가가 보존 및 이용가치가 있고 학술, 문화 또는 과학기술 등에 관한 디지털화된 자료 또는 디지털화의 필요성이 인정되는 자료'를 가리키며 디지털화는 '원 자료의 보존 및 이용에 효용을 높일 수 있도록 전자적인 형태로 변환하는 것'27)을 의미한다. 보존과 이용가치가 높은 자료를 향후 활용이 가능하게끔 디지털정보화하는 것을 목적으로 하는 것이다. 이는 디지타이징과 아카이빙 단계로서 콘텐츠산업의 기초 인프라를 구축하는 종합적인 정보화사업이라고 볼 수 있다. 이 사업의 결과물은 정보 성격에 따라 문화, 역사, 교육학술, 과학기술, 정보통신 5개 분야로 나누어 각 정보센터가 이를 서비스하고 있다.

---

27) 지식정보관리자원법 제2조 1항, 2항.

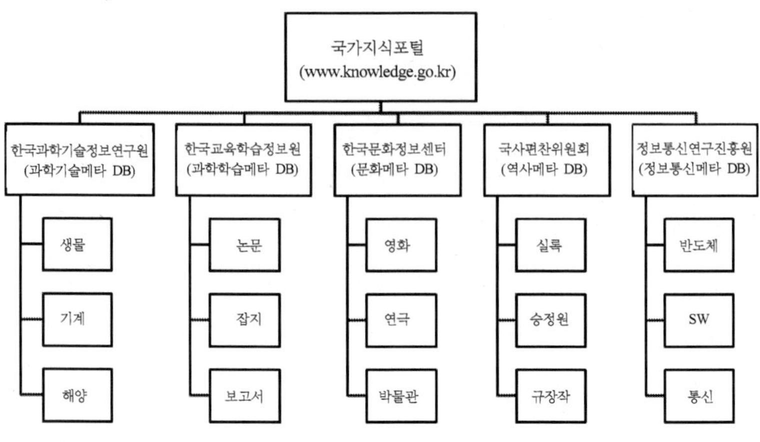

::**그림 1-3 국가지식정보 이용체계**[28]

이 중 문화재와 관련된 정보화사업은 사료 중심의 역사 관련 DB와 박물관 정보를 포함하는 문화 관련 DB에 있으며 기본적으로 보존가치가 높은 자료를 디지털화하여 새로운 기록 보존수단으로 확보하고 방대한 원문자료를 연구자들이 활용하게끔 검색서비스를 제공하는 데 초점이 맞춰져 있다.

역사자료를 제외하고 구축된 문화재 관련 주요 DB 현황은 <표 1-3>과 같다.

---

28) 유동환, 앞의 글. p.20. 참조.

분야	주관기관	DB명	주요 내용	URL
문화	문화관광부	한민족 문화유산 DB	· 국가문화유산 DB 구축 사이버박물관 구축(1999~2006) - 국가기본문화재 정보서비스, 사이버문 화탐방정보, 문화유산DB, 국립중앙박 물관 등 대학 및 공사립 박물관, 민속 유물DB - 생활/민속 정보, 복식, 음식, 신앙, 공 예기술 등 DB - 역사탐방 동영상DB, 박물관 특별전 및 유물정보DB	www.heritage.go.kr
	문화재청	국가지정 중요전적문 화재 원문DB	· 국가지정 중요 전적문화재 DB구축 (2003~2006) - 국보, 보물, 유형문화재에 대한 자료의 이미지, 텍스트, 서버 정보 등	www.memorykorea.go. kr
	국정홍보처	국가기록영상 디지털아카 이브DB	· 1950년부터 제작된 국가 중요기록 영 상 DB 구축(2008) - 국립영상간행물 제작소에서 제작한 대한 뉴스, 문화기록영화, 국가주요행사, 역대 대통령 기록 영상 필름, 메타데이타 등	filmktv.go.kr
	문화관광부	문화원형 콘텐츠DB	· 한국 전통 문양 DB 구축(2005~2006) - 문화유산 및 유물 등의 DB에서 문양 으로 추출된 재가공 DB - 문양원형, 개별문양, 활용문양, 문양 설 명자료, 형상정보 DB	www.pattern.go.kr
	국립문화재 연구소	문화재 학술조사 연구정보 DB	· 문화재 학술조사 연구정보 디지털화 DB 구축(2005) - 문화재 학술조사 연구 성과 기록 카드 및 사진자료 - 중요무형문화재 기록 동영상 및 음성자료 - 발굴조사 유구·유물 및 전통건축 도면	www.nricp.go.kr
	문화재청	국가지정 문화재 DB	· 국보, 보물 등 국가지정문화재의 3D데 이터 제작 및 도면작성에 의한 관광 상품 제작(2005) - 국보 및 보물 3차원 실측데이터, 도면, 금형 데이터, 형상과 정보연계, 사진정 보, 한·중·일·영 번역소개정보 등	www.dheritage.go.kr
	(사)장경도 량 고려대장경 연구소	고려대장경 지식 DB	· 세계문화유산인 고려대장경 목판인쇄 본 이미지 DB구축(2006) - 목판 인쇄원문 이미지 2,687책 64,195 면 DB	kh.sutra.re.kr

문화재와 관련한 주무기관인 문화재청에서도 기존 형식(아날로그) 자료를 디지털화하여 효율적인 문화재 관리를 위한 기록화사업을 전개했다. 기존에 출판물로만 발간되던 각종 보고서와 문화재 정보가 디지털화하여 DB 구축이 이루어졌고 입체적인 유형 유물 정보를 효과적으로 담을 수 있는 기술을 바탕으로 관련 DB 구축이 전개되고 있다. 역사 관련 DB에 비교하면 정밀 실측정보를 정보화하는 과정에 3차원 입체기술의 적용과 같은 이미지 정보의 비중이 높은 것이 특징이다. <표 1-4> 문화재청이 주도한 문화재기록화사업의 주요 현황이다.

::**표 1-4** 문화재청 주도 기록화사업 주요 목록[30]

DB 구분	사 업 명	내 용
문화재 실측기록 DB	문화재 관광상품 활용 DB 구축	· 2010년까지 1,000건 구축
		· 3차원 입체정보(CAD/CAM) DB 구축
		· 3D 입체영상/도면관리 및 관련 콘텐츠 구축
	중요 목조문화재 실측조사	· 중요목조문화재 139건 실측조사 및 기록보존
		· 1999~2008년/현재 국보 8건, 보물 34건 실측 완료
	석조문화재 기록보존	· 석탑 등 석조문화재 정밀실측 및 사진 촬영 실시, 기록 보존
		· 2004~2013년/현재 10기 석탑 실측 완료
	근대건축물 기록보존 및 DB 구축	· 근대 문화유산 실측 및 사진 촬영 기록 보존
		· 1999~2008년/현재 73건 완료
	중요 민속자료 기록화	· 중요 민속가옥 정밀실측 및 기록화 보고서 발간
		· 창녕 하병수 가옥 등 9건 완료
	석조미술 문화재 기록화	· 부도 및 탑비의 정밀실측 및 디지털 사진기록
		· 2004~2013년 총 181건 조사 목표/현재 17건 실측 완료
	세종대왕릉, 효종릉 실측 조사	· 왕릉 주변 지형 및 배치 현황 실측 조사 실시/완료
	중요 동산	· 2D/3D촬영, 형상, 설명자료, 인터렉티브 등 총 467건 대상
	문화재 입체영상화	· 2005년 사업 완료

---

29) 유동환, 앞의 글. pp.22~24.

30) 문화재청 문화재활용팀 강경환, 「디지털 기술을 활용한 문화재의 복원 및 활용사례」, CT포럼 3차-문화유

문화재 실측기록 DB	남북한 종합학술조사	·북한의 고건축 등 정밀실측 조사/연탄 심원사 조사 완료
		·2013년까지 6건 조사 목표
	중요 동산문화재 기록화	·3차원 영상, 형상정보 도면, 콘텐츠 등 기록화
		·총 33건 대상
	관덕정, 쌍계사 대응전 보수공사 실측	·해체보수 공사 실측기록 및 보고서
전적문화 재 기록 DB	전적문화재 원문 DB 구축	·원문자료 디지털촬영, 컴퓨터이미지 구축, 콘텐츠 개발 및 인터넷 탑재
		·2003~2005년간 총 702건 완료/870건 목표
	중요 전적문화재 기록화	·디지털촬영, 원문입력, 컴퓨터이미지 구축, 인터넷 서비스
		·2002~2005년간 총 177건 완료
	전통문화원형 기록화 DB	·직물, 복식 관련 데이터 구축/200건
문화재 영상기록 DB	금석문 종합영상 DB 구축	·선사-조선시대금석문텍스트 8,000건 대상
		·이미지 자료 및 콘텐츠 및 시스템 개발
	중요무형문화재 기록화	·중요문형문화재 보유자 기예능을 촬영, 기록 영상 제작
		·1995~2005년 총 90건 제작/120건 목표
	전통 기예능 조사연구	·우리 민족의 전통 기예능 조사연구 및 콘텐츠 구축
		·2002~2005년 총 19개 종갓집 대상 영상기록물 제작
	남북한 종합학술조사	·북한의 국보, 보물대상 유물유적 DB 구축/총 2,628건
		·인터넷자료관 운영 및 콘텐츠 개발
		·3차원 영상콘텐츠 '고구려궁성을 찾아서' 등 3건
	모션캡처를 이용한 무형 문화재 기록화	·중요무형문화재의 신체의 시간적 동작을 계측, 기록 보존
		·데이터를 이용한 교육시스템 구축 및 관련 3D 콘텐츠 개발
		·살풀이, 승무 등 총 11건 제작 목표
기타 기록화	중요문화재 탁본 조사	·궁궐, 왕릉의 석비 등 탁본조사/도록 발간 및 DB 구축 추진
		·2005~2014년간 1,285건 실시 목표

<표 1-4>의 주요 현황을 보면 문화재에 대한 기본적인 정보를 기록보존차원에서 전개한 특성을 가지고 있다. 콘텐츠 단계로 보면 DB 구축 단계에 머물러 있다. 구체적으로 A1 전산화와 A2 정보화, 그리고 디지타이징, 아카이빙 단계에 해당된다.

산과 CT 발표문, 2008. pp.6~10. 참조.

이 단계에서 디지털 기술은 문화재 정보의 채취와 보존에 집중하고 관광과 콘텐츠 등 산업화를 위한 기술 적용의 단계에는 이르지 못하였다.[31] 하지만 최근 구축된 DB를 바탕으로 헤리티지채널[32]의 신설 등 문화재의 보존차원의 기록에서 활용차원으로 전개해 나가는 사업도 전개하고 있다. 하지만 이는 기존의 정보를 가공하여 보다 많은 사람들에게 문화재 정보를 제공하는 단순 활용(A3) 단계라고 볼 수 있다. 문화재에 대한 전문적인 정보를 수집하고 조사하여 기록하고 알리는 차원의 과거 활동에서 그 수단이 디지털기반으로 전환된 수준의 콘텐츠라고 할 수 있다.

본격적인 콘텐츠의 산업적 활용을 주요 목적으로 하는 대표적인 사업은 문화관광부 산하 한국콘텐츠진흥원[33]의 문화원형 관련사업[34]이다. 이 사업의 명칭은 '우리 문화원형의 디지털콘텐츠화사업'이었으나 사업의 중심가치가 디지털화에서 전통 문화유산에서 창작소재를 발굴하기 위해 2007년 2단계부터 '문화원형 창작소재개발사업'으로 바뀌었다. 이는 초창기 디지털화라는 기술적 전환에서 소재발굴이라는 내용적 콘텐츠 개발로 사업방향이 진행되었기 때문이다.

이 사업의 목적은 '우리 고유의 문화원형을 발굴하고 콘텐츠화하

---

31) 문화재청 문화재활용팀 강경환, 앞의 글.

32) 헤리티지채널은 문화재청에서 2010년 8월 오픈한 문화재의 다양한 정보를 멀티미디어콘텐츠로 제작해 서비스하는 웹기반 콘텐츠이다. 이는 디지털기술에 기반을 두어 영상, 사진 등의 멀티미디어 기술을 이용해 문화재를 소개하는 형태로 기존 텍스트 위주의 정보 제공과 달리 멀티미디어기술을 활용한 인터넷서비스이다.

33) 문화원형사업을 주관하던 한국문화콘텐츠진흥원은 2009년 5월 한국방송영상산업진흥원, 한국게임산업진흥원과 한국콘텐츠진흥원으로 통합되었다.

34) 이 사업의 명칭은 '우리 문화원형의 디지털콘텐츠화사업'에서 2007년 '문화원형 창작소재 개발사업'으로 바뀌었고 2010년 다시 '문화원형디지털화'라는 이름으로 명칭이 변경되었다. 본고에서는 주로 2002년부터 2009년까지 시행된 사업을 대상으로 하고 있으므로 문화원형사업으로 통칭한다. 명칭 변경 후 2010년 사업은 11월 현재 진행되지 않고 있다.

여 문화정체성 확립에 기여하고 아울러 문화산업에 필요한 창작소재 제공의 기반 조성'에 있다. 그동안 우리 문화원형 발굴과 문화산업기반을 위한 소재 개발에 주목적을 두고 진행되어 왔다. 2009년 상반기 사업 실시 후 콘텐츠 관련기관의 통합 이후에는 '문화원형디지털화'라는 이름으로 명칭이 다시 변경되었다. 기존의 소재 개발뿐 아니라 문화콘텐츠닷컴 등의 콘텐츠 유통 서비스 운영과 개선, 개발된 문화원형의 활용장려 등이 주요 내용에 포함되어 지원사업 방향이 소재발굴지원 위주에서 활용, 보급을 포함하는 방향으로 진행되었다. 2002년부터 2009년까지 선정된 주요 문화원형사업 내용은 다음과 같다.

::**표 1-5** 문화원형 개발 선정과제 현황(2002~2009)[35]

분류		선정과제
이야기형	구비문학	· 신화의 섬 제주 · 백두산 · 불교설화* · 금강산 · 설화 인물유형 · 호랑이 · 연오랑세오녀 · 고대 건국설화 · 처용설화 · 바리공주 · 도깨비 · 인귀설화 · 신화의 나라 · 바닷속 상상세계 · 한국정령 · 신화원형(산해경)
	기록문학	· 한국 감성소재 · 왕오천축국전* · 삼국유사 · 조선시대 대하소설 · 표해록 · 유산기 · 야담 · 태평광기
	정치 경제 생업	· 수렵 · 정변 · 암행어사 · 조선상업활동 · 한강 생활문화 · 흠휼전칙, 형구 · 유배문화 · 독립신문, 만민공동회 · 어로 · 낙동강 나루주막 · 개항시대 인천항 · 구한말 정동
	종교 신앙	· 오방대제 · 부적 · 강릉단오제 · 운주사* · 성신앙 · 굿 · 당제 · 승려* · 천면고택시나락
	인물 (남/여)	· 선덕여왕 · 신라화랑 · 삼국사기 역사인물 · 고려사 인물유형 · 고려 여인 · 조선 기녀 · 궁중 여성 · 신여성 · 근대 기생 · 최승희

---

35) 문화체육관광부, 『2009 콘텐츠산업 백서』, pp.97~100.

디자인형	회화	・고구려 고분벽화・탱화*・전통민화 ・풍속화・감로탱* ・동물화, 동물아이콘 ・기산풍속도・탐라순력도
	미술 공예	・범종, 불전 사물*・하회탈・금속공예・장승・암각화 ・백제 금동향로・전통색채・고문서 디지틸 폰트 ・자수문양・길상이미지・궁중문양・전통가구・능화문 ・도지문화원형・수미단*・단청문양・서예가 서체
	음악	・고려가요・산조・국악기음원 ・종묘제례악・국악선율 배경음악 ・악학궤범・국악장단・전통음악 음성원형 ・정간보・소리은행・백두대간 음악원형 ・아리랑・근대 음악원형
	군사 외교	・전투원형・산성원형・궁술・첩보활동・실크로드 ・발해・大백제・삼별초 ・전통무기, 몬스터 원천소스 ・진법・국왕경호체계・조선통신사 ・무예, 무과시험・수영, 군영사・암호, 신호체계・역관
	의(복식)	・전통머리모양・고려복식・복식원형・전통장신구
	식(복식)	・술 문화・조선 조리서・와인문화
	주(건축)	・전통건축물 구성요소・사찰건축*・전통목조건축 ・전통다리・전통건축・전통한옥 ・궁궐조경・정원, 정자・근대 극장・앙코르와트*
정보자료형	과학기술 (의약)	・도량형・24절기・검안기록・과학문화유산・옛 의서
	교통 통신 지리	・해상 선박, 해전・독도・뱃길(수상교통)・한성도성복원 ・전통 한선・대동여지도・옛길문화・전통팔경・서울근대공간
	천문・풍수 (우주관)	・풍수지리・토정비결・한국 천문, 별자리・저승세계*
	의례	・죽음 전통의례・고인돌・팔관회*・화성의궤 ・궁중의례・궁궐의례・전통가례
	놀이 연회	・전통놀이・탈・남사당・줄타기・효명세자, 춘앵전 ・무형문화재 춤・전통노리 춤・전래동요
	문화 일반	・얼굴유형・무궁화・땅별지기・아동교육・여항문화 ・택견・러시아이주사・근대한국문화・택견 8마당

주) * 불교관련 주제

<표 1-5>의 선정된 과제를 보면 크게 범주를 이야기형, 디자인형, 정보자료형으로 나누고 있다. 2002년부터 2009년까지 선정주제를 나누면 총 168건 중 이야기형은 55건, 디자인형은 71건, 정보자료형은 42건이다. 이 중 정보자료를 디지털 콘텐츠화하거나 전통문양 등을 디자인소스로 활용할 수 있는 DB 구축에 가까운 주제의 비중이 2/3에 해당한다. 이는 2007년까지 '문화원형의 디지털콘텐츠화'라는 명칭으로 그 주요 목적이 디지타이징, 아카이빙 단계에 가까웠기 때문이다. 이는 2007년 이후 수적 증감 비교를 보면 2007년까지의 사업 특징이 명확해진다.

::**표 1-6** 문화원형사업 선정 주제 범주별 수적 증감

단계	이야기형	디자인형	정보자료형
1차 사업(2002~2007)	48	60	42
1, 2차사업(2002~2009)	55	71	42
증감	+ 7	+ 11	0

<표 1-6>을 보면 2007년까지의 1단계 선정사업 중 이야기형은 총 150건 중 48건, 디자인형은 60건, 정보자료형은 42건이었다. 이후 2년 동안 선정된 과제 중 이야기형은 7건이 증가했고 디자인형은 11건이 증가했으나 정보자료형은 더 이상 선정되지 않았다. 이는 1차사업의 주요 방향이 문화콘텐츠 산업의 기반이 될 문화원형을 개발한다는 활용목적을 두었지만 실제 선정주제는 대부분 기존자료를 디지털화하여 하나의 주제로 새롭게 분류하여 활용하기 쉽게 기반을 구축하는 아카이빙단계에 해당되었기 때문이다. 문제는 이야기형으로 분류된 주제 중에도 대부분이 기존 설화와 역사스토리를 아카이빙하는

단계에 머물러 있는 수준을 볼 때 문화원형 관련 사업이 본격적인 산업적 활용이라는 단계에 해당되기에는 미흡한 점이 많다. 이는 결국 실제 선정된 주제를 두고 개발한 콘텐츠의 활용실적이 그 자체로 새로운 창조콘텐츠로서 독립적인 활용가치보다 DB 콘텐츠로서 단순하게 활용되는 사례가 많다는 특징으로 이어진다.

지금까지 검토한 주요 콘텐츠 개발사업의 현황을 개발단계에 적용해본다면 데이터베이스 구축 단계라고 분류하는 것이 정확할 것이다. 국가지식정보화사업이 학술지식을 디지털화하는 초기 단계라면 문화원형사업은 이를 구체적인 아이템으로 아카이빙 하는 단계에 가깝다. 이렇게 구축된 DB는 문화재 정보제공, 전통 디자인 원형제공 등의 관련정보 제공과 교육, 학술 정보제공 등 본격적인 산업적 활용에 앞선 공공활용이나 단순 산업적용 소재에 머무르고 있다. 게임, 애니메이션 등의 다른 콘텐츠 산업이 산업적 활용을 목적으로 빠른 속도로 발전하는 것에 비해 우리 문화원형을 대상을 한 콘텐츠개발은 그 진행속도가 상대적으로 더디다고 할 수 있다. 이는 문화재를 비롯한 우리 문화원형 활용이 'DB 콘텐츠－산업적 활용'이라는 기존 단계로는 쉽게 실현되기 힘든 측면이 있음을 의미하고 있다.

다음 장에서는 기존의 콘텐츠 개발단계의 문제점을 바탕으로 문화재콘텐츠 개발에 적합한 개발방법을 제안, 검토해보겠다.

2. 개발모형 제시－브리지콘텐츠(Bridge Contents) 모형

크게 데이터베이스 구축－산업 활용으로 구분한 콘텐츠 개발단계는 문화재 분야의 적용에 문제점이 있다. 전문적인 학술지식을 디지털화하여 데이터베이스로 구축했다고 해서 이것이 콘텐츠 원천소스로서 적합한 것을 의미하지는 않는다. 기술적 형식으로는 디지털 부호로서 다양한 형태로 전환될 형식을 갖추었지만 내용적으로는 과연 콘텐츠 상품으로 개발에 적합한지의 여부이다. 즉, "DB의 내용물이 이전의 학술적 지식과 어떤 차이점이 있느냐"이다. 기술적 형식의 용이성 못지않게 내용적으로 활용이 가능한 용이성, 접근성 등의 콘텐츠 적합 여부가 충족되지 못하는 문제점이 있을 가능성이 높다.

구체적으로 전문연구자가 참여한 DB의 내용을 콘텐츠 산업인력들이 상품으로 개발하고 활용하기에는 어려운 점이 많다. 지금까지의 DB 구축이 학술정보 구축이라는 전문연구자의 영역이었고 내용 자체가 전문 연구자료에 가까워 산업분야에서의 활용력이 떨어질 수밖에 없다. 문화원형사업은 여기에 활용 가능한 소재를 제공했다는 점에서는 분명 높은 평가를 받을 수 있다. 하지만 이 사업도 기존 자료를 분류해 쉽게 접근이 가능한 용이성을 확보했지 창조적인 소재 발굴이라는 내용적인 측면에서는 한계가 있었다.

기존의 학술지식을 디지털화하고 이를 바탕으로 아카이빙 단계를 거쳤다고 해도 엄밀히 말하면 기존 형식의 연구-기록 과정을 디지털 형식으로 전환한 '새로운 형식'의 내용물일 뿐이다. 분명한 것은 '새로운 형식'의 내용물이 '새로운 내용'의 콘텐츠를 의미하지 않는다. 원천소스로서 적합한 콘텐츠는 새로운 형식과 새로운 내용을 충족하는 콘텐츠를 말한다.

기존 자료를 구축하고 이를 활용한다는 방법으로는 단순 활용수준에 머물 수밖에 없다. 기존의 활용 이상을 할 수 없다는 표현이 정확하다. 문화재의 활용은 이전에도 학술정보 제공, 전시, 교육, 관광자원으로서 이루어졌다. 방대한 디지털 DB 구축이 이루어져 보다 많은 사람이 문화재 정보를 이용하고 제공받게 되었지만 그것은 접근의 용이성 같은 기술적인 방법의 개선 결과이지 내용적인 변화라고 보기는 힘들다. 인문콘텐츠의 핵심가치가 바로 문화원형 제공이라는 내용적 강점임에도 불구하고 역설적으로 형식적 가치 전환에 머물러 있던 셈이다. 그렇다면 새로운 형식에 걸맞은 새로운 내용의 콘텐츠를 만드는 '창조적 단계'가 필요하다.

브리지콘텐츠(Bridge Contents) 모형은 전문분야와 콘텐츠 산업 현장을 잇는 가교(架橋) 역할을 하는 영역을 통해 전문성과 산업성을 충족시키는 방법을 모색한다. 이 분야는 콘텐츠산업의 원형소재라 할 수 있는 O.S.(원천소스: Original Source) 분야를 독립적으로 설정하고 기존의 콘텐츠 전문가가 아닌 '문화재콘텐츠 전문가'라는 전문가 개념을 설정한다. 이를 통해 기존 전문분야와 콘텐츠 분야와의 일대일 다이렉트 개발 방식에서 벗어나 가교가 되는 브리지콘텐츠 분야를 거쳐 감으로써 창조적인 원천소스를 개발하는 것이다.

<그림 1-3>은 기존의 개발방식을 다이렉트 모형으로 개념화하여 브리지콘텐츠 모형과 비교한 것이다. 다이렉트 모형의 '연구분야 ← 콘텐츠산업'의 형태는 산업계의 요구로 상품 위주의 제한된 개발로 그치며 단기적이며 일회적인 개발인 데 반해 연구분야 → 브리지콘텐츠 → 콘텐츠산업으로 이어지는 선행연구를 통한 개발은 전문적인 원천소스 위주의 개발, 독창성, 전문성, 고유성을 갖춘 장기적인 문화재콘텐츠 개발의 가능성을 높일 수 있다. 이와 같은 개발 흐름 개선을 통해 한국 문화바탕의 수준 높은 원천소스를 개발하여 고질적인 소재 한계를 극복하고 차별적 경쟁력 확보를 통한 문화 창조과정으

로 이어질 선순환 흐름을 확보할 수 있다.

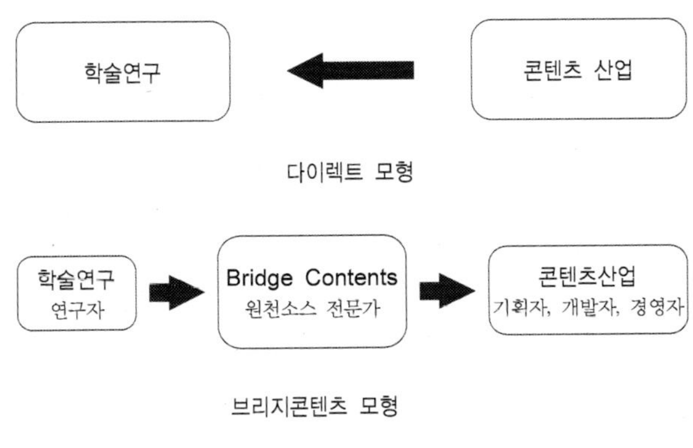

::**그림 1-4** 브리지콘텐츠 모형

콘텐츠의 주요 핵심개발대상은 문화재 원형을 바탕으로 한 창조적인 스토리 개발과 디자인 콘텐츠 개발이다. 기존의 지식을 디지털화하고 아카이빙하는 수준이 아니라 창의적인 콘텐츠를 개발함으로써 정보 위주의 단순 활용 콘텐츠와 차별화를 이루고 그 자체로 새로운 문화상품으로 가치를 확보하는 것이 우선이다.

문화재콘텐츠의 주요한 개발가치는 구체적인 이미지 대상과 스토리의 결합구조이다. 사실 미술사의 주요한 학문적 방법이기도 한 이미지(美術)에 대한 이야기(史) 연구는 다른 어떤 영역보다 브리지콘텐츠 모델 적용에 적합하다고 할 수 있다. 즉, 미술사연구를 통해 축적된 지식을 바탕으로 문화재 이미지에 대한 스토리텔링을 통해 이미지+스토리 형태의 브리지콘텐츠를 개발하여 이후 산업적 활용에 적합한 원천소스를 제공하는 것이다. 무엇보다 이렇게 개발된 브리지콘텐츠는 그 자체로 콘텐츠 작품이 될 수 있어야 한다. 개발과정의 반가공 형태의 스토리를 공급하는 것이 아니라 작품적 완결성을 통해 문화재콘텐츠를 만들어내는 역할을 해야 '가치 있는 문화재'로 대접을 받을 수 있다.

또 다른 주요 개발대상은 문화재 전통 제작기법 같은 무형의 문화재와 전통 문양 분야 등을 대상으로 하는 전통 디자인콘텐츠이다. 미술사를 기본 원형으로 한 스토리가 텍스트 형태라면 전통예술품 그 자체나 이를 제작하는 기법 등은 이미지 중심의 콘텐츠 형태가 되어야 한다. 특히 과거 형태의 복원이나 전승이라는 보존가치를 넘어선 현대적 활용도가 분명하게 반영된 디자인 개발의 의도성을 가져야 한다. 무엇보다 기능성이 사라진 문화재의 복원 형태가 아니라 현대적 기능성이 반영된 문화재 디자인콘텐츠 특징을 확보해야 한다. 즉, 새로운 시대에 어울리는 기능성과 전통가치를 살리는 창의적 결과물로 원형을 새롭게 활용하는 재창조의 의도성을 반영해야 한다.

문화재콘텐츠의 창조적 원천소스로서 브리지콘텐츠의 핵심개발대상은 크게 스토리중심의 텍스트형식과 디자인 형태의 이미지형식으로 <그림 1-5>로 정리해 보았다. 이것은 기본적으로 인문학 범주에 속하는 미술사를 원형으로 삼을 경우에는 스토리 형태를, 예술 범주에 속하는 전통예술을 원형으로 삼을 경우에는 디자인 형태 중심의 결과물을 지향하기 때문이다. 물론 개발대상의 성격에 따라 이 두 가지 형태가 개별적으로 개발되거나 동시 개발되는 등의 구체적 방법은 차이가 있을 수 있다.

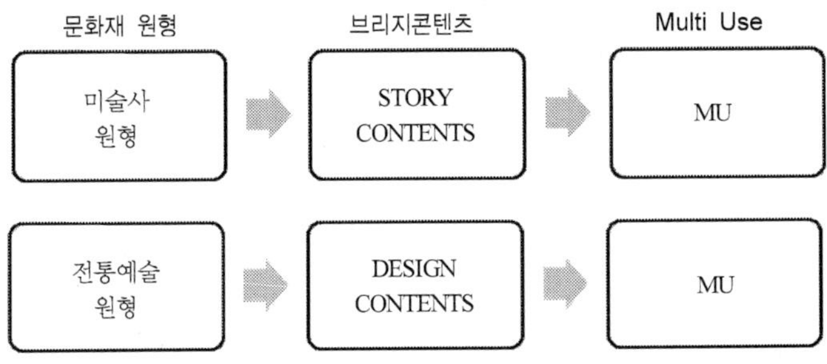

::**그림 1-5** 브리지콘텐츠 핵심개발대상

문화재 분야에서 시작한 전문콘텐츠 개발가치는 학술연구단계에서 더 나아가 콘텐츠 '작품'을 만드는 영역 확대에 의미가 있다. 문화재콘텐츠 개발은 학술연구의 수준에서 나아가 문화 창조의 새로운 기회를 콘텐츠 개발을 통해 얻는 것이다. 상품이 아닌 예술적 가치를 지닌 작품을 만드는 것은 연구와 산업의 가교모델로서 스스로 가치 있는 문화재를 지향하기 때문이다.

3. 브리지콘텐츠 전문가의 역할

콘텐츠 산업에서 브리지콘텐츠의 역할은 기존지식의 정보화-단순 활용을 넘어 창조적인 원천소스를 개발하여 문화상품을 만들 수 있는 차별화된 소재를 제공하는 데 있다. 이를 위해서는 문화재 분야의 전문성과 콘텐츠 개발능력을 갖춘 융합형 인재의 확보와 양성이 무엇보다 중요하다. 문화재를 연구하는 학술연구자와 산업분야 개발자의 협력은 산업수요에 따른 단편적인 자문에 그치고 있다.

문화재 분야의 콘텐츠 개발 현황에 관한 문제점으로 결국 두 분야

의 접점에 있는 전문가의 부재를 들 수 있다. <그림 1-6>의 모형에
서 제시한 이 접점(接點)이 가장 취약한 부분이자 가장 중요한 원천소
스 개발 부분으로 진정한 융합전문가 영역이다.

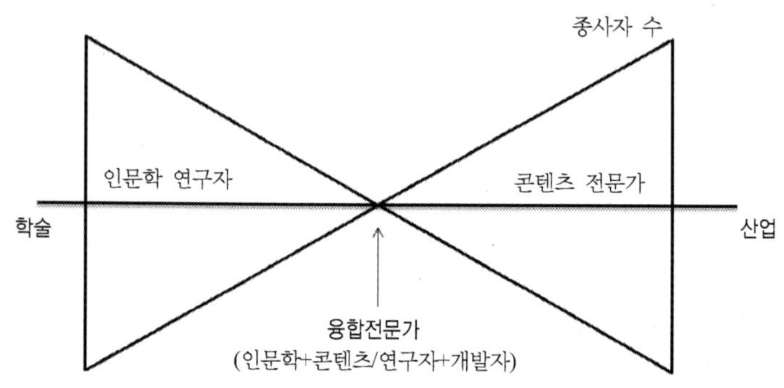

::**그림 1-6** 나비모형(콘텐츠 분야 인력구조 모형)

　문화콘텐츠산업은 무엇보다 핵심인재 위주의 지식산업이다. 결국
새로운 형식에 걸맞은 새로운 콘텐츠를 개발하기 위해서는 브리지콘
텐츠 전문화와 전문가 양성이 중요하다. 기존의 콘텐츠전문가는 기술
전문가 위주의 인력구조였다. 나비모형에서처럼 콘텐츠 전문가의 수
는 많으나 원천소스를 제공하는 분야의 내용적 전문성을 갖춘 융합
전문가는 찾기 힘들다. 내용 전문가이거나 기술 전문가이지 문화재의
전문성과 콘텐츠의 활용력을 갖춘 브리지콘텐츠 전문가는 없었다.
　실제 개발 소재는 원형을 제공하는 연구 분야가 가지고 있지만 산
업분야에서 요구하는 부분적인 콘텐츠만 개발하는 한계와 산업분야
가 연구 분야의 전문성을 따라가지 못하여 발생하는 소통의 문제 등
은 결국 전문성의 부재 때문이다.

인문학에 기반을 둔 전문가가 양질의 원천소스를 제공하는 방법이 나오지 않으면 낮은 수준의 국적불명 콘텐츠만 양산될 가능성이 높다. 그렇다고 인문학 기반 콘텐츠를 제작하기 위해서 산업분야의 개발자에게 학술적 전문성을 단시간에 요구하는 것은 무리이다. 따라서 브리지콘텐츠 전문가는 인문학 기반의 특성을 가지고 있어야 한다.

브리지콘텐츠는 콘텐츠에 일종의 문화 메시지를 담아내는 과정이다. 문화가 지향하는 가치를 메시지로 담아낼 때 콘텐츠는 가치 있는 문화상품이 된다. 이 문화 메시지를 담아낼 브리지콘텐츠 전문가는 새로운 단계의 '창조적 전문가'이다. 기술과 내용에 대응할 수 있는 전문가 특성을 가지고 있어야 한다. 문화재의 올바른 가치 메시지를 담을 수 있는 내용 전문가여야 하며 산업적 기술을 이해하는 기획능력을 갖춰야 한다.

연구자인 동시에 개발자의 역할을 수행하는 두 분야가 만나는 나비모형의 '접점의 전문가'가 그 역할이다. 학술연구자가 엄격성을 벗어나 대중과 만나는 시도는 오래전부터 있었다. 학술보고서를 벗어나 문학과 예술분야에 탁월한 능력을 보인 그들은 메시지를 표현하는 수단, 즉 미디어를 다양하게 활용했다. 전통적인 미디어(출판, 공연)를 통해 인간정신과 인류 이상을 표현했다. 콘텐츠산업은 새로운 미디어의 총체이다. 우리 시대가 원하는 시대정신과 이상을 표현하는 수단으로 새로운 양식이 등장한 것이다. 이 미디어의 양식을 이해하고 이를 통해 메시지를 전할 수 있는 접점에 위치한 자가 바로 브리지콘텐츠 전문가이다. 브리지콘텐츠 전문가의 역할 고민은 "왜(why) 그것을 담아야 하며, 무엇(what)을 만들 것인가"이며 "그것을 어떻게 (how) 전달할 것인가"이다.

Why는 무엇에 담길 메시지이다. 이 메시지는 인간이 원하는 행복과 이상에 대한 인문학의 고민이다. How는 메시지를 전달하는 방법이자 수단이다. 이는 기술적 양식에 해당한다. What은 구체적인 실체이자 결과물이다. 이 세 가지 중 핵심가치는 Why이다. 다음은 창조적 전문가의 특성을 설명하기 위한 WHY 방법론이다.

<그림 1-7>의 방법론에는 WHAT → HOW → WHY로 이어지는 대상 중심의 WHAT 방법론이 있고 WHY → HOW → WHAT으로 이어지는 의미 중심의 WHY 방법론이 있다. 전자는 대상을 놓고 이에 맞추기 위한 의미를 만들어내는 과정이며 후자는 어떤 메시지를 담을지 고민 후 적절한 방법을 통해 결과를 만들어내는 과정이다. WHAT 방법론은 상품을 만들기 위해 의미를 담기 때문에 그 안에 담기는 내용물은 소재이자 도구이다. 하지만 WHY 방법론에서는 의미를 담기 위해 상품을 만들기 때문에 담기는 내용물이 목적이다.

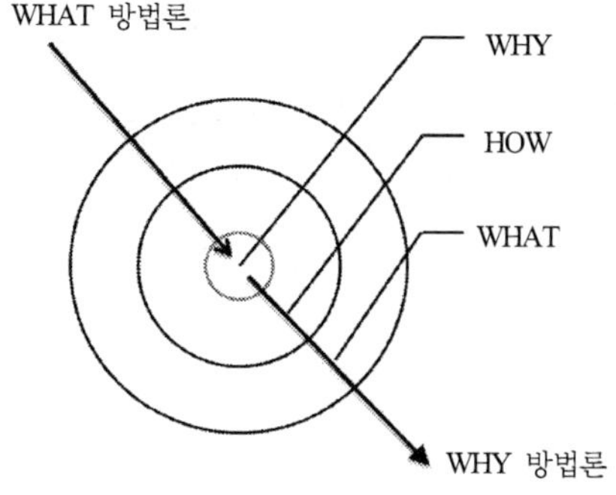

::그림 1-7 WHY 방법론36)

36) 미국의 마케팅 컨설턴트 사이먼 사이네크는 미국 테드 컨퍼런스(ted.com)에서 대표적인 IT-콘텐츠 기업으로서 애플의 성공이유를 why-how-what 구조의 황금원 이론을 통해 설명했다. 이 이론은 창조기업의 성

브리지콘텐츠 전문가는 단순히 상품을 만드는 것이 아니라 의미 있는 메시지를 담은 문화상품을 만드는 창조 전문가여야 한다. 기존의 산업시대 개발방식인 WHAT 방법론이 아니라 그 안에 담을 내용물의 가치와 의미를 먼저 이해할 수 있는 WHY 방법형 패러다임을 갖추어야 하는 것이다. WHY는 결국 창조적 예술의 원천인 인간존재에 대한 의문이며 여기에 대한 답은 인문학에 있다.

'왜'에 대한 메시지가 담기지 않은 콘텐츠는 단지 상품일 뿐이다. 문화재콘텐츠는 그냥 상품이 아니라 문화재를 담을 수 있는 상품(콘텐츠)을 원하는 것이다. 문화라는 가치가 우선이다. 가치우선 특성에 따른 새로운 가치창출 과정을 거치는 것이다. 문화재콘텐츠는 기본적으로 상품을 목적으로 하는 것이 아니라 가치 우선의 패러다임을 지향한다. 브리지콘텐츠가 만들어내는 것은 가치가 있는 문화 작품이다. 여기에 기존의 전문가와 다른 창조적 전문가로서 사고방법을 가져야 한다.

브리지콘텐츠 전문가가 가져야 할 구체적인 역량은 스토리 개발능력과 창조적인 디자인 개발능력이다. 구체적인 이미지를 가지고 있는 문화재 분야의 콘텐츠 개발은 결국 스토리 구조를 완성하는 데 있다. 물론 전문연구자는 기본적인 글쓰기 능력이 구비되어 있다. 하지만 학술지식을 창의적인 스토리로 만들 수 있는 능력은 연구자의 글쓰기와는 다른 전문작가의 역량이다.

이렇게 만들어진 독창적인 스토리는 기존의 학술지식과는 다른 새로운 영역의 작품이 될 수 있다. 기존의 연구 성과가 정보, 지식 등의

공이유뿐 아니라 문화재 분야 창조전문가로서 설명에도 유용해 이를 바탕으로 why 방법론을 본 연구모형으로 재해석, 활용하였다.

사실(fact) 가치라면 브리지콘텐츠의 스토리는 사실을 기반으로 한 상상력의 결과물이기 때문이다. 독창적인 콘텐츠 작품으로서의 가치를 완성시키는 것이 바로 창조적 가설(假說)을 바탕으로 한 스토리에 있다. 이 스토리를 만들어내는 것이 바로 브리지콘텐츠의 창조적 부분이자 전문가의 핵심역량이다.

또한 전통 문화재를 만드는 제작기법이나 기술 부분에 있어서는 원형기법을 바탕으로 하되 현대적인 가치와 기능성을 고려한 창조적인 디자인콘텐츠 개발역량이 확보되어야 한다. 이를 문화재 디자인콘텐츠라고 정의한다면 복원, 전승을 넘어선 재해석, 활용, 발전 가치가 창조적으로 반영된 결과물이어야 한다. 즉, 기능성이라는 디자인 핵심가치를 반영한 현대의 활용 가능한 문화재를 개발할 수 있는 개발능력을 확보해야 한다.

브리지콘텐츠 전문가는 구체적으로 학술연구자의 인문학적 자질에 창조적인 스토리와 디자인 개발 능력, 그리고 산업적 활용과 연계시킬 수 있는 기획력을 갖추어야 한다. 장기적으로 볼 때 콘텐츠 관련 인력의 구성은 전문콘텐츠 개발은 해당전공에서, 콘텐츠 상품제작 단계의 인력은 콘텐츠 관련 전공에서 배출하게 될 것이다. 문화콘텐츠 관련 계열에서 수많은 범주의 전문분야를 깊이 있게 다루는 브리지콘텐츠 전문가를 배출해내는 것은 사실상 불가능하다. 따라서 문화재콘텐츠 개발은 문화재 분야에서 응용연구의 분야로 받아들여야 한다. 이를 통해 연구-작품개발의 선행연구가 이루어지고 콘텐츠 분야에서 이를 산업적으로 활용하는 형태가 가장 현실적이고 이상적인 개발구조라고 할 수 있다.

IT 기술이 급속하게 발달할 때는 기술 위주의 사회구조로 편성되지만 기술은 언제나 효과적인 수단이자 도구 이상은 아니었다. 결국 최근의 산업구조도 결국 IT가 전통적 산업과 결합되는 임베디드 (Embedded) 형태[37])로 진화하고 있다. 기술적 성과는 기존 전문분야를 돕는 양식으로 자리 잡고 있다. 문화산업에 급속하게 자리 잡은 콘텐츠산업 역시 서서히 개별 범주의 문화예술분야를 표현하는 효과적인 미디어 형식으로 자리하게 될 것이다. 모든 문화예술분야가 문화콘텐츠로 통합되어 보이는 것은 과도기적인 현상일 뿐이고 장기적으로는 다시 개별 전문범주의 응용분야로 다원화될 가능성이 높다. 이러한 콘텐츠 산업의 경향을 고려한다면 전문 콘텐츠 개발을 위한 문화재콘텐츠 연구와 해당 전문가의 역할에 대한 논의는 적절하다고 볼 수 있다.

4. 문화재콘텐츠 분야에서의 OSMU 전략의 효용성

콘텐츠의 산업적 활용을 말할 때 핵심적인 전략 중 하나가 One Source Multi Use(이하 OSMU)이다. OSMU란 하나의 원천소스를 놓고 다양한 형식의 상품을 개발하여 활용하는 일종의 윈도 다각화 전략이다. 이 전략은 수직적 Multi Use와 수평적 Multi Use로 나눌 수 있다.[38])

수직적 구조는 핵심소스를 두고 다른 형식의 장르로 변환하여 수직 계열화시키는 방안으로 하나의 스토리를 두고 영화, 애니메이션, 음반, 게임 등으로 활용하는 방식이다. 수직적 구조는 많은 비용과 시

---

37) 임베디드(Embedded) IT는 부가가치를 높이거나 새로운 비즈니스를 창출하기 위해 전통 산업이나 제품·서비스에 녹아들어 가는(내장되는) IT 기술을 말한다. 문화계에서도 전통출판과 IT 기술이 결합하여 전자출판으로 전환되는 예가 대표적으로 현대사회의 모든 분야가 이 형태로 전환될 것으로 예측된다.

38) 한국문화콘텐츠진흥원, 『문화원형을 중심으로 한 스토리텔링 마스터플랜』, 2007. p.24.

간이 투여되지만 다양한 매체로 전환되는 특성 때문에 성공했을 경우, 노출과 홍보 시너지 효과가 그만큼 커 수익이 극대화될 수 있는 전략이다. 이에 비해 수평적 구조는 비교적 단일장르의 콘텐츠를 다른 시간, 다른 공간으로 노출시키고 상품화하는 방식이다. 음원 콘텐츠의 경우 싱글앨범 출시 이후 일정시간이 흐른 후 정규앨범을 발표하고 뒤이어 공연영상이 포함된 특별판으로 상품을 다각화는 방식이 수평적 구조에 해당된다. 수평적 구조는 낮은 비용으로 여러 상품을 활용하는 효율성은 있지만 단일형식의 콘텐츠라는 점은 수익 창출은 낮을 수밖에 없다.

또 다른 전략은 완성작을 원소스-멀티유즈를 하는 순차 방식이 아니라 콘텐츠 개발단계에서 융합형 콘텐츠로 개발해 비슷한 시기에 동시 활용을 통해 시너지 효과를 극대화하는 방식이다. 제임스 카메론 감독의 영화「아바타」경우, 콘텐츠 개발단계에서 영화, 비디오게임, 모바일게임을 동시에 준비하여 실제 영화개봉과 동시에 아바타 게임을 선보이는 전략을 택했다. 일반적으로 영화의 성공 이후 다양한 게임이 연계 개발되는 기존의 방식과는 분명한 차이가 있었다. 이 경우는 콘텐츠 원천소스 개발과 활용이 동시에 이루어지는 형태이기 때문에 자본과 산업 역량이 높은 수준에 있어야 한다.

문화재콘텐츠의 개발에 있어서 유용한 전략은 역시 OSMU 전략이다. 문화재의 콘텐츠 개발은 허구적 스토리를 개발하는 과정과는 분명 다른 특징을 가지고 있다. 그 바탕을 한국의 문화원형에 두고 있기 때문에 전문콘텐츠를 개발하기 위해 상대적으로 많은 시간과 노력을 들여야 한다. 동시 출시하는 융합형 콘텐츠가 가능한 대상이 있고 검증된 원천소스를 확보해야 가능한 순차개발방식이 적합한 대상이 있다. 문화재콘텐츠의 개발은 원천소스에 해당하는 브리지콘텐츠를 통해 1차 활용을 모색하는 순차 개발방식이 더 적합하다.

그동안 비교적 단기간에 이루어지는 게임, 캐릭터, 모바일 위주의 콘텐츠 산업이 빠른 시간에 자리 잡은 이유는 융합형 콘텐츠 전략이 가능한 대상이었기 때문이다. 이에 비해 우리 문화를 대상으로 한 콘텐츠 개발이 상대적으로 늦은 것은 단기상품이 아니라 문화상품을 만들어내는 과정이기 때문이다. 그런 면에서 One Source의 의미는 문화재콘텐츠에도 적합하다. 비교할 수 없는 단 하나의 고유한 원천소스가 만들어지는 과정이다. 콘텐츠 산업의 주요 특성이 가공할 속도에 있지만 이는 원천소스를 만드는 개발과정의 속도가 아니라 활용과 접속, 파급효과 등의 산업적 영향력의 속도를 의미한다. 콘텐츠산업의 기술적 활용은 실제 원천소스 개발 이후에 대부분 적용된다. 원천소스는 기술로는 창조할 수 없는 내용물이다.

문화재를 비롯한 인문분야에서 콘텐츠를 응용학문으로 받아들일 수 있는 것도 바로 원천소스를 만드는 과정이 콘텐츠기술 분야에서는 만들 수 없는 전문성을 가지고 있기 때문이다. 따라서 문화재 분야와 산업 분야가 가치 있는 콘텐츠를 만드는 과정을 연계하기 위해서는 브리지콘텐츠 개발 후 검증된 콘텐츠를 가지고 양질의 문화상품으로 만드는 순차형 OSMU 위주의 전략 수립이 효과적이다.

5. 1st USE & MU 전략

문화콘텐츠분야가 주로 양질의 원천소스를 제공받은 대상은 소설, 만화, 신화와 같이 기존 형식을 갖춘 이른바 원형콘텐츠이다. 원형콘텐츠는 독립된 콘텐츠로서 대중성을 검증받아 브랜드가치를 확보한 콘텐츠를 말한다. 이에 비해 거점콘텐츠는 원형콘텐츠를 기반으로 대중적인 호응을 얻을 수 있는 적절한 장르로 전환된 것을 말한다.[39] 원형콘텐츠는 일반적으로 전통적 형식의 서사구조를 갖춘 출판물이 주요 형태이다. 오랫동안 대중적 인기와 높은 작품성을 확보하고 있는 원형콘텐츠는 그 자체로 작품적 완성도와 상품 형태를 갖추고 있다. 거점콘텐츠는 원형콘텐츠를 원천소스로 삼아 콘텐츠로서의 확장성과 접근성, 매체 다양화가 가능한 형태로 전환된 본격적인 콘텐츠 상품을 가리킨다. 예를 들면 전통적인 소설 작품을 먼저 영화화하고 성공 후 이를 바탕으로 뮤지컬과 음원, 출판, 교육 상품으로 다각화했다면 소설은 원형콘텐츠에 영화는 거점콘텐츠에 해당한다. 물론 거꾸로 영화를 원형콘텐츠로 삼아 소설로 각색해 거점콘텐츠로 삼을 수도 있다.

여기서 원형콘텐츠와 거점콘텐츠를 나누는 기준은 콘텐츠 활용의 '전략적 의도성의 유무'이다. 즉, 원형콘텐츠와 거점콘텐츠 전환과정에는 적절한 전략의 수립이 요구되고 반영된다. 기존의 원형콘텐츠가 작품으로서의 완성도에 목적을 둔 것에 반해 거점콘텐츠는 향후 다양한 매체를 통한 다각화를 염두에 둔 형태이기에 활용을 위한 전략이 반영되어 있어야 한다.

이런 점을 고려할 때 브리지콘텐츠는 작품적 완결성으로는 원형콘텐츠를, 향후 콘텐츠 활용을 염두엔 둔 의도성에서는 거점콘텐츠에 해당한다. 복합성을 가지는 것은 기존의 콘텐츠산업이 원천소재로 삼던 대상이 대부분 전통적 형식의 서사물로 전략적 의도성이 없는 원

---

39) 한국문화콘텐츠진흥원, 『문화원형을 중심으로 한 스토리텔링 마스터플랜』, 2007. pp.24~25.

형콘텐츠였기 때문이다. 브리지콘텐츠는 새로운 형태의 원천소스로
서 새로운 특징을 가진다.

브리지콘텐츠가 원형인 동시에 거점콘텐츠 역할을 수행하기 위해서
는 적절한 전략 수립이 전제되어야 한다. 그렇지 않다면 브리지콘텐츠
는 가교역할을 하지 못하는 원형콘텐츠에 불과하다. 문화재 분야에 바
탕을 둔 기존의 원형콘텐츠가 이미 출판형태로서 존재한다는 것을 생
각해본다면 브리지콘텐츠의 핵심특징은 바로 적절한 전략성 확보이다.

문화재콘텐츠의 개발전략은 '1st Use & Multi Use(이하 1st USE &
MU)'이다. 이 전략은 OSMU 전략을 기본으로 하되 먼저 O.S.인 원형
콘텐츠를 거점콘텐츠화하여 1차로 활용하는 단계를 거치는 것이다.
원형이자 거점콘텐츠로 문화재콘텐츠의 주요 개발방법인 브리지콘
텐츠를 활용할 수 있는 전략이다. 브리지콘텐츠는 원천소스이자 그
자신이 완성된 형태의 콘텐츠 작품이다. 이를 통해 브리지콘텐츠는
원형콘텐츠의 역할과 전략이 반영된 거점콘텐츠의 형식을 갖추어 일
종의 파일럿콘텐츠가 된다.

브리지콘텐츠가 기존의 원형콘텐츠와 다른 점은 콘텐츠 개발의 의
도성이다. 이전의 원형콘텐츠가 완성된 결과를 목적으로 한 반면 브
리지콘텐츠는 완성된 형태이자 진행 중인 형태를 지향한다. 문화재콘
텐츠에서 개발하는 브리지콘텐츠 특성이 여기에 있다. 의도성이 없는
원형은 우연적인 일회성 콘텐츠개발이다. 하지만 의도성을 갖춘 원형
은 장기적이며 뚜렷한 목적을 가진 메시지를 담을 수 있다. 1st use 전
략은 브리지콘텐츠가 원형콘텐츠인 동시에 거점콘텐츠로서 전략적
의도성을 갖추게 하는 조건이다.

우리 문화원형을 활용하는 대표적 사업이었던 기존의 문화원형사업은 OSMU 방식을 그 기본 전략으로 삼았으나 활용에 있어서는 제한적이었다. 원천소스를 개발하여 두면 산업계에서 다양하게 활용될 것이라는 예측은 정확하지 못했다. <그림 1-8>에서 보듯 원천소스에서 바로 다각화하는 문어발형 구조는 결국 적합한 전략이 아니었다. 선정된 소재는 그 자체로 완성된 형태를 갖추지 못하여 원형콘텐츠도 아니었고 각각 적절한 활용전략이 없어 거점콘텐츠화될 수도 없었다. 이는 엄밀히 말하면 아카이빙 형태의 소재였다. 전문분야에서 시작하는 콘텐츠 개발은 전략수립과 결과물을 분명히 하여 선택과 집중을 할 수 있는 전략이 효과적이다.

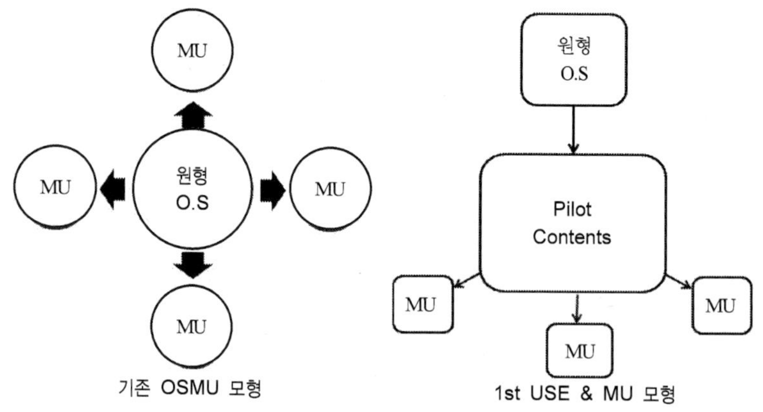

::**그림 1-8** 1st USE & MU 전략

<그림 1-8>의 1st USE & MU 모형에 따라 문화재콘텐츠를 개발하는 방식은 다음과 같이 정리할 수 있다. 넓은 범위의 우리 문화재 분야에서 문화적·학술적·보존적 가치가 있는 대상을 선정, 미술사

를 중심으로 기초적인 학술연구가 이루어진다. 이 성과를 바탕으로 브리지콘텐츠를 개발하게 된다. 브리지콘텐츠는 스토리텔링을 통하여 창의적인 콘텐츠 작품을 그 결과물로 삼는다. 또는 창의적인 디자인콘텐츠 형태로 개발된다. 이 과정에 원천소스를 표현할 장르를 선택하여 형태적 완결성을 갖추게 되면 원형콘텐츠가 되고 여기에 추가하여 향후 Multi Use를 염두에 둔 활용전략을 반영하게 된다면 거점콘텐츠화하게 된다. 브리지콘텐츠는 원형인 동시에 거점콘텐츠의 특성을 가진 완성된 파일럿콘텐츠가 되어 첫 활용사례가 되고 이를 바탕으로 순차적으로 다양한 장르로 전환과정을 거치거나 상품화되는 산업화 단계를 거치게 된다.

문화재콘텐츠 개발의 기본 전략은 브리지콘텐츠를 파일럿콘텐츠로 활용하는 1st USE & MU 전략이다. 문화재 분야에서 시작한 선행개발은 파일럿콘텐츠의 개발까지이며 이후 단계는 이를 상품화하는 산업분야로 나눌 수 있다.

6. 파일럿콘텐츠(콘텐츠북)의 역할

문화재콘텐츠는 1st USE & MU 전략에 따라 가교형태인 브리지콘텐츠 개발을 주요 방법으로 한다. 이 브리지콘텐츠의 구체적인 개발물은 첫 상품으로서 파일럿콘텐츠가 된다. 인문학을 바탕으로 하는 문화재 분야 파일럿콘텐츠의 주요 형태는 서사구조의 원천소스에 가까운 '콘텐츠북'40)이 적합하다. 책 형태의 출판물은 전통적인 매체형

---

40) 콘텐츠북의 용어 사용과 필요성에 대해서는 김기덕이 먼저 제시하였다. 김기덕은 개발물을 두고 웹에서 제공하는 정보보다 상세한 원본과 매뉴얼의 필요성, 개발에 참여한 연구자들의 연구 성과 차원에서 필요

식이지만 오랜 시간 동안 대표적인 문화상품이었다. 문화콘텐츠 산업에서는 대표적인 원형콘텐츠로 활용되어 왔으며 최근 전자책 콘텐츠의 제작과 보급으로 거점콘텐츠로 진화하고 있다.41)

콘텐츠북은 창조적인 스토리(또는 디자인)와 이를 분석한 개발 매뉴얼(연구논문)로 구성된다. 스토리는 원형콘텐츠로서 독립된 작품을 위한 내용물로, 개발 매뉴얼은 거점콘텐츠로서 기능을 위한 내용물에 해당한다. 실제 출간되는 형태는 스토리를 중심으로 하겠지만 개발과정을 담은 연구를 동시 수행함으로써 브리지콘텐츠라는 전문콘텐츠의 조건을 갖추는 과정이 된다.

스토리는 형식에 자유롭게 다양한 형태로 구성이 가능하며 여기서 말하는 대상은 서사구조를 가진 이야기 형식을 의미한다. 이른바 스토리텔링 결과물로서 다양한 미디어의 원천소스로 활용 가능한 원작의 개념을 수행하게 된다. 기존의 문학분야에서 공급되던 원작과의 차별성은 전문분야 콘텐츠 개발 특성을 반영하고 향후 활용 가능성을 고려한 의도성이 반영된 점에서 차이가 있다.

디자인콘텐츠의 경우에는 개발한 결과물에 대한 도판과 해석, 제

성을 언급하였다. 당시 인문학 연구와 달리 산업계에서는 개발 후 관련 기록과 연구 실명제에 소홀히 하는 문제가 있었다. 콘텐츠북 출간의 주된 목적이자 방법은 해당연구자의 참여라고 말하고 있어 인문학 연구자들의 참여 실명제를 해결할 수 있는 방법적인 측면으로 연구 성과물 위주의 형태로 제시하였다.(김기덕, 『한국전통문화와 문화콘텐츠』, 북코리아, 2007. pp.267~268. 참조) 본 연구에서는 이를 바탕으로 콘텐츠북의 개념을 브리지콘텐츠의 구체적 개발대상으로 발전시켜 설명하고자 한다. 김기덕은 일종의 연구보고서 형태를 콘텐츠북이라고 지칭한 것에 반해 본고에서는 스토리콘텐츠 작품과 연구논문이 결합된 형태를 제시한다.

41) 미국 전자책 붐을 이끈 전자서점 아마존의 성공 배경에는 46만 권에 해당하는 전자책 콘텐츠와 전용단말기 킨들이 있었다. 양질의 콘텐츠와 이를 구현할 기술의 결합이 그 성공 이유였다고 볼 수 있다. 상대적으로 전자책(e-book) 시장이 덜 발달한 우리나라에서도 2009년 7월, 49개 주요 출판사들이 공동출자해 만든 전자책 제작 판매업체인 한국출판콘텐츠(e-kpc)가 출범하면서 본격적인 전자책 시장이 열리게 되었다. 이는 전자책을 볼 수 있는 태블릿(tablet) PC가 본격 출시되고 다양한 스마트 기기가 보급되면서 이에 걸맞은 양질의 콘텐츠에 대한 수요가 늘어나고 있던 배경을 바탕으로 하고 있다. 전자책 콘텐츠는 기존 종이책보다 산업적 부가가치가 높고 다양한 형태의 전자기기와 미디어를 통해 활용될 수 있는 연계성을 가지고 있어 향후 거점콘텐츠의 주요 형태가 될 가능성이 높다.

작 및 디자인 적용 등에 대한 내용을 수록하고 여기에 관련 스토리 개발물을 연계시킬 수도 있다.

개발 매뉴얼은 개발과정에 대한 연구논문의 형태로서 스토리의 기본 구조와 근간을 이루는 원형에 대한 내용분석과 콘텐츠 가치와 활용방안 등의 전략부분을 포함한다. 이를 통해 이후 다양한 활용을 위한 내용 설명 역할과 콘텐츠 개발의도와 적절한 전략을 밝혀 장르 전환 시 가이드 역할을 할 수 있다.

브리지콘텐츠를 활용하려는 산업분야에 Multi Use를 위한 매뉴얼 역할을 수행하게 된다. 이는 보존가치가 존재하는 문화재의 특징을 고려하여 학술적 사실과 문화적 상상력을 구별하여 온전한 콘텐츠로서 활용될 수 있는 사용설명서를 제공하는 목적도 달성할 수 있다. 문화재콘텐츠 전문가와 학술연구자에게도 개발 매뉴얼을 통해 자신의 연구, 개발 성과를 축적할 수 있는 기회가 된다.

현재의 원천소스 개발 형태에 대한 모호한 범위와 복잡한 결과물 요구는 학술연구와 논문작업을 바탕으로 하는 연구자들의 참여에 걸림돌이 되어 왔다. 원천소스의 구체적 형태를 인문학연구와 서사구조에 적합한 콘텐츠북으로 단순화, 일원화한다면 연구자의 참여와 문화재콘텐츠 개발 활성화에 도움이 될 수 있다. 특히 개발 매뉴얼 작업은 일종의 가이드북으로서 기능과 동시에 연구성과로 축적되면서 콘텐츠 개발방법론에 대한 학술적 연구가 동시 진행되는 효과를 기대할 수 있다. 문화재콘텐츠 개발은 전문분야인 만큼 그 개발의 실제사례를 분석하여 온전한 콘텐츠를 만드는 바람직한 방법을 꾸준히 모색할 필요가 있다. 특히 그 목적이 단순히 수익성 상품개발이 아니라 우리 문화계승에 있기 때문에 문화계승 차원의 방법으로서 콘텐츠 개발수행 과정에 대한 연구가 활발해져야 한다.

콘텐츠 가치에 대한 평가기준도 평가대상의 형태가 단순화되면 효과적이다. 장기적으로 콘텐츠 지원사업도 각 전문분야의 콘텐츠북에 대한 평가로 지원하는 방식으로 전환한다면 연구와 콘텐츠 개발이라는 선순환 고리를 만드는 데 효과적일 것이다.

콘텐츠북은 핵심 개발물과 그 가치를 분석한 개발 매뉴얼을 통해 산업분야에서는 원천소스와 사용매뉴얼로, 연구분야에서는 연구성과로 활용할 수 있는 장점을 가지고 있다. 물론 파일럿콘텐츠의 형태가 단순하게 콘텐츠북 형태가 되는 것에 장르적 다양성이 부족하다는 지적이 있을 수 있다. 하지만 콘텐츠북이 전통적인 종이책 형태뿐 아니라 전자책 형태로 이미지와 영상, 음악 등이 결합된 멀티미디어 형태로 진화할 것임을 가정한다면 매체의 장르적 구별은 점점 더 의미가 없어질 가능성이 높다. 우리는 이미 영화와 전자책을 하나의 전자기기로 동일한 화면에서 볼 수 있다. 두 가지는 전통적인 장르적 속성은 다르지만 화면에 구현되는 영상이란 점은 다를 바 없다. 실제 텍스트에 증강(增强)현실이 결합되어 입체물로 구현된다면 이는 문자와 이미지의 융합콘텐츠로 발전할 것이다.

하지만 무엇보다 콘텐츠북은 문화재콘텐츠 개발이라는 특수성을 고려할 때 전문가 참여 확대와 개발성과물 제작의 수월성 측면에서 가장 현실적인 방법으로 제시한 것이다. 앞으로 관련 연구가 활성화되고 개발사례가 이어진다면 보다 복잡한 형태의 협업과 다양한 장르의 개발, 연구단계에서부터 공동개발이 이루어지는 본격적인 산학연계도 가능해리라 본다. 콘텐츠북 개발은 이와 같은 가능성을 염두에 둔 문화재와 콘텐츠의 구체적인 연결고리가 될 대상이다.

Ⅳ. 불교 문화재콘텐츠 개발

1. 불교 문화재의 특성과 가치

불교 문화재는 우리 문화재에서 차지하는 비중이 매우 높다.[42] 문화재콘텐츠의 주요 개발대상이 자연스레 불교 문화재일 수밖에 없는 가장 큰 이유이다. 하지만 문화재콘텐츠의 개발에 관한 구체적 대상으로 불교 문화재가 중요한 것은 우리 문화재에서 차지하는 수적 비중 때문만은 아니다. 더 중요한 이유는 우리 문화원형이 투영된 구체적인 유산으로서 오늘날까지 전해지는 전승가치이다. 불교가 지향하는 세계관이 우리 민족의 삶 속에 어떻게 구현되고 표현되어 왔는지를 알 수 있고 역으로 불교 문화재를 통해 우리 문화의 원형을 찾아볼 수 있다는 데 큰 의미가 있다. 불교 문화재를 통해 우리가 보고자 하는 것은 문화원형이다. 그 대상으로 온전히 보존된 불교 문화재의 가치가 있다.

불교 문화재는 보존과 활용이라는 상반된 가치를 지닌 특수한 대상이라는 점을 가장 잘 설명할 수 있는 대상이다. 종교 예배물인 동시에 공공문화재로서의 이중 가치는 그 활용을 제한하기도 하지만 오늘날까지 훌륭하게 전승되어 온 결정적 이유이기도 하다. 문화재를 콘텐츠로 활용하는 데 부정적인 전문가와 대중들이 존재하는 것도 바로 이러한 특수성에 대한 우려 때문이다. 활용의 전제에는 반드시

---

42) 2008년 12월 31일 기준으로 국가지정문화재 가운데 불교 문화재의 비중은 국보 307종 중 173종, 보물 1573종 중 989종으로 합계 1,880종 중 61%에 해당하는 1,162종이 불교관련 문화재이다(대한불교조계종, 『불기2552(2008)년 통계자료집』, 2009. p.43. 참조).

보존되어 온 문화재가 있어야 한다는 것은 분명한 사실이다.

따라서 불교 문화재콘텐츠라는 좀 더 구체화된 대상에 대한 특성을 이해하고 콘텐츠로서 가능성과 개발방법을 모색해 보는 것은 이러한 우려와 기대를 좀 더 발전적인 방법, 즉 보존과 활용이라는 가치를 계승적 차원으로 이끌 수 있는 논의의 시작이 될 수 있다.

불교 문화재의 가장 중요한 특성은 바로 종교적 기능성이다. 불교 문화재는 기본적으로 종교예배 대상과 도구로서 기능을 가지고 있다. 문화재가 본래 그 쓰임새를 다 가지고 있듯이 불교 문화재는 종교적 활용을 목적으로 만들어졌다. 대부분의 지정문화재가 시대를 거치면서 본래 그 도구로서 기능은 사라지고 보존가치만 남는 데 반해 불교 문화재는 여전히 활용이 가능한 기능적 측면이 살아 있다. 따라서 단순히 보존하고 활용을 어떻게 할 것인가의 문제가 아니라 본래 제작된 종교목적 이외의 의도로 활용하는 것에 대한 문제가 발생한다. 일반 문화재의 공공재 성격에 더해 불교 문화재는 이러한 특징 때문에 사찰의 우선 활용이 중시될 수밖에 없는 종교적 특수성을 가지고 있다.

종교시설(대상)인 동시에 공공재 성격을 지닌 이중성은 불교 문화재의 낮은 활용도와 관련이 깊다. 전통적 가치와 쓰임이 그대로 살아 있는 것은 화석화된 문화재가 아니라 살아 있는 문화재로서 무엇보다 높은 가치이다. 또한 훌륭한 자연유산과의 연계성을 가지고 있는 장점도 있지만 관광자원 이외의 활용에는 소극적인 것이 현실이다. 종교적 특수성 때문에 소극적인 개방을 할 수밖에 없는 내부적 배경이 있다면 대중의 불교에 대한 낮은 이해 역시 그 활용을 제한하게 하는 이유가 된다. 불교 문화재가 종교적 가치뿐 아니라 우리 문화원형을 담고 있는 문화유산이라는 점은 분명한 사실이다. 하지만 종교적 배타성을 가진 일부 대중들이 불교 문화재의 활용에 대해서 경계하는 일도 비일비재한 것이 현실이다.

불교가 오랜 전통 종교이지만 오늘날 대중과 사찰 사이에는 간극(間隙)이 존재한다. 많은 사람들이 불교사찰을 단순한 관광지로 방문하고 있다. 같은 공간을 방문하는 사람들에게 불교 사찰공간은 서로 다른 이질적 공간으로 인식되고 있는 실정이다. 따라서 불교 문화재를 보존하고 활용하는 문제에는 고려해야 할 대상층이 너무 넓다. 세대 간 편차부터 목적을 달리하는 종교 신도에서 일반 관광객까지 한 공간에 들어서는 사람들의 목적이 저마다 다르다. 결국 이러한 특성은 종교로서의 불교 문화재와 문화로서의 불교 문화재 가치를 어떻게 조화시킬 것인가로 이어진다.

<표 1-7>은 이와 같은 특성을 표로 정리한 것이다.

::표 1-7 불교 문화재의 특성

특징	내용
이중성	종교시설, 공공유산
낮은 개방성	소극적 개방과 불교에 대한 낮은 이해
낮은 활용도	훌륭한 문화적, 자연적 자산의 소극적 활용
넓은 대상층	활용에 고려해야 할 대상층이 너무 폭넓다.

국가 지정 문화재 중 불교 문화재의 수가 많은 것은 역설적으로 사람들의 접근이 쉽지 않았기 때문이다. 사찰이라는 특수한 공간의 폐쇄성이 중요한 이유가 되었다. 무엇보다 불교 문화재의 대부분은 제작 때부터 지금까지 그 쓰임새가 사라지지 않았다. 이것이 불교 문화재의 첫 번째 콘텐츠로서 가치이자 가능성이다. 천 년 전의 불상도

여전히 신앙의 대상으로 활용되기 때문에 온전히 그 원형을 유지할 수 있었다. 지속적인 활용이 보존의 적극적 방법이 될 수 있다는 점을 보여 주는 점이다. 더 중요한 것은 형태적 원형뿐 아니라 문화재를 사용하는 방식과 보존, 수리하는 무형적 전통도 계속 이어져 온 점이다. 바로 이 전통원형을 잘 지켜온 보존성이 불교 문화재의 가장 큰 가치이자 다양한 원천소스를 개발할 수 있는 풍부한 자산을 가질 수 있었던 배경이다.

둘째, 불교 문화재는 풍부한 잠재 콘텐츠를 보유하고 있다. 지정문화재의 대부분을 차지하는 수적 비중은 물론 오랜 전통 공간 속에 이어져온 인물, 생활, 의식, 관련 설화 등의 사찰문화는 문화재라는 대상을 스토리로 풀어 낼 수 있는 가능성을 가지고 있다. 그리고 이것은 특정한 시기의 것이 아니라 지금도 새로이 만들어지는 살아 있는 문화유산이다. 이는 기록이 없이는 정확한 내용을 추정하는 것이 쉽지 않은 대부분의 문화재의 경우와 비교해볼 때 사찰이라는 공간이 전통을 유지하고 전승해온 훌륭한 기능을 수행했기 때문이다.

셋째, 불교 문화재가 가지는 또 다른 차별적 가치가 바로 공간성이다. 오랜 시간 하나의 공간에서 제작되고 사용되어온 특성은 문화재를 둘러싼 공간적 거점에 누적된 문화지층을 만들어낸다. 낱개의 문화재에서 이를 둘러싼 주변 공간으로 그 외연이 확대되어 일종의 공간적 거점(據點)을 형성한다. 인위적인 박물관이 아니라 사람이 살고 여전히 신앙의 대상이자 도구로 활용되는 생동하는 문화공간이 존재하는 것이다.

특히 사찰이라는 문화공간이 주변의 자연유산과 이어질 수 있는 연계성은 향후 활용에 있어 중요한 가치이다. 이 두 공간은 배타적인

공간이 아니라 이미 오랜 시간 형성된 하나의 공간으로 주변의 자연
에도 자연스레 이야기를 만들고 그 봉우리마다 이름을 붙여 커다란
불교 문화공간이 되어 있기 때문이다.

　지역마다 자리한 커다란 불교 문화공간은 산업시대 이후 단절된
지역문화와 전통을 어려이 보존해온 역할을 수행했다. 다시 문화의
가치가 주목받는 오늘, 불교 문화재를 지켜온 사찰은 지역문화를 보존
하고 문화적 다양성을 계승하는 거점 공간이 될 가능성이 충분하다.

::표 1-8 불교 문화재의 콘텐츠 가능성

특징	내용
보존성	특수한 전통문화 보존의 공간, 단절적 공간(전통 문화 인프라 보유)
자연성·연계성	자연+문화유산의 높은 가치(자연과 연계성, 활용도)
인프라	국가 지정문화재 대부분을 보유(풍부한 콘텐츠 보유)
공간성	특정 공간에 문화를 담은 야외박물관(공간 활용과 기반시설 사용의 이점)
지역성	지역 문화거점의 가능성, 지역발전의 매개점(축적된 지역 대표성)

　불교 문화재는 불교종단의 성보문화재인 동시에 한국의 문화재이
다. 이는 불교 문화재에 담긴 문화원형이 특수함과 동시에 보편성을
가지고 있다는 의미이다. 이 특성을 면밀히 검토하는 과정이 선행되
지 않고서는 온전한 불교 문화재콘텐츠 개발이 이루어지기 쉽지 않
다. 하지만 불교 문화재가 가지는 문화적 보존성, 풍부한 콘텐츠, 누
적된 공간성, 자연유산과의 연계성, 지역성 등의 가치는 대표 문화재
콘텐츠로서 충분한 가능성을 가지고 있다. 무엇보다 여전히 그 쓰임
새가 살아 있는 활용가치와 이를 통해 보존되어온 살아 있는 문화재
로서 특성에 주목할 필요가 있다. 이는 문화재가 단절된 과거에 존재

하는 것이 아니라 현재에도 존재하고 앞으로도 존재할 진화가능성을 의미한다. 문화재콘텐츠의 역할은 바로 오늘날에도 그 쓰임이 살아 있도록 생명을 불어넣는 것이다. 불교 문화재의 콘텐츠 개발은 바로 이 특성을 살리는 데 역점을 두어야 하며 그것을 강점으로 활용하는 방법을 택해야 할 것이다.

2. 불교 문화재콘텐츠의 개발 전략

불교 문화재의 콘텐츠 활용은 크게 문화재 분야 콘텐츠의 개발과 비슷하게 진행되어 왔다. 불교학과 관련된 기본 경전을 전산화하는 DB 구축사업43)과 문화원형사업에 불교문화와 관련된 사업이 선정되어 진행되어 왔다.44) 여기에 불교 종단에서 진행하는 문화사업이 있는데 대표적으로 템플스테이(temple stay) 종류의 체험콘텐츠가 있다. 그 외에는 인터넷을 통해 사찰을 홍보하고 각종 정보를 제공하는 수준의 웹 콘텐츠 활용을 하고 있다. 산업영역에서는 불교와 관련된 소재의 스토리를 바탕으로 영상콘텐츠가 제작되었으나 이는 불교 문화재콘텐츠 개발차원이 아니라 단편적인 문화소재로 활용되는 수준이라고 할 수 있다. 불교 문화재콘텐츠 개발 역시 일반 문화재의 경우와 마찬가지로 정보화와 정보제공 수준의 활용에 그치고 있다고 볼 수 있다.

불교 문화재의 콘텐츠 개발은 무엇보다 종교적인 특수성과 문화적

---

43) 1963년부터 진행되어온 불경역경사업은 동국대학교 역경원에서 고려대장경 1,511부 6,802권을 318권으로 한글대장경으로 완역하였다. 이를 다시 전자불전사업으로 이어 온라인으로 서비스하고 있다. 한국불교문화종합시스템(http://buddha.dongguk.edu/)

44) 문화원형사업에 선정된 불교관련소재는 〈표 1-5 문화원형개발 선정과제 현황〉에 따로 표시하였다. 2002년부터 2009년까지 선정된 주제 총 168건 중 불교와 직접 관련된 소재는 12건에 해당한다.

인 보편성을 고려하여 진행되어야 한다. 특히 보존 문화재인 동시에 여전히 활용되는 특성을 고려하여 실용적인 목적성도 충분히 고려되어야 한다. 공간적 거점을 가지고 있다는 현장성과 지역성은 개별 문화재가 아니라 이를 둘러싼 넓은 범위의 공간과 연계한 확장성에도 충분한 개발 가치를 부여해야 한다. 이를 정리하면 불교 문화재콘텐츠의 개발 핵심가치는 <그림 1-9>와 같다.

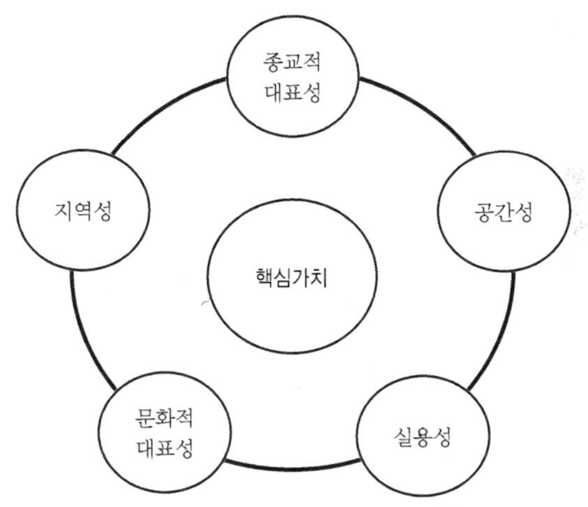

::**그림 1-9** 불교 문화재콘텐츠 개발 핵심가치

이와 같은 핵심가치를 고려하여 불교 문화재콘텐츠 개발의 전략을 다음 두 가지로 제시해본다.

첫째, 연결터널 모형이다. 이 전략은 <그림 1-10>과 같이 문화재콘텐츠의 개발모형인 브리지콘텐츠를 대중과 불교문화의 간극을 좁히는 연결터널로 활용하는 전략이다. 불교 문화재콘텐츠 개발에는 무엇보다 종교적 특수성의 이해와 대중과의 간격을 좁히는 방안이 포함되어야 한다. 따라서 불교 문화재콘텐츠는 개발된 콘텐츠를 통해 대중과 불교가 서로 이해하고 다양한 문화를 존중할 수 있는 의도성을 전략에 포함해야 한다.

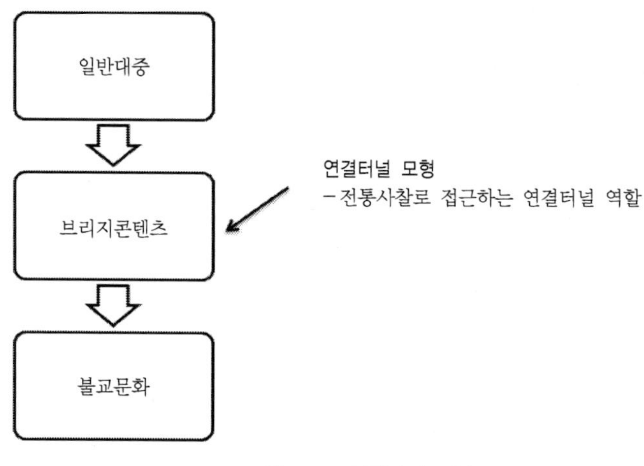

::**그림 1-10** 연결터널 모형

연결터널 전략을 통해 불교계는 창의적인 콘텐츠 개발을 통해 대중이 불교사찰에 대한 거리감을 좁히는 노력을 하게 된다. 또한 불교에 대해 낮은 이해를 가진 폭넓은 계층의 대중들은 콘텐츠를 통해 우리 문화가치를 보존 계승하는 불교문화를 존중할 수 있다. 이를 통해 하나의 공간에 종교적 공간과 관광자원 두 개의 상반된 가치가 대립하는 현재의 상황에서 '우리 문화를 담은 공간으로서 불교사찰'로 좀 더 개방적이고 대승(大乘)적인 문화공간을 지향할 수 있다. 이것은 불교 문화재의 종교적 목적인 보다 많은 대중들이 부처의 뜻을 이해하는 바탕이 되고 대중은 한국을 대표하는 문화재로서 우리 문화원형을 담은 불교문화를 이해하는 기회가 될 수 있다.

무엇보다 불교 문화재가 가지는 큰 특성은 무엇보다 종교적 특수성이다. 특수성을 대중들이 이질감이 아니라 문화적 차별성으로 받아들이는 것이 바로 문화재콘텐츠 개발이 지향하는 다양성 확대를 통한 문화계승의 구체적 모습이다. 이러한 문화 다양성 확대와 가치 공유는 결국 사회통합과 균형이라는 문화재콘텐츠의 사회적 역할로 이어질 수 있다.

둘째, 공간접점(空間接點) 전략이다. 이 전략은 불교 문화재가 가지는 공간성, 자연유산과의 연계성, 지역성 등의 확장성을 강점화하는 전략이다. 불교 문화재의 차별적 특성 중 하나가 바로 쓰임새가 살아 있는 공간과의 결합이다.

콘텐츠는 대부분 무형(無形)의 형태를 가진다. 실체가 없는 콘텐츠는 그 활용에 있어 제한된 확장성을 가질 수밖에 없다. 문화재의 콘텐츠적 가치는 바로 실제 존재하는 대상과의 연계와 결합 가능성이다. 불교 문화재는 가장 대표적인 공간 거점형 콘텐츠라고 할 수 있다. 단순히 대상물이 존재하는 수준이 아니라 문화재를 둘러싼 문화적 자산이 누적된 확장된 문화공간이다.

공간접점 전략은 바로 이 공간성을 주요 개발 가치로 설정, 차별화하는 전략이다. <그림 1-11>처럼 무형(無形)의 콘텐츠가 유형(有形)의 사찰로 사람들을 이끌어오고, 사찰을 둘러싼 자연유산과 지역과의 직접적인 접점을 통해 그 활용이 확대되는 것이다. 또한 이 유형의 공간에서 각종 무형의 문화를 체험할 수 있는 무(無)-유(有)-무형(無形) 확장형 결합콘텐츠가 구체적인 방법으로 제시될 수 있다.

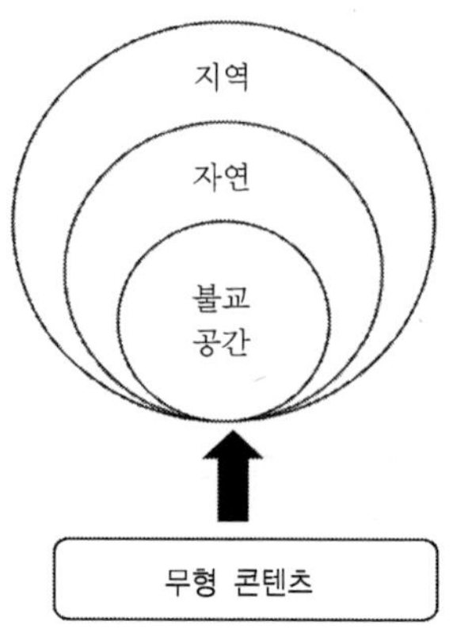

::**그림** 1-11 공간접점 모형

　현재 종단에서 실시하고 있는 템플스테이가 바로 불교가 가지는 특정한 공간성과 그 공간 안에 보존된 문화를 체험하는 특성을 살린 형태라고 분류할 수 있다. 최근에는 각 사찰들이 주변의 자연환경과 사찰만의 특성을 바탕으로 프로그램을 다양화하고 있어 단순 숙박체험에서 문화체험으로 진화하고 있다. 현재는 개별 활용 콘텐츠로 시행되고 있지만 사찰의 종합적인 문화재콘텐츠 개발과 연계를 한다면 풍부해진 프로그램을 갖춘 Multi Use로 활용할 수 있다.

　공간접점 전략은 불교 문화재콘텐츠의 차별화 전략으로 구체적인 공간을 지향하는 확장형 콘텐츠 형태를 갖춘다. 따라서 개발된 콘텐츠는 각각 구체적인 공간과 이어질 수 있는 연계성을 가지도록 충분히 의도하고 실제 활용 프로그램에 수준 높은 콘텐츠를 반영하여 체험할 수 있는 현장형 콘텐츠가 된다. 이를 통해 풍부한 공간 인프라(문화재, 자연유산)를 활용하여 지역문화의 보존, 활성화에 기여할 수 있는 역할을 수행하게 된다.

이와 같은 전략을 반영하여 불교 문화재콘텐츠를 개발하는 방법에는 다음과 같은 내용이 반영되어야 한다.

첫째, 불교의 종교적 실용 목적을 고려해야 한다. 불교 문화재콘텐츠 개발의 주체는 일반적으로 종단차원이나 개별 사찰이다. 문화재 차원의 목적 못지않게 종교적 실용성도 간과할 수 없다. 콘텐츠 개발 과정에서 일반 대중뿐 아니라 신도와 성직자, 포교 대상자 등 특수 목적을 대상으로 한 계층의 면밀한 분석과 이에 적합한 활용방안이 마련되어야 한다.

둘째, 계승가치를 지향하는 방식이 되어야 한다. 콘텐츠 개발 역시 과거의 사찰 중건(重建) 같은 문화적 불사(佛事)의 한 방법이라는 인식을 해야 한다. 천년을 이어가는 새로운 문화재를 만든다는 목적으로 전통을 바탕으로 현재의 문화 메시지를 어떻게 담을 것인지에 대한 충분한 연구와 논의, 공감대를 이루어야 한다. 이 과정에 대한 시간적 배려는 개발방안에 충분히 반영되어야 한다.

셋째, 전통과 혁신가치를 구체적인 개발과정에 조화시켜야 한다. 개발을 구체화하는 과정에 지나친 기술과시형 방법은 신중을 기할 필요가 있다. 사찰 공간과 문화재는 전승되어온 전통적 방식을 이용 보존, 활용되고 있다. 이 전통방식 또한 무형의 문화재이다. 사찰건축, 불교조각 등은 사찰공간과 함께 형성된 문화원형으로 이해하고 전통분야에서는 장인의 역할을 살려 오히려 이 과정을 창의적인 콘텐츠로 활용하는 방법을 모색해야 한다.

넷째, 문화재 조사의 전문성을 고려해야 한다. 불교 문화재콘텐츠 개발은 기본적으로 문화재를 대상으로 조사하고 분석하는 과정을 거친 다음 개발단계로 들어간다. 문화재에 대한 전문성이 부족하면 미술사적 가치 분석과 평가 등 기초적인 학술조사과정이 진행되지 못한다. 문화재콘텐츠 개발은 문화재 분야의 전문연구를 바탕으로 가치 있는 콘텐츠를 만들어 가는 과정을 그 특징으로 한다. 따라서 그 중심 대상이 불교 문화재인 만큼 반드시 문화재 분야의 전문가가 참여, 그 문화가치에 대한 평가, 검증이 이루어져야 한다.

다섯째, 적합한 개발 전문가의 확보가 이루어져야 한다. 불교 문화재콘텐츠는 복합적인 형태의 콘텐츠이다. 불교라는 종교적 특성, 문화재라는 전문성, 콘텐츠라는 활용성을 충분히 고려하여 그 가치를 제대로 담을 수 있는 전문가가 주도해야 한다. 무엇보다 다양성에 대한 이해와 전통과 현재가치에 대한 균형감을 갖추어야 한다. 이러한 올바른 가치관이 전문성과 함께 갖춰질 때 문화 불사라는 책임 있는 역할을 수행할 수 있다.

불교 문화재콘텐츠 개발은 무엇보다 대중과 불교의 거리감을 좁히고 이를 통해 우리 문화원형을 보존해온 불교 문화재의 가치를 높이는 연결터널 역할을 해낼 수 있어야 한다. 이것은 종교적 특수성을 가진 불교 문화재의 저변을 넓히는 데 적합한 전략적 선택이다. 이에 비해 공간접점 모형은 불교 문화재의 강점을 살릴 수 있는 차별화 전략이다. 공간성과 지역성이라는 강점을 무형의 콘텐츠와 연계, 확장하는 전략을 통해 거점 문화공간을 형성하는 것이다.

오랜 시간 다양한 문화원형을 겹겹이 쌓아온 불교 문화재의 콘텐츠 개발은 과거 전통을 존중하고 이를 계승하는 방법을 택해야 한다. 이 과정을 통해 부처의 뜻을 보다 널리 알리는 종교적인 역할과 전통문화의 보존, 계승 같은 문화적 역할을 수행하여 궁극적으로 다양성 확대와 존중, 지역문화의 보존과 발전에 기여할 수 있어야 한다.

3. 불교 문화재콘텐츠 개발의 적용

불교 문화재콘텐츠의 특성과 이를 반영한 전략을 실제 대상에 적용하여 구체적인 가능성을 살펴보도록 하겠다. 다음은 해남 대흥사(大興師)의 사찰 문화재콘텐츠 개발을 위한 전략과 개발방법이다.[45)

대흥사[46)는 해남 두륜산에 위치하고 있는 조계종의 대표적인 사찰이다. 대흥사가 크게 중창된 것은 서산대사(西山大師)[47)의 가사(袈裟)와 발우(鉢盂)가 대흥사에 봉안되면서부터이다. 서산대사는 대흥사를 "삼재(三災)가 들어오지 않고 만세(萬歲)토록 파괴됨이 없는 곳이며 종통(宗統)의 소귀처(所歸處)이다"라며 자신의 의발(衣鉢)을 대흥사에 둘 것을 당부하였다고 한다. 이후 대흥사는 조선후기 선교(禪敎) 양종의 대도량으로 크게 알려졌다. 또한 대흥사에는 차(茶)와 관련한 전통이 이어져 오는데 13대 대종사(大宗師) 초의(草衣)[48)와 관련한 유적으로 일지암(一枝庵) 등이 있다.

이 절의 가람은 크게 천불전(千佛殿)을 중심으로 하는 남원(南院)과 대웅전(大雄殿)을 중심으로 하는 북원(北院)으로 나뉘어 있으며 그 외에 표충사(表忠祠), 대광명전(大光明殿) 등의 별원(別院)은 이후에 확장된 영역이다. 대흥사는 주변 자연환경이 아주 훌륭한데 구림리(九林里) 장춘동(長春洞)이라는 지명에서 보듯 숲이 울창하며 오르는 길은

---

45) 대흥사 사찰문화재 콘텐츠 개발에 관한 내용은 2009년 대흥사에 정식으로 제안한 개발 계획이다. 이 연구 개발계획은 곽동해(동국대학교 교수), 김진영에 의해 수립, 제안되었다.

46) 대흥사는 조계종 22교구 본사이며 전라남도 해남군 삼산면 구림리 장춘동에 위치하고 있다.

47) 법명은 휴정(休靜, 1520~1604)이며 서산은 호이다. 휴정은 임진왜란 때 승병을 이끌고 한양 수복과 각종 전투에서 큰 공을 세웠으며 유(儒)·불(佛)·도(道)는 궁극적으로 일치한다고 하여 삼교통합론(三敎統合論)을 세웠다.

48) 법명은 의순(意恂, 1786~1866)이며 호는 초의 또는 일지암(一枝庵), 일지암을 짓고 차(茶)와 선(禪)에 관한 저서를 남겼다.

구곡구교(九谷九橋)라 하여 아홉 개의 계류를 건너는 아홉 다리가 놓여 있다. 특히 대흥사 가람의 위치는 서산대사가 삼재가 없는 곳이라 했던 만큼 두륜산 산세가 절을 감싸고 있어 주변 환경도 뛰어나다.

대흥사는 지역의 교구 본사인 만큼 큰 규모와 그에 걸맞은 종교, 문화행사가 이루어지고 있다. 하지만 다양한 행사와 문화 사업이 개별적으로 시행되어 뚜렷한 목적을 위한 연관성, 통합성이 떨어지고 있었다. 이는 대흥사를 상징하는 대표 콘텐츠의 부재에서 비롯되었다. 이러한 비통합성, 비대표성의 문제는 사찰이 추구하는 장기적 목표와 핵심가치 실현을 저해하는 요소로 작용되었다. 이에 대흥사의 콘텐츠 개발을 위해서는 다음 내용에 중점을 두고 핵심가치를 도출해야 한다.

> 가. 목적성: 뚜렷한 개발 목적과 의도 설정
> 나. 대표성: 핵심콘텐츠 개발과 대표 브랜드 부각
> 다. 체계성: 일원화된 통합 콘텐츠 구축
> 라. 장기성: 장기적인 목표에 부합

이를 고려해 불교 문화재콘텐츠 개발 핵심가치[49]를 바탕으로 한 대흥사의 핵심가치는 다음과 같이 정리할 수 있다.

> 가. 종교적 대표성-대흥사의 전통과 교구의 상징성에 걸맞은 콘텐츠 확보
> 나. 문화적 대표성-전남 지역의 불교 문화거점으로서의 대표성 확보
> 다. 혁신성-전통적 명분과 현대적 요구를 충족하는 창조적 계승
> 라. 실용성-대중 불교 확산과 신도 확보를 위한 문화적인 시도
> 마. 지역성-해남 지역의 대표사찰로서 관광산업 증대에 기여하는 역할

---

49) 〈그림 9〉 불교 문화재콘텐츠 개발핵심가치 참고.

이와 같은 개발 핵심가치를 반영하여 수립한 개발 목적은 다음과 같다.

'대흥사 사찰 문화재 콘텐츠 개발'은 대흥사와 해당지역의 문화재를 중심으로 콘텐츠를 개발, 차별성 있는 콘텐츠 개발과 이와 연계한 다양한 사업의 기초를 구축하는 것을 그 목적으로 한다.

이를 통해 '전통사찰 콘텐츠 개발'이라는 선도적인 사례를 추진하여 관광유산의 개발, 사찰 브랜드 구축, 다양한 수익 프로그램을 전개하여 궁극적으로 지역의 문화와 관광을 선도하는 문화거점 사찰로 성장을 기대한다.

대흥사의 역사와 문화를 대표하고 통합콘텐츠로서 개별 콘텐츠를 묶을 수 있는 전략 콘텐츠는 '서산대사'와 '초의선사'를 중심으로 선정하였다. '호국위민(護國爲民)' 가치를 핵심으로 하는 서산대사 콘텐츠는 역사와 문화재를 그 주요 내용으로 하는 콘텐츠로 임진왜란 역사, 서산대사의 백성중심 위민사상을 핵심가치로 설정한다.

반면 '다선일여(茶禪一如)'를 핵심으로 하는 초의선사 콘텐츠는 종교와 수행에 중점을 둔 콘텐츠로 종교, 차(茶), 선(禪) 수행 등을 핵심 내용으로 한다.

::표 1-9 대흥사 전략 콘텐츠 개념 정리

	핵심가치	성격	대상자	분야	가치 지향점
서산대사 콘텐츠	호국위민	동적 탐사	일반대상 전략대상1	교육, 관광	호국선사 대흥사
초의선사 콘텐츠	다선일여	정적 체험	전략대상2	관광, 종교	다선수행 대흥사

* 대상자 주.50)

---

50) 일반대상: 관광과 역사교육을 목적으로 한 가족중심의 일반 관광객
　　전략대상 1: 호국교육을 목적으로 한 학생중심의 대상자
　　전략대상 2: 휴식과 깨달음을 목적으로 한 사찰체험자

이 두 콘텐츠는 그 목적에 따라 전략적 대상도 구분하여 사찰의 폭넓은 대상층에 대해 효과적으로 접근할 수 있다. <표 1－9>를 보면 먼저 '서산대사 콘텐츠'는 가족을 동반한 관광 중심의 일반 대중을 중심으로 호국교육이라는 특정 목적을 가진 대상자를 발굴하여 교육콘텐츠로 활용할 수 있는 가능성을 가지고 있다. '초의선사 콘텐츠'는 사찰문화를 체험하고 보다 종교적으로 불교를 이해하고자 하는 성인을 주요 대상자로 설정하여 휴식과 연계한 체험콘텐츠로 활용할 수 있다.

특히 대중들이 사찰 방문 시 기대하는 역사 탐방 같은 문화재 가치와 깨달음의 종교 가치를 각각 서산대사 콘텐츠와 초의선사 콘텐츠로 연결하여 구체화한다. 형태적으로 서산대사 콘텐츠는 사찰 내 문화재를 탐방하고 역사 현장을 확인하는 '동(動)적인 탐사 콘텐츠'를 지향한다. 반면에 초의선사 콘텐츠는 다도 체험과 깨달음을 구하는 수행체험을 중심으로 한 '정(靜)적인 체험 콘텐츠' 성격을 가진다.

이 전략 콘텐츠는 대흥사의 문화재를 두 개의 통합콘텐츠로 묶어 '호국선사 대흥사', '다선수행 대흥사'라는 대표 브랜드를 구축할 수 있도록 한다.

이와 같은 대흥사 개발 콘텐츠는 대중과 불교문화의 간극을 좁히는 연결터널 역할을 수행하게 된다. 즉, 일반 대중과 대흥사를 잇는 연결터널로서 전략적 의도가 반영되어 있다. 종교적 신분을 떠나 나라와 백성을 구한 서산대사의 호국위민(護國爲民) 이념은 보편적인 민족 가치로서 교육, 탐사콘텐츠를 통해 대중들에게 불교의 역사와 역할에 대해 이해를 넓혀줄 수 있는 매개(媒介)가 된다. 초의선사 콘텐츠에서도 전통 차(茶)의 역사, 문화라는 보편적 가치를 통해 체험, 수행 콘텐츠로 연결되어 궁극적으로 불교적 가치를 알려줄 수 있다. 결국 핵심은 대중이 모여드는 불교사찰이다. 문화재콘텐츠는 여기에 가교(架橋)를 놓는 데 적합하다. 대중이 원하는 요구와 불교사찰이 원하는 의도가 충분히 반영될 때 콘텐츠 개발을 통해 기대하는 문화거점으로서 대흥사의 목적이 달성된다.

또한 개발 콘텐츠는 대흥사 주변의 자연유산, 지역공간과의 연결을 통해 무형의 콘텐츠가 구체적인 공간으로 확대되는 공간접점(空間接點) 전략을 활용할 수 있다. 대흥사 문화재콘텐츠 개발의 강점은 바로 공간거점을 기반으로 하는 점이다. 불교와 역사, 문화재라는 차별적 문화원형이 대흥사, 두륜산, 주변 해남지역으로 커 가는 확장성은 대흥사 콘텐츠의 차별화 전략이다. 실제 서산대사 콘텐츠가 표충사를, 초의선사 콘텐츠가 일지암을 중심으로 주변의 차 재배지, 다양한 자연유산과 연계하여 기존 인프라를 창조적으로 활용할 수 있는 현장형 콘텐츠로 강점을 부각시킬 수 있다. 이를 통해 지역문화의 보존과 지역사회의 발전에 기여할 수 있는 바탕이 된다.

서산대사와 초의선사 콘텐츠는 불교가 우리 문화에서 차지하는 중요한 가치를 확인할 수 있는 동시에 현대사회와 불교의 공통가치가 반영된 대상이다. 이는 대흥사 개발 콘텐츠가 불교가 추구하는 현대적 가치를 반영하는 '종교적 대표성'을 확보할 수 있다는 의미이다. 이를 달성하는 구체적인 방법으로 문화재콘텐츠 개발이라는 방법을 통해 대중과 불교의 간극을 좁히는 창조적 수단을 사용함으로써 '혁신가치'를 실현하고 있다.

연결터널 전략은 결국 대중의 불교이해를 돕고 그 저변을 넓혀 주어 '종교적 실용성'을 달성하는 데 기여한다. 이 연결터널에 사용된 문화재콘텐츠는 과거와 현재를 잇고 문화의 보존과 계승에 가교(架

橋) 역할을 하면서 창조적 불사(佛事)방법이 된다. 이는 전통을 바탕으로 새로운 불교문화를 창조하는 거점으로서 대흥사가 대표성을 확보할 수 있는 가능성이다. 그리고 이 모든 과정을 통해 구축된 콘텐츠는 구체적인 공간 인프라와 결합하여 해당 지방의 문화와 발전에 기여할 수 있는 '지역성'이라는 핵심가치를 달성하게 된다.

결국 문화재콘텐츠 개발은 다음과 같은 대흥사의 역할을 달성하는 데 이바지할 수 있다.

첫째, 종교적 역할이다. 콘텐츠 개발을 통해 전통계승과 현대불교 유산을 축적할 수 있다. 이를 통해 대중의 불교이해를 위한 적극적 방법을 모색하여 대중구제라는 사찰의 기본적인 역할을 수행할 수 있다.

둘째, 사회적 역할이다. 현대 한국사회의 요구를 반영한 불교 사찰의 역할이다. 지친 현대인들에게 휴식과 참된 지식에 대한 가치를 발견하게 돕고 호국가치, 역사, 문화재를 알려주는 교육적 역할이 이에 해당한다. 특히 그 방법으로 문화재콘텐츠 개발은 보전가치와 활용가치를 이어줄 주요한 연결체로서 가치가 크다.

셋째, 문화적 역할이다. 대흥사의 전통과 역사, 정체성을 담아내는 창조적 방법을 통해 불교문화 발전에 기여할 수 있을 것이다.

마지막으로 지역적 역할이다. 콘텐츠 개발을 통해 남도 지역의 대표적 사찰로서 문화적 대표성, 종교적 대표성을 확보하고 이를 통해 지역사회의 문화, 관광, 경제에 기여하는 선도 사례가 될 수 있다.

V. 문화재콘텐츠 연구개발을 위한 제안과 결론

1. 전략과 개발모형의 적용

문화재의 콘텐츠 개발 분야는 2012년 현재 문화재청 3대 추진과제에 포함되어 있다. 「문화재 향유의 다양화·고품격화」라는 추진과제에 "디지털을 이용한 문화재 활용 서비스 강화", "문화재 활용자원 확대·고품격화"라는 세부항목으로 구체화되어 있다. 디지털을 이용한 문화재 활용서비스 강화 항목은 다양한 디지털기기에 적합한 활용 콘텐츠를 개발하여 디지털 생태환경에 적합한 기술적 대응을 하는 내용으로 구성되어 있다. 이것은 문화재와 관련한 각종 정보보급과 교육목적으로 디지털 콘텐츠화하여 활용도를 높이고자 하는 의도이다. 문화재의 활용자원 확대·고품격화 항목에서 문화재콘텐츠 개발에 관한 내용은 문화유산 스토리텔링 활성화를 위한 중장기 계획수립과 스토리텔링 원천자료 개발·보급이 포함되어 있다.

위 내용을 정리해보면 현재 문화재청의 콘텐츠 개발에 관한 정책적 중점은 디지털환경에 적합한 활용 콘텐츠 보급으로 문화재에 대한 접근성을 개선시키겠다는 방안과 스토리텔링 개발을 위한 계획수립과 개발방안 모색, 두 방안으로 추진되고 있다. 특히 문화재 정보의 접근성 개선 목적의 활용방안에 포커스가 맞춰져 있고 스토리텔링 관련 과제는 계획수립과 원천자료 개발 내용이 포함되었지만 여전히 과제의 내용이 개발 초기단계로서 구체적인 성과가 나타나지 않고 있는 상태라고 하겠다.

문제는 활용방안의 중점사항이 다양한 미디어에 대응하는 일종의 콘텐츠 상품 개발로 정보제공의 기술적 형식을 개선하는 데 치중하고 있다는 점이다. 이것은 디지털 미디어의 생명력이 점점 짧아지는 특성을 볼 때 개발된 콘텐츠의 활용성 역시 그리 길지 않아 매년 새로운 형식에 대응해야 하는 부담을 안게 될 것이다. 결국 향후 더 복잡해지는 기술 환경에 대응하기 위해서는 더 많은 미디어에 일대일로 대응해야 하는 어려움이 가중될 것이다.

문화재콘텐츠는 새로운 형식에 대응하는 창조적 내용물로 구성되어야 한다. 현재 활용방안은 새로운 형식에 대응하는 데 충분하지만 창조적 내용에 대응하는 방안은 큰 진전을 보지 못하고 있는 상황이다.

그렇다면 현대 사회의 기술적 환경과 고품격 문화 수요에 대응하는 형식과 내용이 갖춰진 문화재콘텐츠는 어떻게 확보할 것인가? 무엇보다 창조적 내용물을 어떻게 확보할 것이며 변화에 대처하는 문화재콘텐츠 개발의 적합한 대응방식은 무엇인지 본 연구의 주요 내용을 적용해 정리해 보겠다.

1) 개발모형의 적용

다음은 문화재콘텐츠 개발을 위한 구체적인 개발모형의 적용방안이다.

본 연구에서 제시한 브리지콘텐츠 모형과 파일럿콘텐츠의 구체적 형태로서 콘텐츠북 개발 전략을 바탕으로 <표 1-10>과 같은 문화재콘텐츠 3단계 개발과정을 적용해 볼 수 있다. 이것은 기존의 데이터베이스 구축-활용이라는 2단계의 개발형태에 중간과정을 제시함으로써 단순히 기술환경에 대응하는 '디지털 콘텐츠化'한 활용상품 개발이 아니라 창조적인 내용물을 개발하는 단계를 설정한 것이다. 특히 스토리텔링 활성화를 위한 계획과 원천자료 개발을 위한 적절한 방법이 될 수 있다.

단계	개념	형태	결과
1단계	원형	연구/DB	연구조사 보고서
2단계	작품(브리지콘텐츠)	파일럿콘텐츠	콘텐츠북
3단계	상품	활용 콘텐츠	다각화(multi use)

중간과정인 2단계는 원형에서 이어지는 작품으로서 그 자체로 완전한 창조물이 되어 다양한 상품으로 전환될 원천소스가 되는 것이다. 이는 학술연구를 바탕으로 한 데이터베이스를 바탕으로 활용가치가 높은 파일럿콘텐츠 형태로 선 개발하여 순차적 활용으로 이어지게 된다. 실제 개발과정에서 구체적 결과물로 볼 때 1단계는 기존의 연구조사 보고서 형태이며 2단계는 콘텐츠북, 3단계는 다각활용(multi-use)으로 다양한 미디어 형태가 된다. 일반적인 개발과정과 비교한다면 콘텐츠북이 핵심 개발대상이다. 콘텐츠북은 스토리 및 디자인 콘텐츠와 이를 분석한 개발매뉴얼(연구논문)로 구성하여 콘텐츠 산업현장에서 다양하게 활용할 수 있는 전문성에 기반을 둔 스토리 및 디자인을 개발목표로 삼게 된다.

2) 학술원형의 활용과 콘텐츠 기초조사의 시행

실제 콘텐츠북을 개발하기 위한 각종 보고서 형태의 학술원형 활용방식은 다음 두 가지 형태로 제안할 수 있다. 먼저 방대한 양의 기존 연구조사 자료의 활용방안과 신규 연구조사사업 수행 시 콘텐츠 기초조사의 시행방안이다.

<그림 1-12>를 보면 기존 연구성과의 활용 시에는 분야별, 시대별, 지역별 등 일정한 범주를 설정, 선별적으로 개발대상을 선정하여 콘텐츠북을 개발하는 별도의 과정을 거치게 된다. 이때 중요한 것은

방대한 자료에서 창조적 콘텐츠로 가치 있는 대상을 어떻게 선별하여 개발 적절성 여부를 판단할 것인가의 문제이다.51) 이것은 학술적으로 평가한 문화재의 가치와는 별개의 문제이다. 구체적인 스토리의 형태로 개발하기 위해서는 스토리텔링에 적합한 형태와 기초자료를 확보하는 것이 무엇보다 중요하기 때문이다. 따라서 사업을 수행하면서 적합한 콘텐츠 개발대상을 선정하고 평가하는 수행연구가 충분히 이루어져서 관련 모형 연구가 보다 구체화되어야 한다. 이와 관련한 수행연구는 콘텐츠북에 포함된 개발 매뉴얼(연구논문)의 중요한 역할 중의 하나이다.

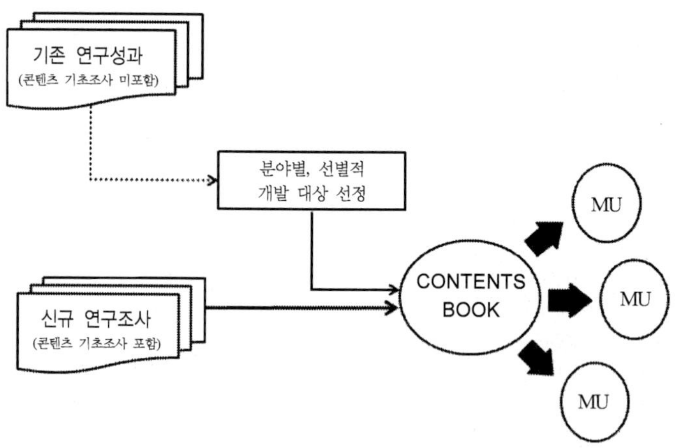

::그림 1-12 학술원형의 활용 모형

---

51) 이와 관련해 인터넷과 정보기술의 발달로 데이터가 급증하면서 이른바 빅데이터(Big Data)의 분석역량이 중요하게 부각되고 있다. 빅데이터에 대한 분석과 활용은 세계적인 트렌드로 다보스포럼에서는 2012년 떠오르는 10대 기술 중 첫 번째로 빅데이터 기술을 선정하였다. 실제 이 분석역량 강화를 위해 대표적 IT 업체인 애플, MS, 구글 등은 인문 사회 전공자들을 대거 채용하고 있다. 방대한 데이터 속에서 유용한 정보를 분석해 미래를 예측하는 기술을 데이터마이닝(Data Mining)이라고 하는데 문화재 분야에서도 방대한 자료에서 미래 활용 가능한 콘텐츠를 어떻게 확보하느냐가 중요한 이슈가 될 것이다. 〈그림 1-12〉에서 제시한 분야별, 선별적 개발대상 선정 과정이 바로 빅데이터 처리과정이다.

신규 연구조사 사업 시 대상 문화재의 콘텐츠 기초조사의 필요성도 바로 여기에 있다. 새로이 시행하는 각종연구사업의 기초조사나 각종 기록화사업 수행 간에 향후 콘텐츠활용에 대한 기초조사를 하여 활용가치를 평가하고 방안을 제시하는 1차 선별과정을 거칠 필요성이 있다.

일반적으로 보고서의 앞부분에 자리하는 문헌조사나 기조사자료 분석이 과거자료의 가치를 재평가하는 부분이라면 연구 뒷부분에 콘텐츠 활용에 관한 기초조사가 들어간다면 이는 문화재의 미래가치에 대한 평가라고 할 수 있다. 실제 현장조사에서 학술연구자가 보는 부분과 문화재콘텐츠 전문가가 중요하게 생각하는 가치가 다를 수밖에 없다.

대상에 대한 콘텐츠 개발여부를 1차적으로 평가하기 위해 자료분석, 가치평가, 활용방안 제시 등의 내용으로 기초조사가 이루어진다면 모형에서처럼 별도의 과정을 거치지 않고 보다 효과적으로 개발과정이 진행될 수 있다. 이를 바탕으로 기초조사 결과를 시기별, 대상별로 재분류, 취합하여 문화재콘텐츠 기초조사 보고서가 나온다면 그 자체로 문화재의 활용가치를 향상시키는 실질적 인프라구축 효과를 기대할 수 있다. 실제로 콘텐츠 개발 시 스토리텔링 개발 대상을 선정하고 그 적정성 여부에 많은 시간가 비용이 소요되는 점을 볼 때 중장기적인 관점에서 기초조사가 각종 연구사업의 주요 보고서 항목에 포함되는 방안을 적극 검토할 필요가 있다. 특히 문화재 분야 비전문가인 산업분야에서 개발 대상으로 문화재 분야를 고려할 때 콘텐츠 기초조사 보고서는 충분한 활용가치가 있다.

3) 시범 활용과 본격 개발

문화재콘텐츠 개발을 위해 적용된 3단계 모형을 실제 활용하기 위해서는 <표 1-11>과 같은 1차 시범활용과 2차 본격개발의 순차별 사업방식을 제안한다.

먼저 1차 시범활용은 기초조사가 미포함된 학술원형을 대상으로 선별과정을 거쳐 콘텐츠북으로 개발, 3단계 다각화 시 직접지원 방식으로 문화재콘텐츠 개발과정을 거치는 것이다. 시범활용은 문화재의 콘텐츠 개발과정을 시연, 제시하여 향후 개발·활용과정에 참고할 수 있는 시범사업을 실시하는 것이다. 이 과정을 통해 개발 시 구체적인 사례연구를 확보하여 개발과정을 보다 구체화하고 문화재의 콘텐츠 개발에 대한 정책적 홍보나 활용방안을 문화산업계에 구체적으로 제시하는 기회로 활용할 수 있다.

시범활용 후 2차 본격개발 시에는 3단계 다각화 단계에서 간접지원형태로 전환하여 1-2단계의 원형-작품 개발의 전문과정에 집중하고 상품화단계는 민간 주도 방식의 개발을 진행한다.

::표 1-11 시범활용과 본격개발 비교

단계	1단계(연구조사)	2단계(콘텐츠북)	3단계(MU)
1차 시범활용	기초조사 미포함	직접개발	직접지원
2차 본격개발	기초조사 포함	직접개발	간접지원

1, 2단계와 달리 3단계에 제한적인 시범사업을 실시하는 이유는 상품화의 과정에 다양한 내용과 형식으로 전환되는 활용의 자율성이 확보되어야 시장가치에 적합한 상품 개발이 가능하다고 보기 때문이다. 시장가치에 대한 고려가 없는 상품화는 정책홍보나 정보, 교육 콘

텐츠 수준의 현재 활용 수준을 벗어날 수 없다.

특히 상품화 과정에서는 이른바 각색의 창의성과 자율성이 충분히 보장되어야 다양한 형태의 미디어에 적합한 문화상품으로 재창조될 수 있다. 물론 지나친 변형이 반복되는 왜곡시비로 이어질 수도 있지만 이것은 지금까지 전문적인 원천소스를 제공받지 못한 데 근본적인 문제가 있었다. 따라서 개발 매뉴얼을 포함한 전문성이 확보된 콘텐츠북이 제공된다면 사실과 허구의 구분 같은 기준점을 제시할 수 있어 문화재 관련 콘텐츠의 전문성을 자율적으로 확보하는 선순환 효과를 기대할 수 있다.

물론 민간 사업자가 자율적으로 활용하는 과정에 실제로 엄격하게 사실과 허구를 구분해서 적용할 수 없는 것이 현실이다. 이러한 경우에 필요하다면 문화재청 개발 콘텐츠 활용 시에는 각색과 활용의 자율성은 보장하되 다양한 연계 미디어를 통해 사실과 허구를 구분할 수 있는 장치를 제공하여 대중들이 스스로 가치판단을 할 수 있는 보완방법을 모색하여야 한다.

이것은 디지털 환경이 대중문화에 가져온 스스로 참여하고 창조하는 형태의 문화 창조·향유방식을 이해하고 공급자와 수요자가 스스로 선택하고 오류를 고쳐 가는 쌍방향 문화교류방식을 인정해야 하기 때문이다. 문화재콘텐츠는 새로운 시대에 맞는 창조적 내용물의 특성을 가지고 있다. 새로운 시대에 적합하다는 것은 디지털 기반의 현대사회가 요구하는 가치를 포함하고 있어야 함을 의미한다. 현대사회는 보다 많은 사람이 참여하는 것을 요구하는 동시에 수준 높은 전문적인 콘텐츠를 원한다. 문화재콘텐츠의 개발목적이 전문적인 콘텐츠를 개발하여 보다 많은 대중이 우리 문화를 이해하는 새로운 시대에 적합한 내용물을 만드는 것이라고 볼 때 이러한 활용원칙을 명확히 하는 것이 중요하다.

이 외에도 상품화가 진행될 수 있는 과정을 포함하는 본 개발에는 지적재산권의 원칙과 같은 부가적인 문제도 충분히 검토해야 한다. 상업적 활용과는 큰 연관이 없는 학술연구의 저작권과는 달리 상품화되는 콘텐츠의 저작권은 개발 전에 검토할 필요성이 있다. 특히 다양한 분야에서 디지털 콘텐츠 저작권 문제가 공론화되고 있는 상황이다.

구체적인 방안으로 문화재청은 콘텐츠북 개발 시 최초 출간이나 정보 활용에 관한 기본활용 저작권은 가지고 실제 3단계 상품화되는 상업적 활용 시에는 콘텐츠북 개발자와 문화재청이 저작권을 공동 행사하는 방안이 있다. 이것은 창작자의 고유한 권리를 인정하는 동시에 우수한 전문작가의 참여를 유도할 수 있는 방안이 될 수 있다. 또한 창작자의 입장에서 좀 더 활용가치가 뛰어난 작품을 개발하는 계기가 될 수 있다.

문화재콘텐츠의 개발은 1단계 원형과 2단계 작품은 전문 콘텐츠 개발의 범주에서, 3단계 상품은 자율성을 바탕으로 한 다각화로 진행하는 구체적 방법을 제시하였다. 구체적 시행 방안으로 단기적으로는 시범활용을 통해 개발모형을 검증, 활용방안을 제시하고 장기적으로는 기초조사와 전문 콘텐츠 개발에 집중하여 문화재 분야의 특성을 살린 개발방법을 모색한다.

4) 문화재콘텐츠 연구·개발자의 역할 구분

콘텐츠북 개발을 연구 목표로 하는 문화재콘텐츠 연구개발 인력은 핵심 전문가를 중심으로 한 소규모로 구성이 가능하다. 연구 책임자와 전문 기획자, 전문작가 또는 전문디자이너의 역할을 중심으로 추가로 조사 분석을 보조할 보조연구원으로 구성된다.

<표 1-12>는 문화재 콘텐츠 연구·개발자의 역할을 정리한 것이다.

::표 1-12 문화재콘텐츠 연구·개발자의 역할 구분

구분	주요 역할	개발 결과물
연구 책임자	연구 책임, 전문분야 고증 콘텐츠북 감수	콘텐츠북 개발 매뉴얼(연구논문)
연구원 (기획자)	콘텐츠 기초조사 연구개발 기획업무 개발대상 학술연구 조사 분석 개발 매뉴얼 작성	개별연구 기초조사 콘텐츠북 개발 매뉴얼(연구논문)
연구원(전문작가 또는 디자이너)	스토리 개발 또는 디자인 개발	콘텐츠북 스토리 또는 디자인콘텐츠

연구 책임자는 연구 관리 및 책임 외에 전문분야의 고증과 개발된 콘텐츠북을 1차 감수하게 된다. 특히 연구 책임자는 학술적 전문성뿐 아니라 콘텐츠 연구에 대한 이해와 성과가 바탕이 되어야 한다.

기획자는 콘텐츠 개발대상의 선정과 활용가치 평가와 같은 기초조사, 대상의 학술원형에 대한 조사 및 분석, 콘텐츠북의 개발매뉴얼 작성이 주요 역할이다. 특히 방대한 문화재 학술원형에서 콘텐츠로 적합한 대상을 선정하는 작업은 콘텐츠 개발의 핵심 업무이다. 또한 개발대상의 전문적 조사 분석을 수행해야 한다는 점에서 문화재콘텐츠 기획자는 연구자 수준의 전문성을 갖춰야 한다. 이와 같은 문화재에 대한 전문적인 지식과 다양한 아이디어를 구체화시킬 수 있는 창의력이 기획자의 핵심역량이다.

기획자는 기본적으로 문화재 분야 전공자여야 한다. 반대로 콘텐츠

산업분야의 기획자는 문화재 분야에 대한 전문성 부족으로 원천자료 개발이라는 전문 개발성격에는 적합하지 않다. 또한 전문작가가 대부분 문화재 비전문가로 단기간에 문화재 분야에서 배출될 수 없는 현실을 볼 때 기초조사와 개발과정에서 기획자의 전문성이 요구된다.

전문작가는 다양한 형식의 스토리텔링을 담당하는 개발자이다. 작가의 경우에는 문화재 분야에서 충분히 확보하기 어려운 측면이 있다. 전문 디자이너 역시 전통예술과 산업디자인적 전문성이 확보되어야 하는 만큼 충분한 인재풀을 확보하기 어려운 실정이다. 창작 전문 인력을 활용하되 연구 책임자와 기획자가 콘텐츠의 전문성을 확보할 수 있도록 지원하는 연구진 구성이 필요하다.

기본적으로 미술사를 비롯한 인문학에 대한 이해 수준이 높은 전문작가의 확보 방안을 모색할 필요가 있다. 하지만 장기적으로 문화재콘텐츠 개발의 기획자와 전문작가, 전문 디자이너는 문화재 분야에서 배출되는 것이 전문콘텐츠 성격에 적합하다. 하지만 현재 문화재 관련 전공에서는 콘텐츠 기획과 개발에 관한 본격적인 과목도 쉽게 접하기 어렵다. 인문학 분야에서도 비교적 융합전공이 활성화되고 있는 역사계열이나 국문·문예창작 계열에 비해 미술사를 비롯한 문화재 관련 전공은 융합 전공 사례를 찾아보기 어렵다. 문화재 관련 전공에서도 문화재콘텐츠 이론연구, 기획, 스토리텔링, 전통디자인 개발과 관련한 과목개설이 이루어져 응용분야에 대한 이해가 넓어져야 하고 이와 관련한 인접 학문과의 융합교육 방안 등도 필요하다. 장기적으로는 전문연구개발 인력 확보를 위한 교육방안도 검토할 필요가 있다.

5) 적용과 활용에 따른 기대효과

문화재콘텐츠의 개발과정에 적용된 콘텐츠북 개발을 핵심으로 하는
3단계 과정과 순차 개발방식은 다음과 같은 효과를 기대할 수 있다.

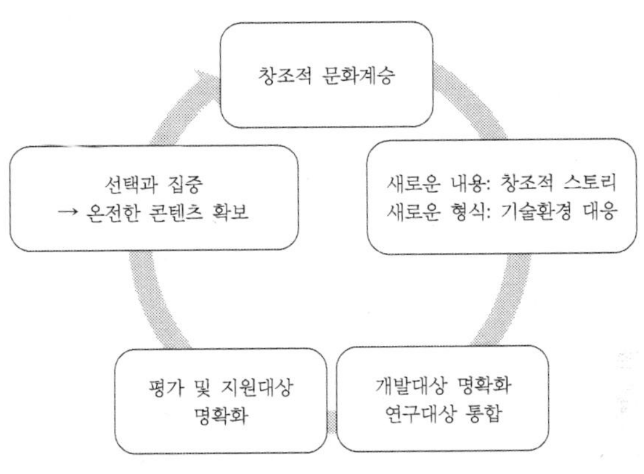

::그림 1-13 개발모형 적용에 따른 기대효과

첫째, 기술적 형식뿐 아니라 내용에 대응하는 창조적 콘텐츠 개발이다.

콘텐츠북 개발을 통해 학술원형과는 차별적인 내용물을 확보하고
이는 이후 디지털 미디어에 적합한 기술적 형식으로 다양하게 활용
될 수 있다. 이는 생명력이 짧은 콘텐츠 개발의 한계에서 벗어날 수
있는 근본적인 방안이다.

둘째, 구체적인 개발모형을 설정함으로써 개발대상이 분명해지고
콘텐츠와 관련한 연구분야도 명확하게 설정할 수 있다. 현재 문화재
제 분야에서는 콘텐츠에 관련한 연구범위와 개발대상의 모호함으로
연구 및 개발성과가 충분히 확보되지 못하고 있는 현실이다. 초기 시
범활용을 통해 모형 적용에 따른 경험이 축적되고 활용가치가 검증

된다면 관련 연구도 활성화될 것이다.

셋째, 연구·개발 관리 측면에서 평가대상이 분명해지고 연구개발 사업의 관리적 효율성이 확보된다. 방대한 개발대상을 콘텐츠북이라는 동일형식으로 평가함으로써 명확한 평가 기준과 관리적 수월성을 확보할 수 있다. 행정적 관리의 수월성은 장기적으로 체계적인 콘텐츠 관리로 이어질 수 있는 기반이 된다.

넷째, 개발과정의 체계성은 정책적 지원대상의 선택과 집중을 통해 온전한 문화재콘텐츠 개발을 도모할 수 있도록 한다. 이는 수준 높은 콘텐츠 개발이라는 목적에 충실한 결과물을 얻을 수 있는 바탕이 될 것이다.

이를 통해 창조적 문화계승 목적의 문화재콘텐츠 개발이 새로운 형식과 내용을 갖춘 콘텐츠북이라는 분명한 대상 설정으로 이어지고 연구개발 및 관리, 정책 지원의 효율성을 확보해 다시 우리 문화의 창조적 계승에 기여하는 수준 높은 콘텐츠 개발로 이어지는 선순환 흐름을 만들 수 있다.

2. 연구 요약 및 결론

문화콘텐츠는 지식정보사회의 문화산업이다. 생산방식이 지식기반 방식으로 바뀌면서 문화산업도 문화콘텐츠 산업으로 그 형식과 내용이 전환되고 있다. 콘텐츠는 바로 새로운 기술에 기반을 둔 내용물이다. 이 내용물의 구체적인 형태가 우리 문화원형이며 인문학은 여기에 보편성과 고유성을 가진 원형을 제공하고 이를 통해 인간 중심의 문화를 달성하는 데 그 역할이 있다.

　제2장에서는 문화재콘텐츠의 특성과 가치, 개념을 정리하였다. 문화재콘텐츠는 이미지와 스토리가 결합된 구조가 콘텐츠로서 높은 가능성이다. 구체적인 대상 이미지와 이를 향하는 스토리로 구성된 구조적 특징은 복합적인 형태의 콘텐츠에 적합하다. 문화재콘텐츠의 대상은 넓은 범위의 문화재를 다루되 핵심 분야인 미술사가 연구대상으로 삼는 가치 있는 문화재를 주요 개발대상으로 삼는다. 이는 콘텐츠 개발과정이 학술 연구성과를 바탕으로 하는 전문 콘텐츠 성격을 가지고 있기 때문이다. 따라서 문화재콘텐츠 개발의 핵심과정은 미술사콘텐츠에 있으며 이를 통해 가치 있는 문화원형을 콘텐츠로 개발하게 된다.

　문화재콘텐츠의 콘텐츠로서 또 다른 가능성은 서사구조가 구체적인 공간의 대상으로 이어지는 확장성에 있다. 무형의 콘텐츠가 유형의 대상과 연결될 수 있다는 점은 다양한 활용이 가능한 강점이다. 하지만 무엇보다 문화재콘텐츠를 통해 문화원형을 보존 활용하는 계승방법을 모색할 수 있다는 데 가장 큰 의미가 있다. 문화재가치는 문화원형에 대한 보존가치이며 콘텐츠 가치는 활용가치라고 볼 때 문화재콘텐츠 개발은 보존과 활용을 통해 문화를 계승하는 새로운 방법이 될 수 있다.

　제3장에서는 새로운 개발모형을 제시하였다. 데이터베이스 구축-산업적 활용 두 단계로 진행된 콘텐츠 개발은 학술정보의 전산화와 재분류 차원의 단계에서 바로 상품화과정을 거치는 데 현실적 어려움이 있었다. 브리지콘텐츠 모델은 기존의 정보를 단순히 디지털화하고 아카이빙하는 단계에서 나아가 창의적인 원천소스를 개발하는 단계를 설정함으로써 문화재 분야에서 시작되는 선행연구개발 형태를 갖추는 것이다. 브리지콘텐츠 전문가는 문화재전문가인 동시에 스토

리를 개발하는 전문작가, 개발자의 융합형 전문가여야 한다. 이를 위해 창조적인 방법을 통해 문화 메시지를 담아낼 수 있어야 하며 이를 표현하기 위한 스토리 및 디자인 개발 역량을 갖추어야 한다.

다음으로 브리지콘텐츠에 적합한 개발전략을 검토하였다. 브리지콘텐츠는 내용적 완결성은 원형콘텐츠를, 활용성을 의도한 면에서는 거점콘텐츠에 해당한다. 원형콘텐츠와 거점콘텐츠를 나누는 것은 전략성의 유무이다. 브리지콘텐츠는 One Source Multi Use(OSMU)를 바탕으로 한 1st USE & MU 전략을 내세운다. 이는 브리지콘텐츠를 파일럿콘텐츠로 삼아 1차로 활용하고 이를 바탕으로 다각화하는 내용으로, 콘텐츠북을 구체적인 파일럿콘텐츠 형태로 삼는다. 콘텐츠북은 창조적 스토리 또는 디자인과 개발매뉴얼 구성되어 향후 활용을 위한 사용설명서와 연구자를 위한 연구성과로 축적되어 관련 연구 활성화와 콘텐츠 산업의 외연을 넓히는 기반이 될 수 있을 것이다.

제4장에서는 불교 문화재의 콘텐츠 개발에 관한 내용을 다루었다. 불교 문화재는 그 본래 형태와 쓰임새가 온전히 보존되어온 대표적인 문화재이다. 종교적 목적과 기능성을 가진 불교 문화재는 그 특성 때문에 소극적인 개방과 활용을 할 수밖에 없었다. 하지만 오랜 시간 원형을 간직해온 보존성과 풍부한 콘텐츠, 주변 공간과의 연계가 가능한 지역성 등은 콘텐츠로서 큰 가능성을 가지고 있다. 이를 고려한 불교 문화재콘텐츠 개발전략은 연결터널 모형과 공간접점 모형 두 가지로 제시할 수 있다. 연결터널 모형은 불교와 대중의 간격을 좁히는 수단으로 브리지콘텐츠 개발방법을 적용하는 것으로 이를 통해 불교사찰의 문화재가 아니라 문화재를 품은 문화공간으로서 불교를 그 목적으로 전략을 세운다. 공간접점 모형은 구체적인 공간과의 연

계성, 지역성을 무형의 콘텐츠와 연계하여 활용방안을 확장하는 전략
으로 불교 문화재콘텐츠의 차별화 전략이라고 할 수 있다. 이를 대흥
사라는 구체적 대상으로 사찰 문화재콘텐츠 개발을 적용해보았다.

제5장에서는 본 연구에서 제시한 전략과 개발모형을 바탕으로 콘
텐츠 개발에 적용 가능한 방법을 구체적으로 제시해 보았다. 문화재
콘텐츠 개발을 위한 3단계 과정과 각종 연구조사 시 문화재 콘텐츠의
활용가치를 평가할 기초조사의 필요성, 추진과정에서 시범활용과 본
격개발의 순차 개발방식은 현재 구축된 학술성과 활용과 앞으로 구
축될 콘텐츠 가치에 대한 실질적인 접근법으로 제시해 보았다.

본 연구는 문화재콘텐츠 분야에 대한 개념 설정과 연구방향을 검
토해보는 논의의 시작이었다. 이때 고려해야 할 문화재콘텐츠 연구,
개발의 핵심가치는 다음과 같이 정리해볼 수 있다.

첫째, 목적성이다. 문화재콘텐츠 연구는 산업적 활용의 소재로 문
화재를 제공하는 것이 최종목적이 아니다. 콘텐츠 개발이라는 현대적
활용방식이 우리 문화원형을 내재한 문화재를 담을 양식으로서 적합
한지를 따져 보고 이를 창조적으로 활용하는 것이다. 대상으로서 문
화재를 활용하는 차원이 아니라 수단으로서 콘텐츠를 활용하는 개념
이다. 문화재콘텐츠의 목적은 콘텐츠개발을 통해 문화재 가치를 계승
하는 것이다.

둘째, 전문성이다. 문화재콘텐츠 개발은 학술연구의 성과를 바탕으
로 한 전문콘텐츠의 형태를 갖춰야 한다. 문화 계승이라는 목적을 달
성하기 위해서는 그 안에 담을 문화메시지에 대한 철저한 연구와 검
증과정이 바탕이 되어야 한다.

셋째, 보존성이다. 문화재의 특성이라고 할 수 있는 보존가치를 고

려한 개발방법과 전략이 반영되어야 한다. 단순한 기술지향 방식이 아니라 전통적 가치를 살리는 수단으로 기술이 적용되어야 한다. 또한 보존이 이루어져야 활용이 가능하다는 전제 아래 바람직한 활용을 통해 보존가치를 살리는 선순환 형태의 수단으로 문화재콘텐츠가 개발되어야 한다.

넷째, 계승성이다. 문화재콘텐츠의 개발은 활용 차원이 아니라 계승적 차원에서 이루어져야 한다. 활용은 단순히 수익을 내는 산업화 적용으로 끝이 나지만 계승은 이를 바탕으로 문화자본을 키워 전통에 기초한 새로운 문화를 창조해내는 과정으로 이어져야 한다.

본 연구의 주요 목적은 전통문화 보존과 가치 계승이라는 문화재의 특수 가치에 적합한 구체적인 방법과 전략을 제시함으로써 온전한 문화재콘텐츠 개발을 통해 궁극적으로 전통문화발전이라는 새로운 방법을 모색해 보는 것이다. 하지만 문화재콘텐츠에 관한 연구의 시작이라는 한계로 개별적인 개발사례에 대한 분석이 충분히 이루어지지 못하였다. 이에 논문을 연구서로 정리하면서 이어붙인 제2부, 제3부 콘텐츠북은 본 연구에서 제시한 방법과 전략에 따른 문화재콘텐츠 작품을 개발하여 본 연구의 완성도를 높이고자 한 노력의 결과이다.

이 연구는 문화재콘텐츠 개발을 전문분야에서 시작하는 선행 개발의 필요성과 향후 발전가능성을 전제로 시작하였다. 이는 문화재 연구의 범위를 넓히고 다양한 방법을 통해 문화재에 대한 관심 재고와 다양성 확보를 목적으로 한다. 문화재는 시간에 의해 사라지는 것이 아니라 무관심에 서서히 사라진다. 궁극적으로 문화재의 가치를 보존하고 계승하는 발전적 방법으로 문화재콘텐츠 연구가 활성화되기를 기대한다.

CHAPTER 2

콘텐츠북 미술사(美術史) 전문소설
「신공사뇌가(身空詞腦歌)」

글. 김진영
감수. 곽동해

일러두기

1. 이 글은 소설임을 분명히 밝힙니다.
2. 소설의 내용은 미술사학자, 역사학자들의 연구 성과를 바탕으로 했으며 소설적 전개를 고려하여 기본적 연대를 제외하고는 주를 달지 않았습니다.
3. 새로운 가설을 중심으로 소설을 구성했으며 이는 학술연구 목적이 아니라 원칙적으로 문화재콘텐츠 개발을 위한 가설 제시입니다.
4. 이 책에 등장하는 인물과 역사적 사실은 기록―『삼국유사』, 『삼국사기』를 바탕으로 했습니다. 단, 소설의 인물관계와 사건전개는 소설적으로 재구성되었습니다.

大王誠知窮達之變, 故有身空詞腦歌
(三國遺事 紀異 第二)

대왕은 참으로 인생의 곤궁하고
영화로운 이치를 알았기 때문에,
신공사뇌가(身空詞腦歌)를 지었다.

단, 그 내용은 전해지지 않는다.

Ⅰ. 파(波), 파도가 일어나다

   겨울이 되자 벌여 놓았던 불사(佛事) 현장이 손을 놓은 채 방치되었다. 엊그제 한파(寒波)에 석공, 잡부 몇이 몸져누운 탓에 뒷정리를 하는 몇을 제하고는 모두 절말과 채석하던 돌박마을로 내려갔다. 그렇다고 이리 된 것이 계절 탓만은 아니었다. 선왕이 승하(昇遐)한 후 토함산(吐含山) 불사는 더 이상 백성의 얘깃거리도 아니었고 매일같이 들락거리던 귀족들도 발을 끊은 지 오래였다. 넘쳐나던 시주도 바닥난 탓에 작은 불사도 수달씩 미뤄지고 있는 형편인데 대성(大成) 공마저 병환으로 처소에 머무르는 날이 많으니 일이 제대로 될 리 없었다. 갑인년(甲寅年)[52] 겨울이 되자 공의 병색은 더 깊어졌다.

   “오늘도 다녀갔더냐?”

   공의 수발을 하는 어린 종 묘정(竗正)이 지나기에 잡아 물었다.

   “네, 경신랑(敬信郎), 벌써 두 식경 전에 와서 아직도 처소에 있습니다.”

   ‘병이 깊으신 분에게 문병이 독이 되겠구나. 왜 저렇게 매일같이 드나든다 말인가…?’

   “그래 오늘은 누가 왔더냐?”

---

52) 774년. 혜공왕 10년.

"네, 병부령(兵部令)이십니다. 요 며칠 거의 매일 오십니다."

"손님이 돌아가시면 공께 감산사(甘山寺)에 다녀왔다고 전하거라. 혹 찾으시거든 처소에 있을 테니 기별하고…."

"네, 경신랑."

종종걸음으로 갈 길 가는 이 아이는 늘 웃는 상이다. 병중인 대성 공 앞에서도 어려워하지 않고 늘 제 주변 일을 고해바친다. 이미 잠든 공 앞에서 입을 멈추지 않다 몇 번 혼쭐이 난 적도 있었지만 공은 내버려두란 눈치였다. 그나마 이 아이가 옆에서 떠들어주는 덕에 공은 밖의 일을 잘 알고 있었다. 경신도 그 덕에 공이 적적하지 않아 보여 혼내기보다 모른 척했다.

대성 공의 병색이 짙다는 소식이 월성(月城)에 알려진 후 매일 왕실에서 사람을 보내고 있었다. 지난달에는 태후(만월부인滿月夫人)가 두 차례나 찾더니 이번 달에는 아예 사람을 보내어 공의 처소 주위를 서성거리고 있다. 공을 지키기 위해 보냈다고 하지만 드나드는 사람들을 감시하는 듯해 불쾌했다. 경신은 그들을 피해 계곡 쪽으로 난 길로 돌아나갔다.

겨울이 되자 암자에 있던 승려들도 내려와 불국사(佛國寺) 경내는 어수선했다. 경신은 공의 건강 때문에 멀리 갈 수도 없었지만 왕실에서 매일같이 드나드는 모습이 보기 싫어 기둥으로 쓸 목재를 구한다는 핑계로 감산사(甘山寺) 아래 싸리밭등에 다녀오는 길이다.

사실 선왕(경덕왕景德王)이 토함산 불사에 가진 관심과 대성 공에 대한 각별함을 생각한다면 몇 해간 왕실 태도는 서운할 정도였다. 어린 임금을 대신해 태후가 섭정한 후부터 세상이 시끄러웠다. 귀족들의 태도도 예전 같지 않아 월성에는 매일같이 정쟁이 이어졌고 다시 반란이 일어날 거란 흉흉한 소문도 들리고 있었다. 그런 와중에 태후가 뒤늦게 대성 공을 위한다고 매일같이 드나드는 모양이니 수상할 수밖에 없다. 어린 종 말로는 계속 무엇을 물어 보는 눈치인데 공은 대꾸도 하지 않는다고 한다. 그들이 드나든 이후 경신도 공 처소에 자주 가지 못하는 형편이다. 저러시다 갑자기 돌아가시는 건 아닌지 마음이 심란했다.

대성 공은 시중 관직을 내놓고 이듬해 신묘년(辛卯年)53)부터 불사를 일으켜 스무네 해를 여기에 매달려 있다. 경신은 불과 두 해 전부터 늙은 대성 공을 대신해 석불사(石佛寺)54)와 불국사(佛國寺)를 오가며 불사 일을 도왔을 뿐이다. 그나마 얼추 큰일은 마무리되어 그다지 어려운 일은 없었다. 공은 예부터 불심(佛心)이 깊어 죽은 부모를 위해 불사를 시작했다고 하지만 이 큰일을 어찌 혼자 벌였는지 궁금할 때가 많았다. 세간에는 선왕의 도움을 많이 받았다 했지만 공이 워낙 입이 무거워 제대로 물어 보지 못했다.

경신의 부친과는 오래전 왕래가 있어 반은 떠밀려와 이 일을 하고 있다. 나랏일이 아니니 관직이 있을 리 없고 공께 여기저기 일이 되는 결과를 모아 전해 드리는 정도이다. 공의 거동이 불편해진 후 경신이 불사를 살펴보고 있지만 이후 영 지지부진이라 공 뵙기가 송구할 따름이었다.

해가 질 때여서 어디 잡일하던 인부들 하나 보이지 않는다. 낮볕에 땅이 녹아 질퍽거렸다. 경신은 현장을 둘러보기 위해 몇 걸음 옮기다가 이내 처소로 발길을 돌렸다. 그는 요사채 끝 작은 방 하나를 쓰고

---

53) 751년, 경덕왕 11년.
54) 현재 석굴암(石窟庵).

있는데 혹 노승들에게 방해가 될까 조심하고 있었다. 몇 군데 등이 켜져 있지만 인기척은 없다.

방문을 열자 따뜻한 온기가 있다. 얼었던 얼굴이 순식간에 열기가 오른다. 며칠 방을 비워둔 데다 데리고 있는 수억이도 본가에 심부름을 보낸지라 누가 그랬냐 싶다. 바짓단에 엉겨 붙은 흙덩이를 떼어내려 조그맣게 난 툇마루에 걸터앉자 언제 왔는지 공의 어린 종 묘정이 히죽히죽 웃고 있다.

"어여 들어가 쉬십시오, 공양은 어찌하실는지 여쭈러 왔습니다."

얼굴에 제가 이리 데워놓았다고 흐뭇해하는 모습이다. 이 녀석 혹 여기서 문 열기를 기다렸던 건 아닌지 기가 찬다.

"이 녀석, 공의 처소에는 다녀왔더냐?"

"그럼요, 제가 얼마나 날랜지 모르십니까? 공 처소에 다녀오고 손님 나가시는 것도 보고 물론 공양간도 다녀왔습니다."

묘정은 할일을 다 했으니 혼날 일도 없다는 듯 의기양양하다.

"공양은 잠시 쉬다 내려갈 테니 너는 신경 쓰지 않아도 된다."

경신은 손에 묻은 흙은 털어내며 대수롭지 않게 대꾸한다.

"그러면 내일 공양은 어찌할까요? 수억이가 경신랑 잘 챙기라고 당부를 하고 갔습니다."

"그래, 알았다. 식사는 때 맞춰 내려갈 테니 공의 처소에나 잘 붙어 있거라."

번거로운 것을 싫어하는 경신은 이것저것 챙기려고 드는 묘정에게 딱 잘라 말한 것을 곧 후회했다. 히죽히죽하던 어린아이의 얼굴이 금세 재밌는 일을 놓친 듯 입을 삐죽거리고 있었다.

"아니다. 내 필요한 것이 생기면 너를 찾을 테니 바쁘다는 핑계나 대지 말거라”

“예! 제가 얼마나 날랜지 아직 모르십니까?”

묘정의 얼굴이 금방 밝아졌다.

“알았다. 가 보거라.”

문고리를 잡자 아이가 허겁지겁 문을 잡아끈다. 경첩이 낡아 문에서 쇳소리가 난다.

“더 할 말이 있느냐?”

“참, 공이 공양하신 후 잠깐 처소에 들르라 하셨는데…”

자기도 본래 전하러 온 말을 잊은 것이 겸연쩍은 표정이다. 경신은 고개를 끄덕이고 문을 닫는다.

“경신랑, 쉬십시오.”

어린아이의 통통거리는 발자국 소리가 멀어져 간다. 조용히 다니라고 한소리 하려다가 그만두었다. 제 딴에는 칭찬받을 일을 했는데 혼이 나면 또 입을 내밀 테다.

‘아직 어린애다.’

서편의 좁은 창으로 아직 누런빛의 하늘이 보인다. 경신은 방 한 켠에 가져온 책을 놓았다. 지난달부터 『정토삼부경(淨土三部經)』을 읽고 있는데 영 책장을 넘기지 못하고 있다. 지난 봄 대성 공이 종을 시켜 가져다주었다. 경신은 벽에 기댄 채 창을 보고 앉았다. 그중 『관무량수경(觀無量壽經)』을 잡아 펼친다.

겨우내 북풍을 막았던 문이 유달리 삐걱거린다. 바람에 문풍지가 들썩거린다.

경신은 진골(眞骨) 가문의 화랑(花郞) 출신이기는 하나 관직에 나가지 않았다. 권세를 자랑하는 가문과는 거리가 멀어 그 부친 효양(孝

讓)도 지금 한창 자리를 탐낼 만한 중신 나잇대지만 월성에 나가지 않았다. 대신 고선사(高仙寺)에서 깊이 들어간 암곡(暗谷)의 한 절에 불사를 하며 일생을 바쳤다. 이 때문인지 경신도 관직에 대한 욕심이 없어 화랑 동무들이 다 한자리씩 차지하고 나갈 때도 수련을 핑계로 저 멀리 한수(漢水)55) 땅과 명주(溟州)56) 땅을 다니며 몇 해를 더 보냈다. 귀족 자제들의 거만함 따위와는 거리가 멀어 거들먹거리는 자리에는 좀처럼 얼굴을 비추지 않았다. 그 덕에 경신은 그들에게는 영 큰 뜻도 없는 인물이었다.

어릴 때는 계집아이처럼 생겼다 하여 놀림도 받았지만 좀처럼 말을 걸기 어려운 차가운 표정 덕에 가까이하기에 어려운 성품이었다. 말수도 작고 혼자 잘 다녀 경신의 종은 대부분 본가에서 시간을 보낼 때가 많았다. 속을 짐작하기도 쉬이 대하기도 어려운 사람이다.

한때 승려로 출가할 뜻을 가지고 있었지만 부친이 만류해 뜻을 접고 토함산에 와 대성 공의 일을 도우며 이런저런 공부를 하고 있다. 대성 공은 원래 불법(佛法)에 이해가 깊어 고승들 못지않은 지혜를 가지고 있었다. 경신은 처음에 못이기는 척 대성 공 일을 도우러 왔지만 오히려 인간 세상과 부처 세상에 적당한 균형감을 가지고 있는 공의 인품에 배움을 받으며 두 해가 흘렀다.

공도 세상일에 욕심이 없는 대신 진리를 찾는 데 관심이 많은 경신에게 불사를 하면서 알게 된 이런저런 경험들을 가르쳐주었다. 그 경험이란 것이 당시 석공들이나 조각공들이나 아는 것으로 치부하는 일인데 새로운 불탑의 양식이라든지, 불상의 도상, 형식, 가람의 구성

---

55) 지금의 한강 일대.

56) 지금의 강릉 일대 지방.

에 관한 내용이었다. 사실 불국사와 석불사를 짓는 토함산 불사는 당시 나라 최고의 장인들과 공인들이 참여한 일이기에 경신이 보고 듣고 일은 늘 호기심 가득한 대상이었다. 경신은 특히 불가의 원리가 불사 공간에 어떻게 적용되는지에 관심이 많았다.

공이 『정토삼부경(淨土三部經)』을 경신에게 준 것은 정토불교(淨土佛敎)가 불사의 큰 배경이었기 때문이다. 교리적으로 공부를 하라는 뜻에서 이전의 화엄경(華嚴經), 유마경(維摩經)에 이어 과제를 준 셈이다.

삼국통일이라는 거대한 목적을 달성하기 위한 전란과 사회적 불안은 신라에 아미타불(阿彌陀佛)을 중심으로 하는 정토사상이 자리 잡는 배경이 되었다. 통일 이전의 불교신앙이 통일을 목표로 한 흥국위민(興國爲民)의 이념이었다면, 이후에는 사회 안정을 위해서도 그 목표를 달리 하지 않을 수 없었다.

정토(淨土)란 부정잡예(不淨雜穢)가 사라진 청정한 불국토(佛國土)로, 즐거움만이 충만된 극락세계(極樂世界)를 뜻한다. 널리 알려진 아미타불의 서방정토 외에도 여러 가지 정토가 있는데 미륵보살의 도솔천정토(兜率天淨土), 약사여래의 유리광정토(瑠璃光淨土) 등이다. 그중에서도 가장 승한 것은 아미타의 서방정토라고 했다. 정토관계 경전 중에서도 아미타경(阿彌陀經), 무량수경(無量壽經), 관무량수경(觀無量壽經)을 정토삼부경(淨土三部經)이라 하여 근본 경전으로 삼는다.

정토사상은 현실의 고통이 가득한 극한상황을 말법시대(末法時代)로 파악하고 백성들이 이상세계인 정토에 왕생(往生)할 수 있음을 알려 준다. 왕생(往生)은 발원(發願)과 염불(念佛), 관법(灌法)만으로도 가능하므로 높은 학문과 지식을 필요로 하지 않으며, 누구라도 마음만 먹으면 정토에 갈 수 있었다. 정토사상은 극한 상황에 처하여 자신의 힘으로 깨달음을 실현할 수 없는 나약하고 죄 많은 중생을 의식한 대승(大乘)의 결실이다.

대승불교는 기본적으로 다불(多佛), 천불(千佛) 신앙을 가지고 있다. 부처가 오직 단 한 분의 절대자가 아니라 누구나 깨달음을 얻으면 부처가 될 수 있기에 석가(釋迦) 이전에도 과거불이 있으며 이후에 나타날 미래불도 존재한다. 시간순으로 보자면 과거불인 다보불(多寶佛), 현세불인 석가불, 미래불인 미륵불(彌勒佛)로 이어지며 깨달음의 본질로 보자면 법신불(法身佛)인 비로자나불(毘盧遮那佛), 응신불(應身佛)인 노사나불(盧舍那佛), 화신불(化身佛)인 석가불로 구분된다. 천불(千佛)은 유한한 수 천(千)이 아니라 무한한 수(數) 무량수(無量數)를 의미하며 누구나 성도(成道)하고 왕생(往生)할 수 있다는 대승(大乘)의 가르침을 상징한다.

정토사상이 주로 극한 상황과 위기의식을 극복하는 신앙으로 유행한다는 점을 생각할 때, 신라의 정토사상은 통일 후 혼란했던 사회 여건과 함께 발전된 신앙이었다. 그중에서 아미타불은 무한한 수명(무량수無量數)과 무한한 광명(무량광無量光)을 가진 시간과 공간을 넘어선 부처로 서방정토의 극락세계를 주재한다. 아미타불은 자비로운 부처로서 신분의 높고 낮음을 불문하고 고통받는 중생들이 서방정토에 올 수 있도록 맞아주는 부처이다.

정토신앙은 범부(凡夫)들의 신앙 실천방법이다. 백성들의 신앙은 현실의 고통을 벗어날 방법을 구하고 망자의 극락왕생을 기원하는 소박한 의미였다. 이러한 망자의 왕생, 부처의 자비에 기대는 왕생사상이 자력왕생(自力往生), 현생생불설(現生生佛說) 신앙을 가져왔다. 토함산의 불사는 이 땅에 정토를 세우는 일이었다. 이전 불사가 대부분

왕실의 원찰이나 능침, 호국이 그 목적이었으나 토함산은 백성들의
서방정토에 대한 바람과 연결되어 있었다.

"나으리, 나으리, 일어나 보십시오."

누군가 경신을 잡아 흔든다. 경신은 자신이 잠든 줄도 몰랐는지 놀
라 급히 앉았다.

"…무슨 일이오?"

"나으리, 대성 공께서 처소에 들르라 전하셨습니다."

문고리를 잡고 서 있는 자는 공의 처소에서 잡일을 하는 늙은 종이다.
저도 깨우기 미안했는지 급히 일어난 경신에 화들짝 놀라는 눈치다.

"알겠소. 시각이 얼마나 되었소?"

"공양 끝난 지 한 식경쯤 되었습니다."

"근데 묘정이 오지 않고 왜 노인이 왔소?"

"그 아이는 어딜 갔는지 보이질 않습니다."

"수고했소. 추운데 어서 가서 쉬시오."

"예, 나으리. 여기 등(燈)을 놓고 가겠습니다."

약간 굽은 등을 한 노인이 어둠 속으로 사라졌다. 노인이 열어둔
문으로 찬바람이 들어왔다. 경신은 의복을 갈아입고 노인이 내려놓은
등을 들고 나섰다. 배는 고프지 않은데 머리에 열이 있는 듯해 온몸
이 노곤했다. 공의 처소는 경신의 처소에서 아래쪽으로 전각 두어 채
가 지나서 있다. 그곳은 노승들이 거처하는 곳인데 같이 머물던 표훈
(表訓) 대덕이 지난해 떠난 후로 공이 혼자 쓰고 있다. 중문 앞에 건장
한 체격의 사내 둘이 얘기를 나누고 있지만 경신은 못 본 척 문을 열
고 들어갔다. 사내들은 이내 경신임을 알아보고 이야기를 이어간다.

경신은 아무리 봐도 그들이 병부(兵部)에서 나온 듯해 허리춤을 유심히 살폈다.

공의 거처에는 묘정이 없어서인지 인기척이 없다. 문 앞에서 자신임을 고하자 공이 탁한 기침을 했다.

"공, 몸은 어떠십니까?"

"음, 왔는가? 그래 감산사(甘山寺)에는?"

공은 며칠 전보다 안색이 더 안 좋았지만 말은 또박또박 이어갔다.

"별일 있겠습니까? 잠시 쉬다 왔습니다."

"그래, 날 부축하게… 잠깐… 걷고 싶구나."

"괜찮겠습니까? 바람이 찹니다."

"너무 누워 있었더니 바람이라도 쐬어야 숨을 쉬겠다."

대성 공을 부축한 경신은 너무도 왜소해진 팔에 마음이 저려 왔다. 공은 부축을 하자 그리 어렵지 않게 발걸음을 옮겼다.

"경신아, 비로전(毘盧殿)으로 가자."

비로전(毘盧殿)은 극락전(極樂殿)과 함께 새로 금동불(金銅佛)을 봉안한 지 몇 달 지나지 않은 곳이다. 공은 새로 봉안한 금동비로자나불(金銅毘盧遮那佛)의 모습이 궁금했는지 몇 번 물어 보곤 했다. 중문 앞의 사내들은 공이 나오자 멀찌감치 떨어져 따라왔다. 경신은 그들에게 공이 조용히 산책을 원하니 앞에서 기다리라고 말하곤 비로전의 중문을 반쯤 닫아 버렸다. 그들은 병든 노인을 데리고 어디 도망가지는 않을 듯 싶었는지 계단 아래서 기다렸다.

경신은 대성 공을 부축해 금당 안으로 모셨다. 공은 경신이 등(燈)에 불을 붙여 안을 밝히는 모습을 묵묵히 지켜본 후 긴 한숨을 내쉬었다. 그 한숨이 금당 안의 한기(寒氣)보다 더 차갑게 느껴졌다. 온기 없는

:: "오른손의 부처계와 왼손의 중생계가 둘이 아니라 하나임을 뜻하는 것이다."
　-불국사 금동비로자나불.

한숨에 경신은 공의 시간이 얼마 남지 않았음을 비로소 실감했다. 새로 봉안한 금동불은 어른거리는 불빛에도 온몸이 황금빛으로 빛나고 있었다.

"공, 이 불상은 볼 때마다 너무도 강건한 인상입니다. 내려다보는 저 눈빛이 정말 선왕의 기운을 닮았습니다."

"그러냐? 선왕의 눈빛은 더 엄했던 것 같은데…"

"실은 화랑 시절 뵐 때마다 고개도 제대로 못 들었습니다."

공은 슬며시 웃더니 지난 여러 일을 생각하는 듯했다.

"경신아, 너는 비로자나불에 대해 아느냐?"

"네? 잘 알지 못합니다. 단지 비로자나불은 모든 부처 중에 가장 근본에 있는 법신불(法身佛)이며 아직 이 땅에는 많이 조성되지 않은 걸로 압니다."

공은 입을 다문 채 시선은 불상을 향해 있었다. 더 말해 보라는 뜻으로 생각하고 경신은 한 번 쉬고 말을 이어갔다.

"저도 여러 사찰을 돌아다녔지만 아직 비로자나불을 실제로 본 적이 없습니다. 법신불은 모든 부처의 본체, 곧 근본적인 진리 자체라 했으니 형상이 없는 부처이기에 그렇다고 생각했습니다. 하지만 이렇게 독특한 수인(手印)의 불상을 보니 그 도상이 어디서 왔는지 궁금했습니다."

공은 눈을 감고 있었다. 그리고 무언가 결심한 듯 침을 크게 삼키고 말을 이었다.

"비로자나불의 수인은 지권인(智拳印)이라 하며 저 서역승 불공삼장(不空三藏)이 번역한 금강정경(金剛頂經)에 그 근거가 있다. 이 경전

은 금강계 밀교 경전이다. 네 말대로 근원적인 부처라 그 형상이 없
다고 여겼으나 밀교계 경전에는 그 도상이 분명하게 제시되어 있지.”

“어찌 공공연히 거론하지 않는 밀교 경전에서 그 도상을 찾으셨는
지요?”

“밀교는 네 말대로 이 땅에 정식으로 종파를 가지고 있지는 않다.
하지만 지난 문무대왕(文武大王) 때 당(唐)의 침공을 막았던 명랑법사
의 문두루(文豆婁) 비법이나 그것을 행한 사천왕사(四天王寺) 모두 밀
교의 가르침을 받은 신인종(神印宗) 계열의 사찰이다. 그 외에도 여기
삼층석탑에 다라니경을 넣는 조탑 의식도 다 밀교에서 나온 의식이
아니더냐.

밀교는 그 자체로는 비밀스러운 종파이나 그 의식은 여러 종파에
서도 자연스레 받아들여 행하고 있다. 특히 화엄(華嚴)에서는 비로자
나불을 그 주불(主佛)로 삼는 곳도 있다고 하니 밀교경전이라고 해서
멀리할 것이 아니다. 그리고 이미 저 가야(伽倻) 땅에는 비로자나불을
불상으로 모신 곳도 있다. 물론 여기 서라벌에서는 처음일 것이다.”

공은 기력이 쇠약해서 특유의 깐깐한 목소리는 아니었지만 또박또
박 이어갔다.

“저 수인(手印)의 뜻을 아느냐?”

“모르옵니다. 경전을 읽지 못하였으니 어찌 알겠습니까?”

“저 수인은 오른손의 부처계와 왼손의 중생계가 둘이 아니라 하나
임을 뜻하는 것이다. 양손으로 주먹을 쥐고 왼손의 검지를 기둥처럼
세운 다음 이를 오른손 주먹으로 잡아 두 손이 연결되어 있다.”

그런데 경신의 눈에는 금동불이 공이 말한 손의 모양과 정반대 모
양을 하고 있다. 혹 공이 잘못 말하지 않았나 싶어 머리를 내밀어 다

시 살펴보았다.

"그런데 저 금동불은 왜 반대인지 의아하지 않느냐?"

경신은 자신이 잘못 본 것도, 공이 잘못 말한 것도 아니라는 생각에 안도의 표정을 지었다. 사실 공이 병세가 깊어 사물을 온전히 보지 못했다는 생각에 덜컥 겁이 났던 것이다.

"사실 불상을 만들다 보면 도상에 맞춰 꼭 그렇게 만들지 않는 경우가 있지 않더냐?"

"그렇습니다. 천축(天竺)과 당(唐)에서 가져온 불상 모본과 도상집이 있다 하더라도 작게는 공인의 재주에 따라 또는 우리 풍습에 맞게 조금씩 양식적으로 달라지지 않습니까? 저 한쪽 어깨를 드러낸 편단우견(偏袒右肩)의 착의법도 우리 신라인들의 의복과는 너무도 달라 이 땅에는 어깨를 다 덮은 통견으로 제작한 불상이 더 많습니다."

"잘 알고 있구나. 그것이 우리 양식이다. 부처가 태어난 곳과 전해 준 곳은 저 멀리 천축이지만 수많은 시간을 서역과 당나라를 거쳐 오면서 부처의 얼굴도 우리의 얼굴로 변한 것이지. 이 땅도 불국토(佛國土)가 아니더냐."

신라인들은 자신의 땅을 불국토라고 믿었다. 그래서 불교 경전과 관계된 금강산(金剛山), 오대산(五臺山), 영축산(靈鷲山) 등의 지명을 신라 땅에 붙이고 또 오방불(五方佛)이라 하여 산 하나하나에 부처가 살고 있다고 믿었다. 전통신앙이었던 오악(五嶽) 신앙이 불교와 습합하여 불국토 신앙의 일부가 되었다.

"그런데 서라벌에서 처음 만든 불상에 수인을 반대로 하면 후에 이를 모본으로 할 공인들이 헷갈려 하지 않겠습니까?"

"그럴 수도 있겠지… 하지만 그럴 만한 이유가 있었다."

경신은 그 이유를 주물을 하던 공인에게서 흘러 들은 적이 있다.

"혹 주물 제작의 어려움 때문이었습니까?"

"그래, 그것도 맞다. 착의법(着衣法)을 편단우견으로 하니 가슴이 드러나는 쪽으로 팔을 높여야 하는데 그러면 몸통과 분리된 팔을 쉽게 처리할 수 없게 되지. 그래서 손 모양을 바꾸었지만, 옷소매가 없으니 팔이 그대로 분리되어 저것을 한 번에 할 수 없어 팔은 따로 만든 후 붙인 방법을 사용했지. 하지만 그것이 전부는 아니다. 예외라는 것도 일정한 경향을 가지면 나름 의미가 생기는 법이지."

"네?"

"모든 사물은 새로 태어날 때 새로운 의미가 생기는 법이다. 부처가 짓고 있는 수인도 처음 결(結) 했을 때는 큰 의미가 없었지만 하나를 만들고 두 개를 만드는 동안에 부처의 별인이 되어 버리는 것이다. 저 수인도 하나의 예외에서 시작하지만 그것이 쌓이다 보면 새로운 의미로 해석된다. 지금은 일종의 예외적 사례지만 그런 예가 반복되면 사람들은 특별한 의미가 있을 거라 생각을 하게 된다. 그것이 바로 하나를 깊게 보지만 동시에 하나만 봐서는 안 되는 이유이다."

대성 공은 말을 마치자 길게 한숨을 다시 쉬었다. 자신의 한숨에서 냉기가 느껴져 온다. 경신을 겨우 두 해 곁에 두었지만 처음 그 부친 효양이 말을 건넸을 때는 세상에 둘도 없는 풍월도(風月徒)라고 생각했다. 어떻게 하면 자리를 얻어 월성에 들까 고민하는 젊은 화랑 중에 "이런 아이도 있구나" 했다.

하지만 야망이 없으면 일도 못 할 것이라는 생각은 기우(杞憂)였다. 경신은 좀체 말이 없었으나 필요할 때 누구보다 말을 조리 있게 했다. 또한 뒹구는 돌 하나도 쉽게 보지 않는 예민한 눈을 가졌다. 그러다

보니 어지럽게 널려 있는 불사 현장에도 필요한 것은 어디에, 일손은 어디가 부족한지, 누가 빠졌는지 금방 알아채곤 했다. 미물도 쉽게 대하지 않는 인성을 지녔으나 특유의 굳게 다문 입은 일꾼들에게 대성공보다 더 대하기 어려운 면이 있었다.

예민한 성격에 잠을 잘 이루지 못 하는지 늘 새벽녘에 예불소리를 듣고 서 있었다. 예민하고 냉정한 얼굴을 가진 경신에게는 무인들의 강건함은 없었다. 대신 이 아이에게는 쉽게 흔들리지 않는 침착함이 있었다. 그것은 힘이 가지는 강건함보다 위기에서 더 필요한 덕목일 수 있다. 그리고 경신같이 사물을 꿰뚫어보는 눈을 가진 아이에게는 진리에 대한 판단력이 있기 마련이다. 대성 공은 깊은 눈을 가진 이 청년에게 더 많은 얘기를 해주지 못한 것이 아쉬웠다.

"경신아…"

"네."

"너도 알겠지만 나는 시간이 얼마 남지 않았다. 부탁을 하나 하마."

경신은 입을 다문 채로 공의 얼굴을 바라보았다.

"어린 묘정을 네가 데려가 보살펴 주거라. 그 아이는 태생이 노비가 아니다. 진골 집안의 여식이나 반란에 휩싸여 그 가족이 흩어져 내가 데리고 있었다.

곁에 두면 정신이 없기는 하나 영리한 아이이니 널 곤란에 빠뜨리지는 않을 것이다. 널 잘 따르니 본가에 보내는 것보다 나을 듯하구나. 글을 좀 가르쳐두었으니 일을 시켜도 될 것이다."

"그 아이 본명은 정란(金井蘭)이다. 그리고 내 서신을 하나 적어뒀으니 아침에 다녀오도록 해라."

"알겠습니다. 걱정 마십시오."

경신은 다른 말없이 입을 다물었다. 이럴 때 감정에 휩싸이면 순식간에 무너진다. 슬픔을 참는 법은 자신을 잃지 않는 것이다.

공을 처소에 모셔다 드린 후 쉽게 잠을 이루지 못했다. 경신은 원래 잠을 잘 이루지 못해 항시 동이 트는 새벽녘에야 눈을 붙였다. 누워 있으면 온갖 잡념들로 뒤척였다. 낮에 읽었던 서책의 내용부터 내일 있을 일을 죄다 보고서야 잠이 들었다. 그나마 생시 같은 꿈을 자주 꿔 아예 새벽부터 차림을 하고 일을 볼 때도 허다했다. 그날도 한참을 뒤척이다가 인시(人時: 오전 4시)가 돼서야 겨우 잠이 들었다.

갑자기 저 멀리 들리는 요란스러운 소리에 경신은 잠이 깨었다. 순간 불안한 마음이 들어 서둘러 문부터 열었다. 아직 해가 오르지 않았다. 입김을 내며 뛰어오는 작은 덩치의 아이가 보였다. 경신은 대성 공에게 무슨 일이 일어났음을 직감했다. 평소 묘정과 자주 어울리던 행자아이였다. 행자승은 신을 질질 끌며 질퍽한 길을 내달려오고 있다.

"나으리, 저… 저기… 헉헉…"

경신은 행자승이 숨을 고를 때까지 기다렸다.

"나으리… 아… 아무래도 대성 공께 무슨 일이 있는 듯합니다."

"무슨 일이라니…?"

"그것이 저도 처소에는 못 들어가 잘 모르겠습니다."

"무슨 말이냐? 처소에도 가보지 않고 무슨 일이라니?"

"그것이… 수일 전부터 와 있던 사내들이 문을 닫고 못 들어가게 합니다. 그런데 안에는 무슨 일이 일어났는지 분주합니다. 묘정이가 울면서 사내들에게 매달리고 난리도 아닙니다. 어서… 어서 가보십시오."

경신은 마음이 급했다. 상황이 예사롭지 않았다. 공이 돌아가셨는

데 왕실 사람들이 접근도 못하게 한다는 것은 분명 이유가 있었다. 옆에서 들썩거리며 분주한 행자승의 어깨를 잡고 경신은 침착하게 말했다

"잘 듣거라. 네가 좀 도와줘야겠다."

행자승은 두 눈을 크게 뜨고 무슨 일인가 했다.

"너는 일주문 밖 못골에 가서 월성 쪽에서 사람들이 오는지 살피어 나에게 진해라. 그들은 말을 타고 말골에서 진등을 넘어 서녘밭쪽으로 올 것이니 멀리서도 먼지가 일고 소리가 들릴 것이다. 꼭 나에게 알리거라. 알겠느냐?"

등을 떠밀다시피 해서 보냈더니 행자승은 신을 벗고 달리기 시작했다.

경신은 서둘러 공의 처소로 갔다. 행자승 말대로 문 앞에는 사내 넷이 지키고 있었고 공의 노비들이 어찌할 바를 모르고 있었다. 문 앞에 가자 사내들이 손으로 경신을 막았다.

"비키시오. 대성 공을 뵈어야겠소."

"지금은 안 되오. 아무도 들이지 말라 하였소."

"누가 말이오. 누가 여기를 들어가지 말라 했단 말이오? 들어가겠소"

몸을 밀치며 문을 열려 하자 곁에 있던 사내가 허리춤에서 긴 칼집을 꺼내 가슴에 갖다 댄다.

"나중에 오시오. 그것이 우리 일이오."

사내는 좀처럼 물러설 기세가 없다.

그때 누가 팔을 잡아당겼다. 묘정이었다. 아이는 울다 부은 얼굴이 눈물로 얼룩져 있다. 경신이 뒤로 물러서자 묘정은 울음을 간신히 참았으나 숨이 넘어가고 있다.

"그래, 어떻게 된 것이냐?"

그러자 아이는 난데없는 말을 한다.

"…흑… 경신랑, 아침 공양은…?"

"… 이 와중에 무슨 공양이란 말이냐?"

"… 아침 공양은 언제… 하실 겁니까?"

그 모습을 지켜보고 있는 사내는 어이없는 듯 몸을 돌려 제자리로 가 버린다.

"도대체 무슨 얘기를 하는 것이냐?"

그러자 묘정은 잡고 있던 팔에 힘을 주어 꽉 쥔다. 순간 경신은 이 아이의 행동이 무언가 이유가 있다는 생각이 들었다.

"알았다. 내 주지스님에게 들렀다 곧 갈 테니 울지 말고 일을 보거라."

그러자 묘정은 잡았던 팔을 놓고 소매로 눈물을 닦으며 공양간으로 향했다. 아이가 사내들 모르게 다른 곳으로 데려가려 꾀를 낸 것이 분명했다. 경신은 노비들 사이로 어제 심부름 왔던 등 굽은 늙은 종을 보고 팔을 잡아채어 끌어내었다.

"노인은 원래 공의 본가에서 왔지요?"

"예, 나으리. 이 일을 어찌하면 좋습니까?"

"가장 날랜 아이 하나를 시켜 말을 내어 본가에 알리시오. 내가 시켰다 하면 말을 내어 줄 것이오, 서두르시오!"

노인의 뒷모습을 보고 경신은 머리가 복잡해졌다. 분명 공께서 돌아가신 듯한데 어찌 들어가지도 못하게 한단 말인가? 지난달부터 공을 잡고 무얼 알아내려 한 자들이었으니 다른 속셈이 있었다.

'월성에서 더 사람을 보내기 전에 알아봐야 할 텐데…. 혹 공이 그들의 손에 들어가는 것을 원치 않는 것이 있다면….'

그때 어젯밤 전하라고 한 서신이 떠올랐다.

경신은 서둘러 주지스님이 있는 요사채로 향했다. 공양간은 더 아래쪽에 있지만 의심을 사지 않으려면 위로 향해야 한다.

'그 아이가 무엇을 알고 있는 것일까?'

곁에서 모시는 아이니 분명 마지막으로 공을 뵈었을 것이다. 곧 왕실 사내들도 이 아이를 찾을 것이 분명했다. 공을 모시던 종과 절집 사람들을 모두 불러들일 것이다. 그 전에 만나야 한다.

어느새 소문이 났는지 경내 사람들이 모두 공의 처소로 향했다. 문을 막고 있는 사내들은 몰려드는 사람 때문에 정신이 없다. 경신은 재빨리 공양간 방향으로 몸을 돌렸다.

공양간은 한적했다. 공의 변고 소식에 다 달려 나간 듯했다. 연기가 피어오르는 아궁이가 있는 쪽으로 들어갔다. 묘정은 반대편으로 열려 있는 문 뒤에 웅크리고 있었다. 경신이 무릎을 꿇고 말없이 아이를 보았다.

"경신랑… 공께서는 돌아가셨습니까?"

"그런 듯하다…."

경신은 궁금한 것이 많았지만 공을 애비처럼 따르던 아이의 놀람을 생각해 말하기를 기다렸다.

"제가 저녁에 절말에 심부름을 가기 전 공께서 제게 서신을 대신 쓰라 하셨습니다. 그리고 그 서신을 내일 아침 경신랑에게 직접 전하라 하셨습니다."

아이는 숨을 크게 삼키고 울먹거렸다.

"그런데 제가 문간방에서 자고 일어나 아침을 준비하러 공양간에 다녀온 사이에 사내들이 문을 막아 버렸습니다."

"그럼 서신은?"

"그게 아침 공양 후 가져다 드리려 방에 두었습니다. 어제 공께서 직접 전해야 한다기에 경신랑에게 먼저 말해야 할 듯 싶었습니다."

"그래, 잘 했다. 혹 내용을 기억하느냐?"

"네, 그것이 감은사(感恩寺)에 계신 표훈대덕를 찾아가라 하였습니다. 그리고 대성 공 대신에 경신랑이 왔다고 말하면 될 것이라 했습니다."

"다른 말씀은 없으셨느냐?"

"경신랑 말 잘 들으라 하시기에, 말 잘 듣고 있다 하였습니다."

아이는 그러고 훌쩍거리기 시작했다. 아이는 그것이 어떤 의미였는지 이제야 알아차렸는지 겨우겨우 울음을 삼키고 있었다.

"묘정아, 내 말을 잘 듣거라."

"공께서 말한 내용은 절대 다른 이에게 말해서는 안 된다. 서신을 두고 나왔으니 어쩔 수 없지만 그전에 누구에게라도 입을 열어서는 안 된다."

"그리고 오늘 수억이가 돌아올 것이다. 저 밑 절말에 내려가 기다리다가 수억이한테 전해라. 무장사(鍪藏寺)에 계신 아버님께 이 사실을 알리고 나는 공의 일로 갈 곳이 있으니 걱정하시지 말라고 전하라고 하거라. 그리고 너도 수억이를 따라가거라. 알겠느냐?"

아이는 무언가 할 말이 있는 듯 입을 조물거리다가 고개를 끄덕였다. 경신은 마음이 급해졌다. 대성 공은 분명 자신의 죽음을 생각하고 은밀하게 서신을 남겼지만 곧 발견될 것이다.

'그들보다 빨리 가지 못하면 공의 마지막 뜻을 따르지 못할 것이다. 아이를 얼른 내려 보내고 감은사로 가야 한다.'

"가거라, 낯선 이들을 피해 얼른 가야 한다."

아이는 종종걸음으로 산문(山門)을 향해 갔다. 그러면서 연신 뒤를 돌아본다. 아이의 모습이 사라지자 경신은 반대편으로 서둘렀다.

감은사를 가기 위해서는 토함산을 넘어야 한다. 산을 넘어 장항사(獐項寺)에 가면 말을 구할 수 있을 것이니 월성에서 오는 시간을 따져 보면 감은사로 먼저 갈 수 있다. 불국사에서 석불사로 오르는 길은 겨울이 오기 전에는 하루에도 두어 번씩 오르던 길이다. 말을 끌고 오를 수 있는 동산재보다 요사 뒤로 난 길로 가면 더 가깝다. 아직 묘시(卯時: 오전 6시)가 지나지 않았다. 경신은 그들이 조금 더 늦게 도착하기를, 그리고 서신이 늦게 발견되기를 빌 수밖에 없다.

처소에 들러 경신은 서둘러 보퉁이를 하나 챙겨 그 안에 몇 가지를 넣었다. 방바닥에 서책이 펴진 채 놓여 있다. 대성 공이 남겨준 유일한 서책이라는 생각에 성가실 것 같지만 집어넣었다. 그리고 벽장 깊숙한 곳에 손을 넣어 먼지 쌓인 긴 자루를 꺼내었다. 검이었다. 경신은 한때 낭도 수십을 거느린 화랑이었다. 무예보다는 서책에 더 관심이 있었지만 검을 다루는 솜씨도 누구에 뒤지지 않았다.

'다시 쓸 일은 없을 줄 알았는데….'

산길을 오르기 위해 경신은 검을 어깨에 가로질러 단단히 매었다. 그리고 하얀 입김을 내뱉으며 산길로 향했다.

행자승은 산문 옆 바위 위에 걸터앉아 한 식경째 있었다. 묘정이가 그렇게 매일같이 얘기하는 경신랑이 시킨 일이라 떨떠름하기는 했지만 묘정이 주인 나으리가 돌아가신 듯하니 군말할 수도 없었다. 동이 트기 전이라 어둑했지만 저 멀리서 요란한 말굽소리가 들려오기 시작했다. 불국사는 그 아래 너른 벌판을 한눈에 볼 수 있어 말골에서 넘어오는 진등고개까지 살펴볼 수 있다. 행자승은 고개를 내밀어 어둑한 새벽 들판을 살폈다. 보이지는 않으나 소리는 점점 더 크게 울렸다. 그들이 맞다 싶어 내달리기 시작했다. 그때 산문 옆으로 사내 하나가 툭 나오더니 행자승의 팔을 순식간에 잡아챘다.

놀라서 돌아보니 얼굴이 길쭉한 것이 낯이 익다.

"왜 이렇게 호들갑이냐?"

행자승은 그가 경신랑의 가솔 수억이라는 것을 알아보았다.

"어… 어, 수억이네."

"이놈 내가 니 녀석 동무냐? 어디서."

"아, 놔. 경신랑에게 빨리 가야 된다 말이야, 놔."

"뭐 나으리한테??"

"아… 놓으라고."

수억이는 행자승의 팔을 잡고 돌려세운다. 안 그래도 오는 길에 대성 공 처소를 지키던 사내가 말을 타고 급히 가는 모습을 보았기 때문이다.

"무슨 일이냐? 내 나으리한테 갈 것이니 말해봐."

그제서야 행자승도 그러면 자신이 경신랑을 찾아 헤맬 일이 없을 테다 싶어 얌전해진다. 행자승의 이야기를 들은 수억이는 뭔가 큰일이 생길 듯싶었다. 수억이가 얼른 산문 주춧돌 위에 서자 말굽 소리가 가까이 들렸다. 한 무리가 진등 고개를 내려와 서녘담 부근을 지나고 있는 듯했다. 적어도 스무여 명은 넘을 듯했다.

수억이는 경신이 수련을 다닐 때부터 함께했던 낭도 출신이라 군사들의 일에 익숙했다. 긴 얼굴에 비쩍 마른 몸이었지만 눈치가 빨라 오랫동안 경신 곁에 있던 자였다. 수억은 자신과 좀 전에 지나쳤던 사내가 저리 빨리 사람들을 데려오는 것이 의아했다. 그러는 사이 행자승은 이미 달아나 버렸다.

'대성 공은 돌아가신 듯하고 나으리는 월성에 오는 사람들을 지키라고 했다면….'

수억이 머리가 빠르게 돌아갔다.

'이건 촌각을 다투는 일이다.'

애써 본가에서 실어온 짐을 말 안장에서 떼어내기 시작했다.

'원래 말을 타고 들어가서는 안 되는 법이지만 이럴 때 기지(奇智)를 발휘해야 한다.'

수억이는 이렇게 재빠른 자신의 모습을 보고 우쭐해졌다.

'나으리가 말하는 때에 맞는 기지란 이런 거다.'

급하게 말을 달려 오르니 저쪽에서 작은 체구의 아이가 종종걸음으로 오는 것이 보인다. 묘정이다.

말을 탄 사내를 보고 아이는 놀라 길을 비켜선다. 고개를 숙인 채 제 몸만 한 나무 옆으로 얼른 숨는다.

"묘정아, 나으리 어디 계시냐?"

"어, 수억이네."

아이의 표정이 이내 밝아졌다.

"나으리는?"

묘정은 수억이에게 경신이 일러준 것을 알려준다.

"알았다. 그럼 너도 얼른 타, 그놈들이 곧 들이닥쳐."

"뭐, 어디어디?"

"벌써 절말까지 올라왔어. 얼른 올라타."

묘정은 어쩔 줄 몰라 하며 수억이에게 말에서 내리라고 잡아끈다.

"왜 이래, 나으리가 무장사로 가라고 했다면서?"

"그게 아니라 경신랑은 월성 사람들이 한참 후 올 거라 하고 떠났

단 말이야, 근데 지금 오면 서신을 발견할 것이고 나으리는 얼마 못
가 잡힐 것 아니야.”

순간 수억이는 머릿속이 복잡해졌다.

‘묘정이 말대로 그냥 떠났다가는 나으리가 저놈들에게 잡힐 텐데,
그럼 무장사로 가서 뭐라 전한다 말인가 내 큰 나으리한테 어떤 물고
를 당할지도 모른다.’

“그럼 어쩌자는 말이냐?”

한겨울 새벽 서리가 경신의 옷자락을 금방 젖게 한다. 겨우내 얼었
다 녹았다 한 산길은 울퉁불퉁해 곧 발바닥이 아파왔다. 반 식경이나
지나 불국사와 가까운 진티마을이 내려다보이는 바위 위에 서자 곧
저 멀리서 말발굽 소리가 울려오기 시작했다.

‘이렇게 일찍 올 리가 없는데, 큰일이다. 이러다가 곧 잡히겠어.’

경신의 발걸음이 급해졌다.

‘아직 정상까지는 더 가야 한다.’

그러고 보니 공의 죽음에 아직 눈물도 흘리지 못했다는 생각이 들었
다. 그 순간 울컥 뭔가가 올랐다. 지난밤 보았던 공의 얼굴이 떠올랐다.

‘대성 공, 극락왕생하소서.’

그리고 경신은 아미타불을 세 번 외웠다.

‘나무아미타불, 나무아미타불, 나무아미타불.’

아미타불은 죄 많은 중생이 그 이름을 지극정성으로 세 번만 외쳐
도 죄를 씻어 주며 극락에 갈 수 있다 했다. 원효대사가 딱딱한 교리
대신에 백성들 사이를 누비면서 전한 가르침이 바로 이 염불법(念佛法)
이다. 그 덕에 서라벌 백성들은 이 손쉬운 극락 가는 법을 입버릇처럼

외며 다녔다. 이제 젖을 뗀 아이들조차 염불을 노래마냥 하고 다녔다.

염불은 불교 수행법 가운데 하나로 스스로 깨달음을 얻는 대신 불보살(佛菩薩)의 대자비에 의지하는 타력신앙이다. 부처를 억념(憶念: 단단히 기억하여 잊지 않음)하기 위한 염불은 부처의 상호(相好)를 생각하여 관(觀)하거나 부처의 명호를 부르는 것이 일반적인 방법이다.

가장 초보적 불교 의식인 염불수행의 목적은 번뇌를 버리고 열반(涅槃)에 들게 하고 극락왕생하는 데 있다. 염불은 어려운 경전을 강독할 필요 없이 누구나 손쉽게 할 수 있어 부처의 가르침이 백성들에게 널리 퍼지는 계기가 되었다. 서낭당과 거석에 엎드려 빌던 백성들이 어느 순간부터 염불을 하고 다니기 시작했다. 특히 염불을 하면 지난 통일전쟁에 죽은 부모와 형제들이 서방정토의 극락에 갈 수 있다는 믿음이 생기며 아미타불을 외는 염불이 가장 유행하였다.

경신이 정상 언저리에 올랐을 때는 이미 두 식경이 지났다. 얼른 산 아래를 내려다보고 동산재 쪽의 한지랖 길도 살펴보았지만 인적이 보이지 않는다.

'이미 서신을 봤다면 한지랖 길로 오르는 것이 보일 텐데…'

더 이상 지켜보고 있을 시간이 없다. 석불사가 지척이지만 경신은 자신의 행적이 알려질까 얼른 반대편 동산재 쪽으로 향했다. 그리고 하범마을로 내리는 길로 들자 미끄러지듯이 달렸다. 바로 내려가면 쉬운 길이었지만 말을 구해야 하는 경신은 그곳에서 다시 반대편 쪽에 있는 장항사로 향해야 했다.

경신은 절반쯤 내려와서는 길에서 벗어나 장항사 뒤편 능선을 향해 발걸음을 옮겼다.

구르듯이 달려갔지만 이미 저들이 먼저 지나갔을지, 혹 누군가 지키는 이가 있지 않을까 온 신경이 곤두섰다.

'계곡 쪽 길을 탔다면 오를 때는 말을 끌고 와야 하지만 내리는 길에서는 말에 오를 수 있어 분명 먼저 범골을 지나 노루목으로 바로 갈 것이다. 하지만 장항사 쪽으로도 사람을 보냈을 수도 있다.'

능선 메마른 가지 사이로 장항사의 살구 빛 오층석탑이 보이기 시작한다. 겨울이라 조심하지 않으면 말라 버린 나무 사이로 금방 들킬 수 있을 듯했다.

이 절은 가람 방식이 특이하다. 좁은 계곡에 붙어 있다 보니 탑 두기가 나란히 위에서 아래로 놓여 있고 금당도 역시 나란히 놓여 있다. 그리고 이 중심선과 나란하게 길게 전각이 배치되어 있어 능선 위에 서면 전각 뒤의 지붕 위에서 보듯 계곡과 맞은편 산 사이로 난 길을 살펴볼 수 있다. 맞은편 괴산은 고양이가 엎드려 있는 모양새다. 인적은 없었다. 지나간 것인지, 아직 오지 않은 것인지 경신의 긴장했던 두 다리가 풀리는 듯했다. 몸을 숨길 만한 굵은 낙엽송 뒤에 자리를 잡았다. 땀이 식자 한기가 느껴졌다. 땅에서도, 몸에서도 열기가 하얗게 피어오른다.

'이제 진시(辰時: 오전 8시)이니 조금 더 기다려 보자. 그들이 숨어 있을 수 있다.'

주의 깊게 곳곳을 살폈다. 그때 저 길 위에서 옅은 먼지가 일었다. 좁은 계곡 사이로 말발굽 소리가 울려대기 시작했다.

'다행이다. 계곡이 좁아 말을 달리면 소리로 짐작할 수 있다.'

그런데 소리는 울리되 한 무리가 이동하는 소리가 아니었다.

'겨우 말 한 필의 소리다. 추적하는 군사들이 하나씩 다니지는 않는 법!'

:: "불경의 바다, 탑이 길을 밝히다." —장항사지 석탑

경신은 안도를 하면서도 점점 소리를 키워오는 말을 주시했다. 사람의 형체가 보이자 말 한 필에 사내 하나와 작은 아이가 같이 타고 있다.

'수억이와 묘정이다.'

경신은 금방 알아챌 수 있었다. 수억이는 오랫동안 화랑도에서 전령 역할도 해왔기에 말 위에서 허리를 숙인 모양만 봐도 알아볼 수 있다.

'저 녀석들이 무장사로 향하지 않고 왜 이리로 온단 말인가? 혹, 쫓기는 것은 아닌가?'

얼른 동산재 쪽을 올려 봤지만 아무런 움직임도 없다.

수억이는 장항사를 여러 번 다녀온 덕에 길을 잘 알고 있다. 경신은 서둘러 장항사 아래 마을 초입에 있는 작은 다리로 뛰었다. 장항사로 건너오려면 계곡 반대편에서는 그 길밖에 없다. 수억이 지나치기 전에 길목에 가야 했다.

경신은 다리에 도착하자 재빨리 그 아래 큰 너럭바위 뒤로 몸을 숨겼다. 여기 계곡은 절을 지으며 사용했던 남은 석재들이 뒹굴고 있어 몸을 숨기기에 적당했다. 바위들은 한결같이 석탑의 살구 빛과 같은 색이다. 곧 수억이와 묘정이 다리 앞에서 속도를 줄여 천천히 건너기 시작했다. 경신이 얼른 손을 들어 흔들자 수억은 곧 이를 발견했는지 고개를 흔들고 다리를 건너왔다. 말을 난간에 묶고는 둘은 뛰어 내려왔다.

"나으리, 여기서 만나 다행입니다."

수억이는 다가오면서 반가움에 손을 허우적거렸다. 한 손은 아이의 손을 잡아끌면서 다가왔다.

"어찌 된 일이냐? 어떻게 이리로 왔단 말이냐?"

경신은 반가운 마음 대신에 일이 잘못됐을까 걱정이 앞섰다.

"나으리, 이 수억이가 수일 만에 나으리를 찾아왔는데 잘 다녀왔느냐 말씀이라도 하시지 않고….”

옆에 묘정은 이 와중에 말 타기가 재밌었는지 얼굴이 들떠 있다.

“우리가 나으리를 살리려고 이리 온 것 아닙니까?”

그러는 수억이는 어깨를 으쓱하며 바위 옆에 털썩 앉는다. 옆에 묘정이는 그런 수억이의 으스대는 모양이 웃긴지 히죽거린다.

“이 아이가 나으리 목숨을 살렸습니다. 저도 옆에서 좀 거들었고 말이지요.”

그러고는 수억이는 묘정이에게 네 공을 얼른 말하라고 손을 잡아끈다.

“그것이 좀 부끄러운 일이라 공양간에서 말씀 못 드렸습니다. 실은…”

수억은 꼭 죽으러 가는 표정으로 묘정이 뒤를 따라간다.

“묘정아, 이러다 우리 둘 다 죽을지도 몰라. 나으리가 시키는 대로 하는 것이 좋을 것 같아.”

수억은 묘정이 방책이 있다는 말에 따라가기는 하지만 곧 들이닥칠 군사들을 생각하면 오금이 저려왔다. 하지만 한편으로는 화랑도 시절 경신이 몇 차례 자신의 목숨을 구해준 것을 생각하니 이대로 있을 수도 없었다. 어릴 때부터 같이 자랐던 경신의 일이었다.

“수억이는 그냥 엉엉 울고 아무것도 모른다고 살려주십쇼 하면 돼.”

“도대체 뭘 어찌한단 말이냐?”

곧 대성 공의 처소에 도착했고 이미 사람이란 사람은 다 몰려들어 있다. 여전히 아무도 처소에 들어가지 못했다. 늙은 노승들은 혀를 차며 사내들에게 잔소리를 해댔다.

얼마 지나지 않아 먼지를 일으키며 스무여 명의 기병들과 잘 차려입은 젊은 무장 하나가 나타났다. 그는 병부의 낭중(郎中)에 있는 김지정(金志貞)이란 자였다. 그는 사내들의 이야기를 듣더니 처소로 들어갔다. 군사들은 몰려든 절집 사람들을 밀어내고 창을 세워 경계를 서기 시작했다. 몇몇은 안에서 처소를 뒤졌다.

"여기 대성 공을 수발하는 종놈이 어디 있느냐, 데려오거라!"

그러자 공 처소를 오랫동안 지키던 사내가 묘정의 팔을 잡아채고 처소 안마당으로 끌고 갔다. 그리고 곁에 있던 수억이에게도 따라오라는 눈짓을 보낸다.

"낭중(郎中) 나으리, 이 아이이옵니다."

"옆에 있는 저놈은 누구냐?"

"이놈은 대성 공 일을 돕던 경신이라는 자의 수하이옵니다."

지정이라는 사내는 잠시 입술을 깨물며 둘을 쳐다보았다. 그 모습이 이를 가는 듯했다. 눈매가 날카로운 이 사내는 한 손으로 검을 땅에 짚고 서 있다.

"그래 대성 공을 마지막으로 본 것이 너였을 테다. 묻는 말에 답하거라."

"네에, 나으리."

묘정은 코를 땅에 박고 기어들어가는 목소리로 답했다.

"그래 공이 어제 마지막으로 남긴 말이 무엇이냐?"

"네, 나으리. 공께서 저녁에 서신 하나를 받아 적으라 했습니다."

수억은 자신의 귀를 의심했다.

'이 아이가 술술 다 말하는 것 아닌가.'

"그래, 서신이라… 그 서신은 어디 있느냐?"

코를 땅에 박은 묘정 앞으로 다가온 지정은 검을 짚은 채 앉아 물었다.

"그것이…"

이때 공의 처소를 뒤지던 군사가 무언가를 발견한 듯 뛰쳐나온다.

군사는 서신을 전하고 지정은 얼른 몸을 세워 서신을 받아 읽더니 묘정 앞에 흔들어 보인다.

"이것이 그 서신이냐?"

묘정이 눈만 치켜들고 맞다고 하자 지정은 벼락같은 소리를 내며 일어선다.

"이년이 나를 가지고 노느냐? 이것이 도대체 무슨 장난 같은 서신이란 말이냐?"

그 목소리는 순식간에 주변의 소란을 잠재울 만한 우레와 같은 호통이었다. 서신에는 글자 사이마다 동그라미가 쳐져 있어 그 뜻을 알기 어려웠다.

"죽을죄를 졌습니다. 사실 제가 글을 몰라 주인 나으리에게 몇 자 겨우 배웠습니다. 그런데 나으리께서 기력이 쇠하셔서 대신 글을 받아 적으라 하니 쓸 줄 몰라 남겨둔 것입니다."

지정은 숨을 한 번 고쳐먹고 입 속으로 이를 가는 듯하더니 조용히 다시 물었다.

"그럼, 여기 빈 글자가 무엇이냐?"

"그것은 감산사 의명대사이옵니다. 공께서는 경신랑에게 그리로 가라 하셨습니다."

"감산사!"

"나으리, 경신이란 자가 지난 수일 동안 감산사에 다녀왔었습니다."

공을 감시하던 사내가 얼른 나서 이르자 지정은 만족스러운 표정으로 일어섰다.

"그래 경신이란 자는 지금 어디 있느냐?"

모두 수억이를 쳐다보는 통에 덜덜 떨며 말을 했다.

"저는 본가에 다녀오는 길에 이 아이가 나으리가 감산사로 서둘러 갔다는 얘기를 듣고 어찌할 바를 몰라 여기 있었습니다."

지정은 얼굴을 돌려 군사들에게 떠날 채비를 지시했다. 그리고 처소를 지키던 사내들에게는 따로 지시를 내렸다.

"이놈들은 어찌할까요?"

지정은 돌아보지도 않은 채 귀찮은 듯 말한다.

"주인을 잃고, 주인이 버린 자들이니 본가나 찾아가게 두거라."

수억과 묘정은 고개도 들지 않고 "감사합니다"를 외며 울먹였다.

경신이 생각하기에 기가 막혔다. 이 어린아이가 어찌 그리 대담하게 굴었는지 말이 나오지 않는다. 의기양양할 것 같은 묘정의 표정은 오히려 부끄러워 얼굴을 들지 못했다.

"실은 제가 글자를 몰라 못 적은 것이 부끄러워 말을 하지 못했습니다. 어르신께서 기력이 있으셨다면 가르쳐주셨을 텐데 겨우 말을 이어가는지라 차마 묻지 못했습니다. 내일 아침에 다시 물어 봐야지 했는데…."

이때 모시던 주인의 죽음이 떠올랐는지 아이는 울먹이기 시작했다. 수억이도 마음이 안 좋은 듯 발밑의 조각돌을 발로 툭툭 건드리고 있었다. 경신은 아이를 앉히고 얼굴을 닦아주었다.

'아직 어린아이다. 이제 죽음을 처음 알게 된 것이다. 처음 죽음을 알게 되면 누구나 두려운 법이다."

그들은 반대 방향인 감산사로 향했다. 적어도 시간은 벌었고 감은사를 여전히 모른다는 것은 더 다행스러운 일이다. 그런데 그들이 찾는 것이 도대체 무엇인지 경신은 여전히 알 수 없었다.

공이 죽자마자 기다렸다는 듯 들이쳤으니 근처에 대기하고 있었던 모양이다. 태후와 병부령 그리고 낭중 김지정, 경신은 감산사로 향한 이 김지정이란 자를 알 듯했다. 최근에 태후를 모시던 젊은 귀족이다. 젊은 나이지만 그 야심이 대단해 이미 주변에서 제 힘을 과시하느라 여념이 없는 자였다.

시간을 벌었으니 얼른 감은사로 향할 일만 남았다. 이제 날은 온전히 밝았다.

Ⅱ. 밀(密), 은밀히 뜻을 전하다

병부령 김옹(金邕)은 수하 둘을 데리고 말을 달리고 있다. 김대성의 급사소식을 듣고 황급히 나섰으나 어제 불국사에 머물지 않고 월성으로 돌아갔던 것이 이토록 후회될 수 없었다. 이 늙은이가 일부러 죽을 날을 고른 게 아닌가 생각이 들 정도였다.

'고집불통 늙은이 같으니라고, 결국 아무것도 말하지 않았다.'

수상한 움직임이 있을 테니 철저히 감시하라던 태후의 역정이 벌써부터 들리는 듯했다. 김지정을 금오산[57] 아래 염불사(念佛寺)에 대기시켜 놓은 것은 그나마 다행이다. 이미 전령을 통해 감산사로 대성공의 수하를 쫓아간다고 들었지만 그조차도 늙은이의 마지막 술수가 아닌지 의심쩍었다.

이 일은 태후 일이기도 했지만 자신의 일이기도 했다. 해가 갈수록 위태로운 왕실을 지키기 위해서는 이 방법밖에 없다고 태후는 믿었다. 왕실을 지키는 것은 자신의 가문을 위하는 일이다. 김옹은 선왕대 시중을 역임하고 지금은 전중(殿中), 수성부(守城府), 병부(兵部)의 수장으로서 왕실 경비와 서라벌 방어, 신라의 모든 군권을 손에 쥔

---

57) 지금의 경주 남산.

실세였다.

그는 태후의 오라버니이며 대를 이어 왕비를 배출한 김순정(金順貞) 가문의 적자였다. 선왕이 승하한 후 태후는 자신과 아들을 지켜줄 자로 오라비 김옹을 택해 그에게 막강한 군권을 쥐어주었다.

강력했던 왕실의 권위는 선왕 재위 말기부터 약해져 지금은 화백회의의 수장인 상대등(上大等) 주위로 그동안 숨죽이던 귀족들이 결집하고 있다. 이런 식이라면 임금이 혹 급사라도 한다면 가문의 권세도 어찌될지 모를 일이었다. 몇 해 전 시중을 지냈던 김융(金融)을 제거한 후 이런 두려움은 현실로 다가왔다.

김대성이 선왕으로부터 중요한 밀지를 받았다는 사실을 태후에게 들었을 때는 제 귀를 의심했다. 하지만 곧 지금의 정세를 단번에 뒤집을 기회라는 생각이 들어 강력히 권했던 것이다. 태후는 이를 통해 아들과 자신의 아들의 목숨을 구해 왕실의 힘을 키울 생각이고 김옹은 오랫동안 권세를 누려온 가문을 지킬 요량이었다.

그래서 선왕 승하 후 수년 동안 토함산에 사람을 붙여 놓았지만 소득이 없었다. 김대성은 선왕의 뜻을 거스른 적 없는 인물이었다. 그는 시중(侍中)으로 권력의 중심에 올랐을 때 미련 없이 자리를 버리고 토함산에 갔던 자이다.

'김대성은 분명 알고 있었다. 그냥 묻고 갔을 리 없다. 그는 충직한 자이니 선왕의 뜻을 지키려 누군가에게 맡겼을 것이다. 도대체 누구인가?'

어느새 진등 아래 말골이 왼편으로 보이기 시작했다. 그때 모벌군성(毛伐郡城)58) 쪽에서 기병들이 먼지를 일으키며 달려오는 것이 보

---

58) 현재 울산과 경주 외동읍 사이에 있는 관문산성(關門山城).

였다. 감산사로 향했다던 낭중(郎中) 김지정이었다.

"그래 어찌 되었느냐?"

병부령은 잔뜩 인상을 찌푸린 채 먼지를 뒤집어쓴 김지정에게 물었다.

"그것이 아무래도 속은 듯합니다. 감산사에는 그 수하라고 하는 자가 어제 오후 떠나 다시 오지 않았다 합니다."

"그자를 숨기고 거짓으로 이른 것이 아니더냐?"

"그 아래 마을까지 다 뒤져봤습니다만 흔적도 없습니다. 아무래도 감산사가 아니었던 것 같습니다."

김지정이 불국사에서 있었던 일들을 죄다 말하자 병부령의 얼굴이 일그러졌다.

"…감산사가 아니라… 감은사이다."

"네?"

"모르겠느냐? 선왕의 밀지를 애초부터 아는 자는 김대성과 표훈대덕뿐이다. 대덕은 지금 감은사에 있지 않더냐?"

"하지만 대덕은 밀지에 대해서는 모르지 않습니까? 그래서 대덕에게는 사람을 붙이지 않은 것 아닙니까?"

"모르는 소리, 그 수하란 자가 내용을 이미 알고 있었다면 굳이 감은사에 보낼 이유도 없다. 지난 몇 해 동안 김대성 곁에서 감시를 했으니 그 늙은이는 자신의 비밀을 제대로 전하지 못하였던 것이다. 그렇다면 그것을 설명해줄 사람은 대덕뿐이다. 그 서신은 교묘하게 그것만 적지 않았다."

"아… 그렇다면 놈은 이미 감은사에 당도했을 시각인데 이미 늦은 것 아닙니까?"

"아니다… 대덕 역시 우리가 알고 있는 내용만 알고 있을 뿐, 깊은 내용은 오직 김대성만 알고 있었다. 놈이 가도 더 알아낼 것은 없다. 그렇지, 그렇다면… 김대성은 분명 은밀한 곳에 자신의 뜻을 숨겨놓았고 대덕을 찾아가는 것은 아직 이를 찾지 못했다는 반증이기도 하지.”

병부령의 일그러진 얼굴이 묘한 표정으로 바뀌었다. 이 자는 이 모든 상황이 자신의 뜻대로 되고 있음을 즐기고 있다.

‘숨겨놓은 것을 먼저 찾으면 모든 것이 해결된다.’

“그래, 그 수하란 자가 누구냐?”

“네, 공도 몇 번 보셨습니다. 김대성 밑에서 불사를 돕던 경신이란 자이옵니다.”

“경신이라… 그래, 그 녀석 말고는 그 늙은이 주위에 아무도 없었으니까.”

“감산사에서 들은 바로는 그자 애비는 효양이란 자로 무장사(鍪藏寺)라는 곳에 있다고 합니다.”

“…효양…이라… 늙은이, 고른 놈이 영 이름 없는 가문의 하찮은 놈은 아니올시다.”

병부령은 혼잣말처럼 쓴웃음을 지으며 말했다.

“그 애비를 아십니까?”

“나름 진골가문이나 권력이 더럽다고 저 골짜기에 숨어 사는 자이지, 무장사는 그 옛날 문무대왕이 통일을 완성하시고 더 이상 필요 없게 된 무기를 묻을 정도로 깊은 골짜기 아니더냐.”

병부령은 그렇게 말하면서도 김대성의 치밀함에 분이 났다. 몇 해 전부터 감시가 붙자 아무도 의심하지 않을 효양 같은 인물의 자식 놈을 데려다 뜻을 전하려 했다. 이 관직도 없는 자를 알아보지 못한 것은 당연한 일이었다. 그 일은 월성에서 왕위를 노리는 귀족들이나 관심을 가질 만한 내용이다. 병부령은 내내 월성의 귀족들을 감시하느라 어제도 돌아갔었던 것이다.

"놈이 제 애비가 있는 암곡에 숨어들거나 서신을 보낼지 모른다. 그 산은 오르는 길이 하나이니 고선사(高仙寺) 지나 암곡에서 오고 가는 자를 죄다 감시하거라. 그 애비도 눈치 채지 못하게 은밀히 감시해야 한다."

"네, 감은사는 어찌합니까?"

"염려할 것 없다. 이미 수 일 전부터 감은사에 은밀히 사람을 두어 붙여놓았으니 수상한 놈들이 오면 잡아둘 것이다."

"두어 명으로 되겠습니까?"

"하하, 놈은 동원할 사병도 없는 이름뿐인 진골 가문의 자식이다. 걱정 말거라.

나는 태후에게 고할 테니 감은사로 가서 은밀하게 놈들을 근처 마을에 잡아두거라. 그리고 데리고 있는 군사들도 신분을 감추어라. 이 일은 서라벌의 귀족들이 알아선 안 되며 오늘 내로 은밀히 마무리 지어야 할 일이다. 이 일이 성공해야 태후와 임금을 지킬 수 있다. 그것이 너의 일이다. 잊지 말거라."

경신은 떠나기 전에 수억이에게 부친께 소식을 전하도록 일렀다. 자신의 존재를 알고 있는 터라 분명 부친에게 화가 미칠지도 모를 일이다.

"분명 저들이 매복해 감시할 것이다. 그러니 은밀히 소식을 전하고 돌아오거라."

"걱정마십쇼. 샛길로 가면 저를 잡을 길이 없습니다."

수억은 제 아버지부터 경신의 집안에서 일을 보는 터였다. 인근의 숨은 계곡 길에 밝아 어찌해야 될지 잘 알고 있다.

"나으리, 저 아이는…."

"은밀하게 다녀오려면 아이는 내가 데려가야 할 듯하다. 신속히 소식을 전해야 한다."

수억이는 말에 올라 추령을 향해 내달렸다. 경신은 장항사에서 말한 필을 내어 묘정을 뒤에 태우고 감은사로 향했다. 말을 달리면 사시(巳時: 오전 10시) 전에는 닿을 거리다.

"꽉 잡거라."

"네, 경신랑. 꽉 잡겠습니다."

아이는 언제 울었었는지 들뜬 목소리를 하며 경신의 허리자락을 움켜쥐었다. 묘정은 아침부터 이어진 이 일들이 무슨 연유인지는 모르지만 자신이 죽은 주인을 위해 무엇인가 하고 있는 것은 분명하다 생각했다. 공은 주인이었지만 의복이며 잠자리며 자신을 식솔처럼 챙겨주셨던 분이었다. 자리에 누우신 후에는 틈틈이 글을 가르치시며 매번 서신을 적게 하였다. 모르는 글자에 동그라미를 쳐 놓으면 그 안에 글자를 채워 그대로 누군가에게 보내기도 했다.

이제 더 이상 불국사에서 주인 나으리와는 살지 못할 듯하지만 경신랑이 제 새 주인인 듯해 기대되기도 했다. 조용한 절집에서 까불거리다가 매일 혼이 났지만 경신랑은 늘 모르는 척 지나가주곤 했다. 공인들은 빈틈없는 경신랑이 어려워 매사 눈치를 보았지만 묘정은 그런 사람에게는 자기같이 말 걸어주는 동무가 필요하다 생각했다.

이른 새벽 공양간 가는 길에 훔쳐보았던 경신은 새로 올린 석탑 주위에서 천천히 시간을 보내는 사람이었다. 하지만 웬일인지 그리 홀로 서 있는 모습도 뭔가 이유가 있는 듯 보여 자신도 입을 다물고 혼자 걷는 모습을 흉내 내보곤 했다. 그러고 보면 쓸쓸해 보이는 것이 그리 나쁜 일은 아니라는 생각이 들었다.

달리는 속도가 빨라지자 무섭기도 했지만 머리칼이 바람에 날리는 이 기분이 혹 나르는 기분이 아닐까 생각해 보았다. 아이는 눈을 감고 자신이 한 마리 새가 되어 멀리멀리 날아가는 상상을 하기 시작했다. 한참이 지나 익숙지 않은 자세 덕에 아랫도리가 불편해졌다. 곧 경신이 솔나무가 가득한 산 아래 말을 세웠다.

"여기가 감은사이옵니까?"

"아니다. 감은사는 저 건너이나 잠깐 살펴보아야겠다.

여기 숨어 있겠느냐? 따라올 테냐?"

"무섭습니다. 말썽 안 피우고 따라가겠습니다."

"저 위 나무가 보이느냐, 저리 갈 테니 조용히 따르거라."

감은사는 토함산에서 내려온 물길이 동해를 만나는 곳에 세워진 절이다. 이 절은 문무대왕이 짓기 시작했으나 그 끝을 보지 못하고 그 아들인 신문왕이 완공해 아버지의 은혜를 갚는다는 의미로 감은사(感恩寺)로 이름을 붙였다. 두 개의 삼층석탑이 나란히 서서 금당을 호위하는 듯한 가람배치는 대부분 하나의 탑에 하나의 금당을 놓았던 신라 땅에서 새로운 형태였다.

이전까지 신앙의 대상은 부처의 사리를 모신 탑이었다. 탑은 절의 가장 중요하고 거대한 건축물인 동시에 신앙의 중심이었다. 거대한 황룡사(皇龍寺)의 구층목탑과 사천왕사(四天王寺) 목탑은 열렬한 불법 구현의 의지였다. 하지만 부처의 형상을 한 불상의 제작이 활발해지고 그에 대한 신앙이 깊어지면서 절의 배치는 불탑이 아닌 불상을 모신 금당으로 그 중심이 옮겨갔다. 자연스레 금당의 앞을 막고 섰던

탑은 금당 안의 불상을 볼 수 있게 옆으로 비켜났고 그 규모도 축소되었다. 이제 신앙의 중심은 금당 안에 모신 불상으로 옮겨갔다.

감은사는 애초에 동해에서 토함산을 거쳐 들어오는 적을 감시하기 위해 지은 군사적 의도가 있었다. 그래서 야트막한 용담산을 뒤로하고 바다에서 추령으로 향하는 길을 훤히 볼 수 있는 위치에 자리 잡고 있다. 감은사의 왼편으로는 바다에서 오는 적을 볼 수 있고, 그 앞으로는 달이 차면 바닷물이 넘실거리며 토함산에서 동해까지 이어진 용당천을 통해 석축 아래 용담(龍潭)까지 물이 차올랐다. 여기를 통하지 않고는 감포에서 서라벌로 갈 수 없다. 경신은 국경 요지에 세워둔 절의 군사적 의도를 잘 알았기에 한참 떨어진 건너 산 위에서 동태를 파악하는 것이다.

경신은 자리를 잡자 주머니에서 천 조각 여럿을 꺼내 손가락마다 정성스레 감기 시작했다.

"경신랑, 근데 손가락에는 왜 그리 감고 다니십니까? 손가락만 추워서 그렇습니까?"

"아니다. 내 손 끝이 얼어 고생했던 적이 있어 이리하고 다니는 것이다."

새벽에 급하게 나오느라 감지 못했던 경신의 손가락은 파랗게 질려 이미 군데군데 트이고 까져 있었다. 오래전 겨울에 어린 행자 하나가 물에 빠져 허우적거리는 걸 구하다가 젖은 손가락이 얼은 후로 겨울만 되면 이렇게 되는 것이다. 겨울이면 활시위를 당길 때마다 살점이 터져나가곤 했다. 경신은 천 한쪽을 입에 물어 매듭을 지으며 눈은 감은사 방향에서 떼지 않았다.

"힘들지 않느냐?"

옆에서 제 말대로 말썽을 안 피우려 웅크리고 앉은 묘정을 돌아보며 말한다.

"아닙니다. 이렇게 여러 곳을 다니니 가슴이 뛰고 그렇습니다."

아이의 얼굴은 겨울바람에 발갛게 얼어 있었지만 제 말대로 흥분되어 그런 것인지도 모를 일이다. 경신은 매일 절집 안에서만 살았던 이 아이에게 이 모든 것이 새로운 경험이자 호기심 대상이라는 것을 눈치 챘다. 아이는 약간 큰 듯한 행자 옷을 입고 대강 걷어 올린 머리 모양이 언뜻 사내아이 같았다. 마른 몸에 까무잡잡한 낯빛이었지만 눈은 생기가 넘쳤고 입은 늘 조물조물 움직여댔다. 게다가 재미있는 일이라도 생기면 유난히 눈동자가 좌우로 움직여 표정이 익살스러웠다.

"저는 이렇게 멀리 온 것도 바다도 처음 보옵니다."

아이는 말을 하면서도 저 멀리 푸른색의 바다를 보고 눈을 떼지 못한다.

"저는 다음에 어른이 되면 마음껏 세상을 구경하며 다닐 것입니다."

"그래 어디를 그렇게 가보고 싶으냐?"

"저 백제 땅도 가보고 싶고 말로만 듣던 바다 건너 당나라도 꼭 가보고 싶습니다. 참, 경신랑은 신라 땅 온데 다 돌아다녔다고 들었습니다."

"누가 그러더냐?"

"수억이가 자신이 경신랑을 따라 안 가본 곳 없다고 자랑했습니다. 정말입니까?"

"아니다. 아직 못 가본 곳이 더 많다. 그리고 신라 땅은 저 당나라나 북국(北國)59)의 넓은 땅에 비하면 다닌 것도 아니다. 너도 모벌군성을 지나 월성으로 가는 서역 상인을 본 적이 있지 않더냐? 그들은 우리가 몇 해를 가야 만날 수 있는 곳에서 온 사람들이다."

---

59) 발해.

"몇 해씩이나… 그럼, 그런 곳은 제가 갈 수가 없는 것입니까?"

갈 수 없다고 말했다가는 금방 실망스러운 얼굴로 바뀔 기색이다.

"아니다. 우리가 매일 뵙는 부처님도 그 먼 천축국에서부터 신라 땅까지 오시지 않았더냐. 아무리 먼 곳이라도 가지 못할 곳은 없다. 두려워 가지 않는 자들이 가지 못한다고 겁내는 것이다. 설사 말이 없어도 걷다 보면 저 서방의 아미타불도 못 만날 일 없는 법이다. 실망치 말거라. 네가 나보다 더 먼 곳을 가게 될지 모를 일 아니더냐."

"네, 그렇습니다. 저는 걷는 것 하나는 정말 잘합니다. 걸어서라도 당나라에 가서 황제도 만나 보고 세상의 풍물을 다 보고 말 것입니다."

"그렇게 될 것이다."

"네, 제가 경신랑 심부름 잘하고 말 잘 들을 것입니다. 그리고 어른이 되면 당나라에 가겠다고 허락을 받겠습니다."

"아니다. 내 허락 없이 가도 아무 일 없을 것이다. 사람이 결코 막을 수 없는 것이 뜻한 자의 발걸음이다. 뜻을 잃지 않는다면 언젠가 보고자 하는 곳에 도달할 것이다."

종인 자신이 주인의 허락 없이 갈 수 있다는 말이 의아한 표정이었지만 아이는 곧 작은 손을 연신 비비며 특유의 익살스러운 표정을 짓는다. 제가 당나라를 거쳐 멀리 떠나는 상상을 하느라 눈동자가 연신 오고간다.

한동안 주변으로 별 움직임이 없자 경신은 더 이상 지체할 수 없어 서둘러 감은사로 향했다. 가까이 가자 높다란 석축 위에 자리 잡은 감은사의 탑이 점점 더 높아 보이기 시작한다. 황룡사에 있는 거대한 목탑에 비할 바는 아니지만 이 탑은 높다란 석축 위에 있고 기단이 높아 회랑 위로 비록 그 반만 보여도 보는 이에게 특유의 상승감을 주고 있다. 그 주위를 회랑이 둘러싸 굳건함까지 느낄 수 있다.

:: "두 개의 탑. 부처에게 가는 길을 열어 두다." −감은사지 석탑

경신은 중문을 비켜 지나 왼편 회랑과 요사채 사이로 들어선다. 나뭇짐을 짊어지고 가는 다 큰 행자승이 있기에 조용히 묻는다.

"혹, 지해 스님이 여기 계시느냐?"

"어찌 지해 스님을 찾으십니까?"

"가서 동무 경신이 왔다 전해주거라."

행자승은 경신과 옆의 어린 묘정을 천천히 쳐다보고는 알았다는 듯 손을 모으고 올라간다.

"경신랑, 지해 스님이 여기 계십니까?"

묘정이 궁금하다는 듯이 다가와 묻는다.

"너도 지해 스님을 아는구나."

"네, 표훈스님께서 불국사에 계실 때 저랑 잘 놀아주셨습니다. 작년 봄 이후로 뵌 적이 없었습니다. 계실 때는 저랑…"

아이는 무언가를 말하려다 얼버무렸다. 경신은 평소 말을 잘 얼버무리던 아이의 행동이라 개의치 않았다. 지해라면 이 아이의 기분을 잘 맞춰줬을 것이다.

지해는 경신과는 화랑시절 가까이 지낸 동무이다. 그 가문이 보잘 것없어 승려의 길로 들었다. 번듯한 가문의 화랑들이 지해를 무시하곤 했으나 특유의 낙천적 성격에 별로 개의치 않는 자였다. 속에 담아두는 대신 할 말은 해 버리고 크게 웃어 버리는 이 호방한 사내는 경신과는 판이한 성격이었으나 오히려 속과 겉이 다른 자들보다 대하기가 더 편했다.

지난 봄 지해가 표훈대덕 아래서 수행을 하고 있다는 소식을 전해 들었다. 경신은 분명 여기에도 대성 공을 감시하듯 사람이 있을 거란 생각이 들었다. 그래서 괜히 대덕을 찾아 의혹을 살 일을 만들지 않으려 그 제자를 먼저 찾았다.

"아니, 이게 누구지? 묘정이 아니냐?"

특유의 호방한 목소리에 웃음 띤 얼굴의 지해가 성큼성큼 다가오고 있다.

"스님, 그동안 왜 한 번도 안 오셨습니까?"

"하하, 내가 늙은 스승을 모시느라 자리를 비울 수가 없었단다. 너도 마찬가지 아니더냐?"

"하지만, 저는 이제 주인 나으리를 더 이상 모실 수가 없습니다."

아이는 공의 죽음이 떠올랐는지 고개를 숙인다. 지해는 곧 공의 죽음을 알아차렸는지 말없이 아이를 토닥여준다.

"자네, 대성 공 일을 돕는다는 소식은 스승으로부터 들었네. 참으로 오랜만일세."

말없이 서 있는 경신을 향해 지해는 큰 손을 뻗어 팔을 잡아끈다. 그리고 조용히 속삭인다.

"주위에 보는 눈이 있네. 태연히 굴게."

역시 여기도 왕실에서 사람을 보내 감시하고 있었다.

"이 시간에 왔으니 아침 공양도 못하였지? 어서 가세."

지해는 오랜 친구가 반가운 듯 큰 소리로 웃으며 묘정의 손을 잡고 공양간으로 향했다. 공양간 반대편 요사 입구에 건장한 사내 둘이 자리를 잡고 서 있다.

"그래 저 쌀쌀맞은 화랑 나으리가 오는 동안 재밌게 해주더냐? 하하."

얼굴이 굳어 있는 경신과 달리 지해는 묘정에게 이런저런 이야기를 물으며 길을 이끈다.

공양간에는 때가 지나서인지 보는 눈이 없다. 행자에게 음식을 챙겨올 것을 이르고는 지해는 문을 닫고 그제야 심각한 얼굴로 앉았다.

"어찌된 일인가? 공이 돌아가셨다니?"

"새벽에 돌아가신 듯하네, 사정이 그렇게 됐네."

"아니 공이 돌아가셨다면 그 자리를 지켜야 될 텐데 수발드는 아이까지 데리고 오다니 도대체 무슨 일인가?"

"대덕을 만나야 하네, 공이 마지막으로 남긴 뜻이네."

"대덕은 지난달 태후가 오셨을 때도 만나지 않았네. 그 후로 누구도 만나지 않으신 것은 물론이고."

"대성 공의 서신이 있었으나 빼앗겼네. 가서 공이 돌아가시며 보냈다 전해주게. 시간이 없네."

심각한 표정의 경신을 보고 일어서는 지해에게 은밀히 만나게 해달라고 당부를 한다. 아이가 고픈 배를 채우는 동안 경신은 지금까지의 일을 곰곰이 생각해 보았다.

공뿐 아니라 대덕에게도 감시가 붙어 있다. 저들은 이 두 사람에게 무언가를 알아내려고 몇 달 전부터 지켜보고 있었다. 이렇게 경신을 추적하는 것은 공에게서 원하는 것을 얻지 못한 것이다. 수억이가 말한 대로라면 그들은 경신이 무엇인가 알고 있다고 믿는 것이나 정작 자신이 아는 것은 대덕을 찾아가라는 것뿐이다.

'대덕을 만나면 의문이 풀릴 것이다. 공이 전하려는 뜻을 대덕에게 남기셨을 것이다.'

차가운 새벽바람에 얼었던 몸이 녹으며 피로가 밀려왔다. 한쪽 머리가 어지러울 정도로 통증도 있다. 며칠에 한 번은 이런 머리통으로 고생을 겪어서 자연스레 경신은 한손으로 이마를 누르고 눈을 감았다. 통증이 있는 이마 쪽으로 가슴이 뛰듯 두근두근거린다. 귀는 코가 막히듯 아무것도 들리지 않는다. 단지 웅웅거리며 제 이마의 두근거리는 소리만 들린다. 그 소리는 점점 커져 눈이 튀어나올 듯 울린다. 온 머릿속이 꿈틀거리니 마치 벌레가 스멀스멀 쏟아져 나올 듯싶다.

'내 혼을 벌레들이 갉아먹는구나 내 혼을….'

경신은 그 통증을 혼을 갉아먹는 고통이라고 생각했다. 아픔에 더 집중하면 고통이 된다. 눈을 떠야 한다고 하는 순간 입에서 비명이 새어나온다.

'악!'

눈을 뜬 경신 앞에 지해가 어느새 돌아와 있다.

"왜 이리 식은땀을 흘리는가? 쯧쯧. 조용히 날 따라오게, 대덕이 기다리시네."

경신은 묘정을 앞세우고 지해를 따라 회랑 옆으로 이어진 깊숙한 곳으로 갔다. 그리고 가장 끝에 있는 방을 손짓으로 가리켰다. 방에 들어서자 지해도 곧 경신과 묘정의 신을 손에 들고 따라 들어왔다.

대덕은 방 한가운데 허리를 세운 채 눈을 감고 있다. 대덕은 오랫동안 선왕을 곁에서 모셨던 승려였다. 노회한 귀족들도 대덕의 위엄과 권위 앞에서는 입을 다물 정도였다고 한다. 하지만 선왕이 승하한 후 대덕은 다시는 월성에 가지 않았다. 태후는 몇 차례 대덕을 청해 법회를 열고자 했으나 그때마다 물리쳤다고 한다. 대성 공과는 토함산 불사 초기부터 뜻을 같이했으니 분명 무언가를 알고 있을 듯했다. 조용히 시간이 흘렀다.

"그래 대성 공께서 보냈다고?"

"네, 대덕. 공께서 돌아가시기 전에 제게 서신을 하나 남겼습니다. 서신은 잃어버렸지만 대덕께 찾아가라는 내용이었습니다."

대덕은 무릎을 꿇은 채 말을 하고 싶어 오물거리는 묘정을 향해 슬며시 웃으며 말을 건넨다.

"네가 쓴 서신들은 잘 받아보았다. 이제 글은 좀 늘었느냐?"

"네, 스님. 주인 나으리가 많이 가르쳐주셨습니다. 그런데 아무리 틀려도 대사님의 법명은 어렵다며 가르쳐주지 않았습니다. 어제도 감은사의 사(寺) 자밖에 못 적었습니다. 감(甘) 자는 경신랑이 감산사를 오고 가서 수억이에게 물었더니 다른 글자라 하였지만 쉬워 보여 흉내 내었을 뿐입니다."

아이는 여전히 글을 못 적은 부끄러움에 숨도 안 쉬고 제 변명을 했다.

"모든 것을 다 글로 적어야 알아보는 것은 아니다. 진실은 글자 몇에 담을 수는 없는 법이지. 네가 다 적지 않아도 이 늙은이는 뜻을 다 헤아렸느니라."

경신은 묘정이 받아 쓴 서신이 우연히 그렇게 된 것이 아님을 알았다. 대성 공은 대덕과 서신을 교환하며 매번 묘정에게 글을 쓰게 해 그것이 자신의 서신이라는 은밀한 약속을 했다. 그리고 가장 중요한 대덕의 법명과 계신 곳을 쉽게 알아차리지 못하게 경신이 묘정을 통해서만 알게끔 한 것이다.

그래서 지난밤 비로전에서 남긴 마지막 부탁이 묘정을 맡아 달라는 것이었으며 서신을 잃어버린 지금 공의 뜻임을 확인할 수 있는 것이 바로 이 아이의 존재이다.

"지해도 들어두거라. 지금부터 하는 이야기는 글로 남겨서는 안 되며 말로 전하여서도 안 된다."

대덕은 크게 호흡을 하고 경신을 바라보며 말을 이어간다.

"몇 해 전부터 태후와 병부령이 공과 이 늙은이를 감시해왔다. 그

연유는 선왕이 내린 밀지 때문이다. 밀지를 내리게 된 연유는 이 늙은이가 잘 알고 있으나 밀지의 구체적인 내용은 대성 공 외에는 누구도 알지 못한다. 선왕은 오직 대성 공에게만 밀지를 내려 지시했고 이제 공이 돌아가셨으니 아는 자가 없는 셈이다.

하지만 그 밀지의 내용을 누군가가 지켜야 되는지라 자신의 뜻을 이어갈 자로 경신을 지목했구나. 계속 감시를 받아 온 터라 공은 은밀히 그것을 전하기로 하고 내게 그 뜻을 전했다. 묘정이 받아쓴 서신을 가져오는 자에게 말이다.

선왕이 늦은 나이가 되도록 후사가 없었던 것을 잘 알고 있을 것이다. 왕손이 없자 왕은 왕비를 궁에서 내보내고 지금의 태후를 들였다. 그로부터 열여섯 해가 지나서야 어린 건운(乾運)을 얻었지만 왕은 자신의 사후 어린 왕자가 왕위를 이어갈 수 있을지 걱정이 되었다.”

진골 출신이었던 태종대왕이 왕위에 오른 후 왕실을 보호하는 길은 강력한 왕권을 세우는 방법뿐이었다. 결국 후대 왕들은 강력한 왕권을 확립해가며 귀족의 힘을 누르게 되었고 화백회의에서 왕을 뽑던 전통은 이미 선왕이 태자로 봉한 후계자를 형식적으로 찬성하는 정도가 되었다. 이후 왕들은 태자에게도 중요한 관직을 맡김으로써 서서히 세력을 키워 왕위 계승에 문제가 없도록 하였다. 선왕 역시 태자시절에 이미 언제든 왕위에 오를 준비가 되어 있던 상태였다. 이를 통해 그 어느 때보다 왕권은 강해졌고 왕위는 이전과 달리 오직 태종대왕의 후손들에게만 이어졌다.

하지만 경덕왕 대에 이르러 그 적통 왕위 계승이 어렵게 되었다. 선왕이 왕자가 정사에 참여할 수 있을 때까지 지켜주려면 다시 십 년은 재위에 있어야 하는데 노쇠해지는 자신이 그럴 수 없음을 잘 알았다. 자신이 죽으면 귀족들은 그동안 유명무실했던 화백회의를 통해 왕을 정할 것이고 그러면 왕실은 대가 끊길 것이 분명했다.

"선왕은 어린 왕자가 왕위에 오를 수 있도록 특별한 조치가 필요했지. 그래서 그들과 거래를 하기로 마음먹었다."

경신은 민가에 널리 알려진 왕의 출생과 관련된 표훈대덕의 이야기를 떠올렸다. 그 내용은 후사가 없던 선왕이 대덕에게 일러 하늘의 상제(上帝)에게 가서 아들을 얻게 해 달라 부탁했다는 것이다. 상제는 아들을 얻으면 나라가 위태로워질 것이라 하였지만 선왕은 아들을 원했고 그 아이가 지금의 임금이다. 모두 쉬쉬하지만 이 이야기가 바로 저 왕위에 관한 내용이 민가에 흘러들어 퍼진 것이다.

"왕은 그들에게 어린 왕자가 왕위를 계승할 수 있도록 약속해주길 요구했고 그들은 대신 두 가지 조건을 내걸었다. 하나는 동악신상(東岳神像)의 복원이며, 다른 하나는 만파식적(萬波息笛)의 봉인이었다."

"동악신이라면?"

경신이 심각해진 표정으로 입을 열었다. 대덕은 표정 변화 없이 말을 이어갔다.

"동악신은 탈해왕을 말한다. 불교가 들어오기 전에 이 땅의 백성들이 숭배한 것은 오악(五嶽)신앙이었다. 산을 숭상하고 그곳에 사는 신들을 모셨지. 그중 동악은 지금의 토함산을 말하며 그가 바로 탈해왕이었다. 탈해왕은 토함산에서 동해까지 이어지는 이 땅의 주인이었고 나라를 지키는 군신이기도 했다.

하지만 진흥대왕 이후 불교가 본격적으로 왕실의 신앙이 되면서 오악신앙과 그 신들을 믿는 토착신앙은 서서히 힘을 잃어갔지. 동시에 토착신을 믿는 기존 세력들은 불교를 내세운 김씨 왕실에 밀려나기 시작했다. 그러한 배경으로 춘추공이 자신의 가문을 열 수 있었던 것이다.

그러나 유독 동악신에 대한 신앙과 그것을 믿는 세력들은 이 일대에서 뿌리 깊게 내려 쉽사리 사라지지 않았지. 문무대왕은 재위 말기에 이 땅에 대한 중요성을 잘 알고 있었기에 그들을 회유하기도 했지. 하지만 동시에 이 지역을 장악하기 위해 사찰을 세우는 데 힘을 쏟았으니 그곳이 바로 여기 감은사다. 그 아들 신문왕은 감은사를 완성하면서 이 일대의 세력을 제거해 버렸다. 이후 동악신은 서서히 잊히고 이 땅의 주인도 지금의 왕실이 되었다.”

“그럼 왕실의 보물 만파식적의 봉인 이유는 무엇입니까?”

말없이 듣고 있던 지해는 놀라운 내용에 자세를 고쳐가며 진지하게 물었다.

“만파식적을 누가 주고 누가 받은 것인지 알고 있느냐?”

“신문왕이 동해용이 된 문무대왕에게서 받았다고 알고 있습니다.”

“동악신과 만파식적 관계를 알겠느냐?”

대덕은 다시 묻고는 작심한 듯이 말을 이어갔다.

“신문왕이 선왕의 뜻을 받들어 이 땅의 세력들을 몰아냈지만 신앙이라는 것은 그렇게 쉽게 해결될 수 있는 것이 아니었다. 사람들의 마음속에 신앙이 살아 있다면 이런 불당과 불탑을 세운다고 해서 쉽사리 눌러질 일이 아니다.

그때 신문왕이 동해바다를 지키는 호국룡이 된 선왕으로부터 만파식적을 얻게 되는 일이 발생하지. 그것은 어제 백성들의 왕이었던 문무대왕이 이제 동해의 용으로 이 땅을 지키는 신이 되었다는 것을 상징하는 사건이었다. 만파식적의 등장은 왕실이 이 땅의 주인이 될 명분을 가져다주는 신물이었다. 백성들이 평화를 가져다주는 만파식적의 놀라운 힘을 믿기 시작하자 동악신은 자연스레 잊혀갔지.”

“그럼, 선왕과 거래를 했던 자들은 왕실의 권위와 명분을 상징하는 만파식적을 봉인함으로써 자신들의 신, 동악신을 다시 모시려는 의도이옵니까?”

경신은 마른침을 삼키며 물었다.

“그렇지, 현 왕실은 춘추 공께서 여셨지만 그 권능은 바로 동악신을 대신한 그 아들 문무대왕에게서 나왔다. 그것을 선왕 스스로가 부정하라고 요구했지.”

“그럼, 선왕은 그 요구를 받아들이셨는지요? 그렇게 된다면 왕실은 더 힘을 잃어버릴 일 아닙니까?”

“선왕은 그렇게 해서라도 왕실을 이어가는 것이 더 중요하다고 생각했지. 그 요구를 거절했다면 태종대왕부터 이어져온 왕실은 대가 끊어졌다. 당시로서는 그보다 더한 요구라도 받아들이셨을 것이다.

하지만 선왕도 대신 한 가지 조건을 다셨지. 이 모든 거래 내용을 불문에 붙이는 조건이었다. 선왕으로서는 만파식적도 봉인하고 동악신도 다시 세우지만 백성들이 쉽게 알지 못한다면 왕실의 권위는 쉽사리 무너지지 않으리라 생각하셨던 듯하다. 그들도 이미 오랜 시간 기득권을 잃은 터라 백성들의 믿음이 갑작스레 흔들리는 것을 원하지 않았지. 대신 그동안 왕실이 자신들을 억압하고 누르던 명분을 빼앗아 실리를 챙긴 것이다. 이제 왕실은 만파식적을 사용하지도 못하며 동악신도 비밀스럽게 다시 세워줘야 하는 입장이 되었다.”

“그럼 대성 공에게 선왕이 내리신 밀지는 무엇입니까?”

“짐작했겠지만 동악신상을 다시 세우는 일이다. 물론 비밀리에 다시 세우는 일이기에 공은 죽는 날까지 입을 다물었던 것이다. 그것이 바로 선왕의 뜻이다.”

“그럼 대덕, 만파식적은 누가 봉인을 하게 되었습니까?”

지해가 물었다.

“나 역시 모른다. 대성 공 역시 밀지를 통해 동악신에 대해서는 알고 있지만 만파식적은 오직 선왕만 알고 계셨다. 그것은 오직 제왕만이 보고 만질 수 있는 신물이다. 선왕이 어린 왕에게 전해주지 않았으니 더 이상 찾을 길이 없어졌다. 그들의 요구대로 만파식적은 자연스레 영원히 봉인된 셈이지.”

“그럼 태후는 이 모든 사실을 알고 대성 공을 감시했습니까?”

경신은 이제 저들이 원하는 것이 무엇인지 어렴풋이 짐작이 되었다.

“태후는 내가 그들과 거래를 마치고 선왕을 친견할 때 그 자리에 있었다. 그래서 내가 아는 만큼 알고 있다. 하지만 이 늙은이가 모르는 것은 태후도 모른다. 오직 대성 공에게만 은밀히 어떻게 할지를 전했으니 이제 사실을 아는 자는 모두 정토에 가 있는 셈이구나.”

경신은 다시 물으려고 했으나 대덕이 손짓을 하며 잠시 한숨을 길게 내쉬었다.

“태후는 그 거래로 아들을 왕위에 앉혔으나 그 밀지가 세상에 드러나는 순간 쫓겨날지 모르니 두려운 것이지. 하지만 동악신상이 어디에 있는지, 만파식적은 어디에 있는지 알 수 없으니 마음만 급할 뿐이다. 태후는 자신이 원하는 것을 얻기 위해서는 뭐든 할 위험한 여자이다.”

“네가 대성 공이 은밀히 숨겨둔 밀지를 찾지 못한다면 만파식적처럼 아무도 알 수 없게 된다. 오히려 그것이 더 나을지 모르나 혹 태후가 먼저 찾을까 이렇게 전하는 것이다. 태후가 먼저 찾는다면 거래를 한 그들도 움직일 테니 그때 이 나라에는 큰 혼란이 닥치게 된다.”

대덕은 자신이 더 이상 그 혼란을 막을 힘이 없다는 사실을 알고 있다. 허리를 굽히며 경신의 눈을 보며 단호하게 말을 꺼냈다.

“단, 네가 찾는 것은 지키기 위해 찾는 것임을 잊지 말아야 한다.”

경신은 아직 풀리지 않은 의문이 있었다. 선왕과 거래를 한 자들이 궁금했다.

“그런데 대덕, 선왕과 거래를 한 그들이 정확히 누구입니까?”

“그들은 원래 이 땅의 주인이었던 자들이다. 특정한 누구이기도 하며 또 여기 사는 모두이기도 하다. 그러니 늘 그들이 지켜보고 있다 생각해라. 그들은 약속이 지켜지는지 항상 주시하고 있다.”

“네…?”

“그들의 정체를 불문에 붙이는 일도 약조한 내용이니 더 이상 말해 줄 수 없구나.”

“…그럼, 이제 공의 밀지는 어디서 찾아야 합니까?”

“그것은 오로지 네 몫이다. 다만 공이 평생을 바친 토함산에 해답이 있다 했으니 불사를 통해 궁극적으로 얻고자 한 바가 무엇인지 생각해 보거라. 아마 대성 공은 네게 그 답을 이미 주셨을 것이다.”

경신은 대덕도 더 이상 알지 못한다는 말에 더 묻지 않았다. 하지만 어디에 있다가 아니라 스스로 찾아야 하는 일이 되자 절로 한숨이 새어 나왔다. 한숨 소리를 들은 대덕은 허리에 힘을 빼고 부드러운 목소리로 물었다.

“경신아, 만파식적이 무엇인지 아느냐?”

“네, 그것은 대나무로 만든 피리 아니옵니까?”

“네가 보았느냐?”

“보지 못했습니다. 오직 왕만이 볼 수 있는 신물 아닙니까?”

“그렇지. 나도 보지 못했다. 어떤 소리가 나는지 궁금하구나.”

대덕은 그렇게 말하고 눈을 감은 채 숨을 고르게 쉬었다. 지해는 슬며시 일어나 경신에게 손짓을 했다. 밖으로 나온 경신은 아무것도 모를 때보다 더 두려운 생각이 들었다. 공이 자신을 지목했지만 자신이 맡기에는 너무 큰일이라는 생각이 앞섰다.

이 일은 누구의 도움도 받을 수 없는 일이다. 혹 말이 새어나가기라도 한다면 거래를 한 그들이 가만히 있지 않을 것이다. 그렇게 된다면 불편하나마 유지되고 있던 거래가 깨져 버릴 일이었다. 태후는 불국사 주위를 감시하며 때를 기다려 왔고 공이 죽자 이제 미룰 수가 없었다.

경신 입장에서는 그들이 알아차리기 전에 공의 밀지를 확인해야 하고 동시에 태후보다 먼저 손에 넣어야 한다. 태후 역시 그들이 움직이기 전에 봉인된 동악신상에 관련한 밀지를 손에 넣어야 원하는 것을 얻을 수 있다. 경신과 태후 모두 대성 공의 죽음이 월성에 알려지기 전에 일을 해결해야 하는 것은 마찬가지였다.

‘그렇다면 오늘을 넘기지 말아야 한다. 내일 아침이면 서라벌의 모든 사람들이 다 알게 될 일이다. 그들이 알게 되면 문제는 더 복잡해진다. 그때는 나와 태후의 다툼을 넘어선다. 감당할 수 없는 일이 된다.’

바닷가에 찬바람이 불어오자 머리통으로 지끈거리는 통증이 가라앉는다. 숨 막힐 듯 몰려오는 고통 속에 느끼는 안도감이 바로 이런 것이다. 하지만 순간이다. 그래도 다행이라 여긴다. 아직 죽을 듯한 순간은 오지 않았다. 경신에게 지금이 그렇다.

뒤늦게 나온 지해가 눈을 감고 서 있는 경신의 어깨에 손을 올린다.

"뭘 그렇게 골똘히 생각하나? 나는 말씀을 듣는 순간 이 일을 해결하는 데 자네가 딱 적임자라는 생각이 들던데 혹 아니라고 생각하는가?"

경신은 말없이 씁쓸한 미소를 짓고는 머리통이 오는지 한쪽 이마를 지그시 누른다.

"또 그 머리통이 왔구먼. 하도 궁리를 하는 통에 벌써 해결해 버린 게 아닌가? 혹 이 동무가 도울 기회조차 주지 않을 셈으로?"

"스승이 자네를 도우라 일렀네. 얼마나 도움이 될지는 모르겠으나 자네가 그렇게 궁리하는 사이에 놈들이 오면 내 몇은 허리를 분질러 버릴 수 있어…"

경신은 지해의 넉살에 민망해 말을 가로막는다.

"허허, 불가의 제자께서 어찌 그리 험한 말을 입에 담는가?"

"오랜만에 사문을 나가려고 보니 나도 적잖이 흥분된다네, 하하. 묘정아 너도 그렇지? 답답한 절집을 나오니 날아갈 듯하지 않느냐?"

"네, 어찌 제 마음과 그리 같사옵니까?"

"역시 너는 이 스님의 마음을 잘 헤아린다니까."

둘은 경신을 사이에 두고 손사래를 쳐가며 웃는다.

"말을 준비해 나갈 테니 먼저 나가 있게. 다 잘 될 일이네."

경신과 묘정은 말을 잡아두었던 곳으로 천천히 내려간다. 아무리 생각해도 방법이 보이지 않는 일이다.

그때 땅을 뒤흔드는 말굽 소리와 함께 한 무리의 사내들이 속도를 내어 오는 것이 보였다. 한눈에 경신은 선두에 선 자가 김지정임을 알아보았다.

서둘러 회랑 맞은편 요사채 안으로 몸을 숨겼다. 곧 뿌연 먼지가 사방을 뒤 덥자 사내 둘이 회랑에서 뛰어나오기 시작했다. 대덕을 감시하던 자들이었다. 아직 소식을 못 접했기에 경신을 의심하지 않았던 눈치였다. 사내들은 경내로 뛰어들어갔고 몇은 그 자리에서 주위를 감시하기 시작했다.

이렇게 된다면 발각되는 것은 시간 문제였다. 말을 묶어둔 주위에는 두 명의 사내들이 있다. 불과 수십 보 거리나 묘정을 데리고 달아나기는 쉽지 않다. 그때 태연하게 말을 잡아끌고 지해가 내려온다. 그 뒤로 사내들은 온 절을 헤집고 있다. 입구의 회랑과 요사채 사잇길에 이르자 지해는 두리번거리며 경신을 찾았다. 경신이 문 뒤에 엎드려 작은 돌 하나를 툭 던졌다. 아무렇지 않은 듯 요사채 문 옆에 선 채 지해는 옷을 털었다.

"왜 이리 먼지를 일으키고 다닌다 말인가? 컥컥…."

경신은 묘정을 가리키며 먼저 데려갈 것을 손짓으로 일렀다. 고개를 끄덕이자 경신이 묘정의 귀에다 대고 일러준다.

"내가 가라고 하면 문 밖의 스님께 달려가거라. 바로 말에 태울 것이니 그때부터는 눈을 꼭 감고 어디론가 새로운 곳으로 간다고 생각하거라. 알겠느냐?"

아이는 고개를 끄덕이고 벌써부터 제 가고 싶은 어딘가를 떠올려보는 기색이다.

경신이 어깨의 검을 내려 잡자 지해가 고개를 끄덕이며 신호를 보낸다.

"자, 가거라!"

묘정은 몸이 아주 날랜 아이이다. 웅크리고 있던 허리를 펴더니 마치 당겼던 활시위가 튕겨나가듯 곧장 지해의 다리를 향해 뛰어간다. 지해는 달려오는 아이를 그대로 안아 말에 올리고 서둘러 올라탔다.

지해가 올라탄 말이 달리기 시작하자 말을 지키던 사내들이 서둘러 막으러 자리를 잡았다.

그와 동시에 경신이 자신의 말이 아닌 놈들이 타고 온 말 쪽으로 달리기 시작했다. 사내들은 지해의 말에 정신이 쏠린 나머지 경신을 보자 우왕좌왕하기 시작했다. 경신이 익숙하게 말고삐를 잡아채고 올라타자 사내 둘이 검을 빼 들고 달려온다. 그러는 사이 지해의 말은 흙먼지를 일으키며 내달리기 시작했다. 경신의 말이 놀라 잠깐 주춤하는 사이 경내에 있던 자들이 모여들기 시작했다. 겨우 말이 방향을 잡자 놈들이 활을 들고 자리를 잡는 모습이 보였다. 달려오는 사내들은 곧 베어 버릴 기세이다.

'달려오는 놈들은 베어 버릴 수 있으나 수많은 화살은 막을 순 없다.'

경신의 말이 달려오는 사내들을 향해 그대로 내달리자 사내들이 잠깐 주춤하는 사이 검이 위에서 아래로 번쩍였다. 하나가 그 자리에서 고꾸라지고 말은 속도를 내기 시작했다.

화살을 멀리 보내기 위해서는 시위를 최대한 당겼다 놓아야 한다. 활시위를 팽팽하게 당기는 그 짧은 시간 아무 소리도 들리지 않았다. 오직 자신의 숨소리만 소용돌이친다. 곧 끊어질 듯한 활이 일제히 솟아오를 것이다.

'이제 화살이 날아올 것이다. 달려라. 달리는 수밖에 없다. 달려라.'

그 순간 시위를 떠난 수많은 화살 소리가 들렸다. 공간을 가르는 날카로운 소리가 다가오기 시작했다.

'아니 멀어져 가는 소리인가?'

경신은 제 귀를 의심했다. 소리는 멀어져 가고 있었다. 얼굴을 돌리자 활을 재고 있던 놈들이 되레 화살을 맞고 쓰러지고 있다. 놈들은 곧 자신들에게 활을 쏘는 자들에게 활을 당겨야 했다.

지해의 말은 서라벌 방향이 아니라 동해 쪽으로 향하고 있었다. 말을 달리는 내내 뒤를 돌아 살폈지만 추적하는 자들은 없다. 봉길(鳳吉)에서 바다를 나란히 하고 한참을 달린 후 지해는 아진포(阿珍浦)를 지나자 방향을 틀어 바다를 등지고 가기 시작했다. 겨울인데도 다행히 숲이 무성한 산자락에 멈춰 서자 말은 하얗게 가쁜 숨을 내쉰다.

"여기에 말을 숨기고 저 허리춤 바위에 일단 숨으세."

지해는 나직이 말하고는 묘정의 손을 잡고 앞장서 움직였다. 바위 위에서는 나무 사이로 바닷가가 훤히 보였다. 바닷길을 따라 내려오는 자들을 금방 확인할 수 있는 장소였다.

"어떻게 된 것인가?"

지해는 궁금해 죽겠다는 듯 검을 내려놓은 경신의 얼굴을 들여다보며 물었다.

"글쎄, 나도 궁금하네. 누군가 우리를 도왔네. 분명 누군가가 놈들을 공격했네. 그것도 한 번에 제압할 정도였으니 여러 명이었네."

"그들을 보았는가?"

"아니 보지 못했네. 하지만 활을 쏘려던 십여 명이 한 번에 쓰러졌으니 적어도 그 수만큼은 될 듯하네. 혹 대덕이 그리한 것은 아닌가?"

"아니네, 그랬다면 내게 언질을 주셨겠지… 허허, 알 수 없는 일이네, 죽은 대성 공이 미리 손을 써두었던 모양일세. 아니면 죽은 선왕이라도 자네를 도운 것인가? 참."

이 일은 누구의 도움도 받을 수 없는 일이라 생각했기에 더 의아했다. 그들은 이미 감은사 주변에 자리 잡고 있었다. 그러니 더 알 수 없는 일이다.

"그런데 왜 토함산이 아닌 이리로 방향을 잡았나?"

“아무래도 그리 가면 서라벌에서 올 자들도 있을 테고 또 우리의 행적이 금방 들키지 않겠나? 이리로 오면 바닷가에서 토함산 방면으로 가는 길이 여러 갈래이니 은밀히 다니기에 더 적당하네.”

경신은 고개를 끄덕이며 자리를 잡고 앉아 주변을 살폈다.

“근데 여기가 어디쯤인가?”

“음, 방금 지나온 포구가 아진포(阿珍浦) 아닌가. 나아포(羅兒浦)라고도 부르는데 그러고 보니 탈해왕이 바다를 건너 도착한 곳이 이 근처일세.”

“그런가? 아무튼 어린 임금의 등극에 그런 비밀이 있는 줄은 생각지도 못했네.”

“아니, 왜 세간에서는 지금 임금이 태어날 때부터 이런저런 소문이 돌았지 않았나?”

“무슨 소문 말인가?”

“이 사람, 도통 남 뒷말을 싫어하고 세상을 주유하더니 소문도 듣지 못하였구먼…. 하도 오랫동안 후사가 없다 보니 태후가 신통력 있는 중들은 물론이고 무녀들도 궁으로 들여 매일같이 제를 지낸다는 소문이 났었지. 또 딸이 태어나자 은밀히 죽였다는 해괴한 소문도 있었고…. 암튼 임금이 태어날 때 서라벌에 있는 절마다 벼락이 떨어져 하늘이 노했다 말이 많았다네….”

“대덕이 하늘의 상제에게 가 아들을 청했다는 이야기는 들은 적 있네. 그건 아마 이 거래를 두고 난 소문이었던 모양일세.”

“글세…. 그럴 수도 있겠지만 그보다 임금이 꼭 여아(女兒)같이 굴어 그런 해괴한 소문이 났을 수도 있네….”

“그럼, 임금이 여아 행세를 한단 말인가?”

“그렇네. 궁의 시녀들이 한 번씩 황룡사에 다녀가질 않나… 내 황룡사에 있을 때 궁 사람들에게 들은지라 듣고도 해괴하다 했네. 사실 자네가 들은 얘기는 대덕이 아들을 청하러 간 것이지만 여아(女兒)를 남아(男兒)로 바꿔 달라 했다는 다른 얘기도 있네. 그래서 임금이 본시 여자였는데 남자로 태어나다 보니 그런 해괴한 행세를 즐긴다 수군거린다네. 또 시녀들은 임금이 태어날 때는 분명 여자아이였다 하는 자들도 있다 하네. 워낙 말들이 많으니 어디까지가 사실인지도 잘 모르겠네.”

“어디 다 사실이겠는가? 나라가 흉흉하니 백성들이 두려워 이런저런 말들을 쏟아내는 것 아니겠는가?”

“이 사람, 사실 소문도 영 뜬소리만은 아닐세… 잘 따져보면 다 그럴 만한 연유가 있는 말들일세. 임금의 등극과 관련해 말이 보통 많았었나? 선왕이 귀족들에게 다시 녹읍을 챙기게 해준 대가라는 말도 있질 않았나. 결국 선왕이 귀족들과 거래를 한 셈이니 상황은 딱 맞아들어가지 않는가….”

지해가 혀를 끌끌 차더니 몸을 돌려 경신을 마주보고 고쳐 앉았다.

“내 스승이 말한 그들에 대해 잠시 생각을 해보았는데 아무래도 동악신을 복원하라고 하는 것으로 봐서 탈해왕의 후손들과 관계가 있는 자들이 아닐까 싶네. 여기 나아촌 일대부터 토함산에 이르는 땅이 옛적부터 죄다 탈해의 후손들이 살던 곳이기도 하고 이 산도 장아(長阿)라 하여 탈해왕이 자랐던 언덕일세. 나아(羅兒)라는 마을 이름도 아이가 도착한 뜻이 담겨져 있으니 어디 그럴듯하지 않나.”

지해는 그렇게 말하고도 뭔가 풀리지 않는다는 표정으로 바닥을 발끝으로 슥슥 그어 본다. 묘정은 마른 나뭇가지 하나를 들고 바닥에 글자 연습을 하느라 둘의 이야기에 관심도 없다.

"자네 말대로라면 석씨 일가라는 말인데 석씨만 놓고 보자면 선왕과 거래를 할 만한 세력이 남아 있지 않네. 그러니 그리 단순하지 않아."

"하지만 월성의 힘 좀 주는 귀족들은 죄다 김씨 아닌가? 그나마 박씨가 좀 보이고…."

"이는 정치적 거래일세. 그러니 일개 씨족의 세력으로 볼 것이 아니라 정치적으로 현 왕실과 대립관계에 있는 자들을 살펴보아야 맞네."

"자네는 정치라고 하면 얼굴을 돌려 버리는 위인 아닌가? 그런 자네의 입에서 그 말이 나오니 아주 낯설구먼. 하하."

"실없는 소리 그만하고 들어보게. 대덕의 말로는 그때가 문무대왕과 신문대왕이 왕권을 강화하는 시기였으니 그때 숙청된 자 후손 중에 지금 왕실을 위협할 수 있는 자들이어야 하네."

다시 진지해진 표정의 지해는 월성의 귀족들 이름을 하나씩 읊어보며 맞춰보기 시작했다.

"아무리 헤아려 봐도 얼추 김씨들밖에 없으니 참…."

그 모습을 가만히 지켜보던 경신은 무슨 생각이 나기 시작했는지 벌떡 일어나 지해와 묘정 주변을 서성거리기 시작한다.

"원래 신라는 박, 석, 김씨들이 돌아가며 왕위를 이어가지 않았나? 그래서 그들이 모인 화백제도가 자연스레 이어져 온 것이고…. 그런데 김씨가 왕위를 독점하면서 화백회의도 힘을 잃어갔고, 나머지 세력들도 정치세력에서 점점 배제되어 갔지."

"그래서?"

"원래 김씨는 탈해왕이 계림(鷄林)에서 데려온 알지공을 고시조로 하지 않나? 그리 본다면 김씨는 가장 늦게 이 땅에 찾아온 이방인이었네. 이 땅의 원래 주인은 혁거세(赫居世) 왕을 모신 이씨, 정씨, 손씨, 최씨, 배씨, 설씨의 조상이 되는 육촌이었고 이후 박씨, 석씨, 김씨 순으로 찾아온 것인데 지금 신라의 주인은 거꾸로 김씨이고 그 아래로 박씨, 석씨 그리고 육두품이라 하여 품계를 나누고 있지 않나.”

“그렇지.”

“그들은 대덕이 말한 오악과 천제에 대한 신앙을 가졌던 자들이네. 하지만 뒤늦게 왕위를 나누어 가진 김씨는 대대로 내려오던 전통신앙을 부정하고 불교를 그 신앙으로 내세우지 않았나. 그러면서 진흥대왕 이후 왕족들은 스스로를 한때 석가족의 혈족이라고 내세우기도 했고, 불교가 삼국을 통일하는 데 크게 힘을 보태면서 결국 김씨는 정치와 신앙 모두를 장악한 것일세.

그들이 요구했던 동악신은 신앙의 복원이며 만파식적은 정치적 위상 회복을 뜻한다는 점에서 대덕이 말한 이 땅의 주인은 바로 옛 신라의 주인들을 말하는 것이 분명하네. 하지만…”

“하지만?”

“그들만으로는 거래를 할 만큼 정치적으로 힘이 없지. 자네 말대로 어디 힘 있는 자들이 김씨 아닌 자들이 있어야지…. 그리고 그때가 벌써 언제인가? 거참, 결국 다시 제자리로 돌아왔네. 음…”

말을 듣고 보니 지해는 문득 경신도 자신도 김씨가 아닌가 하는 생각에 헛웃음이 났다.

“하하, 김씨도 김씨 나름이지. 자네나 나같이 월성 주변에도 가보지 못한 김씨들이 수두룩하지. 알고 보면 낭도보다 처지가 더 곤궁한 자들도 허다하네….”

뒷짐을 지고 서성거리던 경신이 멈춰 섰다.

“자네 지금 뭐라고 했나?”

"어, 변변치 못한 김씨들도 많다고 했네. 혹 기분이 나쁜가?"

"아니…, 맞아…. 김씨도 김씨 나름이지. 그렇지… 자네 말이 맞아…. 김씨도 김씨 나름이네. 왕이 될 자는 김씨 중에서도 오직 태종대왕 후손들에게만 열려 있고 나머지는 귀족일 뿐이네. 태종대왕 이후로 그 직계들이 상속하면서 나머지 김씨들도 결국 권력에서 배제된 것 아닌가."

"아… 그렇군. 정말 김씨도 김씨 나름이니 그리 따지면… 엄청 많네. 태종대왕 후손이 아닌 김씨들이…. 자네나 나나 혈족으로는 내물대왕 후손이니 뭐 남이 아닌가?"

"그렇지… 태종대왕 이전의 김씨들은 옛 신라의 주인들과 왕위를 나누어 가졌던 자들이네. 모두 내물대왕의 후손이지만 태종대왕 후손들과는 성만 같을 뿐 왕위에 오르지 못하는 처지는 그들과 마찬가지지. 이들이 하나의 세력이 된다면 충분히 선왕과 거래를 할 수 있지. 더군다나 태자가 아직 철부지 어린아이였으니…."

"그러고 보니 왕을 제외하고는 그 적통 후손들이 거의 대가 끊긴 셈 아닌가? 선왕은 아들 하나를 낳았을 뿐이고, 효성왕은 후사가 없었으니 왕제였던 선왕이 이어 등극한 것이고…. 성덕왕도 효성왕과 경덕왕 그리고 당에서 승려가 된 무상대사가 있을 뿐이고 효소왕도 젊은 나이에 승하하였으니…."

지해는 역으로 왕실 직계들을 세어 보며 고개를 연신 끄덕인다.

"후손이 그리 없으니 오히려 지금 월성의 실력자들은 왕실의 김씨와 성만 같은 다른 김씨들이 대부분이네."

"자네 말대로라면 선왕과 거래를 한 그들은 현 왕실의 김씨를 제외한 전부일 수도 있다는 말이 아닌가?"

"대덕이 말한 '여기 사는 모두일 수도 있다'는 말이 더 정확한 표현일세."

"듣고 보니 슬슬 두려워지네. 태후는 우리를 쫓고 모두인 그들은 우리를 지켜보고 있을 테니…. 그럼 우리는 누구 편인가?"

"누구의 편도 아니니… 누구의 적도 아닐 수 있지."

경신은 어울리지 않게 입가에 미소를 짓다 만다.

"경신랑, 그럼 저도 왕실 사람이 아니니 그들입니까?"

바닥에 글을 적다 말고 묘정이 불쑥 고개를 돌려 묻는다. 순간 두 사람의 표정이 굳어진다. 그들은 여기에 사는 모두가 맞다.

Ⅲ. 관(觀), 진리를 들여다보다

　태후(만월부인, 滿月夫人)는 권력을 다 가진 것처럼 보이지만 늘 제 목숨을 걱정해야 하는 위태로운 상황이었다. 태후는 정비였던 삼모부인(三毛夫人)이 후사를 잇지 못하자 대신 궁에 들어왔다. 삼모부인은 태후의 고모였다. 조카인 태후가 궁에 들어오게 된 것은 아이를 낳지 못해 외척의 지위를 잃을까 두려웠던 가문의 결정이 있었기 때문이다. 태후가 살아남으려면 적통 왕손을 낳아야 했다. 하지만 몇 해가 지나도 아이를 갖지 못하자 두려워지기 시작했다. 겨우 아들을 얻었지만 선왕은 이미 쇠약해져 승하 후에는 자신들을 지켜줄 자가 없었다. 태후는 왕에게 어린 아들과 자신의 살길을 찾아 달라고 매일같이 매달렸다.

　왕은 결국 그들과 거래를 했고 태후는 어린 왕을 대신해 섭정을 하며 권력을 누렸다. 그러는 사이 그들은 자신들을 서서히 죄어왔다. 왕권은 약해지고 귀족의 힘은 더욱 커졌다. 반역은 해를 거듭할수록 이어지고 하늘은 매해 불길한 징조를 보이니 백성들은 다 요망한 태후 탓이라고 등을 돌렸다.

　태후는 이것이 모두 그때 그들과 한 거래 때문이라고 생각했다. 나라를 지키는 호국룡이 사라졌고 세상을 평온하게 할 수 있는 만파식적도 없다. 만약 왕실의 정통성을 스스로 포기했던 선왕의 밀지만 찾는다면 그들을 반역자로 제거하거나 새로운 정치적 거래를 통해 왕실의 명줄을 연장할 수 있으리라 믿었다. 대성 공이 죽은 지금이 마지막 기회였다. 밀지의 주인은 죽었고 새 주인은 아직 그것을 가지지 못했다.

'아들과 내가 살아남으려면 그 밀지가 반드시 필요하다.'

태후에게 밀지는 제 목숨과 관련된 일이었다. 임금의 모후로서 누리는 권세는 목숨에 비하면 보잘것없는 일이다. 어린 아들이 임금에 오른 것은 왕실의 유일한 적통이기 때문이다. 지금은 그 밀지가 숨겨져 있지만 때가 되면 그들은 그 밀지를 들고 나타나 태후와 임금을 위협할 것이다. 그 위협은 권력을 내어 놓는 것이 아니라 목숨을 내놓으라 할 것이다. 왕실에 남겨진 적통 후손은 오직 임금뿐이다. 그 후손이 사라진다면 새로운 왕실을 열 수 있다. 그들은 그것을 원한다. 그러니 살기 위해서 그 밀지를 손에 넣어야 한다. 대성 공이 죽어 버린 지금 밀지가 세상에 나왔고 태후는 다시 벼랑 끝에 선 기분이다.

"병부령! 이 일은 오늘밤을 넘기면 안 될 것이오."

병부령은 오라비였지만 태후는 언제나 사사로이 남매의 정을 드러내지 않았다. 모든 권력은 오라비에게 주었지만 자신의 권위에 도전하지 못하게 호칭도 엄격히 했다.

"그 자는 더 갈 곳이 없습니다. 오늘밤이 지나면 태후께서는 그들을 상대해 왕실의 권위를 살릴 밀지를 가질 수 있습니다."

"아니오. 신중해야 하오. 그들이 혹 눈치라도 채면 오히려 더 위기에 처할 것이오. 혹 실패한다 하더라도 은밀하게 처리해 그들이 움직이지 않도록 해야 하오."

"네. 아직 대성 공이 죽은 줄은 그 식솔도 알지 못합니다. 풀어두었
던 자들이 본가에 소식을 전하러 가는 종을 잡아두었으니 걱정하지
마소서."

"조심하고 또 조심해야 하오. 절대 내가 나섰음을 사람들이 알아서
는 안 되오."

태후답지 않게 초조한 기색이 역력했다.

태후는 그래도 불안한 듯 단호하게 말을 이었다.

"이 일은 나와 임금이 살 수 있는 마지막 기회이자 또한 병부령이
살 수 있는 길이라는 것을 명심하시오."

밖에서 소란스러운 인기척이 났다.

"무슨 일이냐? 웬 소란들이냐?"

병부령이 카랑카랑한 목소리로 밖을 향해 소리쳤다.

"공, 송구하오나 좀 나와 보셔야 할 듯합니다."

병부령이 일어서려 하자 태후가 손짓을 하고 자리에서 일어났다.

"나가봅시다. 놈을 잡아들였을지도 모르니…"

마루에 나오자 밖에 어지러이 말이 오고가는 소리가 들린다. 곧 중
문을 열고 피로 얼룩진 사내가 들어온다. 김지정이었다. 왼쪽 어깨는
홍건히 검게 변한 얼룩이 있고 온몸이 핏빛으로 물들어 있다.

"아니, 도대체 어떻게 된 일이냐?"

병부령은 마루에서 내려가며 뭔가 잘못됐다는 생각에 다급해졌다.
김지정은 왼손으로 검을 짚은 채 무릎을 꿇고 앉았다.

"죽여 주십시오. 급습을 당했습니다."

순간 태후의 입꼬리가 독이 오른 듯 쳐 올라갔다.

"급습이라니? 자세히 아뢰거라!"

병부령은 태후가 역정을 내기 전에 선수를 쳐 물었다.

"놈이 감은사에서 도망치려는 순간 어디선가 활이 날아들었고 대부분의 군사들이 그 자리에서 당했습니다."

"누가 공격했단 말이냐? 누가?"

"매복을 하고 있었습니다. 그 사이 놈들은 어디론가 달아났습니다."

"매복이라니? 아무도 대성 공의 죽음을 모르거늘 누가 매복을 한단 말이냐?"

태후는 분을 입 속에 삼키며 노한 목소리로 다시 물었다.

"놈들이 감은사로 향한 것을 아는 자는 그대들뿐 아닌가. 그런데 어찌?"

"혹 김대성이 이미 제 사병을 준비해 둔 건 아니더냐?"

병부령은 말하면서도 태후의 분노가 터져나올까 두려워 말을 얼버무린다.

"병부령, 김대성 본가는 그대가 이미 몇 달째 감시하고 있었소. 근데 어찌 그런 일이 있을 수 있겠소. 또한 김대성은 불사에 재산을 다 가져다 썼거늘 사병이 가당키나 하다 생각하오?"

병부령은 고개를 숙였고 김지정은 태후의 심기를 건드렸단 생각에 분을 참지 못하고 검을 움켜쥐고 있다. 태후는 다시 방 안으로 들어가 버렸다. 병부령은 몇 가지를 더 확인하고 황급히 따라 들어갔다.

"놈들이 서라벌 쪽으로 달아나지는 않았습니다. 이미 서라벌로 향하는 목은 다 지키고 있으니 심려마소서."

태후는 오른 무릎을 세우고 앉았지만 이미 눈에 핏발이 가득했다.

"그래 이제 어찌할 생각이오?"

여전히 목소리는 노기에 떨리고 있었다.

"놈들이 서라벌로 향하지 않았으니 '그들'이 눈치 챘을 리 없습니다. 놈을 잡을 시간은 아직 충분합니다.”

“감은사에 있던 자들이 ‘그들’이 보낸 자들이 아니라고 어찌 단정하시오?”

“대덕과 김대성은 오래전부터 이 일을 대비해 충분히 준비를 해놓았을 자들입니다. 또한 서라벌에는 누구도 김대성의 죽음을 모르는데 그리 빨리 움직일 리 없습니다. 이미 매복을 하고 있었다 하니 늙은 이가 파놓은 술수에 불과합니다.”

“음, 놈을 반드시 잡아오시오. 놈들은 우리가 올 줄 알고 함정을 파놓았소. 그자가 이미 김대성의 밀지를 받았을지도 모르오. 놈이 그들을 찾아가면 끝장이오. 아니 혹 그자도 그들 중 하나가 아니오?”

“아닐 것입니다. 그러면 굳이 대덕을 찾아 감은사까지 갈 필요가 없습니다. 알아보니 그자는 경신이란 자로 보잘것없는 가문의 자식입니다. 월성의 귀족들과는 왕래도 없이 이곳저곳을 떠돌다가 대성 공수하에서 일을 하던 자라 합니다. 서라벌로 가는 길은 모두 저희가 막고 있습니다. 놈은 덫에 갇힌 채 벌벌 떨고 있을 것입니다.”

“경술년(庚戌年)60) 김융을 제거할 때처럼 허술하게 해서는 안 될 일이오. 그때 그자가 밀지를 입에 담으며 나를 겁박했을 때 해결했어야 될 일이었소. 이번 기회를 놓치면 다시는 기회가 없소. 언제까지 내 목덜미에 들어온 칼을 내버려두고 산단 말이오. 그 칼날에 숨조차 쉴 수 없고 침조차 삼킬 수 없소. 병부령은 결국 이 누이와 임금의 목이 내동댕이쳐지는 것을 보고 싶은 것이오? 놈을 잡는 것이 그대와 나, 왕실과 가문을 살리는 길임을 명심하시오.”

---

60) 770년, 혜공왕 6년.

정유년(丁酉年)61)에 관료전이 폐지되고 녹읍제가 부활하면서 귀족들은 제 세력을 키우는 데 여념이 없었다. 신문왕대 실시되었던 관료전은 귀족들의 사병양성의 재정적 기반을 제거하는 데 큰 효과를 보았고 구서당(九誓幢)과 같은 중앙군의 힘을 키워 왕권을 강화하는 데 기여를 했다. 하지만 경덕왕 말에 귀족들의 계속된 요구에 녹읍이 부활하면서 귀족들은 다시 사병을 키우고 동시에 왕실의 재정 수입도 현저히 줄어들었다. 이대로라면 유력한 귀족들의 사병만으로도 월성을 침범할 수 있었다. 실제로 선왕이 승하한 후 귀족들의 거병(擧兵)이 잇따르고 있었다.

병부령은 김지정이 물러난 곳으로 향했다.

'이 늙은이 그리 쉽게 내주지는 않을 줄 알았다. 그리 중요하니 어디 한 번에 덥석 건네 줄 수야 있겠느냐? 하지만 이걸로 끝이다.'

김지정은 어깨를 묶은 채 얼굴을 닦고 있었다. 병부령은 굳은 표정으로 마주 앉았다

"놈을 잡아오거라. 해가 지기 전까지 반드시 잡아오거라. 네게 이런 기회가 두 번 다시 오지 않을 것이다."

김지정은 말없이 일어섰다. 그는 정말 이를 갈며 입술을 깨물었다.

불국사 인근에 집결하고 있던 군사들이 순식간에 흩어져갔다. 이제 해는 토함산 위로 올라 있다.

경신은 가는 내내 밀지가 어디에 감추어져 있을지 생각했다. 토함산 불사 현장은 다 다녀봤던 곳이다. 그 안에 있다면 경신이 모를 곳이 없다.

------

61) 757년, 경덕왕 16년.

'대덕도 이미 답을 주었을 거라 하지 않았는가?'

경신은 석재 하나도 허투로 보지 않는 성격이다. 본래 자리가 아닌 것은 여지없이 알아보았다. 그런 그가 모르는 비밀스러운 장소를 찾아야 한다.

그런 경신을 앞서던 지해는 힐끔힐끔 돌아보았다. 놀 자리가 있으면 여지없이 피하곤 하던 경신이 딴에는 이상했었다. 지해는 놀 자리를 만들어서 놀던 사내였다. 경신과 말을 이어 보려 눈치를 봤지만 사람 대하기만큼은 호방한 자신도 매번 멈칫했다. 넌지시 밤에 여흥이 있으니 들러라 몇 번 말했지만 그때마다 말없이 싱긋이 웃고만 말았다. 혹 낭도들이 바친 계집을 끼고 노는 것에 흥미가 있나 싶었지만 그 아랫것들 말을 들으니 그도 아니었다. 그러니 매일 밤 여흥에 취하고 계집을 찾는 동무 화랑들을 업신여긴다 생각했다. 간혹 갸름한 얼굴의 경신을 계집 같다 놀리며 간간이 안주거리로 삼기도 했다.

놀라운 것은 그리 흉보던 자들도 막상 그 앞에서는 함부로 하지 못했으니 서책이나 파고드는 약골은 아니다 생각했다. 권력에 뜻이 없어 보였지만 경신의 화랑도는 늘 다른 낭도들의 부러움을 살 만큼 실력이 뛰어났다. 그는 낭도들에게 공평무사했고 위험한 일을 어린 낭도들에게 미루지 않았다. 서라벌의 화랑이 모여 그 수련의 양을 겨루는 날이면 이 말없던 자의 호령을 듣는 상대편 낭도들은 모두 기겁을 하며 물러섰다. 낭도들을 지휘하는 경신의 당당한 목소리는 그 수하들의 날렵함과 더불어 며칠씩이나 얘깃거리가 되곤 했다.

저 같은 놈은 마주하지도 않는 듯해 지해도 피해 다녔지만 굳게 다문 입과 혼자라도 늘 당당한 경신의 모습에 괜스레 이끌렸다. 어려이 면전에서 친교(親交)할 것을 제의하자 오히려 경신은 별말 없이 손을 잡아주었다. 그때 잡았던 차가운 손과 짧은 미소는 맑은 샘을 떠올렸다.

그는 자신을 맑게 하기 위해 도(道)를 지키는 자였다. 그것이 어렵지 않나 물었지만 지해가 듣기에 해괴한 답을 했다. 자신은 금도(禁道)라고 생각하지 않는다. 금도는 하고 싶으나 하지 못해 고통스러운 일이나 자신은 그리함이 오히려 마음이 편하다고 했다.

'그는 깊은 곳을 뚫어보는 눈을 가진 자이다.'

그러니 대성 공도 그에게 이리 어려운 일을 맡겼을 테다. 그는 선왕의 밀지를 가지고 자신의 욕심을 채우지도, 누구를 죽이려 하지도 않을 자이다. 이치에 따라 행동할 자이다. 경신은 늘 이상(理想)을 지키려 애쓰는 자였다.

뒤따르던 경신이 지해 곁으로 천천히 다가온다.

"이리 계속 가면 입실(入室)62)이 나오지 않는가?"

"그렇네. 모벌군성을 지나 사포(絲浦)63)로 가는 길과 만나게 되네."

"토함산으로 다시 가야 하니 이리 말을 타고 가다가는 금방 발각될 듯하네. 그 길은 군사들이 항시 오가는 길이지 않은가?"

지해가 생각하기에도 달리지도 못할 말을 타니 차라리 산길을 오르는 게 더 나을 듯싶었다. 우측 조항산 고개를 넘으면 바로 토함산 능선 길로 이어지니 은밀히 다니기에도 적당했다.

"산길을 타서 토함산으로 가세. 말은 저 고개 아래에서 사람을 구해 아예 모벌군성 밖으로 보내 버리겠네."

경신은 고개를 끄덕이며 지해 앞에 앉은 묘정을 내려줬다. 지해는 경신의 말고삐를 잡아 서둘러 달려갔다. 아직 해가 넘어가려면 시간

---

62) 현재 경주 외동읍.
63) 현재 울산 태화동.

이 남았다. 부지런히 오르면 해가 지기 전에 토함산을 볼 수 있다. 묘정은 이제 좀 지친 기색이긴 하나 부쩍 말이 없어졌다.

"넌 늘 말을 멈추지 않았는데 오늘은 이리도 조용한 것이냐?"

"오늘도 그리 입을 놀렸다가는 혼쭐이 나는 정도가 아니라 경신랑과 스님의 목숨이 위태로워질 것입니다. 조용히 다녀야 우리를 찾지 못할 것 아닙니까?"

경신은 웃어넘겼으나 아이의 얼굴은 심각하다. 나아촌에서 아이가 잠시 잠들었을 때 지해가 묘정에 대해 조용히 알려줬다. 묘정은 몇 해 전 경술년(庚戌年) 김융의 반란이 있어 쫓기던 그 일족이었다. 김융은 한때 시중까지 지낸 자이지만 반란을 일으키려다 그 일족이 모두 멸문을 당했다. 김융은 김유신 공의 후손으로 전제왕실에 희생당한 대표적 가문 중 하나였는데 당시 반왕실 귀족의 구심점이었던 자여서 한동안 태후가 누명을 씌웠다는 소문이 돌기도 했었다. 그때 인연이 있던 자가 대덕에게 아이 하나만 숨겨줄 것을 청해 대성 공의 종으로 숨겨주었다.

군사들이 이린아이까지 모조리 다 잡아 죽이는 터라 그 신분이 알려지면 목숨이 위태로워 아이에게도 비밀로 했다고 한다. 지해의 말로는 김융의 손녀 같다고 했다. 김융도 결국 태후와 그들 사이의 권력 다툼에 희생된 자이니 이 일은 어찌 보면 묘정의 일이기도 하며 아이 역시 '그들'이기도 했다.

한 식경쯤 흐르자 지해가 보퉁이 하나를 들고는 돌아왔다.

"그것이 뭡니까?"

묘정이 호기심 가득해 묻자 지해가 덥석 아이에게 안겨준다.

"자 이제부터 이것을 지키는 것은 네 몫이다. 잘 지킬 수 있겠느냐?"

"이것이 무엇이옵니까?"

"요깃거리일세. 말을 타고 가 팔아 쓰라고 했더니 제 집을 내어줄 기세였네. 하하…."

"가세. 우리를 기다리는 토함산으로 어서 가세."

좁은 산세 사이로 입실로 향하는 우마길이 이어져 있고 고개 못 가 우측으로 토함산 능선에 오르는 작은 길이 나 있다. 물줄기를 따라 산허리를 향해 곧장 오르자 고갯마루에 올랐다. 시원한 바람이 젖은 목덜미를 훑어간다.

여기는 높이감이라고는 없는 완만한 형세다. 사람들이 쉬어 가던 산막이 한쪽에 버려진 채 있고 사방으로 길이 나 있다. 고갯마루를 가로지르는 지맥을 따라 서측 능선으로 올랐다. 다시 목덜미에 땀이 찰 정도가 지나자 아래로는 장항사 쪽으로 향하는 아래 능선 길이고 위로 서쪽으로 향한 능선이 바로 동산재와 이어지는 맥이다.

능선 높은 곳에 오르자 토함산과 그 아래 동산재가 보이기 시작했다. 오른쪽으로는 장항사로 내려가는 계곡이 이어지고 그 너머에는 한줄 동해바다가 이어져 있다.

"토함산 주위 준령들이 이리 즐비하게 이어지니 그중에서 토함산이 가장 도드라져 보이네, 그저 아래에서 보면 다 높은 산이라 했네만 이리 올라와보니 그 옛날 탈해왕이 올라 서라벌을 내려다보았을 만한 산이 맞네. 저기 높은 토함산 아래가 동산재 아닌가? 이 능선이 죽 이어져 더 멀리 함월산, 오어사(吾魚寺)로 물결치듯 가네. 저 멀리 구름이 일렬로 일어선 곳이 동해구먼."

지해는 땀을 훔쳐내며 손가락을 가리키며 산세를 짚어 갔다.

"스님, 그리 보니 여기도 바다 같습니다. 저 아래 허연 석탑이 마치 배 위에 돛을 달아 올린 듯합니다. 쪽배가 저리 흘러가는 듯합니다."

묘정이 가리키는 곳을 보니 동산재에서 장항사로 내리는 계곡 주변으로 숲이 울창하여 장항사의 살구 빛 석탑이 작은 배의 돛처럼 보였다.

'그리 보면 불경의 바다라 하는 곳이 반드시 짠물이 있는 저곳만은 아닐 터, 물을 건너 부처를 찾아가는 의미가 여기 있고 그것이 가람의 세세한 의미와 규칙보다 더 큰 뜻이 아닐까. 바다는 곧 어디로 향해야 될지 모르는 망망대해이며 우매한 대중이 길을 잃은 곳이다. 그곳에 부처의 탑을 올려 길을 알려주는 것!

아, 가람의 의미는 어리석은 대중들에게 부처의 길을 일러주는 곳 아니던가? 그리 보면 우리가 사는 이곳이 바로 갈 길 모를 바다이다.'

경신은 금세 식어가는 땀에 한기를 느끼며 몸을 떨었다. 깨달음이라는 희열이 이런 것일지도 모른단 생각이 들었다.

토함산을 이웃하고 있으니 금방 갈 수 있을 거리다. 하지만 밀지가 어디 있는지 알 수 없으니 무턱대고 갈 수도 없다. 동산재를 앞에다 두고 완만한 능선 길을 따라가자 곧 발아래 불국사 너른 벌판이 눈앞에 펼쳐졌다. 저 아래 불국사와 그 앞마을, 그리고 벌판이 하늘 아래 세상처럼 아득해 보인다. 탁 트인 너럭바위 위에 세 사람은 아무 말 없이 자리 잡고 앉았다.

저 아래 사람 사는 세상에 저녁 짓는 연기가 피어오르는 평화로운 풍경에 말없이 얻어온 요깃거리를 입에 가져갔다. 씹히는 맛이 거친 떡이다. 저 다툼의 세상도 이리 내려다보면 그저 편안해 보일 뿐, 높다란 곳에 앉은 부처도 우리 중생들의 다툼이 그저 순간이며 사소하다 여길 만하겠다는 생각이 절로 들었다. 한편으로는 높은 곳에 있는 사람들은 저 아래 백성들의 곤궁한 아궁이와 굶주린 아이들의 울음을 못 들을 만했다.

'부처의 마음으로 세상을 볼 것인가? 인간의 마음으로 세상을 볼 것인가?'

오늘 처음 하는 식사라 모두 말없이 먹었다. 하지만 경신은 먹는 내내 밀지를 숨긴 곳을 생각하느라, 발아래 사람 사는 세상을 보느라 그 맛을 알지 못했다.

"나는 말일세, 토함산 불사가 사실 그리 좋아 보이지 않았다네."

손에 붙은 떡을 이리저리 떼어내며 지해가 말을 꺼냈다.

"안 그런가? 꼭 백성들을 위한답시고 뭔가 거창한 일을 벌이면 그때가 딱 전쟁이 나거나 나라에 변고가 생길 때지. 문무대왕을 저 동해에 장사를 지낸 후 효성왕도, 귀족들도 제 부모를 동해로 모셔가 산골한 자들이 어디 하나 둘이었나? 동해에 제 부모를 산골하면 정토에 갈 수 있다 믿으니 백성들이 현실 정치를 잊고 모두 정토 가는 데나 관심을 돌리려 이 끝나지도 않을 불사를 일으킨 듯해 마음에 안 들었다네.

아직 제 살 날이 얼마나 남았는지도 모르면서 밥 먹다가도 나무아미타불, 자다 일어나도 나무아미타불, 온 서라벌에 염불소리가 끊이질 않네. 아직 죽지도 않은 자들이 죽을 날이 두려워 아미타불만 찾아대는 것이 어디 보기가 좋은가? 다 나 죽어가네 하는 소리로 들려 망국의 징조 같아 꺼림칙하네."

경신이 별 대꾸 없이 먼 곳을 보며 떡만 씹고 있자 지해는 제 할 말을 더 늘어놓는다.

"한번 생각해보게. 원효대사는 부처를 잘 모르는 백성을 위해 거지

행색을 마다치 않고 염불을 가르쳐줬지만 대사의 뜻과 다르게 백성을 더 우매하게 만들어 놓았네. 제 부모가 정토에 가길, 부처를 만나 보길 기도하는 데만 정신이 빠져 월성에서 무슨 일이 일어나도 도대체 관심이 없네.

토함산 불사를 하겠다고 대성 공이 나선 시점도 선왕 말기에 이리저리 혼란스러울 때가 아니었나? 이번 일로 다 그럴 만한 이유가 있었구나 싶지만 한편으로는 백성들 관심을 다른 데다 돌리려 시작한 것 같아 영 불편했다네. 결국 선왕은 백성들이 불국토라고 믿는 토함산에 동악신상을 몰래 세워놓은 격 아닌가? 그럼 백성들은 부처를 섬기는 것인가? 동악신을 섬기는 것인가?”

“글을 읽을 줄 아는 자, 권력을 가진 자만 부처님을 만날 수 있다면 부처님도 기다리실 걸세. 힘없는 자, 글을 못 읽는 자는 언제 오려나 하고….”

경신이 웃으며 받아주자 할 말을 담아두지 못하는 지해는 얼굴이 붉어져가며 말을 잇는다.

“어디 백성들이 부처를 만나지 말라고 이런 얘길 하는 게 아닐세. 신앙은 신앙으로 받아들여야 정치적으로 이용해서는 안 된다는 말일세. 부처는 부처의 세상을 다스리지, 사바세계는 여기 법이 따로 있지 않은가? 모두 다 배부르지 않은데 여기가 부처의 세계니 너희는 배부른 백성이라는 건 너무 속보이는 짓 아닌가? 그것은 현실의 고통을 부처의 이름으로 가리는 어리석은 짓일세. 여기서 내려다보니 이곳이 부처의 땅이 맞고 저 아래가 사람의 땅이 맞네, 나 역시 저 고통스러운 사람의 땅이 이리 아름다워 보이니….”

“글세…. 부처의 가르침이 어디 정치적으로 이용되지 않았던 때가 있었던가? 저 통일전쟁 때에 불교는 호국(護國)이라는 대 명분을 내세워 권력과 결탁하지 않았나…. 저 변방의 부석사(浮石寺), 원원사(遠源寺), 사천왕사 모두 군사적 요지에 위치하거나 호국의 명분으로 세워진 사찰들이네. 선왕의 은덕에 보답한다는 감은사(感恩寺)도 애초 문무대왕이 지을 때는 진국사(鎭國寺)라는 이름이었고…. 그 이전 진흥대왕과 진평왕, 선덕여왕은 제 혈족이 석가족의 피를 받았음을 알려 불교는 성골 왕실의 정통성을 부여하는 데 큰 역할을 했지. 왕실은 불교를 권력을 강화하는 데 활용했고 토착신앙에 밀려 자리를 잡지 못한 불교 역시 권력의 뜻에 따를 수밖에 없었지. 그러니 불국토를 짓는 데 힘을 댔던 내 마음도 불국토에 있는 듯 편하지는 않은 게지…."

경신도 불국토를 세우는 토함산 불사 이면에 복잡한 정치적 거래가 얽혀 있다 하니 그간 공이 불사의 배경이나 그 내용에 대해서는 한마디도 하지 않았던 이유를 짐작할 듯했다.

"그건 그렇고 자네 토함산에 오기 전 몇 해 동안 도대체 무얼 했나? 내 소식을 들을 길 없어 한번은 자네 본가까지 찾아가지 않았었나?"

지해는 심각해진 화제를 돌리려 경신의 지난 일을 끄집어낸다.

"그랬었나? 미안하네. 어디 거처를 정해놓고 다닌 것이 아니라 기별을 못했다네. 죄 지은 자가 무슨 얼굴로 다시 나타나겠는가?"

"이 사람, 그 일은 분명 자네가 무고함이 드러났는데 그리 사라졌으니 답답한 일 아닌가? 자네가 그 낭두 놈을 따끔히 벌하지 않아 그 자는 아무 일 없었다는 듯 활개를 치고 다녔네. 그때 나서서 자넬 두둔하지 못해 얼마나 부끄러웠는지 아나…? 아마 지금도 자네 얼굴을 똑바로 보지 못할 자들이 수두룩하네."

경신이 좌삼부(左三部)의 좌화랑에 올랐던 무신년(戊申年)[64]에는 일

길찬 대공(大恭)이 칠월(七月)에 반란을 일으켜 무려 한 달여 동안 월
성을 포위해 서라벌 일대가 반란군에 놓였다. 석 달 만에 난이 끝났
으나 여기에 서라벌뿐 아니라 지방 주군의 군사까지 서로 싸워 죽은
자들이 수를 헤아리지 못할 정도였다.

  태후는 주동자뿐 아니라 가담한 자들의 구족(九族)을 목 베어 죽이
라 명을 내렸고 그때 멸문(滅門)을 당한 귀족들의 재산은 나라에서 가
져갔다. 당시 사량(沙梁)65)과 모량(牟梁)66)에 있던 반란귀족들의 재물
을 월성으로 옮겨가는 일은 며칠씩 계속되었다. 반란을 일으킨 가문
의 화랑들이 목숨을 잃자 그 아래 낭두들은 도망치거나 잡혀 죽었다.
그러자 몇몇 힘 있는 낭두들이 죽은 동료들의 재산을 탐해 재물을 몰
래 빼돌린다는 소문이 돌았다.

  화랑도에는 국선(國仙) 아래로 도의(道義) 문사(文事) 무사(武事)의
좌삼부, 현묘(玄妙), 악사(樂士), 예사(藝事)를 맡은 우삼부, 그리고 유
화(遊化), 제사(祭事), 공사(供事)의 전삼부를 두었다. 좌삼부, 우삼부,
전삼부에는 각기 대화랑을 두고 그 아래에 다시 좌화랑, 우화랑, 전화
랑을 두었고 각기 소화랑과 묘화랑 여럿을 거느렸다.

  화랑과 낭도 사이에는 낭두가 있어 낭도들을 거느리고 관리하였다.
이들은 화랑을 대신해 재물과 의례 등을 맡았으며 최고지위인 노두
와 그 아래 대도두, 도두에만 이르면 위세가 대단했다. 이들은 각 촌
(村) 세력의 자제이거나 그 혈족이어서 그 고장에서만큼은 큰 권세를
누렸다. 낭두들은 화랑도를 운영하는 살림을 맡았기에 각종 이권에

---

64) 768년, 혜공왕 4년.

65) 사로국을 세울 때 육부 중 하나, 경주 남산의 서쪽, 내남면 일대로 추정.

66) 역시 사로 육부 중 하나, 경주 현곡, 건천 일대로 추정.

개입할 여지가 많았고 화랑들도 수하의 낭두들이 재물과 관련해 전
횡을 해도 대부분 눈을 감아주었다.

경신은 난이 끝나고 당시 흐트러진 화랑조직을 정비하기 위해 낭
도들을 새로이 훈련시키고 규율을 엄격히 적용해 기강을 세우는 일
을 맡고 있었다. 그런데 새로이 좌삼부에 이름을 올려 들어온 낭도들
이 이유도 없이 훈련에 빠지는 일이 잦았다. 경신은 수하의 낭두였던
문형에게 알아볼 것을 지시했다. 문형은 다음 날 경신 앞에 곤혹스러
운 표정을 하고 나타났다.

"경신랑, 이 일은 그냥 모른 척하시는 것이 좋을 듯합니다."

"그게 무슨 말인가? 모른 척하라니?"

"그것이 제가 알아보러 갔다 도두에게 혼쭐이 났습니다. 아시잖습
니까? 저희 낭두는 도두 눈 밖에 나면 큰일입니다."

"도대체 무슨 말인가? 자세히 말해보게."

"아… 참… 경신랑, 전삼부 도두 화남이 모량의 죽은 낭두들의 재
물을 자신이 관리하겠다며 가져가고 있답니다. 그 일에 낭도들이 불
려 나가고 있습니다."

당시 모량에 살던 낭두 여럿이 죽자 동료 낭두들이 작당해 월성으
로 가는 재물을 빼돌렸던 것이다. 제 화랑과 낭두를 잃은 낭도들은
그들이 시키는 대로 밤마다 동원되었다. 도두 화남 이자는 야심이 대
단해 제 누이와 가문의 여자를 유력한 화랑들에게 바치거나 꼬박꼬
박 재물을 갖다 바쳐 그 자리에 오른 자였다.

"도둑질을 하는데 낭도들을 동원하고 있단 말이냐?"

"경신랑, 그냥 이번 한 번만 모른 척하십시오. 그자는 꼭 화풀이를
하는 자입니다. 그러니 제발 한 번만…"

　문형은 울상을 하고 경신을 말렸다. 문형은 이제 상두(낭두 중 5등급)에 있어 도두의 명을 거역할 수 없는 입장이었다. 문형은 어찌할 바를 몰랐다.

　"자네는 그 낭도들을 당장 이리 데려다 놓게. 도두가 따지거든 내가 시킨 일이라 거역할 수가 없었다 하게."

　"경신랑, 제가 문제가 아니라 이러다 경신랑이 크게 다칠지도 모릅니다. 그자가 보통 영악한 자입니까? 아마 국선에게까지 수를 쓸 자입니다."

　"그냥 시키는 대로 하게. 그리고 자네는 내게 크게 혼났다며 둘러대게."

　문형은 결국 동원되었던 낭도들을 모두 낭문으로 데려왔다. 다음 날 진시(辰時: 오전 8시)도 되지 않아 도두 화남이 소리를 고래고래 지르며 나타났다. 그자는 문형을 불러내어 화를 퍼부었다.

　"이놈이, 네가 뭔데 노두께서 시키신 일을 못하게 훼방을 놓느냐? 그러고도 목숨을 구할 줄 아느냐?"

　"아이고 도두, 제 입장도 생각해주십시오. 저도 좌화랑께서 시키신 일이니 죽겠습니다. 제발 사정을 봐주십시오."

　"모량리 낭도들 어디 있느냐? 어서 나오지 못하겠느냐?"

　화남이 소란을 피우자 눈치를 보던 낭도들이 모여들었다.

　"뭣들 하느냐? 제자리로 돌아가지 않고!"

　낭도들이 돌아가려 할 때 경신이 굳은 표정을 하고 들어왔다. 경신이 문에 들어서자 호기롭던 화남이 움찔했다.

　"도두, 이른 시간부터 무슨 소란이시오."

　경신은 굳은 얼굴로 의관을 제대로 갖추고 있었다.

　"아이고, 좌화랑이 뭐 이리 일찍 나오십니까? 낭도들에 관련된 일이니 뭐 신경 쓰지 말고 그냥 가십시오."

화남은 굽실거리면서도 비아냥거리는 말투를 숨기지 않았다. 경신은 어쩔 줄 모르고 서 있는 낭도들을 둘러보고 입을 열었다.

"저 낭도들은 새로이 좌삼부에 이름을 올려 훈련할 자들이오. 낭도들을 사사로이 사역을 시키는 일은 금하고 있으니 필요하다면 정식으로 명을 받아오시오. 오늘 일은 도두가 잘못 알아 그런 것이라 생각하겠소. 그만 돌아가시오."

"좌화랑, 낭도의 일은 본시 낭두들이 맡아서 하는 일인데 어찌 이리 간섭하십니까?"

화남은 눈을 치켜뜨며 고개를 세웠다.

조용히 말을 듣던 경신은 화남의 눈을 응시하며 몸을 돌렸다.

"그럼 내 낭도들을 거느리는 낭두에게 명을 내리겠네. 저들은 오늘부터 좌삼부에서 새로이 교육을 할 테니 그리 시행하게!"

경신은 안에서 일을 보던 자들도 모두 들을 수 있게 목소리를 높였다. 화남은 이를 갈며 꼼짝도 않고 경신을 노려보았다. 낭두는 화랑의 지시를 따라야 하니 공공연히 거역할 수 없는 일이다.

"좌화랑, 이 일은 본시 낭두의 일입니다. 노두께서 가만히 있지 않을 것입니다!"

"나는 오직 국선의 명을 받드네. 어찌 노두를 꺼내며 나를 위협하는 것인가? 노두 역시 국선의 뜻을 거스를 자가 아니라 생각하네. 그만하고 돌아가게."

화남은 들리지도 않는 욕을 해가며 돌아갔다. 연신 한숨을 쉬던 문형에게 경신은 어깨를 두드리며 말했다.

"걱정 말게, 자네에게는 화가 안 미치도록 할 걸세. 이 일은 누가 봐도 이치에 맞는 일이니 더 토를 달지는 못할 걸세. 저 낭도들은 며칠 쉬지 못했을 테니 하루 정도 쉬게 하게."

이듬해 봄이 되어 경신은 모벌군성 인근 원원사에서 수련을 하고 있었다. 마침 숙정대(肅正臺)에서 나온 주부(主簿)가 변방의 성을 보수하는 일을 감찰 중이었지만 경신의 낭도들은 지난겨울 훼손된 수련장을 보수하느라 정신이 없었다.

일개 주부였지만 숙정대의 권한은 성주까지 나와 맞이할 정도로 기세가 대단했다. 한쪽에서 감찰이 온다 하여 대낮부터 연회를 베풀며 기별이 왔지만 경신은 수하 화랑들과 함께 참석하지 않았다. 정치적인 성격의 연회이기도 하였고 낭도들이 일을 하고 있어 자리를 비울 수 없었다.

열흘이 지나자 국선이 보낸 서신이 도착했다.

숙정대에서 화랑들이 그 본분을 잊고 낭도들을 지나치게 사역을 시키고 있다며 그 비리를 파악하여 벌줄 것을 숙정부령에게 주청했다는 내용이었다. 그러면서 좌화랑, 경신을 그 본보기로 삼아야 한다 해 국선은 경신을 나무라면서 이 일이 화랑도에 누가 되지 않도록 숙정대의 조사를 받을 것을 지시했다.

경신은 뭔가 잘못되었다는 생각에 급하게 국선에게 그 내막을 적어 보냈으나 답은 오지 않았다. 국선은 경신이 죄를 고하고 자신은 이 일에서 화를 면하길 원했다. 곧 숙정대에서 나온 관리가 수하 낭두와 낭도들을 모아놓고 조사를 시작했다. 경신은 수하들과 격리된 채 원원사의 요사에 머물 것을 지시받았다. 사실 어떻게 된 이유인지 통 알 수 없었다. 사역이라 했으나 경신은 낭도들에게 사사로이 일을 시킨 적이 없었다.

조사가 이루어지던 이튿날 밤 누군가 경신을 찾아왔다.

"이보게, 좌화랑 있으시오?"

경신이 문을 열었지만 처음 보는 자였다.

"나는 숙정대의 사(史) 김암이라 하오. 들어가도 되겠소?"

사(史)는 숙정대의 실무를 맡아보던 관직으로서 주부(主簿) 아래였다. 방 안에 들어온 김암은 긴장을 풀려는 듯 웃으며 말했다.

"오늘 온 것은 사사로운 걸음이니 너무 긴장 마시오. 좌화랑을 조사하러 왔지만 내 뭔가 석연치 않아 앞서 내막을 좀 알까 해서 왔소."

오히려 경신이 어떻게 된 연유인지 알고 싶었다. 도대체 어떤 내용으로 자신을 조사하러 온 것인지 묻고 싶었다. 김암 역시 좌화랑의 비리가 사사로운 이익을 위해 낭도들을 무리하게 사역시킨 일이라 했는데 오늘 낭도들을 조사하고 의아해하던 중이었다.

"좌화랑 낭도들은 모두 지난달 내내 수련장을 만들었을 뿐이지 사역을 한 적 없다 했소. 입을 맞춘 듯 똑같이 말하니 미리 일러준 것이 아닐까 의심하고 있었소. 하지만 오늘 조사에서도 같은 대답만 하고 어느 낭도는 자신들은 그리 열심히 일했는데 이런 대우를 받는 게 억울하다고까지 했소. 또 다른 자는 좌화랑이 일을 하는 데 있어서 예외가 없어 힘들다고 토로는 했으나 그것이 죄가 될 수는 없으니 좌화랑이 스스로 한번 연유를 말해 보시오. 혹 주부가 왔을 때 불편한 일이라도 있었소?"

경신은 지난날 숙정대 주부의 감찰 때 일을 소상히 얘기했다.

"아무리 그래도 주부가 좌화랑과 원한이 없는데 그만한 일로 바로 숙정부령에 고하지는 않을 일이오. 뭔가 다른 이유가 있을 듯하오. 당시 모벌군성에 다녀 온 날에는 아무런 말이 없다 전삼부를 다녀온 이후 갑자기 좌화랑을 조사해야겠다 했으니 뭔가 짚이는 것이 없소?"

전삼부라면 도두 화남이 낭두의 책임자이다. 하지만 경신은 몇 달 전 일이라 김암에게 말하지 않았다. 김암은 한 식경쯤 머물다 돌아갔다.

경신은 머리통에 잠을 못 이루었다. 모든 것이 확실하지 않으니 그저 달아나고 싶었다. 다시 낭도들 앞에 당당하게 설 수 있을지 알 수 없었다. 다른 화랑처럼 때가 되면 재물과 여자들을 내리며 환심을 사지도 않아 낭두들도 푸념을 늘어놓기 일쑤였으니 낭도들이 자신에 대해 어떤 말을 할지 두려웠다. 제 아무리 당당하게 살았으나 이리 되니 자신도 별 볼일 없는 자였다. 괜한 모함을 당해 억울하기보다 제 자신이 비루해지는 것이 더 견딜 수 없었다.

며칠 밤을 혼자 이런저런 변명하며 잠 못 이루었지만 결국 진실도 사람의 얼굴을 하고 나타났다. 진실은 일그러진 화남의 얼굴이었다.

다음 날 오후가 되자 숙정부 관리 대신 낭두 문형이 술을 들고 찾아왔다.

"경신랑, 오늘은 한잔하시지요."

수척해진 경신은 말없이 잔을 받아 마셨다. 문형도 별말 없이 앞의 커다란 나무를 올려다보았다. 나무의 가지가 사지로 뻗쳐오르고 있었다. 몸통에 비해 제 머리가 너무 커 견딜 수 있을까 싶을 정도였다.

"나뭇가지를 좀 쳐야겠습니다. 바람이라도 세게 불면 다 부러질 듯합니다."

너무 곧게 서 있으려 한다며 나무라던 지해의 말이 떠올랐다.

"결국 부는 바람, 가는 바람에 휩쓸리지 않고 버티면 부러지게 마련 아닌가."

답답했는지 문형은 자세를 고쳐 잡고 앉았다.

:: "바람이 지나간 다음에는 고요한 땅이 있을 뿐이다." ─원원사

"경신랑, 숙정부의 관리는 돌아갔습니다. 제가 도두 화남詞에 대해 다 일렀습니다. 그 관리는 좀 더 알아보겠다며 월성으로 돌아갔습니다."

"자네 괜한 짓을 했네. 화남 그자가 꾸민 일이 아닐 수도 있지 않은가?"

"경신랑, 아직도 모르겠습니까? 하도 답답해 전삼부에 알아보았습니다. 도두 화남이 숙정부 감찰 때 며칠 밤을 연회를 열어줬다 합니다. 이번 경신랑을 고할 때 전삼부는 따로 포상을 받기까지 했답니다. 그자가 주부에게 술수를 쓴 것입니다.

솔직히 경신랑이 일을 언제 허투로 한 적 있습니까? 오히려 일을 제대로 시켜 원성을 샀지만 어리석은 낭도도 그것을 가지고 성토하지는 않습니다. 그런데 숙정부의 주부라는 자가 어린 낭도보다 분별력이 없어 되겠습니까?"

"아닐세. 도두의 원한도 결국 내 부덕 때문일세. 다른 화랑들은 이런 곤란은 안 겪지 않는가?"

"그럼, 되돌릴 수 있다면 도두의 일을 모른 체라도 하시겠단 말씀입니까? 그렇다면 제가 경신랑을 안 모셨습니다. 별로 생길 것도 없는 경신랑 밑에 낭두와 낭도들이 자리를 지키는 이유가 다 있습니다. 어디 가서도 좌화랑 수하라고 하면 함부로 하지 못합니다. 다른 화랑들은 다 받은 것이 있어 그 권위가 노두만도 못한 자들이지만 경신랑 수하들은 적어도 제 화랑이 부끄러워 숨어 다니지는 않습니다. 제가 대도두 기문에게 자세한 내용을 알렸으니 기다려 보십시오."

대도두 기문은 경신랑이 처음 소화랑 일 때부터 낭두로 있었으나 근래에 늙어 자리를 물러난 자였다. 호방한 성격의 기문은 늙은 몸에 술을 좋아해 낭문을 비우는 날이 많았다. 경신은 제 애비 대하듯 크게 탓하지 않았다. 그래선지 국선 앞에서도 투덜대던 자였으나 어찌

된 일인지 제 화랑 앞에서는 말을 조심했다. 낭두 우두머리인 노두보다 먼저 입망한 자로 노두도 그의 말을 듣지 않을 수 없었다. 결국 다시 열흘이 지나 그동안 모른 체하던 국선의 서신이 전해졌다.

이번 일은 숙정부령께서 너그러운 아량으로 없었던 일로 한다고 하니 더 이상 문제 삼지 말라는 당부였다. 문형이 전해준 얘기로는 대도두가 도두 화남을 찾아가 이번 일이 사실이 아닐 경우 가만히 있지 않겠다고 으름장을 놓았다 한다.

숙정부 조사에서도 별다른 혐의가 안 나와 조사를 나왔던 김암이 숙정부령에게 그리 보고하자 화남이 없었던 일로 하자며 발을 뺐다고 한다. 결국 화남이 지난 일에 앙심을 품고 숙정부 주부를 꼬드겨 일을 벌였던 것이다.

지난 한 달여를 괴롭히던 일이 해결되었지만 경신의 머리통은 사라지지 않았다. 이야기를 전해 들은 낭도들은 분노했고 숙정부의 조사에 입 다물었던 수하의 화랑들도 그제야 위로한답시고 경신을 찾아왔다.

경신은 수일 동안 요사를 나오지 않았다.

처마 끝 풍탁(風鐸) 소리가 연신 울렸다. 날이 지나자 세상에 오직 그 소리만 남았다. 거리낌 없이 불어오는 바람에 눈뜬 붕어는 쉬지 않고 헤엄쳤다. 바람이 만든 비, 폭풍, 우뢰에도 두 눈 뜨고 세상을 바라본다. 아우성치던 시간이 지나니 바람은 고통의 만파(萬波)가 아니라 어디로든 떠날 수 있다 알려주는 소리이다.

국선에게 좌화랑을 물러나겠다는 서신을 적고 낭도 하나를 데리고 다음 날 새벽 원원사를 나섰다.

지난 밤 소란스러웠던 억측이 사라진 조용한 새벽이었다. 새벽은 자신을 온전히 대할 수 있는 최초의 시간이었다. 사람들이 사라진 빈 공간에는 오직 고요한 고독만 내려앉아 있다. 고독은 자신의 얼굴을 하고 침묵하고 있었다. 꽤나 엄숙한 표정을 한 얼굴이 말을 한다.

'결국 아무 일도 없었다. 내가 사라진 일 외에는 아무 일도 일어나지 않으리라.'

"그 순간 침묵이 가장 필요함을 느꼈네. 아마 분하다고 입을 벌리고 다녔다면 오히려 목숨이 붙어 있었겠나? 제 처지가 곤란해진 국선이 나를 다시 고했을지 모르네…. 그리 보면 어디 나를 고했던 자가 사실 그 낭두 혼자였겠는가?

그래서 살려고 떠났다네. 비겁하게 도망을 간 것이지. 그때 진실은 터무니없는 거짓에도 질 수 있다는 사실을 깨달았네. 너무 어려 그 사실을 몰랐던 것이 부끄러웠지. 그래서 겁이 덜컥 났다네. 꿈은 클수록 현실은 더 곤궁해지는 법이었네. 내 젊은 날 이리저리 흔들리지 않는 길을 걷고 싶었지만 현실은 이리 사람을 곤궁하게 만드는데 이치를 얘기하고 이상을 말하는 내가 부끄러웠네.

떠난 뒤에야 알았다네. 시중드는 이 하나 없을 때 비로소 자유롭다는 사실을, 억지스레 제 자랑하는 연회에 불려 다니고 어린 낭도들 위에 군림하는 일 모두 어울리지 않은 일이었네. 떠나 보니 아래 낭도들에게 내뱉었던 말, 행동이 너무 부끄러워 길을 걷다가도 얼굴이 붉어지고 고개를 떨구게 되었네. 무엇보다 자신을 변명해야 하는 일은 더 하고 싶지 않았네. 시간이 지나면 거짓은 흩어지고 진실은 가라앉아 자신을 증명할 시간이 오리라 생각했지."

염치를 모르는 자들은 여전히 얼굴을 내놓고 다니지만 부끄러움을 아는 자들은 제 얼굴을 드러내지 않는다. 그러니 세상에는 염치없는 자들만 보인다. 경신은 바람을 맞으며 그 속을 걸을 사람이다. 바람에 이리저리 흔들려 제 목숨을 부지하기에는 어울리지 않았다. 바람이 지나간 다음에는 고요한 땅이 있을 뿐이다.

"그때 내가 자네 편을 들지 못한 것이 아직도 부끄러워 이리 말을 꺼낸 것이니 너무 담아두지 말게. 정작 제 몸을 숨겨야 할 자들은 진실에 입을 다문 나 같은 자들일세. 거짓에 입 다문 자네가 아니라."

지해는 경신의 고독을 알 것 같았다. 이 자는 부끄러움을 아는 자이다. 그 힘없던 곤궁한 처지를 부끄러워할 줄 아는 사람이다.

염치를 모르는 자는 제 궁색함도 모른 채 허울뿐인 이치를 외고 다닌다. 대놓고 권력을 탐하고 재물을 욕심내는 자보다 못한 자가 바로 이런 자들이다. 이치를 얘기하며 뒤로 잡배들이나 하는 짓거리를 하는 자들이 바로 그들이다. 경신의 고독은 그들은 모르는 부끄러움에 서성거리는 것이다.

"묘정아, 넌 어찌 등을 돌려 앉았느냐?"

지해가 금오산을 보고 앉은 묘정을 향해 돌아앉으며 떡을 씹는다.

"저는 바다도 좋으나 지는 해를 보는 것이 더 좋습니다."

신시(申時: 오후 4시)가 되자 해는 저 멀리 금오산을 앞에 두고 지고 있다. 그 아래 말라 버린 벌판도 누렇게 퍼졌다.

"그러냐?"

"주인 나으리께서 제 부모가 서방정토에 있다 하셨습니다. 그러니 지는 해를 따라가다 보면 부모님도 만날 수 있으니 이리 보고 있으면 제가 마치 서방으로 가는 듯합니다."

"허허, 이러다 스님도 아직 뵙지 못한 아미타불을 네가 먼저 만나는 것 아니냐?"

지해는 아이가 제 부모를 생각한다고 하자 안타까워 무릎에 올려 앉혔다.

"묘정아, 사실 스님도 서방의 아미타불을 친견하고 싶어 관법(觀法)이란 것을 해보았다. 하지만 쉽지가 않더구나. 하지만 너는 이 스님보다 아미타불을 뵐 마음이 더 간절하니 내가 일러주는 대로 한번 해보거라."

"네? 그러면 정말 서방정토를 갈 수 있는 것입니까?"

아이는 얼굴을 돌려 의아한 듯 여러 번 확인한다.

"그럼, 옛날 문무대왕 때 광덕(廣德)이란 스님은 이 십육관법(十六觀法)을 통해 왕생(往生)을 이루셨단다. 우리가 직접 보는 것만이 전부가 아니란다. 눈을 감는 대신 마음으로 보는 법이 더 어렵단다. 이제 눈을 감고 마음으로 그리 가보자."

"자, 먼저 저 서측으로 지는 해를 떠올려 보거라."

"네. 해는 잘 아옵니다. 저 앞에 있습니다."

"그것을 첫 번째 일상관(日想觀)이라 한다. 다음은 그해 아래 맑은 물을 떠올려 보거라."

"… 물이라 하면 동해 바다를 말씀하는 것인지요?"

"그렇구나. 네가 바다에 떠 있다 생각하고 지는 해와 물을 생각하거라. 그 물이 얼음이 되고 투명한 유리로 변하여 부처의 땅을 들여다볼 수 있도록 그 과정을 생각해 보아라. 이것이 수상관(水想觀)이다.

세 번째로 이제 물이 끝나는 곳, 부처가 계신 땅을 떠올려 보거라."

"네. 바다를 건너오니 땅이 보입니다."

"이것이 지상관(地想觀)이다.

이제 그 땅의 숲을 생각하거라. 그 숲에 있는 보주(寶珠)의 나무, 칠보(七寶)의 나무가 석등처럼 밝게 빛나고 있을 것이다."

"네 석등같이 밝게 빛나고 있습니다."

"잘했다. 이것이 보수관(寶樹觀)이다.

이제 극락세계의 연못을 생각해보자. 이 연못에는 오색연화(五色蓮花)가 피어 있고 칠보(七寶)로 꾸며져 있으며 여덟 가지의 색과 맛이 난다."

"스님 제가 그 연못을 압니다. 불국사에 있는 구품연지(九品蓮池)입니다. 저는 늘 그곳에서 붕어들과 이야기를 합니다."

"오호, 그렇구나. 이것을 보지관(寶池觀)이라 한다.

이제 그 연못을 건너 무수한 천인(天人)들이 천상(天上)의 음악을 연주하고 있는 누각을 생각해 보거라."

"그것은 연지 위에 있는 안양문(安陽門) 누각이지요?"

"오호, 불국사에 극락세계가 펼쳐져 있구나. 그렇다. 이를 보루관(寶樓觀)이라 한다. 이제 아미타불이 계신 연화대좌를 생각해 보거라. 연화대의 꽃잎, 받침, 구슬들을 하나하나 떠올려 보아야 한다. 이를 화좌관(華座觀)이라 한다.

그리고 연화대 위에 정좌하신 부처님을 떠올려 보거라. 그분의 머리끝 육계부터 이마의 백호, 손끝의 수인까지 모두 다 생각하거라. 이를 상관(相觀)이라 한다."

"네, 극락전에 계신 부처님의 모습이 그와 같습니다."

이때 가만히 듣고 있던 경신이 어깨에 메고 있던 보퉁이 속에서 뭔가를 꺼내 든다. 관무량수경(觀無量壽經)이다. 지해와 묘정이 하고 있는 관법(觀法)의 내용이 바로 관경(觀經)이라고도 불리는 이 경전의

내용이다. 묘정이 불국사의 연지와 안양문을 떠올린다고 하자 경신의
손이 바빠졌다.

"스님, 정말 아미타부처님을 뵈었습니다. 정말 그곳이 극락세계이
옵니까? 그러면 제가 살던 불국사가 바로 극락세계입니까?"

묘정이 관법을 마치자 기쁜 표정으로 지해를 돌아보며 말을 한다.
지해는 어느새 일어나 분주히 경전을 확인하는 경신의 곁에 흥분한
표정으로 서 있다.

"이보게, 공이 불사하여 만드신 불국토는 저 동해에서 시작해 불국
사로 이어지는 동해구(東海口) 전부를 말하네. 관경(觀經)에서 일러준
십육관(十六觀)의 내용이 정말 딱 들어맞아."

지해는 연신 고개를 끄덕이며 그 내용을 다시 떠올려 본다.

관무량수경(觀無量壽經)은 관경(觀經), 십육관경(十六觀經)이라고 불
리는 정토불교의 근본경전 중 하나이다. 이미 신라 땅에도 현일(玄一)
과 경흥(憬興) 등이 지은 책이 널리 알려져 있었다.

그 서분(序分) 내용에는 마가다국의 태자 아사세가 부왕인 빈비사
라를 가두고 왕위를 빼앗으려 해 그 모후 위제희비가 온몸에 꿀과 밀
을 발라 왕에게 가져다주어 목숨을 연명하게 하였으나 그 처지가 너
무 고달파 석가모니 부처가 있는 곳을 향해 교화해주길 빌었다. 그러
자 석가모니 부처가 궁궐 공중에 나타나 십육관법을 일러주어 극락
세계를 보여 주시고 왕비와 그 시녀들, 빈비사라왕을 구제하였다.

모두 십육관으로 이루어져 있는데 그중 앞선 십삼관은 극락세계의
구체적 모습을 보여 주는 내용이며 나머지 삼관은 그 악행과 선행에
따라 구품을 나누어 극락왕생할 수 있는 가르침을 달리 일러주는 상,
중, 하 삼배의 가르침을 담고 있다.

"참, 절묘하네, 망자의 뼛가루가 동해에 뿌려지는 그 순간부터 십육관법에 따른 극락으로 가는 길이 시작되지 않는가? 놀랍네. 놀라워. 우리가 불국토, 불국토 하면서 오직 토함산만 놓고 생각했으니 이를 알 리가 있었겠는가? 불국사가 정토경의 내용을 담고 있다고는 알고 있었으나 저 동해에서 서측으로 지는 해와 그 사이 물부터 시작됨을 어찌 떠올리지 못했을까?"

"묘정아, 이 스님이 너보다 깨달음이 부족하구나. 있는 그대로를 보는 아이의 눈이 부처의 눈과 다를 바 없다더니 틀린 말이 아니다. 안 그런가, 이 사람아?"

"그렇네. 나 역시 석불사 본존불이 동해를 내다보니 그리로만 보았지, 역으로 동해에서 토함산을 바라본다는 생각을 해본 적이 없네. 서측으로 지는 해와 바다라니…."

경신이 책을 덮고 탄식을 한다.

"그럼 저 석불사의 본존불이 서방에 계신 아미타불이 맞는 것인가?"

"아니네. 내가 찾아본 것이 그 점일세. 묘정과 자네의 말을 듣고 보니 아미타불과 구품연지 안양문 등은 모두 불국사에 있으니 이상하지 않는가? 저분의 존명은 역시 석가불이 맞네."

지해는 소리 내 침을 삼키며 다음 말을 기다린다. 경신은 우측의 동해와 정면의 토함산을 가리키며 말을 이어간다.

"생각해보게, 관경에서 위제희 왕비에게 극락세계를 설하시는 분이 누구인가? 아미타불이 아니라 석가불일세. 석가불은 왕비의 궁 공중에서 십육관법을 일러주셔 왕비와 그 시녀들을 구제하셨네. 그럼 저 동해에서 토함산을 봤을 때 산정(山頂)에 계신 석굴암의 본존불은 누구시겠는가? 극락으로 가는 법을 가르쳐주시는 공중의 석가불일세."

"그럼 지금까지 촉지인을 한 아미타불이다, 항마상의 석가불이라는 본존불 존명에 관한 세상의 논쟁은 처음부터 잘못 이해를 한 것 아닌가. 석가상은 맞으나 항마상은 아니고 아미타불은 아니나 아미타불을 만나는 법을 일러주고 있으니 그 바탕은 정토경이고, 모두 제 입장만 놓고 해석을 한 것이구먼. 둘 다를 보지 못하고…"

"분명 정토사상을 바탕으로 토함산 불사가 이루어졌기에 그 옛날 문무대왕 당시의 호국사상을 바탕으로 한 항마상이라는 배경은 뭔가 설명이 부족했고, 정토에 서방으로 정좌를 했으나 그 수인이나 보살, 제자상을 보자면 아미타불이라 하기에 뭔가 석연찮았던 것이 사실이었네. 이제 그 모두가 다 설명이 되네. 석가불이니 그 도상은 당연히 영축산의 항마상에서 가져왔던 것이고 그 목적은 극락을 보여 주시려 한 것이니 정토사상에도 부합하지 않는가."

"대성 공은 토함산에 동악신을 숨겨 놓아야 하니 이런 저런 불사 배경을 숨길 수밖에 없었을 걸세. 참…"

지해는 여러 오해를 사면서도 입을 다물었을 공이 측은하게 느껴졌다.

"내가 의심되는 것이 바로 그 점일세. 이를 숨긴 것은 공의 의도였고 불사의 중요한 목적이 바로 관경의 구현이었으니 그 논란의 쟁점이 바로 우리가 찾는…"

"우리가 찾는… 밀지! 그럼 밀지를 숨긴 장소가 석불사 불상?"

지해는 말을 받으며 크게 박수를 친다.

"대성 공이 열정을 쏟은 곳이라 제일 먼저 의심되었지만 너무 쉽다 여겨…"

"아닐세! 결국 답은 가까운 곳에 있는 것일세. 이 어린아이가 서방으로 가고 싶어 하는 바람이 공의 뜻과 같지 않았나? 자네는 너무 깊게 생각을 해 문제일세. 세상에는 자네만큼 어려운 문제를 풀 수 있는 사람이 그리 많지 않네. 공도 그 점을 다 염두에 두셨을 테고….
여기까지 온 것도 대단한 것일세. 대단해!

이보게, 나도 이번 일에 큰 공을 세운 것일세. 하하… 그럼 내가 자
네의 은인이 되는 것인가? 묘정아 이리 오거라. 너도 경신랑의 은인
이 된 것이다. 이제 우리는 은인이라는 특별한 관계일세. 하하.”

지해는 웃음을 멈추지 않으며 묘정의 손을 잡고 흔들어 댄다.

서방(西方)의 해가 천천히 지자 관경(觀經)의 바다도 부처의 땅도
어둠 속으로 사라진다.

짧은 해가 지자 숨어 다니기가 훨씬 수월해졌다. 동산재를 지나 석
불사 부근에 도착했지만 어떤 소리도 들리지 않는다. 겨울에는 사람
도, 숲도, 미물들도 숨을 죽인다. 석불사에 있던 사람들은 아래로 다
내려가고 승려 두어만 남아 있었다. 불국사에서의 일이 알려지지 않
았다면 자연스레 들어가도 될 일이다. 여기서 석불사까지는 뛰어가면
지척이지만 경신은 석굴 안을 떠올려 보며 밀지가 있을 만한 장소를
생각해 보았다. 아무래도 미심쩍은 점이 있다.

“이보게 왜 그리 있는가? 지키는 자가 없는 듯하니 가보세.”

지해는 얼른 확인을 하고 싶은 마음에 당장이라도 달려갈 기세다.

“저기, 아무래도 석불사 석실에는 없을 듯하네.”

“그게 무슨 말인가…?”

“자네 그 석실에 들어가 본 적 있나?”

“음, 작년 초에 대덕을 감은사로 모실 때 잠깐 들렀었지.”

“그 밀지가 일종의 복장물이라 생각했다네. 불상이 그 대상이면 그
방법밖에 없으니….”

“그렇지, 불상 안에는 그 조성한 자와 시주한 자 등을 적은 묵서, 경전도 넣고 하니 그런 방법으로 넣었겠지.”

“하지만 본존불에는 그럴 수 없다네.”

“없다니?”

“본존불은 그 재료가 석조가 아닌가? 그러니 속을 비운 금동불이나 그 안을 판 목불처럼 내부 공간이 있을 리가 없질 않나.”

지해는 ‘아차’ 하는 탄식과 함께 수풀에 주저앉았다.

“그리고 본존불이 아니더라도 그 석실은 돌이 아닌 데가 없네. 바닥부터 대좌, 천정까지 죄다 화강암으로 만든 데다 어디 빈구석이라도 있는 줄 아는가? 가서 쉽게 석재 하나를 뺄 틈이 없어. 쌓아올린 석재 하나하나가 부분이자 곧 전체일세. 그런 구조에 무언가를 숨길 만한 공간이 있을 수가 없네. 그 구조를 잘 알기에 이러는 걸세.”

“정말 숨길 만한 데가 한 곳도 없단 말인가?”

“자연 석굴이 아니라 사람인 쌓아 올린 곳이니 어디 사람이 모를 리 있는가? 있다면 부숴야 하는데 공이 그렇게까지 해서 숨겼을 리 있나. 누군가 찾을 수 있는 장소여야 앞뒤가 맞네.”

“그럼 우리가 밝혀낸 내용이 그 답이 아니란 말인가?”

“아닐세. 관경에 따른 정토구현은 분명 공이 숨긴 의도가 맞네. 단지 여기 석가불이 아니란 말이지….”

경신은 생각한 바가 있었지만 지해가 답을 받게 얼버무렸다.

“여기 석가불이 아니라면 혹 다른 석가불에… 저 불국사 대웅전에도 석가불은 있지 않은가?”

경신은 불국사 쪽이 더 맞다 생각했다. 밀지를 숨기겠다고 마음먹었다면 경내에 숨기는 편이 훨씬 쉽고 지키기에도 쉬웠을 일이다. 석불사 본존불은 동해에 이르는 전체 공간을 연결하는 꼭짓점이지만 불국사도 그 자체로 정토사상을 온전히 반영하여 조성되었으니 그 의도는 충분했다.

"문제는 불국사에 태후가 보낸 자들이 지키고 있어 살펴보는 것이 어려울 걸세."

"그래도 가봐야 이 골치 아픈 수수께끼가 끝날 일 아닌가?"

지해는 점점 더 복잡해지는 풀이에 고개를 절레절레 흔들었다.

"대성 공도 자네랑 비슷한 취향일세. 뭐가 이리 복잡한가."

"공은 쉽게 숨겼지만 우둔한 우리가 헤매는 것이야…"

경신은 지해의 어깨를 두드리며 싱긋이 웃는다.

"이제 자네가 나를 격려하는구먼. 하하, 좋네 좋아. 가세!"

세 사람은 석불사 못 가 토함산 정상으로 향하는 석굴 뒤로 이어진 능선으로 올랐다. 어둠이 까맣게 내리자 오랜 숲길은 더 신비로워 보였다. 토함산은 예로부터 신당이 있어 나무 한 그루도 함부로 베지 못하였기에 그 숲이 깊고 울창했다. 간간이 하늘이 열린 가지 사이로 달빛이 내리자 숲 사이로 묘한 공간이 생겼다. 그런 길을 지날 때마다 경신은 한쪽으로 비켜서며 길을 올랐다. 경신의 뒷모습을 보고 걷던 묘정은 잠시 생각을 하더니 곧 그 발걸음을 흉내 낸다. 아무 소리도 없는 길이다.

새벽에 올랐던 불국사로 내리는 길을 다시 내려 불국사에서 약간 떨어진 기슭에 도착하자 생각보다 조용했다. 모두 침묵하고 있지만 언제 쏟아져 나올지 모를 팽팽한 긴장감이 느껴졌다. 으레 번을 서야 할 군사들도 보이지 않았다.

:: "사람이 걷지만 아무 소리도 없다." −토함산 숲길

"모두 자넬 찾으러 떠난 모양일세. 하기야 감은사에서 그리 당했으니 태후의 분노가 보통이 아닐 걸세. 설마 다시 올 거라 생각했겠는가? 이것이야말로 하늘 무서운 줄 모르는 태후의 허를 찌르는 일이네."

지해는 오랜만에 느끼는 긴장감에 적잖이 흥분이 된 듯했다.

경신은 어두운 밤이지만 경내를 잘게 쪼개어 하나하나 소리와 불빛 등을 자세히 살폈다.

"아무래도 공의 처소 주변과 그 뒤 요사채에만 불빛이 오고가니 군사들이 그리 모여 있는 것 같네. 대웅전 쪽에는 아무런 움직임이 없어 다행이네."

"그나저나 묘정은 어찌할 건가?"

"스님, 저는 은밀한 곳에 숨어 있겠습니다. 제 비밀 장소가 있사옵니다."

"비밀장소?"

"네. 그곳은 아무도 찾을 수 없습니다."

"저녁공양이 끝나면 심부름 간다며 가던 곳이 혹 그곳이냐?"

경신이 어젯밤 보이지 않던 묘정을 생각하며 엄한 눈빛으로 물었다.

"네, 맞습니다. 어제도 갔었습니다."

묘정은 입을 오물거리며 눈치를 본다.

"이럴 때 대비해서 비밀장소를 만든 것일세. 어디 우리 어릴 때 비밀장소 없던 아이가 있었나? 그냥 모른 척 해주게."

지해는 서둘러 묘정의 편을 들어주면서 아이의 머리를 살짝 쥐어박는다.

"가거라. 한 식경이면 충분할 테니 이리 말고 물탕골의 오동샘으로 오거라. 혹 돌아오지 않아도 경내로 내려와서는 안 된다. 아침이면 모든 것이 끝날 테니 그때 지해 스님을 찾거라. 나를 찾으면 위험해진다."

경신은 아이의 눈을 보며 당부를 한다.

두 사람은 재빨리 불국사 가장 뒤쪽의 관음전 담 쪽으로 움직였다. 주위를 살핀 후 담을 넘었다. 대웅전은 사방이 회랑(回廊)으로 둘러져 있다. 사방의 회랑은 부처에 대한 존경의 의미를 담고 있다. 드나드는 자들은 금당의 정면이 아닌 이 회랑을 따라 움직이며 동시에 탑을 놓고 돌듯이 참배한다.

대웅전(大雄殿) 뒤에 놓인 무설전(無說殿)은 좌, 우측에서 둘러온 회랑이 후방에서 만나는 지점에 있다. 관음전을 나서 낙가단(諾迦壇)이라 불리는 가파른 계단에 서자 무설전의 듬직하고 굳건한 지붕 등판과 그곳에서 뻗어 나온 회랑의 지붕이 온전한 방형(方形)의 세계를 보여 주었다. 그 안에 밝은 부처의 탑이 이곳이 부처의 땅임을 알려주고 있다. 낙가단은 강당인 무설전 좌측으로 바로 이어진다.

경신은 반쯤 닫혀 있는 문 옆에서 회랑 창을 통해 안을 들여다보았다. 창살 너머로 어둑하게 이어진 회랑과 수많은 창으로 들어온 달빛이 그 자체로 하나의 벽을 바닥에 만들고 있었다. 회랑 아래로 움직이면 달그림자도 생기지 않으니 두 사람은 무설전에서 좌로 이어진 회랑의 벽에 붙어 천천히 이동했다. 대웅전 측문 옆으로 다시 익랑이 이어진다. 두 사람은 회랑과 익랑이 만나는 지점에서 주위를 다시 한 번 살폈다.

"불과 이십 보도 안 되니 한 번에 들어가야 되네. 내가 먼저 갈 테니 기다리다 오게."

경신은 신발을 양손에 들고 익랑 아래 전돌 위를 소리 없이 뛰어갔다. 곧 지해도 신발을 벗고 뒤따랐다.

:: "회랑을 둘러 제 그림자를 숨기다." ─불국사 대웅전 회랑

대웅전 내부는 초 두 개가 희미하게 밝히고 있다. 약간 뒤로 앉은 불단에 전방이 넓어 보이는 구조이다. 높다란 보 아래로 찬 기운이 휘돌자 그때마다 초가 흔들리고 있다. 경신과 지해는 약속한 듯 양손을 모으고 절을 했다.

곧 둘은 불단과 불상 주변을 뒤지기 시작했다. 지해는 아예 불단 위로 올라 불상 뒤와 가벽도 손으로 다 훑어 갔다. 경신은 불상을 손으로 일일이 만져 가며 혹 숨길 만한 틈이 있는지, 명문이 적혀 있는지 살폈다. 짧은 시간이 지나고 두 사람은 곧 우측 벽으로 물러앉았다.

"없네."

지해는 허망한 듯 한숨을 쉰다. 어둠 속에서도 긴 입김이 퍼져나간다. 다가가면 멀어지고 만지려면 사라진다. 애초에 밀지란 없었다. 그런데 권력에 눈먼 자들은 밀지란 허상을 만들어 찾는다. 욕망이 커질수록, 집착할수록 흩어져 간다. 퍼져나가는 연기는 손으로 잡을 수 없다. 잡을 수 없음을 알고도 손에 넣으려 허우적거리고 있다. 허우적거리다 집착에서 빠져나오지 못할까 두렵다. 집착은 두려움이 되는 법, 그것이 제일 두렵다. 경신은 이내 머리를 흔들어 꼬리를 잇는 잡념을 끊었다.

"혹, 불상에 명문으로 남겼나 했지만 그조차도 없네."

"이제 어디서 찾나? 그래도 불국사 어딘가에 있지 않겠나?"

지해는 난감한 표정을 지으며 경신을 바라보았다.

경신은 잠시 눈을 감고 생각에 잠겼다. 이미 자신이 알고 있는 장소일 수 있다.

"비로전으로 가보세. 어젯밤 공이 마지막으로 날 데려가신 곳일세."

둘은 반대쪽 측문을 나와 익랑을 지나 어둠에 몸을 숨겼다. 익랑과 회랑이 만나는 곳에는 극락전과 이어지는 문이 있다. 경신은 살짝 열려 있는 문 사이로 극락전 쪽을 천천히 살폈다. 아무런 소리도 들리지 않았다. 우측에서 좌측으로 다시 위에서 아래로 경신의 눈은 전부를 살폈다. 화랑시절 군무를 익히면서 생긴 버릇이기도 했다. 아래로 이어진 경신의 눈이 어느 순간 멈췄다. 숨소리도 없이 일순간 멈춰 있자 지해는 경신의 얼굴 위로 살며시 내다봤다. 아무도 없었다.

'이것이 무엇이란 말인가? 저 계단이 왜 저리 만들어져 있단 말인가?'

경신의 가슴은 사정없이 뛰었지만 호흡은 순간적으로 멈춰 버렸다.

'가슴이 터질 것 같다. 숨을 쉬어야 한다.'

순간 짧게 뭔가 터져 나왔다. 그것은 살기 위한 숨이기도 했고, 막혀 있던 의문이 짜릿한 희열로 바뀌는 순간이기도 했다.

경신은 지해에게 손짓으로 따라오라고 전하고 극락전으로 난 문을 열었다. 그리고 이어진 계단을 수를 세어가며 내려갔다.

'하나, 둘, 셋, 넷, 다섯, 여섯, 일곱, 여덟, 아홉, 열, 열하나, 열둘, 열셋, 열넷, 열다섯…. 열여섯!'

극락전 주위는 역시 회랑이 둘러져 있지만 대웅전 회랑과 맞붙은 서측에는 회랑이 없다. 전각으로 이어주는 익랑도 없어 경신은 마당을 가로질러 뛰어갔다. 지해는 주변을 한 번 더 살핀 다음에 계단을 내려 뒤따랐다. 대웅전과 달리 측문이 없어 정면의 계단을 올라 안으로 급하게 들어갔다.

지해는 극락전 안에 들어오자 바로 무언가에 홀린 듯한 경신을 붙잡고 소리 죽여 묻는다.

"뭘 발견했나? 답을 찾은 것인가? 말 좀 해보게!"

:: "수(數)를 일러준 이가 누구이며 만나고자 하는 부처는 누구인가?"
－불국사 삼도십육계단

"찾았네. 공이 불사를 통해 궁극적으로 얻고자 한 바가 여기에 있네."

경신의 목소리는 그답지 않게 흥분되어 있었다. 하지만 좌측 벽에 기대어 앉아 한참을 뚫어지게 불상만 보고 있었다. 지해는 경신이 설명을 해줄 때까지 기다렸다. 경신은 마지막 매듭을 푸는 듯했다.

극락전은 가운데 칸에 불단이 반쯤 나와 있어 좁아 보였다. 하지만 불단 공간 한 칸은 위로 공간을 높이고 나머지 옆 칸은 낮은 천정을 하고 있어 불상의 위엄이 상대적으로 높아 보이는 효과를 주고 있었다.

"지해, 우리가 관경(觀經)에 따라 동해부터 석불사를 꼭짓점으로 불국사를 꿰어 본 것은 분명 절묘한 해석이네. 하지만 한 가지 놓친 것이 있었네. 수(數)를 일러준 이가 누구이며 만나고자 하는 부처는 누구인가? 관경의 내용은 석가불이 십육관을 설해주지만 정작 석가불은 관경을 통해 만날 궁극적 대상이 아니었네.

관무량수경(觀無量壽經)은 영원한 생명을 가진 부처, 무량수불(無量壽佛), 즉, 아미타불(阿彌陀佛)을 만나는 법일세. 그런데 우리는 아미타불을 이어주는 고리였던 석가불에 매달려 있었던 걸세. 대성 공이 거대한 불사를 통해 궁극적으로 얻고자 했던 것은 아미타불을 만나는 것일세."

"아… 아… 이런 전체를 다 보지 못하고 보이는 형상에 매달려 있었던 거야. 자네 말대로 우매한 우리가 헤매었네."

"그렇지. 관경을 통해 풀었을 때 답은 이미 나왔네. 사실 십육관법을 보지 못했다 하더라도 이 토함산이 정토사상을 배경으로 하고 있는 것은 어린아이도 다 알고 있는 일이니 그리 어려운 문제는 아니었어."

"그런데 어찌 순식간에 알아차렸나?"

"자네 방금 대웅전에서 내려오던 계단 숫자를 세어 봤나?"

"계단?"

"그 계단이 정확히 열여섯이네."

"열여섯?… 그럼… 십육… 관??"

"그렇네. 석가불이 계신 대웅전과 아미타불이 계신 극락전이 열여섯 계단으로 이어져 있네. 바로 석가불이 설(說)한 십육관을 통해 아미타불을 만난다는 의미이지."

"아… 그래서 계단을 보다가 숨이 멎을 뻔했었군. 하지만 계단을 통해 이어진다면 최종 목적지인 극락전이 더 높은 위치를 점해야 하는 게 아닌가?"

"아닐세. 대웅전이 극락전보다 높은 자리를 차지한 것은 석가불은 높이가 있는 수미산에 좌정했기 때문이고 아미타불은 높이가 없는 서방정토에 위치하기 때문일세. 아미타경에 서방정토는 산이라고는 없는 평평한 땅이라 나오지 않나."

"아… 맞네…. 그럼 대웅전 앞 청운교(靑雲橋)와 백운교(白雲橋) 앞의 계단 수도 삼십삼일 듯하네. 내 수를 정확히 모르나 얼추 그 수에 가까웠던 것으로 기억하네. 수미산이 삼십삼천(三十三天) 위에 자리하고 있으니 그 수에 맞춰 한 것일세. 석가불이 공중에 떠 관법을 일러준 내용과도 딱 맞아떨어짐은 물론이고….

그럼 저 아미타불에 밀지가 있다는 말이지?"

"분명히 있을 걸세."

곧 어둠에 눈이 밝아지자 불상을 위에서 아래로 자세히 살폈다. 이 불상은 비로전의 금동비로자나불과 같이 봉안된 불상이다. 그래서 두 불상은 그 수인이 다를 뿐 거의 같은 생김새다. 두툼한 얼굴과 목의 뚜렷한 삼도(三道), 당당한 체격과 아래를 내려다보는 굳은 표정의 시선이 사람을 압도하는 것도 마찬가지이다. 불단 위 불상은 장대한 신체에 오른쪽 어깨를 드러낸 편단우견(偏袒右肩)의 착의법에 따라 가슴을 가로지르는 옷주름이 자연스레 접혀져 있다.

가까이 가서 들여다보던 지해가 손을 들어 불상의 손 모양을 따라 손을 이리저리 바꾸어본다.

"수인이 아미타(阿彌陀) 구품인(九品印) 중 중품하생(中品下生)이긴 한데 반대로 결했어. 오른손과 왼손이 반대일세."

'수인이… 반대?'

경신은 지난밤 비로자나불의 지권인(智拳印) 수인이 반대로 되었던 이유를 설명하던 대성 공의 말이 떠올랐다.

> "하지만 그것이 전부는 아니다. 예외라는 것도 일정한 경향을 가지면 나름 의미가 생기는 법이지."
>
> "네?"
>
> "모든 사물은 새로 태어날 때 새로운 의미가 생기는 법이다. 부처가 짓고 있는 수인이라는 것도 부처가 처음 결했을 때는 큰 의미가 없어 보였겠지만 하나를 만들고 두 개를 만드는 동안에 부처만의 별인이 되어 버리는 것이다.
>
> 저 수인의 뒤바뀜도 하나의 예외에서 시작하지만 그것이 쌓이다 보면 새로운 의미로 해석되기도 하는 것이다. 지금은 일종의 예외적 사례지만 그런 예가 반복되면 사람들은 그것이 어떤 의미가 있을 거라는 생각을 하게 된다. 그것이 바로 하나를 깊게 보지만 동시에 하나만 봐서는 안 되는 이유이다."

같은 양식의 두 불상이 다른 수인인데도 똑같이 거꾸로 결하고 있다. 수인의 좌우가 바뀐 데는 여러 이유가 있겠지만 지난밤 공의 말에는 뭔가 특별한 뜻이 있는 듯 여운을 남겼다. 감시하는 자들이 있었으니 극락전 대신 비로전에 데려간 것이다. 그리고 비로자나불을 통해 암시를 주었다.

:: "네 왼손을 들어 뜻을 일러두어라." - 불국사 금동아미타불

‘예외라는 것도 일정한 경향을 가지면 나름 의미가 있다!’

경신은 손 모양을 유심히 살폈다. 왼팔은 의복의 소맷자락에 가려져 손목만 나온 채 들려 있다. 오른팔은 어깨부터 팔이 드러난 채 무릎 위로 팔을 내리고 있다. 왠지 팔이 좀 길다. 내린 팔이 들린 팔보다 자연스레 길게 만든 것이지만 조금 부자연스럽단 생각이 들었다. 경신의 눈이 팔꿈치 윗부분에 가 멈추었다.

‘역시 있다.’

팔을 따로 제작해 붙인 접합부위가 보였다. 역시 한 번에 주물을 제작하기 어려우니 따로 만들어 붙인 흔적이다. 하지만 접합부위는 팔꿈치 윗부분이다. 팔이 꺾여 있어 형태적으로 빼기도 어려운 데다 단단히 이어 붙인 모양이다.

경신은 손가락의 너절한 천 조각을 풀고 천천히 오른팔을 위에서 아래로 손끝으로 쓸어내렸다. 경신의 얼었던 손끝에 금동불의 차가운 표면이 닿자 쓰린 통증이 느껴졌다.

천천히 아래로 향하던 경신의 손가락이 멈추는 순간 얼굴이 고통으로 일그러졌다. 얼어붙은 손가락이 무언가에 걸려 갈라 터졌기 때문이다.

‘따로 붙인 자리가 하나 더 있다!’

눈으로는 쉽게 구별되지 않지만 미세하게 벌어진 틈이 있었다. 손목과 팔꿈치 중간 부분이다.

‘불상 안에 넣어두었다면 여기다. 공은 뒤바뀐 손에 특별한 의미가 있음을 암시했다.’

한참을 이리저리 들여다본 후 경신은 허리를 세운 채 크게 심호흡을 했다. 차가운 극락전 안이 곧 깨져 버릴 듯 얼어붙은 듯했다.

침묵을 깨고 불상의 손목을 양손으로 잡고 비틀었다. ‘끼익’ 하는 쇳

소리가 함께 걸쇠 같은 것이 어긋나는 '탁' 하는 소리가 들렸다. 조용하던 극락전 안의 공기가 깨져 나갔다. 그 흐트러진 긴장감이 다시 제자리를 잡을 때까지 경신은 비틀기를 멈추고 크게 심호흡을 했다. 이제 자신의 배 쪽으로 손목을 힘껏 당겼다. '퉁' 하는 소리와 함께 경신은 뒷걸음질 쳤다. 불상의 오른 손목은 경신의 손에 들려 있었다. 경신은 빠져 버린 손목을 물끄러미 쳐다보고 있고 지해는 아무 말을 할 수 없었다.

초가 잘 비치는 바닥에 무릎을 꿇고 그 안을 들여다보았다. 이리저리 들여다보다 손을 집어넣어 뭔가를 끄집어냈다. 잘 접혀진 천 조각이다. 천 조각은 엄지 크기에 붉은빛이 돌았고 사면에서 접혀 가운데에서 아래위를 가로지르는 누런 끈으로 묶여 있었다. 경신은 지해의 얼굴을 한번 쳐다보고는 바닥에 놓고 끈을 풀었다. 접은 면을 펼치자 조각은 작은 부적 크기가 되었다. 두 사람은 고개를 숙여 천 조각을 들여다보았다.

두 사람의 발걸음은 나는 듯 가벼웠다. 다시 마당을 가로질러 십육 계단을 올라 대웅전 회랑을 따라 관음전 쪽으로 향했다. 삼층석탑의 그림자가 익랑까지 길게 이어져 있다. 경신은 그림자 끝 탑의 상륜부를 살짝 뛰어 건넜다.

그는 달이 차오르는 날이면 대웅전 마당에서 길어지는 탑 그림자를 지켜보곤 했다. 시간이 되면 자신의 달그림자를 나란히 놓아 그 형상을 마음에 담았다. 마치 숨겨져 있던 진실이 조용히 자라나 말을 걸어온다. 딱딱한 돌덩이 같던 석탑이 살아났다. 살아 있는 것은 모두 제 그림자를 가지고 있다.

'이 밀지는 그림자다. 때가 되면 자라나 숨겨진 진실을 제 그림자를 통해 보여 줄 것이다.'

:: "살아 있는 것은 모두 제 그림자를 가지고 있다." —불국사 삼층석탑(석가탑)

뒤따라오던 지해가 보이지 않았다. 경신은 관음전으로 오르는 계단 아래 회랑에 얼른 몸을 숨겼다.

'이 사람, 어디 간 것인가?'

잠시 후 대웅전 측문으로 이어진 익랑으로 큰 그림자 하나가 움직였다. 숨을 헐떡거리며 지해가 다가온다.

"어서 가세!"

둘은 낙가단의 가파른 계단을 한 번에 올랐다. 곧 토함산으로 오르는 산길을 달리고 있었다. 묘정과 약속한 오동샘 아래까지 쉬지 않고 달렸다.

"이거 은근히 힘드네. 헉헉."

지해는 한 손으로 허리를 잡고 크게 숨을 몰아쉰다. 생각보다 빨리 돌아와서 아직 아이는 오지 않았다.

"무엇보다 들키지 않아 다행이네. 그런데 대웅전에는 왜 다시 들어갔나?"

"내가 술수를 좀 부렸네."

지해는 제 꾀가 마음에 드는지 웃는다.

"술수라니?"

"불가의 제자가 무례하게 대웅전을 좀 어지럽히고 왔네."

곧 이어지는 지해의 설명은 경신을 탄복하게 했다. 태후가 경신을 쫓는 것은 밀지의 행방을 몰라서이다. 경신이 다시 와서 밀지를 찾아 유유히 사라졌다면 먼저 밀지를 손에 넣으려 했던 계획이 실패하게 된다. 밀지가 주인을 찾았다면 태후가 포기할지도 모를 일이다. 이제 경신은 몸을 숨기고 공의 죽음이 서라벌에 알려지기만 기다리면 된다. 그럼 그들이 태후를 주목할 것이고 태후는 경신을 뜻대로 처리할 수 없게 된다.

지해는 대웅전을 어지럽혀 일부러 태후가 눈치 채게끔 했다.

"하지만 태후가 나를 잡으려 군사를 더 동원하면 곤란할 텐데…."

"그리 소란을 피우면 서라벌에 더 빨리 알려질 것이네. 자네는 아침까지만 안 잡히면 되네. 사실 자네가 어디로 향했는지도 모르는 일인 데다 여기에 군사도 몇 없지 않은가? 득이 더 많을 걸세. 나를 믿어 보게."

맞는 말이었다. 경신은 이제 오늘밤만 몸을 숨기면 될 일이다.

"그런데, 돌아오면서 그 계단을 살폈는데 자네가 십육관을 얼른 읽었다는 것이 더 놀라웠네."

경신이 무슨 말인지 궁금해하는 표정을 보이자 지해가 무릎을 붙이고 다가와 앉는다.

"사실 자네가 그 수가 십육(十六)이라 했기에 그렇다 싶었지만 그 수가 얼른 세어질 수인가? 보는 순간 오히려 계단 가운데가 둘로 갈라져 세 부분으로 나뉜 삼도(三道)가 먼저 들어왔다네. 근데 그 삼(三)이라는 수도 예사로운 숫자가 아니질 않은가? 아미타불이 그 덕행에 따라 나누는 구품(九品)의 근간이 상품, 중품, 하품 삼배 아닌가? 그리고 그 삼도에 십육의 숫자를 합하면 사실 계단의 총수는 사십팔(四十八)이네.

불가에서 사(四)와 팔(八)은 의미하는 바가 한둘이 아닐세. 먼저 따로 떼어내어 사(四)는 불가에선 완전한 수를 의미하지. 이 사(四)의 배수 팔(八), 십이(十二), 십육(十六)은 사(四)의 확대된 완전한 수일세.

먼저 부처는 사월(四月) 팔일(八一)에 태어나셨고 사성제(四聖諦)와 팔정도(八正道)의 가르침을 제자들에게 주셨다네. 무엇보다 사십팔(四十八)은 그 자체로 정토삼부경의 근본 무량수경(無量壽經)에 나오는

법장비구의 사십팔원(四十八願)과 바로 이어지네. 이 외에도 불교에서
는 사(四)와 팔(八)이 들어가는 곳이 무수히 많네.

　삼도(三道) 십육(十六)계단이 이렇게 많은 의미를 가지고 있는데 자
네는 오직 필요한 십육관법만 읽었으니 그 점이 더 신기하지 않은가.
사실 사찰의 돌 하나, 아무 의미 없는 석축이 어디 하나라도 있나?”

　“음… 그런데 내가 보고자 하는 것만 봤다? …그렇네, 집착이 낳은
현답(賢答)일세.”

　“그게 아닐세, 무수한 의미 속에서 얻고자 하는 바를 뚫어보는 자
네의 눈이 놀랍다 말하는 것일세. 나 같은 불제자 중 그 내용을 모르
는 이가 어디 있나? 하지만 범부(凡夫)들은 보는 것과 아는 것을 이어
줄 눈을 가지고 있지 않다네.”

　“뒤집어 말하면 내가 보고자 하는 것만 볼 뿐이네. 그러다 제 고집
에 빠져 헤어나지 못하는 어리석은 자이기도 하지. 자넨 언제나 칭찬
이 과하네.”

　“아닐세, 비범한 재주를 재주가 아니다 여기니 안타까워서 하는 말
일세. 자네는 화랑시절에도 내 뜻 있는 화랑들이 모이는 함담회(菡萏
會)에 그리 오라 해도 고사하지 않았던가? 그 연유가 늘 다른 이에게
도움이 될 만한 재주가 없다고 했네.”

　“내 무슨 재주가 뛰어났었나? 어디 무예가 앞섰나? 학문이 앞섰나?
그저 다른 이들이 흉보지 않을 정도였을 뿐이네. 딱 그 정도였네. 그
런데 뭐가 잘나서 어디 나서겠는가?”

　“아, 이 사람, 겸손도 지나치면 다른 속셈이 있는 듯 보인단 말일세.
나는 그때 이 친구가 다른 뜻이 있어 그것을 숨긴단 생각했네. 뭐 그
생각은 지금도 마찬가지일세. 그때 자네가 우리 회(會)에 들었으면…”

"알았네, 알았어, 내 귀한 재주라 여기고 뜻 있는 곳에 쓸 테니 그만하게. 사람도…."

경신이 지해의 말을 막아서자 작은 그림자가 나무 사이에서 나타났다.

"나으리, 나으리…. 스님이십니까?"

"어, 그래 이리 오너라."

묘정은 반가운 표정으로 두 사람 곁으로 다가온다.

"웃고 계시니 찾으셨습니다. 그렇습니까?"

"그럼, 귀한 재주를 가진 경신랑과 용감한 스님이 함께했으니 못 찾을 리 있겠느냐? 하하하."

"자네 그 웃음소리 좀 줄여야겠네. 웃는 소릴 듣고 놈들이 따라붙겠네."

경신은 자리를 털고 일어나며 지해에게 면박을 주자 소리만 내지 않고 크게 웃는 모양을 해댄다.

토함산은 어느새 달을 깊숙이 품었다.

Ⅳ. 상(像), 흉내 내어 따르다

"그래, 무슨 소식이 있소?"

"그것이… 놈이…."

"얼른 말해 보시오. 뭘 그리 주저합니까? 놈이 죽기라도 했습니까?"

"아니옵니다. 놈이 불국사를 다녀간 듯합니다."

"뭐… 여기를…."

"네. 대웅전을 뒤져 무언가를 찾은 듯 합니다."

"그럼, 밀지를 찾아갔단 말이오?"

놈이 다시 불국사를 다녀갔다는 말에 태후의 입에서 긴 탄식이 새어나왔다. 밀지는 가장 가까운 곳에 있었고 상대는 태후를 호위하는 군사만 남은 때를 노렸다.

'영리한 놈이다. 놈이 우리를 가지고 놀고 있다.'

"사실 밀지를 놈이 찾은 것이 더 잘된 일입니다. 혹 잡았는데 놈도 밀지의 행방을 모른다고 할까 염려하고 있었던 것 아니옵니까? 우리가 할 일을 대신해주었으니 이제 그놈을 잡기만 하면 됩니다."

병부령은 태후의 눈치를 살피며 흥분한 목소리로 둘러대고 있었다.

"하지만 목전에 들어와도 잡지 못하면서 어떻게 잡는단 말이오! 도대체 어찌 할 것이오?”

태후는 가슴이 탁 막히는 듯했다. 아니 찢어지는 듯 숨 막혔다. 그 저 누구나처럼 살고자 할 뿐이다. 살고자 발버둥 치지 않았으면 태후 는 이미 죽은 목숨이었을 것이다. 고모인 삼모부인을 대신해 왕실에 들어오면서부터 태후는 살기 위해 매달렸다. 후사가 없어 자신을 들 였으나 아이는 십수 년이 지나도 소식이 없었다. 아이를 낳지 못하면 자신은 왕실에서도, 가문에서도 내쳐질 운명이었다. 어떻게든 아이를 낳아야 했다. 그리고 왕자여야 했다. 그때 살고자 하면 얻지 못할 것 이 없음을 알았다. 그리고 어린 아들과 자신을 살려 달라고 선왕 앞 에서 매일같이 울어야 했다. 오직 살기 위해 매달렸다. 태후는 자신의 운명이 그깟 밀지 하나에 다시 흔들린다고 생각하니 억울함에 가슴 을 연신 두드려댔다.

하지만 오라비라는 자는 제 누이의 이런 고통을 모르는지 그저 제 권력을 지키는 데 혈안이 되어 있다. 그건 태후의 애비도 마찬가지였 다. 그저 어린 여식을 가문을 위해 바치고 홀로 이리 목숨을 구걸하게 했다. 태후는 외로웠다. 사람들은 살기 위해 악을 쓰는 자신을 기센 계 집이라고 수군댔다.

“이미 군사들을 저 추령부터 불국사 앞을 거쳐 모벌군성까지 목이 란 목에는 다 배치해 놓았습니다. 놈은 포위를 뚫고 나갈 방법이 없 사오니 다시 토함산 쪽으로 도망쳤을 것입니다.”

병부령은 얼굴이 붉어진 채 여전히 자신만만하게 답을 했다. 그 옆 에는 방금 도착한 이찬 김주원(金周元)이 심각한 얼굴로 앉아 있다.

“주원 공, 이 일이 실패하면 태종대왕부터 이어져온 우리 왕실의 대가 끊길지도 모릅니다. 이는 저 선왕들의 뜻을 다시 받들기 위한 일이기도 합니다."

　태후는 병부령의 보고에 대답하는 대신 이찬 김주원의 손을 잡으며 말을 했다. 제 오라비인 병부령에게 하대를 하는 것과 달리 김주원에게는 예를 다하여 말을 꺼냈다.

　김주원은 선왕의 밀지가 있다는 소문은 들었지만 실제 있으리라고는 생각지 않았다. 이찬 김주원은 몇 안 되는 왕실 인척 중 하나로 왕실을 지켜야 한다는 사명감을 가지고 있는 자였다. 하지만 전모를 듣고는 당황스러웠다. 태후의 욕심이 과해 거리를 두기도 했지만 그는 태종대왕의 아들 문왕의 후손인 동시에 누이가 임금의 비이기도 해 왕실의 외척이기도 한 자였다.

　태후와 병부령에게는 협조할 마음이 조금도 없지만 어린 임금과 왕실을 지키기 위해서라도 중요한 문제라 생각했다. 정치적 거래를 통해 왕실의 정통성을 잃은 일이다. 다시 찾지 못한다면 왕실의 권위는 제자리를 찾을 수 없다. 또한 현재의 왕실이 자리를 지키지 못하면 인척이자 외척인 자신의 가문도 무사할 수 없는 일이다.

　'신라가 고구려 백제를 제압하고 심지어 중원의 당과도 싸워 이 땅의 주인으로 살아남을 수 있었던 데에는 지금 왕실의 태종대왕, 문무대왕, 신문대왕, 성덕대왕 등이 치세를 펼쳤기 때문이다. 그런 선대왕들의 은덕도 모르고 틈만 나면 위협하는 자들로부터 왕실을 보호하려면 밀지를 찾아야 한다. 그리고 임금이 외척의 손아귀에서 벗어날 수 있는 좋은 기회가 될 수 있다. 임금이 섭정을 물리치고 친정을 하기 위해서라도 밀지가 필요하다.'

　김주원은 누이인 왕비로부터 임금이 모후의 그늘에서 벗어나 친정을 할 수 있게 도와 달라 전해 들은 터였다. 이 기회를 잘 이용하면 왕실에 반대하는 세력도, 태후를 위시한 외척세력도 책임을 물어 왕권을 강화할 수 있는 호기였다.

"잘 알고 있사옵니다. 왕실의 권위가 다시 올라설 수 있다면 제가 도와야지요."

"공 같은 왕실의 인척이 이 왕실을 지켜주지 않으면 나라는 더 혼란에 빠질 것이오."

태후는 김주원의 시원스러운 답을 듣자 얼굴이 펴졌다. 곧 병부령을 보고 지시했다.

"병부령, 꼭 놈을 잡아오시오. 그리고 밀지를 가져오시오!"

병부령은 남은 군사들을 모아 토함산으로 오르는 길이란 길은 다 뒤지도록 했다.

태후는 인척 중 가장 유력한 귀족인 김주원의 대답을 듣자 크게 안도했다. 김주원은 왕실을 업신여기는 귀족들에게는 단호했으나 자신도 조심스레 대했다. 태후는 밀지를 찾은 후 동악신상을 파괴할 생각이었다. 그 위치를 아무도 알지 못하니 파괴해도 누구도 알지 못할 일이다. 단지 사주한 자들을 제거할 때 이를 지지해줄 귀족이 필요했다. 김주원은 여기에 적임자였다. 따르는 이도 많고 왕실인척들을 하나로 모을 수 있는 구심점이 될 수 있었다.

'이제 밀지만 찾으면 된다!'

김주원이 물러가자 병부령은 이마의 주름을 만지작거리며 태후의 눈치를 보며 조용히 말을 꺼냈다. 이 자는 상대를 약간 업신여길 때 고개를 살짝 숙이고 얘기를 하는 버릇이 있었다.

"아무래도 김주원 저자는 믿음이 가질 않습니다. 혹 저자가 이 일을 그들에게 알리기라도 한다면 어찌할 요량인지요?"

"그러지는 않을 것이오? 아니 못할 것이오. 그 또한 왕실의 외척인데 어찌 간자(間者) 짓을 하겠소. 이 일은 결국 왕실의 권위를 살리기 위함이니 명분을 중요시 여기는 주원 공도 딴 말을 하지 않는 것 아니오? 잃어버린 왕실의 정통성을 찾는 일이오. 결국 제 누이가 영화를 누리게 되면 제 가문도 권력을 얻을 터인데 마다 할리가 있겠소?"

"그래도 저자의 부친인 유정(金惟正 또는 金惟靖)과 조부 사인(金思仁)은 선왕대 우리 외척을 견제했던 자들 아닙니까? 결국 저자도 제 애비처럼 왕실의 후손이라며 오만하게 임금 곁에서 외척을 견제하라 간언할 자이옵니다."

병부령은 귀족들이 하나둘 자신의 권력을 위협해오자 초조해져 있었다. 태후는 권력을 지키기 위해서라도 저들을 다독거려야 한다며 유력 귀족들에게 자리를 주어 회유하고 있는 형편이었다.

"물론 언젠가는 그럴 것이오. 하지만 제자신도 외척이 된 이상 왕실을 도와야 할 입장이지, 대놓고 어쩌지는 못할 처지 아니오. 우리는 그 점을 잘 이용하기만 하면 되오. 원하는 바가 다르다 해도 이번 일은 그와 우리의 뜻이 다르지 않소. 밀지를 찾는 것!

더 중요한 것은 연루된 반당들을 제거하는 과정에서 자연스레 김주원도 그들의 적이 될 수밖에 없소. 결국 저자도 나를 찾을 수밖에 없소"

병부령은 그제야 태후의 진짜 뜻을 알아차리고 고개를 끄덕였다.

태후는 김주원을 끌어들임으로써 자신을 견제하며 언제 돌아설지 모르는 유력한 귀족들을 그들과 적으로 만들 생각을 하고 있었다. 선왕대 김주원의 조부 김사인을 비롯한 김신충(金信忠) 등은 왕의 밀명을 받고 하급관리와 지방귀족의 개혁세력을 지지하고 나서 정국의 주도권을 뺏은 적이 있었다. 이들은 언제나 외척세력에 거리를 두면서도 기득권을 잃을 만한 위험한 선택은 하지 않는 보수파이기도 했다. 하지만 명분을 중요시 여겨 때가 되면 왕실권위의 회복이라는 대의에 움직일 세력이었다. 오히려 정치적으로 소외되어 있는 그들보다 더 위협이 되는 자들이 바로 친왕파로 구분되는 귀족들이었다. 태후는 대대로 왕비를 낸 자신의 가문 대신 그중 가장 유력한 가문의 후손인 김주원의 누이를 왕비로 택하면서 일종의 정치적 거래를 한 셈이었다. 그리고 제 편을 만드는 것보다 그들의 적으로 만드는 것이 더 확실한 방책이라는 점을 잘 알고 있었다.

'자, 이제 밀지를 얼른 살펴보세."

지해는 석불사 못 가 버려진 인부들의 산막에 이르자 궁금함에 경신을 재촉했다.

"기다려 보게. 숨이나 좀 돌리세."

경신은 품 안에서 붉은 천의 밀지를 조심스레 꺼내 들어 달빛이 드는 쪽으로 기울였다. 두 사람 다 긴장했는지 표정이 심각하다.

> 日乙吐遺
> 月乙舍山
> 祇園矣井亦湧座良中
> 亡者隱腰乙建立坐如
> 佉隱東海來神遺
> 竹林入東海乙護神如

'뭐하나? 어서 읽어 보게.'

지해는 경신이 속으로 읽는 표정을 하자 손짓까지 하며 재촉한다.

해를 토하고
달을 품은 산.
기원의 우물이 솟아나는 자리에
죽은 자는 허리를 세워 앉았다.
그는 동해에서 온 신,
죽림에 든 동해를 지키는 신이다.

"생각보다 그리 어렵지 않아 보이네."

다 읽은 경신의 표정이 한결 풀렸다.

"음… 해를 토하고 달이 품은 산은 음(音) 그대로 토(吐), 함(含), 산(山)을 뜻하고… 그럼 허리를 세운 죽은 자가 동악신인 탈해란 말인데… 혹, 자네 탈해왕 설화에 대해 아는 것이 있는가?"

"맞네. 탈해왕은 저 바다 건너 용성국에서 배를 타고 왔으니 동해에서 온 신이란 표현이 정확하지. 그리고 탈해왕 설화에는 토함산의 요내정(遙乃井)이란 우물이 등장하고 그곳에 석굴을 쌓아 기도했다고 전해지기도 하네…."

"그럼, 우물이 솟아나는 자리는 석굴에서 솟아나오는 감로수(甘露水)를 가리키는 듯하네. 공인들은 물이 솟아나는 자리에 짓는다고 말들이 많았지만 공은 오히려 석재로 둘러싸인 석굴의 습도 조절에는 더없는 자리라고 했었지."

"습도 조절?"

"그렇지, 대부분 가옥은 목재로 지으니 나무의 물을 흡수하고 뱉는 성질로 자연스레 조절이 가능하지만 석실은 석재이니 외부와 내부의 서로 다른 기운이 만나면 물방울이 맺히게 되네. 그래서 내부의 더운 기운을 식힐 방법으로 감로수의 차가운 기운을 바닥으로 흘려보내는 장치를 한 것일세. 이는 저 백제 출신의 공인들이 왕릉을 지을 때도 사용했던 지혜라고 하더군."

"그럼 우물이 솟아나는 자리가 석실 안이라는 뜻인가?"

"이 밀지의 의미로만 보자면 동악신이 세워진 장소는 석불사가 맞아. 하지만…?"

"혹 본존불 주변의 조각상 중 하나가 아니겠는가?"

"그럴 수도 있겠지만 그들이 원했던 것은 토함산의 주인 동악대왕을 복원하라는 조건이었네. 주인을 세우는 데 부처의 협시불로 세우지는 않을 것 아닌가. 이치에 맞지 않아. 그리 허술하게 세우지는 않았을 일이네."

경신은 밀지를 읽는 순간 단 한 곳이 떠올랐으나 '설마'라는 생각에 입 안에서만 되뇌고 있었다.

"그럼, 아직 세우지 않았거나 그 아래 파묻기라도 했다는 말인가? 동악대왕이 어디 있단 말인가?"

"가보세. 석불사로 가보세."

경신은 확신이 선 듯 아랫입술을 깨물며 자리를 털고 일어났다.

석굴 주변은 남은 석재들이 여기저기 놓여 정리가 되지 않은 모습이다. 입구는 산짐승들이 들어가지 못하게 임시로 목재를 세우고 그 위에 거적으로 덮어놓았다. 경신은 허리를 숙여 바닥을 기어 안으로 들어갔다. 곧 남은 두 사람도 따라 들어왔다. 석굴 안은 어두웠지만 화강암의 색 덕분에 그 모양을 쉽게 알아볼 수 있었다.

입구 쪽 전실은 벽 곳곳에 빈자리가 남아 있다. 여기는 팔부신중(八部神衆)이 위치하는 곳으로 아수라, 건달바, 가루다, 야차, 용 등의 불교를 수호하는 신들이 세워질 장소였다. 여덟 면의 공간은 이가 빠진 듯 비어 있다.

전실(前室)이 끝나는 주실(主室)의 좌우 입구에는 금강역사상이 이미 버티고 서 있다. 팔을 들어 주먹을 쥔 역사상은 어둠 속에서도 그 힘이 느껴질 만큼 역동적인 자세를 하고 있다. 묘정은 어둠 속에 번뜩이는 금강역사상이 무서운지 지해의 팔을 붙들었다.

후방의 주실로 이어지는 짧은 통로 네 면에는 우측의 동방지국천(東方持國天), 북방다문천(北方多聞天), 좌측의 남방증좌천(南方增長天), 서방광목천(西方廣目天) 등 사천왕이 제자리를 잡고 있다.

원형의 주실에는 입구에 팔각석주가 세워져 있고 본존불이 높은 연화대좌에 자리하고 있다. 그 주위 원형의 벽면에는 빈자리가 남아 있었지만 천부상과 보살상, 제자상 등이 에워싸고 있다.

전실의 방형은 땅을 가리키며 범부의 세계를 상징하고 주실의 원형은 천부의 세계, 부처의 세계를 상징한다. 따라서 전실의 팔부신중은 범부에 속한 수호신이지만 주실과 연결되는 통로의 인왕상과 사천왕은 부처의 세계에 속한 불법수호자들이다.

본존불을 마주하자 경신은 그 당당한 체구와 위엄에 저도 모르게 천천히 손을 모아 예를 표했다. 본존불은 입을 굳게 다물고 고개를 살짝 숙여 경신과 시선을 마주하고 있다. 그 뒤로 후방 벽에 따로 조각한 원형광배가 어둠 속에서 빛나고 있다. 후면의 광배는 부처와 붙어 있지 않으나 마치 한 몸인 듯 완전한 형태를 보여 주고 있다. 본존불을 둘러싼 원형의 주실과 반원의 지붕, 원형광배, 그리고 줄지어 서 있는 조각상들은 마치 법륜(法輪)이 돌듯 부처의 주위를 제각기 돌고 있다. 따로 도는 듯 보였지만 하나의 큰 궤를 이루며 진리의 바퀴는 구르고 있다. 원형 주실은 그 자체로 하나의 큰 법륜이자 온전한 세계이며 완전한 우주이다.

주실 안에는 일체의 잡념과 욕망이 허락되지 않는 낮은 긴장감이 흘렀다. 자신이 성도(成道)했음을 오른손 검지를 짚어 증명한 항마촉지인(降魔觸地印)은 깨달음의 순간을 조용히 말하고 있다. 그 순간은 바로 침묵의 순간이다. 피 끓는 절규와 분노의 호통이 아닌 그 순간을 깨는 짧은 몸짓은 굳게 입을 다문 자의 결연함으로 다가온다. 진실은 언제나 낯선 얼굴로 나타난다. 해인삼매(海印三昧)67)의 깨달음이 여기에 있다.

침묵의 공간에서 또한 긴 침묵의 시간이 흘렀다. 경신은 입을 굳게 다문 채 밖으로 나왔다. 긴장했던 그의 몸이 부르르 떨렸다. 그 어떤 경전에서도 확인할 수 없었던 정각(正覺)의 순간이 여기 있었다.

그 기세에 눌려 역시 수없이 절을 하고 나온 지해가 크게 한숨을 쉰다.

"산짐승이 들어도 예를 표하고 도망칠 걸세. 저 안에서 깨달음을 얻지 못하고 나온다면 사람이 아닐세."

경신이 말없이 걷자 지해는 그제야 동악신상을 떠올렸는지 묻는다.

"그래 어디에 있던가?"

경신의 어색한 미소를 보는 순간 지해는 알아냈음을 확신했다.

"있었네. 저 안에 있었네."

"어디에 말인가?"

"자네는 보지 못했나? 내 눈엔 순간 동악대왕이 보였다네."

"도대체 무슨 말을 하는가? 누구를 보았단 말인가?"

토함산에는 저 옛날부터 동악신의 터였다. 탈해는 배를 타고 신라

---

67) 바다가 잔잔해지면 삼라만상 모든 것이 도장 찍히듯 그대로 바닷물에 비친다는 뜻으로 부처가 이룬 지혜의 바다에서 일체가 드러나는 것을 해인(海印)이라 하며 그것을 담기 위한 마음의 거처를 삼매(三昧)라고 한다.

땅 동해구에 내린 후 이 토함산 꼭대기에 올라 석굴을 쌓아 천신에게 기도를 하고 서라벌로 향했다. 사람들은 후에 그 자리에 신당을 지어 탈해왕을 동악신으로 모셨다. 토함산 신당은 매년 신라인들이 찾아와 동악신을 위로하고 나라를 지켜줄 것을 빌었던 오랜 전통 성지였다. 문무대왕은 꿈에 나타나 자신의 소상을 만들어 달라는 탈해왕의 뜻에 이 토함산에 그의 뼈를 추려 상(像)을 만들어 모셨다. 이제 탈해는 동악대왕이라고 불렸다. 하지만 문무대왕은 곧 그 자신이 용이 되어 동악신을 대신해 호국룡이 되었다. 다시 그 자리에 석실이 만들어졌고 석가불이 자리를 잡았다.

불상은 그 옛날 오악신 중 하나 동악의 터에, 외세를 막겠다던 호국룡을 대신해 자리를 잡았다. 석불은 고대 신당 터에 차곡차곡 쌓여 온 신앙의 누적이자 결과이다. 불상은 동악신의 자리에 앉아, 나라를 지키는 호국룡의 항마(降魔) 의지를 표현하고, 서방정토로 향하는 중생들을 인도하는 신이 되었다.

경신은 공이 자주 들려주던 부처가 열반에 들 때 남긴 유언을 떠올렸다. '모든 형성된 것들은 무너진다.'

부처는 자신의 형상을 부정했다. 부처의 육신은 사라졌지만 사람들은 그 육신에 매달려 부처를 보려 했다. 그 형상은 제가 보고자 하는 만큼 보여줄 뿐이다. 형상에 갇히면 오직 그 껍데기만 보인다. 껍데기를 부숴야 집착에서 벗어난다. 침묵의 순간 경신은 본존불에서 동악신, 마군을 막는 석가불, 극락을 일러주는 석가불을 모두 보았다.

백성들은 오랜 시간 토함산의 신을 믿어왔다. 시간이 지나면서 이 땅을 지배하는 자들은 제가 보고자 하는 신을 모셨다. 그 신의 이름이 매번 달라졌다. 부처든 동악신이든 그 형상은 모두 사라졌지만 보이는 것에 집착하는 권력자들이 원한 것은 남겨진 이름뿐이다.

"백성들은 토함산의 신을 동악신이라 하는가? 부처라 하는가? 모두 제가 보고자 하는 것만 보네. 오직 자신의 고통을 덜어줄 신을 찾는다네. 그 옛날에는 동악신이었고 전쟁통에는 호국룡이었고 지금은 극락왕생시켜 줄 부처를 찾아…. 그러니 이 땅에 모신 신의 이름이 달라진들 무슨 소용인가? 동악신을 다시 세워도 사람들은 결코 알아보지 못할 걸세. 오직 그 이름이 필요한 자들은 권력자들뿐이네…."

물끄러미 경신을 바라보는 지해에게 역정을 낸 듯해 조용히 일러준다.

"저기 저 석굴의 대웅(大雄)이 동악신이자 호국룡이며 극락을 일러 줄 부처이네. 하나의 형상 안에 여러 도상을 담아두었으니 형상을 부정한 부처의 뜻에 어긋나지도 않는 셈이네."

"그럼, 여기 석불은 도대체 그 숨겨진 의미가 몇이란 말인가?"

지해는 큰 탄식을 하며 고개를 흔든다.

"맞는 것도 틀린 것도 없네. 자신이 보고 싶어 하는 형상에 따라 뜻도 달라져 보이지. 그러니 항마상도, 관경의 부처도, 동악신도 모두 다 맞을 수도, 아닐 수도 있네. 대성 공은 누구도 동악신상을 찾을 수 없도록, 누구도 동악신상을 파괴할 수 없도록 해둔 걸세. 신상을 파괴하면 부처도 파괴되니 누가 감히 부수겠는가?"

경신은 혼잣말처럼 대답하며 어둠 속을 걸어갔다.

모벌군성 부근에서 군마를 팔려 했던 자라며 군사들이 중늙은이를 잡아오자 김지정은 놈들이 산길을 올랐음을 알았다. 늙은이가 사는 고갯마루 아래가 토함산과 이어지는 것을 확인하고 서둘러 돌아오는 길이다.

'놈들은 토함산으로 다시 갔다.'

이미 해가 졌지만 더 늦기 전에 행적을 발견한 것은 다행이었다. 단, 놈들이 다시 불국사로 향할지 아니면 추령을 넘어 서라벌로 향할지 그 방향을 예측하기 어려웠다. 동산재 부근에 도착하자 저 아래 불국사에서 토함산으로 오르는 한지랖 길에 횃불들이 이어져 오고 있다.

'불국사에서도 놈들의 행적을 발견한 것이다!'

김지정은 마음이 급해졌다. 토함산에 오른 것이 확실하다면 자신이 놈을 잡아야 했다. 그래야 감은사의 실수를 만회할 수 있다. 이 일은 병부령이 특별히 자신에게 기회를 준 것이다. 이를 놓친다면 태후의 눈에 다시는 들지 못할 일이다. 지정은 장항사 쪽 내리는 길을 군사들에게 막게 하고 석불사 쪽으로 서둘러 향했다. 근처에 이르자 희미한 등불이 보였다. 웬 사내가 등을 들고 오고 있었다. 군사들에게 붙들려온 사내는 덩치가 큰 승려였다.

"혹 이 근처에서 수상한 자들을 보지 못했소? 조그마한 계집아이도 데리고 있을 것이오."

"수상한 자는 없었으나 불사를 감독하러 자주 오는 자가 어린아이를 데리고 지나갔습니다."

"맞소. 그자가 어디로 향했소?"

"내게 음식을 조금 얻어 저리 하범골 방면으로 내려갔습니다."

"얼마나 지났소?"

"공양시간이 조금 지났던 때였으니 두 식경 정도 지났지요."

김지정은 서둘러 말을 돌려 하범골 방면으로 향했다. 그 정도 시간이면 충분히 따라잡을 수 있었다. 말발굽소리가 좁은 계곡을 따라 크게 울리기 시작했다. 어둠 속을 거침없이 달렸다. 절반쯤 내려와 사밭

마을에서 길목을 감시하던 군사들이 두어 보였다.

"놈들이 오지 않았느냐?"

"네, 나으리. 해가 진 이후 누구도 지나가지 않았습니다."

"뭐… 아무도?"

순간 김지정은 뭔가를 눈치 챘다. 도망친 자는 아이까지 셋인데 석불사의 중은 두 명만 본 것처럼 말했다.

'속았다. 말을 넘긴 감은사 중… 그자가 날 속였다.'

아슬아슬했다. 갑자기 군사들과 말발굽 소리가 들려오자 지해는 경신과 묘정을 반대편으로 보내고 얼른 부근 산막에서 등을 찾아 부근을 배회하고 있었다. 군사들이 되돌아간 것을 확인한 후 지해는 석불사를 지나 토함산 정상으로 향했다. 이리 가면 추령 쪽으로 바로 내려갈 길이 있어 서라벌로 향할 수 있다. 만약 여의치 않더라도 추령 쪽으로 향했다고 알려지면 놈들의 추격의지는 줄어들 것이다. 그 고개만 넘으면 토함산 일대를 벗어나 여러 방면으로 갈 수 있어 오늘 밤은 버틸 수 있다. 먼저 가던 경신과 묘정이 정상 못 가 능선 길 시작에서 기다리고 있었다.

"잘 됐네. 놈들은 범골로 향했으니 시간이 좀 걸릴 것이네."

"다행이네. 고맙네."

"하지만 얼마 못 가 눈치 챌 것이니 서두르세."

추령으로 가는 길은 오고가는 자가 드물어선지 분명치 않았다. 세 사람은 길이 가파르게 나 있어 연신 미끄러져가며 내려갔다. 다행히 달빛이 밝아 길을 찾기에는 어려움이 없었다. 저 아래 오르내리는 고개 두어 개를 두고 앞이 탁 트인 바윗돌에 도착하자 경신은 고개 쪽을 내다 살폈다. 마치 검은 바다에 붉은 핏물을 뿌린 듯 횃불들이 고개 주변을 어지럽게 밝히고 있었다. 이미 놈들이 서라벌로 향하는 목이란 목은 다 자리 잡고 있었다. 걱정스러운 표정의 지해에게 경신은 어깨를 두드리며 다시 길을 나섰다.

마지막 고개에 거의 다다르자 경신은 몸을 숨길 만한 바위와 나무가 울창한 곳에 묘정을 앉히고서는 목소리를 낮췄다.

"이보게 지해, 서라벌 쪽에서 고개 못 올라 마을이 있네. 그리 가면 오고가는 자들이 쉬어가는 곳이 있어. 수억이가 그곳에서 기다리기로 했네. 이리로 데려올 수 있겠는가?"

"수억이? 아, 전령을 하던 그 낭도 말하는 것인가?"

"그렇네. 자네를 화랑으로만 기억할 테니 '무장사에 잘 다녀왔나' 하고 넌지시 물어 보게. 눈치가 빠른 자니 알아차릴 걸세."

"걱정 말고, 몸이나 잘 숨기고 있게."

지해가 떠나자 경신 역시 돌무더기 뒤에 몸을 숨겼다.

"묘정아 졸립지 않느냐? 벌써 술시(戌時: 오후 8시)구나."

"괜찮습니다. 저는 이리 어려운 일인 줄은 몰랐습니다. 나으리들을 보면서 공부를 많이 해야겠단 생각도 들었습니다."

"아니다. 군말 없이 이리 잘 따르니 고맙구나. 네 덕에 목숨도 구하고 답도 찾았지 않느냐? 스님 말대로 네 생각을 어른 둘이 따르지 못할 정도다."

"경신랑, 그럼 저는 내일부터는 나으리 댁에서 일하는 것인지요?"

"그래, 내 널 봐줄 할멈도 하나 붙여줄 테니 너무 걱정 말거라. 글자 공부도 더해 나중에 당나라에도 가야지."

“네, 열심히 하겠습니다.”

“그리고 수억이가 오면 너를 무장사로 보낼 생각이다. 겨울밤을 산 중에서 보내기는 어렵다. 알겠느냐?”

“네. 시키시는 대로 따르겠습니다.”

“그리고 혹, 무슨 일이 생기면 혼자서라도 무장사로 가거라. 그리고 이 염주를 효양 어른을 찾아 보여 주면 너를 돌봐줄 것이다.”

경신은 손목의 염주를 풀어 아이의 손목에 두 번 꼬아 끼워주었다. 묘정은 경신의 염주에 기분이 좋아졌는지 연신 만지작거린다.

“오늘 있었던 이야기들은 너와 스님과 나와 셋만의 비밀이다. 무슨 말인지 알겠느냐?”

“잘 알고 있습니다. 실은 계속 졸고만 있어 무슨 일이 일어났는지 잘 모릅니다.”

아이의 능청스러운 대답에 경신은 그만 웃고 말았다.

‘이제 얼마 남지 않았다. 다만…’

아이에게 제 옷을 덮어주고 경신은 다시 밀지를 꺼내 살폈다. 분명 대성 공에게 내린 선왕의 뜻이 담겨 있었으나 여전히 해석되지 않는 부분이 있었다.

해를 토하고
달을 품은 산
기원의 우물이 솟아나는 자리에
죽은 자가 허리를 세워 앉았다.
그는 동해에서 온 신,
죽림에 든 동해를 지키는 신이다.

마지막 구절에 있는 '죽림에 든 동해를 지키는 신'이 어떤 뜻인지 알 수 없었다. 동해에서 온 신은 호국룡을 뜻하는 것이니 여러 도상을 담은 의미와도 무리 없이 연결된다. 하지만 '죽림'이라는 단어가 마음에 걸렸다. 짧은 글에 의미 없는 구절을 둘 이유가 없다.

'다른 뜻이 숨겨져 있지는 않을까?'

하지만 다른 구절은 분명히 토함산의 동악대왕을 지칭하는 의미가 분명했다. 더 이상의 다른 의미는 없었다.

경신은 졸음이 왔지만 밀지의 의미를 생각하며 주위를 계속 오고 갔다. 한참 지나 인기척이 들렸다. 경신은 고개를 숙이고 지해가 사라졌던 방향을 뚫어지게 응시했다.

"나으리, 접니다. 수억입니다."

수억이는 말린 고기와 두툼한 가죽옷을 어깨에 싸들고 짧은 검까지 챙겨 들고 왔다.

"그래, 아버님은 별일 없으시더냐?"

"네, 공께서 놈들이 진작부터 암곡마을에 진을 치고 있으니 절로는 오지 말라 하셨습니다. 서라벌에는 은밀히 소식을 알리도록 노력할 테니 몸조심하라 하셨습니다."

"그래, 수고했다. 고생 많았어."

"이보게 경신, 수억이 이 자가 내게 제 들은 것을 이야기 하는데 좀 이상하네."

"무슨 얘기를?"

"아니, 저 고개에 있는 자들이 김양상(金良相)의 사병들이라 하지 않는가?

"네, 나으리. 실은 제가 오후 늦게 여기 당도했는데 해 질 녘쯤 되자 저 감은사 방면에서 군사들이 오더니 매복하던 군사 몇을 죽여 버렸답니다. 그리고 고개를 넘어온 자들의 이야기에 그곳에 양상 공이 있다 합니다. 서라벌에 자주 드나드는 장사치들의 말이었으니 맞을 겁니다.”

“김양상이면 얼마 전에 상대등에 오르지 않았는가? 그런 자가 매복하던 태후의 군사들을 죽였다?”

지해는 아무래도 이상하다며 혀를 찬다.

“혹, 상대등이 감은사에 어떤 연이 있나?”

경신이 뭔가 짚이는 듯 물었다.

“몇 해 전 감은사 중수를 책임지는 검교사(檢校使) 자리에 있었지. 그래서 감은사에 자주 들렀는데…. 아차, 그러고 보니 대덕을 중수한 감은사로 오시라 권한 자가 상대등이었네. 그것을 왜 여태까지 생각하지 못했단 말인가?”

“군사들이 서라벌이 아닌 감은사 쪽에서 왔다 하니 아침에 우리를 도운 자가 상대등이었을지도 모르겠네.”

“아, 그런가? 그럼 상대등 김양상이 그들 중 하나일 수도 있네. 혹 이미 태후의 계획을 그들이 알아차린 건 아닐까?”

“그건 모르네. 대덕을 모시는 자네가 쫓기니 도울 수는 있었겠지만 정확한 내용을 모른다면 섣불리 태후를 막을 수도 없는 일 아닌가? 괜히 저 김융처럼 반역자로 몰릴 수도 있을 테니…. 그리고 상대등이 어떤 속셈이 있는지 모르겠네. 우리를 도울지, 아니면 태후처럼 뺏으려 들지…. 음… 근데 김양상은 태후와는 사이가 좋지 않다 들었는데 어찌 상대등 자리에 오를 수 있었나?”

“뭐… 물론 귀족들의 신망이 두터운 면도 있지만 아무래도 태후가 귀족들의 불만을 가라앉히려 자리를 내어준 게 아닐까 싶네."

"그럼, 실세는 아니란 말인가?"

경신이 심각한 얼굴을 하며 바위에 걸터앉으며 물었다.

"그렇지는 않네. 양상 공은 성덕왕의 외손자이니 왕실 인척이기도 하고 좀 복잡하지만 모친이 태후의 고모할머니뻘이니 외척과도 관계가 있다네. 상대등이 감은사 중수를 책임져 그 아래 일하던 체신이라는 집안 어른이 있어 자세히 얘기를 들은 적 있네. 하지만 정말 실세라고 하는 병부령과는 눈도 안 마주치는 사이라고 하니 태후 편은 분명 아니네. 오히려 몰락한 귀족들의 자제들을 챙겨 관직의 기회를 준다 하여 하급관리들이 잘 따른다 하였네.

상대등이 숙정부령을 할 때 외척들 몇의 부정이 드러나 그때 말이 참 많았다 하기도 하고…. 분명 태후와 병부령에게는 눈엣가시 같은 존재인데도 어쩌지 못하고 저리 상대등까지 오른 것을 보면 보통 인물은 아닐세.

참, 자네 좌화랑을 그만두던 그때 숙정부령이 김양상 아니었나?"

"음… 맞아…. 그때 사건을 무고라 판단해준 분이었네."

"그리 따져 보면 아무래도 우리를 도우려는 듯 하네만…."

지해는 안도한 듯 한숨을 내쉬며 경신 앞에 털썩 앉았다.

"그럼, 밀지를 지키려는 자는 분명하지만 대성 공처럼 선왕의 뜻을 지키기 위해선지, 아님 그들의 정체를 가리기 위해 나선 자인지 알 수가 없네."

"선왕 편에 선 자였는지, 그들 편에 선 자였는지 모르겠다? 하지만 둘 다 밀지를 지키고 비밀을 감추려던 자들 아닌가?"

"반드시 그렇지는 않아. 생각해보게. 그들은 거래의 당사자지만 사실 동악신이 어디에 모셔졌는지는 알지 못하네. 이 밀지에는 그 내용이 담겨져 있어. 선왕은 위치를 숨기는 조건으로 당장의 권력투쟁이나 혼란을 막으려 했지만 그 위치마저 알려진다면 이는 왕실이 스스로 정통성을 부정하는 셈이지. 즉, 지금 임금의 등극 배경이 거래에 의한 것임을 증명할 수 있는 증거를 확보할 수 있어. 그러니 상대등이 그들 중 하나라면 태후와 마찬가지로 뺏으려 들 수도 있네.”

“태후는 정통성을 되찾기 위해 뺏으려 들고 그들은 정통성을 부정하기 위해 뺏으려 든다? 아니 그럼 우리는 누구 편인가? 누구를 위해 이리 하는 것인가?”

“내가 궁금한 점이 그것일세. 단순히 권력을 가진 왕실과 숙청당한 자들의 대결이라고 생각하기에는 뭔가가 석연치 않아. 실상 자네와 내가 누구 쪽에도 갈 수 없는 처지 아닌가? 중요한 것은 앞으로 이 밀지를 어떻게 처리할지일세. 거래의 전모를 모르니 섣불리 내놓을 수도, 숨겨 버릴 수도 없을 노릇이지. 잘못하면 태후에게도, 그들에게도 쫓겨 다니는 신세가 될 수도 있네.”

경신은 말을 마친 후 턱을 괴고 한참을 궁리한다. 대성 공이 자신에게 밀지를 남겼으나 어떻게 할지에 대해서는 언질이 없었다. 수억은 이야기가 길어지자 진작부터 묘정에게 먹을 것을 나눠주곤 앞에 나가 망을 본다.

“수억아, 혹 서라벌 쪽으로 몰래 빠져나갈 길이 있느냐?”

“없습니다. 고개를 지나도 저 아래 가내마을까지 군사들이 감시를 하고 있으니 어렵습니다. 그냥 여기 숨어 있는 것이 더 안전할 듯합니다.”

“아니다. 김지정이란 자가 곧 이쪽으로 와 뒤지면 우린 양쪽 군사 사이에서 갇혀 버린다. 태후의 군사가 오기 전 방법을 세워야 한다.”

“내가 유인을 하고 자네가 도망을 가는 건 어떻겠나?”

지해는 뭐든 할 기세이다.

“더 위험하네. 우리가 여기에 있다고 알려주는 것이나 마찬가지일세. 자네도 목숨이 위험하고….”

“내 생각에는 자네가 그 밀지를 들고 태후에게만 잡히지 않으면 되는 게 아닌가? 거래를 깨고 잡으려드는 건 태후지, 그들이 아니지 않은가?”

“자네 말도 맞지만 그들의 목적을 모르지 않는가? 오히려 태후는 자신의 속내를 다 드러낸 상태니 상대하기가 쉽네. 하지만 그들은 실체도 알 수 없고 어떤 의도를 가진 줄을 짐작할 수가 없네.”

“복잡하네, 누가 누구의 편인지 모르니 어찌할 바가 없어. 쯧쯧….”

경신은 지해의 혀를 차는 소리에도 미동도 없이 한자리에 서 생각에 잠겼다. 입을 다문 경신의 모습에 모두 제 생각에 빠져들었다.

“어찌 보면 결국 누구의 편도 아니라면 누구의 적도 아닐세.”

경신은 뭔가 결심이 섰는지 밀지를 꺼내어 지해의 손에 쥐어준다.

“내가 상대등을 만나겠네. 그 자의 의도가 무엇인지 알아야겠네.”

“아니…. 이 사람, 너무 위험하지 않나?”

“아닐세. 내가 밀지의 내용을 알고 있다면 함부로 대하진 못할 걸세. 그리고 이 밀지를 앞으로 어떻게 해야 할지 알려면 상대등의 의도가 무엇인지 반드시 알아야만 하네.”

“그러다 자네를 해하기라도 한다면 모든 게 끝이네.”

지해는 언제나 신중하기만 한 경신이 이리 나서자 적잖이 당황했다.

“혹 무슨 일이 생기면 밀지를 가지고 대덕에게 전하고 뜻을 따르게. 그리고 저 아이를 자네가 돌봐주게. 나보다는 자네가 더 나을 듯하니….”

지해는 이미 마음을 굳힌 듯해 더는 말리지 않았다.

"지키는 사병들에게 김체신을 만날 수 있는지 먼저 묻게. 상대등의 측근이니 함께 있다면 내 이름을 대고 도움을 청하게. 집안의 가까운 어른이니 도와주실 걸세. 이 밀지의 주인은 자네일세. 그러니 돌아와 꼭 찾아가게."

"왜 이리 비장하게 말하나? 다 잘될 일일세…"

지해는 제 말투를 흉내 내는 모습에 두 손을 들어 웃는다.

상대등은 추령을 넘어 작은 산막에 있었다. 이 산막은 동해에서 서라벌로 향하는 주요한 길목인 추령을 지키는 군사들이 묵거나 말을 갈아타는 일종의 초소이다. 길에서 벗어난 소로를 따라 내려가면 의외로 넓은 터에 마을이 나오고 더 위쪽으로 목책이 길게 세워져 있다. 목책 뒤로 산막 세 채가 비탈에 자리하고 있었다. 앞장 선 군사는 일개 사병인데도 복장을 잘 갖춰 입고 있었다.

'훈련이 잘 되어 있는 사병들이다.'

그들은 마치 기다렸다는 듯 경신을 상대등에게 안내했다. 산막이 가까워지자 목책 주변에서 대오를 갖춰 쉬고 있는 사병들이 보였다. 어림잡아도 백여 명은 되어 보였다. 경신은 이제야 밀지가 얼마나 중요한 것인지 확인했다. 그리고 자신은 분명 이 다툼의 한가운데 놓여 있다. 두려운 생각이 다시 들었다. 겨우겨우 눌렀던 두려움이 눈에 드러날까 걱정이다.

경신이 두려운 것은 죽음이 아니다. 이 정쟁의 한가운데에 놓인 자신의 결정과 판단이 어떤 결과를 가져올지가 두렵다.

'그것은 한낱 젊은 내가 결정지을 만한 성격의 것이 아니다.'

제일 위에 위치한 산막 아래에 도착하자 곧 안에서 회합을 하던 수하들이 하나 둘 나왔다. 경신은 그들과 눈을 마주하지 않았다. 자신의 두려움을 알아차릴까 걱정이다. 맨 마지막에 나온 중간키의 붉은빛 얼굴을 한 자가 사병들에게서 보고를 받았다. 그는 잠깐 경신을 쳐다보고서는 수하들에게 따로 지시를 내리는 듯했다. 곧 수하들이 내려가자 산막 주변은 조용해졌다. 경신의 몸을 이리저리 수색하던 호위무사가 가 보라고 손짓한다. 산막 앞에 팔짱을 끼고 서 있던 자는 굳은 표정으로 경신이 다가오자 낮은 소리로 입을 열었다.

"혹, 지해도 함께 있소?"

"네."

"모두 당신을 죽여야 후환이 없다 생각하니 태연하게 행동하시오. 내 일단 다른 수하들에게는 당신의 정체를 말하지 않고 일족이라 하였소. 공은 당신을 믿지 않소. 그러니 솔직히 말하시오. 그게 당신을 살리는 길이오."

이 자는 경신에게 진심으로 살 방도를 가르쳐 주는 듯했다. 고개를 끄덕이자 체신은 앞장서서 산막의 짧은 계단에 올라섰다.

"자네가 날 만나고 싶다고 했다는 자인가?"

어둑한 산막 안에서 낮고 간결한 목소리가 들렸다. 상대등은 등을 앞에 놓고 약간 비스듬히 앉아 있다. 등불에 어른거리는 굳게 다문 입술에 흔들림 없는 눈동자가 경신을 쳐다보고 있다.

"네, 저는 김경신이라고 합니다. 대성 공 아래에서 불사를 배우던 자이옵니다."

상대등은 앞에 의자에 앉으라고 손짓하고 천천히 입을 열었다.

"그래, 무슨 일로 나를 보자고 했는가?"

경신은 상대등이 태연하게 용무를 묻자 이미 모든 일을 다 알고 있음을 느꼈다.

"제가 상대등을 찾은 것은 선왕의 밀지와 관련된 일이옵니다."

"선왕의 밀지라…. 그래 그것을 왜 나에게 와서 말하는가?"

상대등은 영문을 모른다는 듯 수염을 만지며 천천히 말한다. 말하는 자가 급해 모두 다 말해 버리길 기다리는 듯 자신의 의중을 쉽게 드러내지 않았다.

"태후께서 대성 공의 죽음을 숨기고 저를 잡아들이려 해 상대등의 도움을 받고 싶어 이리 왔습니다."

"그래, 목숨이라도 살려 달라는 것인가?"

순간 상대등의 낮은 목소리가 비웃듯 약간 높아진다. 그러자 경신의 목소리는 오히려 더 차분하게 말을 이어간다.

"아닙니다. 소인은 목숨을 구걸하러 온 것이 아닙니다. 공과 거래할 것을 청하러 왔습니다."

순간 상대등은 말없이 경신을 주시했다. 그는 곧 목숨만 살려 달라 빌 줄 알았던 젊은 청년의 얼굴을 조심스레 다시 살폈다. 눈은 약간 내리고 있지만 전혀 흔들리지 않는다. 그리고 목으로 이어진 턱 선이 날렵해 에리하고 틈이 없어 보인다. 숨이 고르길 기다려 입을 열었다.

"네가 나와 거래를 하러 왔단 말이냐?"

"네. 대성 공은 제게 선왕이 남기신 밀지를 전하셨습니다. 그 뜻을 지키려고 합니다."

"그럼. 선왕이 남긴 뜻을 그대로 이어 밀지를 지키는 게 제 임무이거늘 어찌 거래를 운운한단 말이냐? 네가 그 밀지를 이용해 내게 무언가를 요구하는 것이렸다."

상대등은 꾸짖듯 목소리를 높였다. 경신은 그제야 내린 눈을 들어 상대등을 바로 쳐다보았다.

'상대등은 밀지가 여전히 비밀에 부쳐지길 원한다.'

숨기고 있던 상대등의 의중이 순간 드러났다.

"아닙니다. 저는 상대등에게 요구하는 것이 아니라 거래를 원하옵니다."

"원하는 게 아니라 거래를 하겠다?"

잠시 침묵이 흘렀다. 상대등은 귀족들을 대표하는 화백회의의 수장이다. 예전보다는 그 권한이 약해졌지만 왕실을 견제할 수 있는 정치적 수완이 뛰어난 자만이 그 자리에 오를 수 있다. 김양상은 내물왕의 후손으로 현 왕실의 후손은 아니지만 어머니는 성덕왕의 공주 사소부인이다. 선왕은 김양상의 외숙부이기도 해 왕실과 귀족이 대립하는 가운데에도 이런 배경을 이용해 자신의 정치적 입지를 넓혀 온 인물이다. 평생을 정치적 거래를 하며 살아온 귀족의 수장에게 정치적 거래를 제안하자 상대등은 예상치 못한 젊은이의 제안에 불편한 심기를 애써 감추고 있었다.

"경신이라 했던가? 부친은 무엇을 하시는고?"

양상은 오히려 한결 부드러운 목소리로 침묵을 깬다.

"부친은 효양이시며 관직을 받지 않으셨습니다. 조부는 성덕대왕 때 중시(후에 시중) 자리에 오른 이찬 위문이옵니다."

"위문 공이라면 통일전쟁 때 활약했던 이찬 김의관 공 가문 아니더냐?"

"그렇습니다."

'위문 공 후손이라면 권력과는 거리를 두던 가문인데 제가 싫어 나가지 않고서 정치적 거래를 하자니?'

노련한 상대등은 이 젊은이가 무엇을 원하는지 짐작하기 어려웠다.

"그럼, 네가 가진 것을 내어놓고 원하는 게 무엇인지 얘기해 보거라."

"저는 선왕마마와 하신 모든 거래 내용을 놓고 저와 새로이 거래하기를 원하옵니다."

"모든 거래내용?"

"그렇습니다. 선왕마마와의 거래, 그 내용을 비밀에 부치기로 한 약조까지 모두 포함하는 내용이옵니다."

경신은 제 아는 바를 내놓고 상대등이 알고 있는 바를 알아내려 하였다.

"그래. 그럼 그걸 놓고 너는 무엇을 원하는 것이냐?"

"제 조건은 모든 걸 제자리로 돌려놓길 원하옵니다."

"뭐라! 제자리로 돌려놓으라? 그럼 선왕과의 거래를 없던 것으로 하란 말이냐?

무엄하다. 내가 누군 줄 모르느냐? 나는 저 철부지 왕을 제위에 올린 자이다. 동시에 당장이라도 쫓아 버릴 수 있는 자이다. 이제 보니 아주 생각이 없는 놈이구나. 그저 제 분수에 맞게 재물이나 관직을 청할 일이지. 어디서 왕실의 거래를 입에 올리는 것이냐!"

상대등은 분노해 당장이라도 경신을 베도록 할 기세다.

"저는 거래를 없던 것으로 하자 한 적 없습니다. 단지 제자리로 돌려놓길 원한다고 하였습니다."

"이놈이, 어디서 말장난을 하는 것이냐?"

"고정하시고 들어주소서. 선왕마마와의 거래를 통해 왕실은 대를 이었습니다. 하지만 그것은 천제가 정하실 일을 사람이 대신한 것입니다. 왕이 될 자는 그 뜻이 하늘에 있사옵니다. 하지만 지금의 왕은 하늘이 뜻을 둔 왕인지 알 수 없습니다. 그러니 하늘에 흉한 징조가

날 때마다 백성들은 왕을 손가락질합니다. 어린 왕 역시 스스로 왕이 될 자인지 의심하니 백성들이 어찌 따르겠습니까? 이것은 만물의 이치를 따르지 않았기 때문입니다.

백성들은 해가 갈수록 오직 죽어 갈 극락만 찾습니다. 산 자가 죽을 곳만 찾는 것이 또한 세상의 이치라고 할 수 있습니까?

이 모든 일이 이치에 맞게 제자리로 돌아가길 원하옵니다.”

“지금 네가 말한 것은 네놈 말대로 사람이 할 몫이 아니다. 하늘이 정하는 일이거늘 어찌 돌려놓으라 하느냐?”

“들어보소서. 그들이 선왕과 거래를 한 것은 호국룡과 하늘에서 얻은 만파식적이라는 권능을 부정하길 원하신 것 아닙니까? 다시 동악 신상을 세우고 만파식적을 봉인하길 원하신 이유가 도대체 무엇이옵니까? 하늘의 뜻이 아님을 증명하길 원하는 것 아니었습니까? 이제 왕실은 그를 지킬 호국룡도 고통을 잠재울 만파식적도 없습니다. 그럼 하늘이 이치에 맞게 그 뜻을 내리게 하소서.”

상대등이 입을 다문 채 경신을 바라보자 숨을 돌리고 말을 잇는다.

“저 토함산에 숨긴 우상이 무엇입니까? 신의 이름은 오직 권력을 원하는 자들의 관심일 뿐이옵니다. 백성들은 오직 자신을 편안하게 해줄 신과 왕을 원할 뿐이옵니다.

하지만 저 왕실의 권능을 애써 부정하고 다시 이름뿐인 우상과 권능을 만든다면 그것이 어떤 이름인들 무슨 상관입니까?

만약 왕실이 이 땅을 지배하기 위해 하늘의 뜻을 속였다면 이제 그 뜻이 드러날 것입니다. 선왕과 거래를 한 그들이 원한 것이 바로 하늘에 계신 상제(上帝) 뜻 아니옵니까? 그러니 사람의 뜻으로 이치를 다스리지 마소서.

저는 사람의 뜻으로 자리에 오른 왕이 뒤늦게라도 자신을 증명하
길 원하옵니다. 태후의 그늘에서 벗어나 선정을 베풀고 백성들이 살
아 있는 땅에 뜻을 가지고 살길 원하옵니다. 이것이 곧 하늘의 뜻이
자 돌아가야 할 제자리입니다."

상대등은 눈을 감고 있다. 경신은 제 할 말을 다하자 어깨를 누르
던 긴장도 사라졌다.

"그럼 너의 거래라 함은 선왕에 관한 비밀을 모두 지킬 테니 왕실
의 운명은 하늘의 뜻에 따르라는 것이냐? 만약 하늘의 뜻이 왕에게
있지 않다면 어찌하겠느냐?"

"저는 왕실을 보호하고자 하는 것이 아닙니다. 사람의 뜻으로 세운
자를 사람이 손가락질할 수 없습니다. 그러니 왕이 하늘이 뜻한 자이
길 확인하고 싶습니다. 만약 그 뜻이 왕에게 없다면 더 이상 거래를
지킬 필요가 없습니다."

정치는 명분과 정통성의 싸움이다. 재물을 탐하고 권력을 탐했다
면 경신은 양상의 상대가 되지 못한다. 하지만 경신은 하늘의 이치를
말한다. 너무도 이상적인 이치지만 상대등은 그것을 반박할 명분이
없다. 그것은 한때 그들이 선왕과 거래를 할 때 내걸었던 명분과 다
를 바 없었다.

"선왕은 승하하셨고 비밀을 지키는 자가 죽었다. 이제 새로 비밀을
안 자는 내게 새로운 거래를 원한다. 네가 하늘을 대신해 나와 거래를
하겠다?"

상대등은 아무래도 괘씸한 생각이 든다. 목숨을 담보로 제 뜻대로
이 자를 움직여 보려 했건만 자신이 선왕을 몰아세웠던 논리에 같이
당하고 있다.

"아닙니다. 저는 거래의 증인이 될 자입니다. 상대등은 그들을 대신하여 하늘의 상제(上帝)와 거래를 하시는 것입니다. 거래의 주요내용은 하늘의 뜻이 드러날 때까지 비밀을 지키는 것입니다."

"그럼 너는 아무 조건 없이 비밀을 지키겠다?"

"그렇습니다."

"하지만 네가 말한 내용은 그리 확인을 받지 않아도 네가 침묵한다면 자연스레 지켜질 일이다."

"저는 오늘 밀지를 찾았고 내용을 확인했습니다. 동시에 거래에 얽힌 복잡한 의도와 그들에 대해서도 알게 되었습니다.

밀지를 지키는 것은 제 신념의 문제이기도 합니다. 만약 그 뜻이 저의 신념과 같지 않다면 언젠가 그 밀지를 이용할지도 모릅니다. 그러니 그들의 뜻이 하늘의 뜻과 다를 바 없음을 확인하고 싶었습니다. 무례를 용서하십시오."

그들이 선왕에게 두 가지 조건을 내걸 수 있던 것도, 많은 귀족들의 지지를 받아 세를 결집한 것도 모두 대의명분 때문이다. 자신들의 명분을 부정할 수는 없는 일이다. 그리고 아직은 드러나는 것보다 감출 때이다. 그들의 의도는 백성들이 왕실에 등을 돌리 때 호국룡과 만파식적을 거론할 수 없게 하는 것이다. 호국룡을 대신해 동악신을 세웠으니 왕실이 호국룡을 거론한다면 반박할 일이고 만파식적이 봉인되었으니 왕실은 거짓으로 내세울 수도 없다. 때가 되면 왕실은 스스로 자멸할 일이다.

태후가 만약 이 자를 잡아들여 거래를 한 귀족들을 역적으로 몰아버린다면 쉽지 않은 싸움이 된다. 백성들은 여전히 호국룡을 믿고 만파식적이 울리길 기다린다. 이를 막은 자는 역적이다. 경신의 말대로 하늘의 뜻이 드러나지 않았다면 하늘을 거스르는 일이다. 그들 중 하나였던 김융이 태후에게 죽은 이유도 너무 일찍 비밀을 드러내려 했기 때문이다.

상대등은 이를 잘 알고 있다. 하지만 이 자는 영리하게 이런 당장의 계산은 입 밖에도 꺼내지 않았다. 자신의 목숨도 살려 달라 얘기하지 않는다. 오직 세상의 이치를 이야기했다. 상대등은 받아들였다. 상대등 역시 경신이 비밀을 지킬 자인지, 이용할 자인지를 알길 원했기 때문이다.

선왕이 거래를 한 당사자도 바로 천제(天帝)이기 때문이다. 경신은 치밀하게 당사자가 죽고 난 거래의 허점을 노렸다. 천제(天帝)의 뜻이라며 내세우려 했던 그들의 뜻은 이제 하늘과 반대편이 되어 약속을 지켜야 한다. 어제 선왕과 거래를 한 하늘이 오늘 그들과 다시 거래를 한다.

"그럼, 하늘의 뜻은 어떻게 확인할 것이냐?"

"하늘은 왕을 살피지 않고 백성을 살핍니다. 그 백성이 알려 줄 것입니다. 말하지 않아도 모든 이들이 알게 됩니다. 이것이 부처의 법이자 하늘의 법, 세상의 이치입니다."

"그들은 어디에나 있다. 그러니 모를 일도 숨길 일도 없다. 지난 수해 동안 그들은 대덕과 대성 공을, 그들도 우리를 보호했다. 우리는 모두 각기 비밀을 지키는 역할을 부여받았다. 오직 외척과 그들 간의 피를 부르는 보복을 피하고자 했던 선왕의 뜻을 받들어 지켜왔다. 뜻을 지키면 보호를 받을 테지만 아니라면 목숨을 지킬 수 없음을 명심하라.

너는 무엄하게 천제(天帝)와 거래를 주선한 자이다. 침묵하거라!"

"알겠습니다."

경신은 허리를 깊게 숙여 인사했다.

"이제 어디로 향할 것이냐?"

"제 부친이 계신 무장사로 가겠습니다."

"말 한 필을 내어줄 테니 얼른 추령을 넘어 가거라. 태후의 군사들이 이리로 향하고 있다. 나 역시 태후와 직접 대결하긴 어렵다."

"잘 알고 있습니다."

"언젠가 하늘의 뜻이 드러날 때 나를 찾아오너라. 내 너를 여러 번 살리니 그땐 나와 어떤 거래를 할지 미리 생각해 두어야 할 것이다."

다시 한번 고개를 숙이고 경신은 돌아섰다.

'대성 공, 사람은 제대로 남겼소. 이제 극락왕생하시오.'

김양상은 수하들에게 서라벌 쪽으로 이동할 준비를 지시했다.

V. 류(飈), 바람의 소리가 들리다

상대등이 내어준 말을 타고 돌아오자 수억이 어둠 속에서 얼른 뛰어와 말고삐를 잡는다.

"나으리, 일이 잘 되셨습니다."

"그래. 잠시 말을 잡아두거라."

지해는 웃는 얼굴로 큰 손을 뻗어 경신을 잡아끈다.

"하여튼 대단할세. 이리 무사히 돌아오다니…. 그래 상대등은 뭐라 하시던가? 얼른 말을 해보게!"

"별말 없었네. 지켜볼 테니 조심하라더군."

경신은 무언가를 생각하는 듯한 표정이다.

"그 말이 더 무섭네. 그런데 이보게, 저기 저 아래 보이는가?"

고개 아래 노루목에 횃불이 어른거리며 고개를 향하고 있다.

"시간이 얼마 없구려. 지해, 태후의 집안이 대대로 왕비를 이어 온 게 언제부터인지 아는가?"

경신은 지해의 팔을 잡아끌며 말을 꺼냈다.

"태후 가문 말인가? 선왕의 정비였던 삼모부인부터 위로 거슬러 효성왕의 후비, 성덕왕의 비까지 삼대에 걸쳐 있지. 그 덕에 김순원부터 김순정, 김의충, 병부령 김옹까지 임금에 견줄 만한 권세를 누려

온 게 그 가문일세."

"그럼, 왕은 무열계 김씨가 독점하고 왕비는 김순원 가문이 차지한 셈이군."

"그렇지…. 그나마 효성왕은 성덕왕으로부터 외척을 견제하란 뜻이 있었는지 모량부의 박씨를 왕비로 맞았지만 결국 김순원 가문의 견제로 쫓겨났지. 그리고 외척들이 앞장서 효성왕 대신 선왕을 제위에 올리지 않았나…. 그때 효성왕이 모후의 외척을 견제하기 위해 등용한 가문들이 선왕이 등극하면서 모두 숙청당했지…. 김유신계 후손들과 사량부 귀족들, 박씨의 모량부, 개혁을 지지했던 지방귀족들과 하급관리까지 정치보복에 큰 화를 입었다네."

"그 자들은 이전에 문무대왕과 신문왕이 왕권을 강화하기 위해 중용했던 귀족들과 개혁세력의 주체가 아니었나?"

"맞네, 결국 외척세력이 득세하면서 정치적으로 소외된 자들일세."

"하지만 지금의 임금이 제위에 오른 후 일어났던 대공의 난이나 김융의 모반 주체도 또한 그들과 같은 가문이 아니던가?"

"음, 맞아. 김융은 김유신계의 후손이고 대공의 난 때에는 지방귀족들과 특히 사량부, 모량부 귀족들이 크게 화를 당했으니…."

경신은 이제야 이 복잡한 거래의 당사자들이 누구인지, 비밀을 지키는 자들은 누구인지 가늠이 되었다. 지해는 화랑시절부터 정치에 관심이 많은 자였다. 하지만 그 가문이 육두품에 불과해 높은 관직을 받을 길도 없었지만 지난 대공의 난 때 그 일가 몇이 연루되면서 스스로 뜻을 버렸었다. 하지만 월성의 정치상황에 대해서는 경신보다 훨씬 잘 알고 있었다.

"결국 정치적으로 몰락한 가문들이 다시 권력의 중심에 들어오고 다시 숙청당하는 일이 반복되고 있었네. 이들을 그들이라고 생각한다면 그 상대는 바로 외척일세. 외척은 오직 한 가문에서 배출되고 있었으니 대결구도는 더 분명하지 않은가…"

"그럼 그들은 왕실에 반하는 세력들이 아니라 외척과 권력투쟁을 한 세력이란 말인가? 왕실이 아니라 외척?"

지해도 턱을 만지며 생각에 빠졌다.

"물론 그 출발은 현 왕실이 왕권을 독점하면서 소외된 세력들에서 시작하지만 그 시기를 생각한다면 원수였던 가문들도 서로 한 패가 되고도 남을 시간이 아니던가? 그리 따지면 오히려 이 갈등의 시작은 효성왕의 개혁시도와 실패, 뒤이은 선왕의 등극에서 찾는 것이 더 분명하네."

"경신 이 사람, 자네 해석이 맞네. 우리가 너무 단순히 편을 나누어 보려 했어. 사실 왕은 때가 되면 외척의 손아귀에서 벗어나 왕권 강화를 위해 개혁적 인물들을 등용하곤 했지. 성덕왕도, 효성왕도, 선왕도 제위 중반 이후에는 모두 개혁적 인물을 불러들였지. 그들은 정치적으로 소외된 자들이니 현실정치에 불만이 많았던 개혁 지지자들이고 왕은 그들을 이용해 외척을 견제하려 했으니 오히려 왕과 그들은 적이라기보다 전략적 동지에 너 가깝시."

"상대등은 자신이 선왕의 뜻을 지키는 자라 하였네. 그가 만약 그들이라면 이 밀지를 이용해 정치적 보복을 해야 하지만 그럴 의도는 보이지 않았네. 오히려 현 상황이 그대로 이어지길 바라는 듯했어. 그 말은 상대등은 그들도, 외척도 아닌 또 다른 중간자라는 말일세. 우리가 간과한 것이 이 거래에는 두 당사자 외에 주선한 자가 따로 있어. 단순히 심부름을 한 자가 아니라 적극적으로 두 세력을 중재했던 자가 있네.”

“그럼 왕실의 인척이면서 외척들을 견제하다 물러난 신충 공 그리고 양상 같은 친왕파 귀족들이 자네가 말한 중간자들에 해당되겠어.”

“그렇지. 하지만 더 중요한 자가 있네.”

“누구 말인가?”

“선왕일세.”

“선왕이??”

“생각해보게. 선왕은 자신의 등극 초기에 몰락한 가문들을 제위 말기 다시 중용한 당사자일세. 그 이유가 뭐였겠나? 자네 말처럼 외척들을 견제하기 위함일세. 상대등은 선왕 승하 직전 시중이 되었던 자이니 분명 특별한 유지를 받았을 것이네. 그렇다면 선왕이 승하하면 가장 위기의식을 느꼈을 자는 누구였겠는가?”

“그야 외척…. 태후였겠지.”

지해는 맞장구를 치며 고개를 연신 끄덕였다.

“결국 선왕은 자신의 부재 시 일어날 정치적 보복과 혼란을 막기 위해 일종의 장치를 해놓은 의도가 있었던 거야. 어린 왕자의 등극을 보장받음과 동시에 외척의 득세를 막기 위해 그들에게도 왕실을 견제할 선물을 준 것이네. 단, 서로 견제는 하되 그 정확한 실체를 알 수 없도록 몇몇의 측근에게만 밀지를 남겼던 것이고, 비밀을 지키는 수호자의 역할을….”

“그럼 대성 공과 대덕, 김양상은 그 비밀 수호자들이란 말인가?”

“그렇지. 그들은 거래의 당사자가 아닐세. 당사자들은 이 밀지의 내용을 자세히 알지 못하네. 수호자들은 당사자가 아니니 사사로이 밀지를 이용할 의도가 없고 그 비밀을 안다 해도 지키는 일에만 헌신

할 뿐이지. 그러니 대덕과 대성 공 모두 누구의 편도 들지 않고 오직 감추고자만 했던 것일세. 상대등을 만나 보니 두 어른과 같은 생각을 하고 있다는 것을 알 수 있었네.”

“그럼, 두 사람이 만나 거래를 한 게 아니라 세 사람이 만나 거래를 했고 중재한 한 사람만이 모든 내용을 알고 양쪽은 거래에만 동의한 셈이다? 어찌 그런 거래가 가능한가?”

“그러니 왕이 나섰단 논리지. 누가 그런 거래를 성사시킬 수 있겠는가? 우리가 여태까지 선왕을 거래의 당사자로 보았으니 그 배후를 쉽게 파악할 수 없었던 것일세. 선왕은 서로가 거래의 실체를 모르게 해 힘의 균형을 맞추려 했던 거지. 또한 비밀을 지키는 자들은 서로 아는 사실이 다르고 서로를 감시하고 보호하는 역할을 해 이중 삼중으로 견제를 했어.”

“그래서 상대등이 저리도 빨리 움직였던 것이었네. 맞아. 잘 따져 보면 이 거래는 전부를 얻을 수 없지만 전부를 잃지는 않는 내용일세. 외척은 어린 왕자를 등극시키면서 섭정의 권력을 얻었고 대신 그들은 언제든 왕실의 독단을 막을 장치를 얻은 셈이며, 선왕은 거래를 비밀에 붙임으로써 사후 벌어질 정치적 보복을 막을 견제 장치를 한 셈이야. 결국 이 거래의 핵심은 유일한 난서인 밀지가 비밀에 붙이는 것일세. 이 밀지가 상대방의 손에 들어가는 순간 거래는 파기되는 것이야.”

“아마 엄청난 정치적 보복이 이어질 테지.”

경신은 자신에게 맡겨진 일의 의미를 곰곰 다시 생각했다.

“그렇다면 김융은 상대등과 함께 그 비밀 수호자 중 하나였던 모양일세. 김융을 죽이고 나서도 한동안 그 집을 군사들이 뒤졌다 했으니…. 지금의 밀지를 놓고 다투는 일은 오히려 그들과 외척의 경쟁이 아니라 외척과 비밀을 지키는 중간자들과의 싸움이었네. 상대등은 현 상황을 유지시키면 되니 자네의 말처럼 밀지의 내용에 대해서는 묻지도 않은 것일세. 이제 상대등은 경신, 자네를 보호하는 데 최선을 다할 수밖에 없지 않은가?”

“그러니 순순히 보내 준 것이지. 비밀에 부치겠다는 내 의도도 확인했으니 남은 것은 태후가 갖지 못하게 하는 것뿐…”

“다행일세. 상대등이 좋든 싫든 우리를 지켜야 되는 입장이니.”

“이보게 지해, 자네가 묘정을 데리고 무장사로 향하게.”

“응? 무장사로? 아니 자네는 어찌할 생각인가?”

“난 은밀히 더 확인할 게 있네, 상대등의 사병들이 보내줄 테니 멈추지 말고 말을 타고 바로 추령을 넘어가게. 하지만 무장사로 가지는 말고 어디서든 내일까지 몸을 숨기게. 그 아래에 이미 군사들이 있어 아버님 말씀대로 안전하지 않을 테니.”

“그리해도 혼자 다니는 것이 더 위험할 걸세.”

지해는 경신의 제안에 당황한 듯 말을 뱉듯이 대답한다.

“아닐세. 이제는 태후의 의중도, 상대등의 의중도 확인했으니 몸을 숨기기만 하면 되네. 그러니 여럿이 움직이면 더 행적이 드러나기 쉬울 걸세. 수억이도 왔고 어린아이도 이리 계속 데리고 다닐 수 없으니 그리하세. 무엇보다 자네가 나와 연관된 것이 알려진다면 좋을 것이 하나 없네. 평생을 몸을 숨겨야 한다면 그건 나 혼자로 족하네.”

경신은 사실 상대등을 만나고 나오면서 상대등이 자신을 잘 알고 있다는 생각이 들었다. 처음 만난 듯 대했지만 상대등은 경신을 여러 번 구해줬다고 말했다. 이는 경신이 숙정부의 감찰을 받았을 때 일을 기억하고 있다는 뜻이었다. 사실 경신은 양상을 실제로 만난 적이 없었다. 그런데도 상대등은 경신을 이미 알고 있었다는 정황이다.

그러자 지해가 의심스러웠다. 오늘 자신의 행적을 알고 있는 자는 지해뿐이 아닌가? 그리고 지해는 모벌군성으로 말을 넘길 때도 석불사에서 군사들을 따돌릴 때도 은밀히 행적을 알릴 만한 시간이 있었다.

의심은 두려움에서 시작된다. 경신은 자신의 두려움이 의심으로 커 가는 것을 느꼈다. 만약을 위해서라도 자신의 행적을 감출 필요가 있었다. 혹 지해가 아니라도 이들은 이제 자신의 삶으로 돌아가야 했다.

지해는 잠시 말없이 있다가 자신의 가사(袈裟)를 벗기 시작했다.

"그럼 내가 자네 행세를 해야 서로 행적을 숨길 수 있을 테니 옷을 바꿔 입으세."

옷을 바꿔 입고 말에 오르자 경신은 지해의 손을 잡았다.

"여러 가지로 너무 고맙네. 일을 이리 해결하는 데는 자네 도움이 컸네."

"내 자네의 은인이니 꼭 보답이나 하게. 그리고 밀지 받게."

지해는 밀지를 넘겨주면서 경신의 손목을 잡아 당겨 낮은 목소리로 말을 한다.

"참, 세존(世尊: 석가불)께서는 기원정사(祇園精舍)에서 오랫동안 안거(安居)하셨지. 그래서 보통 최초의 가람이 기원정사(祇園精舍)라 알지만 실은 죽림정사(竹林精舍)일세. 그 밀지를 보니 생각이 나서 밀이지."

갑작스러운 말에 의아한 표정을 짓는 경신을 두고 지해는 묘정을 태우고 어둠 속으로 말을 달리기 시작했다.

말은 곧 추령 아래에 이르렀지만 속도를 줄이지 않고 그대로 지나갔다. 상대등의 사병들은 길을 열어 주었다. 군사들이 고개를 향해 오르고 있고 또 한 무리의 병사들은 반대로 서라벌을 향하고 있었다.

'싸움은 경신의 손을 떠났다. 이제 태후와 상대등의 전쟁이다.'

군사들을 앞질러 고개를 벗어나자 지해는 경신이 향했을 산을 돌아본다.

'이보게. 자네는 욕심을 탐할 자가 아니라 진실을 원하는 자이니 말리지 않았네. 무엇을 보게 되든 반드시 혼자만 알아두게.'

경신은 지해가 떠난 뒤 밀지를 들고 서 있었다.

'저 사람이 무슨 말을 한 것인가? 기원정사, 죽림정사, 밀지에 나온다?'

밀지를 다시 달빛에 비추어 보자 두 구절이 눈에 들어온다.

祇園矣井亦湧座良中
竹林入東海乙護神如

'기원(祇園)의 우물,

죽림(竹林)에 든 동해를 지키는 신.

기원… 죽림… 기(祇)… 림(林)….

함월산(含月山)의 기림사(祇林寺)!'

지해가 밀지의 숨겨진 뜻을 일러주고 갔다.

'이 밀지는 또 다른 의미가 숨겨져 있다.'

경신은 다시 구절 하나하나를 살폈다. 기림사가 분명하다면 첫 두 구절은 토함산 하나가 아니라 해를 토하는 토함산(吐含山)과 달을 머금는 함월산(含月山)으로 나누어 해석할 수 있다. 그렇다면 대칭을 이루는 마지막 두 구절도 동해에서 온 신은 동악대왕으로, 죽림에 든 동해를 지키는 신은 문무대왕이 변한 호국룡으로 서로 다른 대상을 가리킬 수 있다. 밀지 안에는 토함산 석불사의 동악대왕과 함월산 기림사 호국룡 두 개의 장소와 대상이 있는 셈이다.

'그럼 가운데 대칭되지 않는 두 구절은 어떻게 해석해야 할까?'

> 해를 토하고
> 달을 품은 산
>
> '기원의 우물이 솟아나는 자리에
> 죽은 자는 허리를 세워 앉았다.'
>
> 그는 동해에서 온 신,
> 죽림에 든 동해를 지키는 신이다.

'전체 시구가 두 개의 장소를 가리킨다면 가운데 두 구절은 하나에 두 개의 뜻이 담겨야 한다.'

[기원의 우물]이라는 의미가 직접적으로 기원정사의 우물을 뜻하는 것이라면 달리 볼 것 없이 기림사의 우물을 말한다. 기림사에는 다섯 가지의 맛을 내는 우물이 전해온다. 대적광전 앞의 장군수는 장군을 낸다는 우물로 유명하고 천왕문 안의 오탁수는 물맛이 좋아 까마귀가 쪼았다는 물이며 천왕문 밖 명안수는 눈이 맑아지고 후원의 화정수는 마음이 편안해진다고 한다. 마지막으로 북암의 감로수는 하늘에서 내리는 단 이슬 같다 하였다. 만약 거꾸로 함월산 의미를 먼저 해석했다 하더라도 감로수를 통해 토함산과 연결되어 있다. [죽은 자는 허리를 세워 앉았다]를 뼈를 추려 만든 탈해상이라 해석했다면 기림사에도 그와 같은 상(像)이 있어야 한다.

'설총이 그 아버지 원효대사의 뼈를 갈아 상을 만든 곳이라 알려진 곳이 함월산 골굴(骨窟)이 아닌가, 뼈를 모신 굴 골굴!'

밀지는 정확히 토함산과 함월산 두 개의 장소를 말하고 있었다.

'그럼 함월산, 기림사, 문무대왕의 호국룡…. 이 세 가지가 말하는 바는… 역시 만파식적(萬波息笛)이다.'

신문대왕 즉위 다음 해 임오년 오월 초하루에 해관 파진찬 박숙청이 "동해 가운데에 있던 작은 섬 하나가 감은사 쪽으로 내려와 파도를 따라 왔다 갔다 합니다." 고 아뢰었다.

왕이 이 말을 듣고 점을 치도록 하자 일관이 왕께 아뢰었다.

"돌아가신 임금께서 지금 동해의 용이 되어 삼한을 지키며, 또 김유신 공이 삼십삼천(三十三天)의 한 아들이 되어 대신이 되었습니다. 두 성인께서 덕을 같이 하여 보배를 내리시려고 하는 것입니다. 만약 폐하께서 바다로 나가시면 반드시 진귀한 보배를 얻으실 것입니다."

왕은 기뻐하며 이견대로 가서 그 산을 바라보고 사신을 보내 살펴보게 했다. 산의 형세는 거북이 머리 같고 그 위에 대나무 한 그루가 있었는데 낮에는 둘이 되고 밤에는 하나로 합쳐졌다. 사신이 와서 아뢰자 왕은 감은사로 가서 기다렸다. 이튿날 오시에 대나무가 합치자 천지가 진동하고 이레 동안 폭풍우가 쳐 하늘이 어두워졌다가 그 달 십육 일에야 바람이 멈추고 파도가 조용해졌다.

왕이 배를 타고 그 산으로 가니 용이 검은 옥대(玉帶)를 바쳤다. 왕은 용을 영접하여 자리에 앉았다. 왕이 이 산과 대나무가 떨어졌다가 다시 합치는 것은 무슨 까닭이냐고 물었다

그러자 용이 대답했다.

"이 대나무란 물건은 둘이 합친 후에야 소리가 나게 되어 있으니, 왕께서 소리로써 천하를 다스릴 징조이며 이 대나무를 얻어 피리를 만들어 불면 천하의 평화를 얻을 것입니다. 지금 돌아가신 왕께서는 동해 큰 용이 되셨고 김유신은 천신이 되었습니다. 두 성인께서 한마음이 되어 귀한 큰 보물을 내려 주신 것입니다."

왕은 기뻐하며 오색 비단과 금옥으로 답례하고는 대나무를 베어서 나오자 산과 용이 갑자기 사라졌다. 왕은 감은사에서 묵고 십칠 일에 기림사 서편 시냇가에 이르러 행렬을 멈추고 점심을 먹었다. 태자 이공이 대궐을 지키다가 말을 달려와 축하하고 천천히 살펴본 후 아뢰었다.

"이 옥대의 나뉜 쪽들은 진짜 용입니다."

"네가 그것을 어떻게 아느냐?"

"한쪽을 떼서 물에 넣어 보시면 됩니다."

그래서 왼쪽에서 두 번째 쪽을 떼어 물에 담갔더니 곧바로 용이
되어 하늘로 올라갔고 그 자리는 못이 되었다. 그래서 용연(龍淵)
이라 불렸다.

왕은 궁궐로 돌아와 대나무로 피리를 만들어 월성 천존고(天尊
庫)에 보관했는데 이 피리 소리에 적군이 물러가고, 병을 치료하고,
가물 때는 비를, 장마 때는 비가 그치고, 바람이 그치고, 파도가 잠잠
해졌으므로 만파식적(萬波息笛)이라 부르고 나라의 보물로 삼았다.

신문대왕이 동해에서 용이 된 선왕으로부터 만파식적을 얻어 향했
던 곳이 바로 함월산 기림사다. 동악신의 복원에 관한 내용만 담겨
있다던 밀지에는 만파식적의 행방을 알려주는 내용도 숨겨져 있었다.

'역시 만파식적이다.'

경신은 뭔가 미심쩍은 구절을 고민하면서부터 혹 만파식적에 관한
내용이 아닐까 생각했다. 지해는 밀지를 읽고 기림사를 알아차렸다.
만파식적은 오직 신라왕만이 볼 수 있다. 하지만 경신을 막지 않았다.
오히려 모른 척하고 암시를 주고 갔다.

'지해는 이유도 묻지 않고 떠났다. 이제는 내가 알아야 할 이상의
비밀이기에….'

만파식적의 행방은 선왕이 지금의 임금에게 전하지 않으면서 행방
이 묘연해졌다. 하지만 기림사에 단서가 있다.

"수억아, 혹 기림사로 가는 가장 빠른 산길이 있느냐?"

"기림사는 산길로 가자면 추령에서 서둘러도 네 시간은 가야 합니
다. 하지만 함박골에 있는 골굴(骨窟)로 내려가 혹 말이라도 구해 탈
수 있다면 두 시간이면 갈 수 있습니다."

"그럼 골굴로 가는 길을 잡아 보거라."

"그런데 갑자기 왜 기림사를 가십니까?"

"너는 지금부터 나와 함께 한 행적은 아무도 몰라야 할 일이다. 우리는 지금 이 시간 무장사로 향했다. 알겠느냐?"

"아… 네…. 알겠습니다. 명심하겠습니다."

수억은 오랫동안 경신 곁에 있었다. 무언가 생각에 빠져 한 곳을 응시하거나 한참 주변을 서성거릴 때는 그럴 만한 큰일이 있을 때라는 걸 잘 알고 있다. 이럴 때는 아무 말 없이 앞장서면 될 일이다.

토함산과 추령을 사이에 두고 나란한 함월산에는 기림사가 있다. 천축국에서 온 승려 광유가 머물렀다고 전해지며 선덕여왕 때 원효대사가 머물며 기림사로 개명하였다. 기림사에서 동해 쪽 암벽에는 석굴이 있으며 여기에는 여러 마애불을 새기고 승려들이 수행을 하던 골굴(骨窟)이 있다. 화랑들이 찾아 수련하던 곳 중 하나로 경신도 여러 번 오고 갔었다. 그곳에는 화랑들의 출입이 잦아 말을 구하기 어렵지 않다.

함월산 정상을 보고 산길을 오른 지 한 식경이 지나자 저 아래 추령에서는 횃불들이 어지러이 섞여 어울리고 있다. 전투가 벌어진 듯했다. 하지만 곧 겨울 산의 싸늘한 바람 소리만이 들린다.

'이제는 쫓는 이도, 찾을 이도 없다.'

수억이 가져온 가죽옷을 승복 위에 입자 약간 우스꽝스럽다. 수억은 그 모습이 민망했는지 결국 제가 승복을 입었다.

"나으리, 제가 입으면 그래도 아직 계를 받지 않은 사미승 같지만 나으리는 도저히 못 봐주겠습니다. 아무래도 중 행세는 제가 더 나을 듯합니다."

온종일 산을 타고 다녔던지라 경신은 발바닥에 감각이 없는 듯했다. 하지만 수억은 쉴 터라 경신을 재촉해 금세 골굴 쪽으로 이어지는 한틧재에 도착했다.

"나으리, 여기서는 그리 멀지 않습니다. 쉬지 말고 가셔야 합니다. 이 겨울 산에서 잠들면 다시는 못 일어납니다."

수억은 조금씩 뒤처지는 경신을 수시로 돌아보며 챙긴다.

"걱정 말아라. 혹 모르니 주변을 잘 살피며 가거라."

골굴에 가까워지자 수억은 말을 알아보겠다며 경신을 두고 내려갔다. 경신은 졸음이 오자 체온을 뺏길까 연신 손을 비비기 시작했다.

경신은 자신이 괜한 의심을 했다는 생각이 들었다. 지해는 정작 밀지가 자신의 품에 있었을 때 달아나지 않았다. 게다가 자신에게 밀지의 숨겨진 비밀을 알려주고 갔다. 상대등은 오직 밀지의 비밀유지를 원했다. 그 내용을 밝히는 것을 원하지 않았다. 지해가 상대등과 한패라면 그리 할 리가 없다. 지해는 현실적인 사람이었지만 이상(理想)을 동경하고 가치 있게 생각했다. 적어도 현실을 위해 이상을 외면할 자는 아니었다.

'그는 대의(大義)를 아는 자이다. 그를 의심한 내가 부끄럽다.'

경신은 만파식적이 탐이 나진 않았다. 단지 그 행방을 알 수 없었던 만파식적이 있다면 때가 되어 주인에게 돌려주는 것이 공의 뜻이라는 생각이 들었다. 무엇보다 왕실의 권능을 상징하는 만파식적이라는 것이 어떤 모습인지 궁금했다. 불상이나 신상은 형상은 있되 마음 속에 자리 잡은 믿음이지만 만파식적의 존재는 이웃 왜에도 알려져 탐을 내는 신묘한 존재였기에 그 실체를 확인하고 싶은 마음이 더 강했다. 경신의 이상(理想)은 결국 사물의 진리(眞理)와 본질(本質)을 찾는 것이며 이를 지키는 일이었다.

'만파식적이 정말 있다면 하늘이 내린 뜻이 아닌가?'

실체를 확인만 할 수 있다면 하늘의 뜻이 어디에 있는지도 쉽게 판단할 듯했다. 이름뿐인 상(像)을 대했을 때 느꼈던 허무함 때문인지 경신은 만파식적을 더 확인하고 싶었다.

'기림사라고 했지만 찾기가 쉽지는 않을 일이다.'

수억이 돌아왔다.

"나으리, 골굴에 마지막으로 수련하러 오셨을 때 낙마하여 물에 빠진 사미승 하나를 구해주신 일 기억하십니까?"

"음… 그때 본가에 보내 몇 달 살핀 사미승 말하는 것이냐?"

"네. 제가 말이 있는 곳을 살피러 갔는데 그 사미승이 절 알아보고 반갑게 알은 체를 했습니다. 옛일도 있고 해서 경신랑이 급한 일이 있다 하니 두말없이 말을 내어주겠다 합니다. 참, 이제 사미승이 아닙니다. 의홍 스님이라 합니다."

"그때 네가 그 사미승을 데리고 서라벌까지 간 덕을 보는구나."

"뭘, 제 덕입니까? 저는 나으리 시키신 일이라 투덜거리며 갔던 터라 좀 부끄럽습니다."

골굴은 토함산 석실과 달리 자연암반에 생긴 굴로 불상을 모시거나 마애불을 새겨 커다란 절벽이 수행굴로 가득 차 있다. 겨울밤인데도 수행을 하는 자가 있는지 굴에는 붉은빛이 새어나오고 있다. 그 모습이 커다란 돛 모양의 광배에 화염같이 타오르는 모습이다.

산문 근처에 도착하자 젊은 승려가 말을 잡고 서 있다.

"경신랑, 절 기억하십니까?"

"아…. 저는 어린 사미승만 생각했었습니다. 이제 어엿한 불가의 제자이십니다.”

“네, 그때 은덕을 이렇게 조금이라도 갚을 수 있어 기쁩니다.”

“부처님께서 제게 더 큰 자비를 주시기 위해 스님을 돕게 한 듯합니다. 말은 꼭 돌려 드리겠습니다.”

“네, 개의치 마십시오.”

“참, 스님 혹 기림사 부근에 만파식적 설화와 관련한 장소가 있습니까?”

“만파식적이라면 호국룡이 내리신 나라의 보물을 말씀하시는 거지요? 글쎄요. 하지만 용과 관련된 장소라면 용칫골에 용연(龍淵)이라는 이름의 못과 폭포가 있습니다. 그곳에서 용이 올랐다고 해서 이름을 붙였다 들었습니다.”

“그곳이 어디입니까?”

“용연(龍淵)은 기림사 옆을 흐르는 물길을 따라 올라가시면 나옵니다. 말을 타고 가다 그 아래서는 걸어 오르셔야 합니다. 참, 이웃한 세숫방에도 용추라는 조그만 못이 있기도 합니다.”

“고맙습니다. 사정이 있어 그러니 저희의 행방은 모른 체해주십시오.”

함박골 좁은 골짜기를 빠져나오자 바로 건너 세숫방 마을이 보였다. 하지만 경신은 그대로 말을 달렸다. 용과 관련된 지명이 곳곳에 있으니 분명 방향은 제대로 잡았다. 곧 야트막한 불령재를 지나 기림사 아래 호암마을에 도착했다.

물길 옆으로 큰 마을이 자리 잡고 냇물이 산문 옆을 지나고 있다. 기림사는 물길을 옆에 두고 높은 자리에 위치하고 있다. 경신은 산문 옆으로 해서 난 길을 조심스레 따랐다. 절은 마치 요새처럼 높은 절벽 위에 자리를 잡고 있는 형세였다. 밖에서는 산문을 거치지 않고서는 쉽게 접근할 수 없다. 기림사를 반쯤 휘돌던 길은 곧 산속으로 향했다. 마차가 다닐 만한 넓은 길은 어느새 저 아래 깊숙이 흐르는 물길 위 산길로 좁아졌다.

세찬 물줄기 소리가 가까워지면서 물길 주변으로 바위들이 높이 솟아 있고 그 소리는 호쾌한 사내 웃음소리 같았다. 폭포 앞으로 두 개의 바위가 하늘을 떠받치고 기둥처럼 솟아 있다. 토함산 석실의 주실 앞에 세워진 팔각기둥 같은 형상이다. 마치 신성한 곳을 감추려는 듯 제 모습을 감추고 있어 경신은 바윗돌을 이리저리 건너 폭포 정면으로 다가갔다.

기둥 뒤로 둥그런 하늘이 열려 있으며 그 속으로 빛이 들어 용연의 물은 짙은 초록빛을 담고 있었다. 메마른 겨울이지만 쉽게 마르지 않을 듯 세찬 물줄기가 떨어지고 있었다. 찬 기운이 사방으로 뻗어 나오며 축축이 젖은 땀을 식혀 버렸다.

"나으리, 여기가 용연입니까?"

수억은 생각보다 작은 못에 실망한 듯 말을 묶고서는 여기저기를 둘러본다.

"제가 몇 번 여기 용칫골을 지났는데 이곳이 용이 승천한 못인 줄 미처 생각지도 못했습니다."

"용이 어디 자리의 크기를 보고 오르겠느냐? 그 신성함을 따져 봐야 하는 법이다.

수억아, 기림사에서 여기까지 얼마나 되었느냐?"

"거리를 말씀하시는 것이지요? 걸어서라면 일, 이 리는 될 듯합니다."

"그럼 걸어서라면 한 식경은 걸리겠구나."

"네, 그래도 산으로 드는 길이니 그 정도는 됩니다."

:: "옥대의 한쪽을 담았으니 그 자리에 깊은 소리가 남았다." —함월산 용연

경신은 용연 주위로 난 길을 이리저리 살펴본다. 그리고 뒤를 둘러싼 산을 한참이나 올려다본다.

"여기서 좀 쉬어 가자."

경신은 평평한 바위 위에 올라온 길을 보고 앉았다. 수억도 그 아래 털썩 주저앉아 품에서 말린 고기를 꺼내 경신에게 주고는 뜯어먹는다.

"토함산, 함월산이라…"

경신이 혼잣말처럼 말하자 수억이 말린 고기를 씹으며 말을 한다.

"나으리, 제가 알기로는 토함산, 함월산은 부부산이라 들었습니다. 해를 토해내는 양기와 달을 품는 음기를 가진 산에다 그 위치도 나란하게 있으니 그럴듯하지 않습니까? 게다가 산세도 토함산은 높고 함월산은 품은 계곡이 넉넉하니 산꾼들도 다 그리 말을 합니다."

"그럴듯하구나."

"사실 요즘 토함산에 불사를 하니 백성들이 그리 모이지만 함월산의 기림사와 골굴이야말로 예부터 이름난 대사들의 수행처로 유명하지 않았습니까? 저 서라벌 귀족들도 때만 되면 기림사는 꼭 찾지 않았습니까?"

토함산 불사가 시작되기 전 이미 함월산에는 기림사와 석굴인 골굴이 먼저 자리하고 있었다. 골굴에 모신 불상 역시 동해 방향으로 자리를 하고 있어 백성들이 서방정토라 믿고 극락왕생을 기원하곤 했다. 경신은 토함산의 불국사, 석굴이 함월산의 기림사, 골굴과 여러모로 비슷한 점이 많다는 생각이 들었다. 그리고 함월산에는 원효대사와 관계된 설화나 제자들이 많은 반면 토함산에는 의상대사의 제자들이 많이 활동하고 있어 종파적으로 비교되는 점도 있었다.

만파식적을 받은 신문왕조에는 토함산보다 함월산이 왕실과 더 깊은 관계였을 것이다. 여전히 동악신의 영향력이 강했던 토함산보다는 함월산의 기림사가 새로운 신물을 가져오기에 더 손쉬웠다. 토함산은 전통 신앙이 지배하고 있고 기림사는 그런 면에서 새로운 왕실의 지원을 받던 불교사원이라는 점도 고려되었다. 기림사의 요새 같은 위치도 그런 배경이 있었을 것이다.

이후 토함산이 왕실의 영지가 되자 선왕은 의욕적으로 함월산을 능가하는 불사를 추진했다. 두 공간이 비슷한 점이 바로 여기에 있다. 그리고 문무대왕을 상징하는 호국룡과 의미가 비슷한 항마상을 옛 신당 자리에 세움으로써 왕실의 권위를 과시하고 싶었다. 하지만 옛 세력의 후손인 귀족들의 반발에 선왕은 한발 물러서 하나의 상(像)에 여러 신을 숨기고 동해구(東海口) 일대를 거대한 아미타세계 – 불국토로 위장했다. 선왕은 호국룡의 항마상을, 그들은 동악신을 숨기기 위해 정치적 이해로 얼룩진 국가적 불사를 일으켰다.

만파식적의 경로가 호국룡이 있는 동해, 왕실 원찰이었던 감은사, 그리고 기림사로 이어졌다면 이곳이 왕실의 옛 영지였다는 뜻이다. 새로운 신앙과 권능을 만들 곳으로 가장 저항이 덜한 땅, 함월산을 택한 이유다. 만약 왕실이 만파식적을 월성이 아닌 다른 곳에 보관했다면 함월산일 가능성이 충분하다.

'이 산은 깊고 그 안은 넉넉하다. 쉽게 찾기는 어려운 일이다. 하지만 밀지는 분명 그 위치를 알려 주려 작성됐다.'

경신은 기림사보다 용연(龍淵)이 의심스러웠다. 용연은 신문왕이 월성에 가기 전 마지막 머무른 장소이다. 이 계곡을 용칫골이라 하고 뒷산을 용치산이라고도 부르니 분명 만파식적과 관련이 있다. 하지만 더 이상 단서를 찾을 수 없다. 밤은 깊었지만 함월산의 넉넉한 산세에 바람은 없었다. 고요하다.

'만파식적은 영원히 봉인된 것일까? 인위적으로 봉인했다면 밀지에 남긴 장소가 아닌 다른 장소일 수도 있다.'

"나으리, 함월산(含月山)이라는 이름이 너무 시적이지 않습니까? 달을 머금는다, 달을 안는다, 토해낸다는 토함산의 거친 이름보다는 훨씬 마음이 움직입니다."

수억은 겨울바람이 잦아든 함월산의 포근함 때문인지 제 감상을 늘어놓기 시작했다.

"그렇구나. 생명을 품은 어미의 이름 같구나."

"그런데, 달이… 어디 있더라… 달이 안 보입니다. 명색이 달을 안은 산인데 정작 달은 안 보이니… 어디…."

수억이 고개를 들어 달을 찾느라 두리번거린다.

"이 녀석아. 달을 해가 뜨는 동편을 보고 찾는 사람이 어디 있더냐? 서쪽을 찾아 보거라."

"아… 제가 생각이 모자랐습니다. 그럼 함월산 너머에 달이 있지 여기 있을 리가 없습니다."

산속에 들어와서인지 반대편에 있을 달도 산에 가려 보이지 않는다. 수억은 산을 바라보며 아쉬워한다.

"아쉽게 달을 머금은 산은 여기서는 볼 수 없습니다."

'달을… 품은 산… 함.월.산!'

순간 경신은 수억이 서 있는 서측을 바라보고 일어선다.

'함월산은 달을 품은 산이다. 하지만 기림사가 있는 동측은 달을 품을 수 없다. 여기는 토함산과 마찬가지로 해를 토해낼 뿐이다. 그럼 시구에 나온 두 개의 장소는 해를 토하는 동측의 토함산과 달을 품는 서

측의 함월산을 가리킨다. 여기 함월산이 아니라… 반대편 함월산이다!'

경신은 머릿속이 돌아가기 시작하자 만파식적 신화를 다시 차근차근 떠올렸다.

'신문왕은 감은사에서 기다리다 동해에서 만파식적을 받아 돌아가는 중 기림사로 와서 쉬었다. 그리고 용연에서 함께 받은 옥대의 조각을 던져 용의 승천을 보았다. 그리고 바로 서라벌로 돌아갔다? 그런데 굳이 기림사까지 와서 쉬어야 했을까?'

기림사가 왕실의 원찰이라 하더라도 서라벌로 가기 위해서는 들어온 길을 다시 돌아나가야 한다. 십 리는 훨씬 넘는 길이니 오고가는 길은 삼십 리에 달한다. 왕의 행차라면 시간은 더 걸렸을 일이다. 기림사를 지나서는 서라벌로 가는 길이 없다.

'그리고 기림사에서 다시 용연까지 더 올라왔다?'

기림사에서 휴식을 취하던 왕이 구태여 여기서 용을 보았다. 그리고 서라벌로 갔다. 경신은 용연과 서라벌을 직선으로 이은 선 사이에 놓인 함월산을 올려다보았다.

'만약 기림사에 와서 돌아나가지 않았다면 저 산을 넘어…'

"수억아! 혹 이 산을 넘어 가면 어디로 갈 수 있느냐? 어디가 나오느냐?"

"네? 그걸 몰라서 물으십니까? 이디긴요…. 무장사가 있는 동대봉(東大封)이 나오지 않습니까?"

"뭐… 무장사…!"

경신은 그제야 부친이 계신 무장사가 함월산 서측에 자리 잡고 있음을 떠올렸다.

'밀지에서 말한 함월산은 달을 품은 서측이다. 그리고 만파식적은 여기 용연에서 서라벌로 갔다. 두 장소 사이에는 함월산이 있다. 그럼

만파식적은 여기에서 산을 넘어 갔단 말이다. 그리고 그곳은 무장사?'

무장사가 위치한 골짜기는 사람들이 찾기가 어려운 깊은 산속이다. 가장 가까운 암곡에서도 산길로 십여 리는 올라야 한다. 그러니 계곡을 따라 오르면 그 주변이 험준하여 마치 깎아 세운 듯해 깊숙하고 침침하다. 이런 깊은 위치 때문에 문무대왕이 전쟁이 끝난 후 투구와 병장기를 묻었다 전해지며 그 이름도 무장사(鍪藏寺)로 불렀다. 경신의 부친 효양은 오고가는 이 없어 버려졌던 무장사에 불사를 해 머물렀다. 어린 경신도 여기서 자라선지 서라벌 귀족들의 화려한 생활에 별달리 흥미를 느끼지 못했다. 경신뿐 아니라 수억이도 그 아버지부터 무장사 불사를 돕던 가솔이라 함월산 부근을 잘 알고 있었다.

'문무대왕이 자신의 피 묻은 투구를 묻었던 곳이니 평화를 부르는 만파식적을 숨기는 의미와도 절묘하지 않은가? 왜 무장사를 생각하지 못했을까?'

경신의 아버지가 불사를 시작하기 전에 있던 일이라 가솔들은 문무대왕과 관련된 이야기도 그다지 믿지 않았다. 대신 절이 위치한 자리가 워낙 깊숙하니 함월산 어디 깊숙한 곳에 묻혔던 이야기가 전해오는 거라 생각했다.

"수억아, 여기서 무장사 가는 길은 알고 있느냐?"

"네, 심부름으로 무장사에서 저 북쪽 도통골까지는 와봤습니다. 하지만 오가는 사람이 거의 없는지라 이 밤에 쉽게 찾을지 모르겠습니다."

"달이 밝으니 그리 어렵지 않을 거다. 무장사로 가자."

아주 가끔 약초 캐는 산꾼들이 다니긴 했으나 경신도 산을 넘어 무장사로 내려오는 이를 본 적 없었다. 하지만 답은 무장사에 있다.

"얼마나 걸리겠느냐?"

"지금 시가 얼마나 되었습니까?"

"아직 해시(亥時: 오후 10시)가 지나지 않았다."

"도통골로 갈리던 고갯길만 찾아간다면 능선길을 타면 되니 축시 (丑時: 오전 2시) 전에는 갈 수 있습니다."

두 사람은 이제 용이 오른 함월산으로 올랐다. 달이 가까워진다.

지해는 추령을 벗어나자 수억이 일러준 샛길을 골라 고선사로 향했다. 경신의 옷을 입은지라 그 행색을 의심받기 쉬워 더 험한 길을 택했다. 고선사에 도착하자 서라벌로 대덕의 심부름을 가는 행세를 했다.

"스님, 그런데 행색을 왜 이리 하고 다니십니까?"

"이상합니까? 그것이 저 추령에 군사들이 막고 서 있는 통에 겁 많은 자들이 벌벌 떨고 있지 않겠소. 사실 좀도둑 잡으려 막는 것은 아니지 싶어 내 옷을 빌려줬소."

"아이구, 그리하시다가 큰일 납니다. 저도 군사들이 저 너머 암곡에서 진을 치고 있다 들은지라 뭔 일인지 궁금해 오는 사람마다 붙잡고 물어 보고 있습니다."

"함월산에 오르는 암곡을 말하는 거지요?"

"네, 그리 가면 깊숙한 곳에 질 하나가 있기는 하나 통 인적이 드문 곳이라 무슨 영문이지는 모르겠습니다."

"군사들이 산에 올랐습니까?"

"아닙니다. 웬 걸 마을에서 오가는 자만 감시한다 합니다. 그나마 다니는 사람이 있어야 잡을 텐데. 참… 뭔 일인지…"

"예, 오늘 밤만 신세 지겠습니다. 내일 저 아이를 서라벌 김대성 공 본가에 데려다 주기로 한지라 일찍 떠나겠습니다."

"아… 대성 공이요? 근데 공은 건강하십니까? 소문이 돌아가셨다는 말도 있고 해서…."

"저는 감은사에서 오는 길이라 잘 모르겠습니다."

"아… 네…. 쉬십시오."

안내를 해주는 젊은 사미승는 밤늦게 도착한 지해에게 이런저런 소문을 확인하고 싶은 눈치였으나 곧 문을 닫고 돌아갔다.

'벌써 공의 죽음에 대한 소문이 퍼졌다. 태후가 궁지에 몰린 셈인데 괜히 무장사를 공격하는 무리수를 두는 건 아닌지 걱정이다. 그건 그렇고 만파식적이 기림사에 있을지…."

지해는 혼탁함 없는 태도로 자신의 도(道)를 지키는 경신이 한때는 답답했다. 그는 이상을 실현하기 위해서는 어느 정도 현실에서 투쟁해야 한다고 믿었다. 그래서 화랑들과 젊은 관리들을 중심으로 개혁적 이상을 품고 열정을 이어가는 자리를 만들곤 했다. 지해는 그런 경신을 제가 몸담고 있는 회(會)에 데려오고 싶어 몇 번을 청했던 기억이 있다. 그들은 현실 개혁을 위해 권력을 가졌으나 개혁을 지지하는 중신들에게도 적극적으로 의견을 구하고 도움을 청했다. 당시 숙정부령 양상도 한때 그들을 후원하는 자였다.

하지만 경신은 모함사건을 겪고 나선 더 이상 앞에 나서지 않았다. 그는 낭문에도 여러 회합에도 다시는 나오지 않았다. 수하의 낭두와 낭도들도 제 화랑이 변했다며 수군거렸다. 그렇게 서서히 잊혀져갔다. 경신은 그것을 원했을지도 모른다. 이상주의자의 신념은 현실에서 쉽게 상하고 부서지기 쉬운 법이다.

지해는 당시 숙정부령에게 경신을 도와줄 것을 청했었다. 경신은 도를 지키는 자이니 언젠가 개혁의 기치(旗幟)를 올릴 때 중심이 될 수 있을 자라고 읍소했던 것이다. 하지만 경신에게 이 사실을 말하지는 않았다. 그는 늘 혼자였던 사람이다. 곁에 사람을 두지도, 누군가를 따르지도 않았다. 그런 사람에게 신념을 뺏는 일은 자신의 결백을 스스로 믿을 마지막 기회를 뺏는 일이었다.

아침에 경신이 대성 공의 뜻을 이어받은 자라는 것을 알았을 때 지해는 자신이 믿었던 그가 다시 나타난 듯했다. 그는 밀지의 뜻을 정확히 해석했고 정치적 의미도 분명히 이해했다. 지해가 거들 필요도 없었다.

대덕은 감은사를 출발하기 전 자신에게 따로 당부를 했다. 경신을 도와주되 혹 그가 욕심을 부리면 밀지와 지키지 않는 자 모두 제거해야 된다는 엄명도 받았다. 밀지를 보호해야 하는 대덕으로서는 혹 모를 대비였다. 아마 대성 공의 뜻도 같았을 것이다. 지해는 그럴 일은 없을 거라고 생각했다.

추령에서 경신이 지해와 헤어져 혼자 움직이겠다는 말을 들었을 때 순간 그를 의심했었다. 하지만 곧 그에게 밀지의 다른 의미를 가르쳐주고 말았다. 밀지의 의미를 이해하는 자라면 세상의 이치를 깨달은 자이다. 제 눈으로 그 모습을 확인하지 않았던가? 그러니 진실을 향해 가는 자의 발걸음을 믹을 수 없을 것이나. 지해는 밀지와 경신을 자유롭게 놓아주었다. 그것이 온전히 그의 이상(理想)을 지켜주는 일이다. 그는 혼자일 때 그다웠다.

'나는 이상, 그 자체로는 현실에서는 불가능하다고 지레 포기한 자가 아니던가? 그럼 나는 이상을 오직 이상으로만 보는 이상주의자 아니던가? 하지만 경신은 현실에서 이상을 살아가는 자가 아닌가? 그럼, 그가 현실주의자인가?'

　그의 이상은 현실 속에 겨우겨우 이상을 맞춰가는 자신보다 더 현실적이었다.

　묘정은 벌써 방 한 켠에서 잠이 들었다.

　김지정은 추령에서 겨우 말 탄 군사 몇 만 데리고 도망쳤다. 추령에는 배치해놓은 군사 대신 상대등의 사병이 지키고 있었다. 김지정은 벌써 서라벌에 이 일이 알려진 듯해 마음이 급해졌다. 빠져나오는 길 부근에는 적어도 백여 명의 군사들이 움직이고 있었다. 왠지 자신을 그냥 놓아주는 기분이 들었지만 빨리 병부령에게 이 사실을 알려야 했다.

　"뭐라? 상대등이 벌써부터 추령을 지키고 있었다 하였소?"

　"네, 간자(間者)들에 따르면 아이를 데리고 간 사내를 상대등이 그냥 보내 주었다 합니다."

　"아니 도대체 김양상 이 자는 어찌 알고 사병까지 데리고 나타난다 말이오?"

　"아무래도 은밀히 불국사를 감시한 듯합니다. 그러지 않고서는 기다리고 있을 수가 없습니다."

　"그럼 우리의 행적을 다 알고 있단 말 아니오. 큰일이오. 큰일… 여기서 놈을 잡지 못하면 방법이 없소. 놈이 서라벌 아니면 무장사로 도주할 것이오. 이제 우리에게 시간이 없소."

　태후는 급한 마음을 감추지 못했다.

　"서라벌로 가는 길은 이미 군사들이 막고 있으니 저 무장사를 공격해 놈의 식솔들을 붙잡아두는 것은 어떻습니까?"

　태후는 미간이 좁았다. 좁은 미간을 찡그리며 연신 손으로 만지고 있다. 사병을 동원하여 관군을 공격한 것은 분명 반역이다. 이번 기회에 상대등을 제거할 호기였다. 하지만 상대등이 밀지가 태후 손에 없다는 걸 안다면 어떻게 나올지 알 수 없다. 그냥 모른 체하고 서라벌로 돌아간다 해도 태후로서는 보고 있을 수밖에 없다. 경신이란 자를 손에 넣어야 상대등을 몰아세울 수 있다. 지금은 경신을 잡기라도 해야 한다.

"그렇게 하시오. 은밀히 정예병들을 보내시오. 그리고 주변을 완전히 장악하시오. 그래서 상대등이 최소한 경신이란 자의 행적을 알 수 없게 하시오."

"아…. 그러면 놈을 잡았다 속여도 상대등이 확인할 방법이 없게 하란 말씀이십니까?"

"지금 상대등을 제압하지 못하면 우린 서라벌의 웃음거리가 될 것이오. 그는 더더욱 우리를 업신여길 것이오. 난 그런 모욕은 참을 수 없소!"

"걱정하지 마십시오. 병부의 정예병들이 당도할 때가 되었습니다."

경신과 수억은 함월산 정상을 지나 능선을 오르고 있다. 곧 탁 트인 넓은 억새밭이 나타났다. 마른침을 삼키며 제 키를 넘는 억새를 헤치고 나가야 했다. 억새는 말라 버렸지만 너른 들판은 마치 달을 머금은 모습이었다. 달빛이 바람이 일 때마다 춤을 추며 억새밭을 달리고 있다. 그 바람은 죽어 있던 억새를 살려내는 생명이었다. 어디선가 생명의 바람이 불어오고 있다. 쏴아아 하는 소리가 눈에 보였다. 여기 함월산은 이미 달을 가득 품고 있었다.

넘실대는 달빛 사이를 두 사람이 헤쳐가고 있다.

축시(丑時: 오전 2시)가 되자 무장사 뒤 큰 회화나무 아래에 도착했다. 이 회화나무는 오랜 옛날 신선들이 쉬어가던 나무라고 전해왔다. 깊은 계곡 끝 너른 터에 자리 잡아 어릴 때부터 아이들이 여기서 나

무를 타며 놀았던 자리이다. 전하는 이야기로 이 터에 풀 한 포기 자라지 않는 이유가 바로 피 묻은 창과 검, 투구를 묻어서라고 했다.

"나으리, 제가 먼저 가서 둘러보겠습니다. 여기서 기다리십시오."

수억은 빠른 걸음으로 무장사 뒤켠 쪽으로 가파른 길을 내려갔다. 경신은 조용히 주변의 소리에 귀를 기울였다. 아무 소리도 들리지 않았다. 풀벌레 소리도, 짐승의 울음소리도 깊은 겨울 산도 침묵하고 있다.

'모두 침묵하고 있다. 거짓이 난무할 때 침묵은 양심의 시위다. 하지만 진실이 숨겨질 때 침묵은 비겁한 변명이다. 입을 다물면 살 것이다. 분명 살아남을 것이다. 하지만 입을 다물면 곧 눈을 감고 세상을 보게 된다. 오직 제 생각대로, 믿음대로만 세상을 보게 된다. 어디가 극락인가? 지금 이 땅의 불국토는 입을 막고 눈을 감은 채 만드는 정토이다.

나는 늘 침묵했다. 하지만 입을 열어야 할 때를 위해 침묵했다. 입을 다물어야 할지, 눈을 감아야 할지, 내 그것을 보고 판단하고 싶다.'

경신은 불상을 볼 때마다 부처의 참모습이 궁금했다. 부처는 자신의 형상을 부정했지만 오히려 형상이 신앙의 중심이 되었다. 언제나 깨달은 자의 모습을 하고 있지만 부처가 정말 대중들에게 전한 것은 자신의 깨닫는 과정이다. 나의 깨달음을 보지 말고 중생들의 깨달음을 보기를 원했다. 석가모니는 깨달음을 얻기 위해 식사를 끊고 고행을 했다. 이때 육신은 바짝 마르고 뼈와 살가죽만 남았다. 단식으로 몸은 극도로 쇠약해 황금으로 빛나던 몸은 검게 되고 깨달은 자의 삼십이상(三十二相)도 사라져 버렸다. 몸은 노인과 같아졌으며, 허리가 굽어 일어서려면 네 발로 겨우 기어야 했고, 앉으려면 쓰러질 정도였다. 눈은 움푹 파이고, 가슴뼈나 핏줄이 위로 솟아올랐다. 호흡을 멈추고 집중을 하며 진리를 찾으려 했기에 의식을 잃고 그 자리에 쓰러지기도 했다. 무려 여섯 해 동안 이어진 고행(苦行)을 통해 석가모니는 중용(中庸)의 깨달음을 얻었다.

부처가 말한 깨달음은 깨달은 자로서의 가르침이 아니라 깨닫는 자로서의 고통과 어려움, 인내, 관대함이다. 하지만 모든 불상은 승리한 자의 모습을 보여 준다. 정말 부처가 보여 주고 싶은 모습은 오직 황금빛으로 빛나는 자신의 모습이었을까? 오히려 고행 속에 남은 비루한 모습이 아니었을까?

하지만 부처의 뜻과는 달리 권력자들은 자신의 존엄성과 위대함을 위해 불상을 모셨다. 고통을 겪는 모습이 아니라 숭상받아야 할 존재로서 승리한 부처가 필요했다. 때로는 스스로를 전륜성왕(轉輪聖王)으로 자처했으며 한때는 석가족의 혈족이라고 했고, 미륵의 현신이라고 믿었다.

부처의 가르침은 제왕의 권위와 정통성을 증명하는 데 충분했다. 부처는 부처의 세계를 다스리며 왕은 살아 있는 부처로서 전륜성왕이 되어 이 땅을 다스린다. 거대한 탑에 있던 부처의 사리 대신 임금의 모습을 한 불상이 부처가 되었다. 이 땅의 임금이 점점 강한 힘을 가지자 불상도 더 화려하게 모셔졌다.

부처의 가르침은 뱃가죽이 등에 붙은 고행상(苦行像)에 가깝다. 하지만 이 땅에서 부처는 그리 참혹한 모습으로 보여 줄 수 없다. 숨겨진 진실이 많으며 거대한 불사 뒤에 제 이익을 숨겨놓기 바쁘다. 그러니 눈을 뜨고 있으나 감고 있으나 보이지 않기는 매한가지이다. 형상 대신 제 진실을 보라 가르친 부처를 보는 법이 여기에 있다.

부처를 보되, 부처를 보지 말고 제 자신을 보아야 한다.

저 황금으로 빛나는 부처를 만나려 애쓰지 말고 나를 만나야 한다. 대상의 진실을 따지지 말고 나의 마음을 따져야 한다. 그것이 진실이라면 선왕의 모습을 한 불상인들, 그 안에 제 왕실을 지킬 비밀을 숨긴들 무슨 상관이겠는가?

그 불상 앞에 꽃을 바친 자 중에 깨달음을 얻을 자 또한 나타날 것이니 이 또한 부처의 뜻한 바다. 진흙탕 속에서 꽃을 피우는 연꽃의 가르침이 여기 있다. 부처의 상을 놓고 제 뜻대로 해석하고 위장하지만 그 가르침이 영원한 것은 부처가 이미 자신의 형상을 부정하고 정진하라 했기 때문이다.

'대상의 진실 여부에 분노하며 갇혀서는 안 된다. 그것을 본 자, 만진 자가 진실해야 한다. 형상은 형상일 뿐이다. 그 안에 생명을 불어넣는 것은 보는 자의 마음이다. 진실로 보는 자에게는 진실이 되고 욕망으로 보는 자는 욕망의 대상이 될 뿐이다.

이것이 부처의 깨달음이다. 만파식적이라는 형상을 지우면 욕심이 사라지고 대신 고요함이 남는다. 이것이 진실이다.'

경신은 조용한 회화나무 아래에 앉아 긴 한숨을 몰아쉬었다. 마음속에 드는 욕망의 불안감, 그것을 부정하는 거짓된 마음이 조용히 가라앉았다.

'대성 공이 내게 밀지를 남긴 이유가 여기 있으리라. 공은 진실을 볼 수 있는 가르침을 일러주었다. 대상의 진실을 제대로 안다면 함부로 쓸 수 없다.'

눈을 뜨자 얼굴에 청량한 바람이 불어온다. 손을 들어 손바닥을 편다. 그리고 바람이 채워지기를 기다린다. 세상의 모든 욕망이 사라지면 남은 것은 오직 바람일 듯싶다. 내가 살아 있다면 내쉬어 내는 숨만이 오직 남을 것이다.

가득 찬 육신이 아니라 겨우 쉬어내는 한숨, 그리고 숨에서 바람이 다시 일어간다. 비어 있지만 가득 찬 세상, 그 안을 채우는 맑은 바람이 불어온다. 저 아래 대숲에서 불이오는 푸른 비람이다.

바람의 소리가 들린다. 소리가 나를 휘돌아 저 함월산 너른 억새밭으로 간다. 만파식적의 소리가 이런 소리일까?

시간이 상당히 흘렀다. 돌아오고도 남았을 시간이지만 수억은 오지 않았다.

'무슨 일이 있다.'

경신은 조심스레 무장사로 향했다. 무장사를 떠난 지 수해지만 이 길은 어린 시절 뛰어놀던 장소이다. 눈을 감고도 갈 수 있다. 곧게 자란 대숲을 지나 길게 놓인 석축 위에 도착했다. 무장사는 양옆으로 깊은 계곡물이 흐르는 길고 좁은 터에 차례로 자리 잡고 있다. 가장 넓은 위 터에는 아미타전이 자리하고 그 아래에는 부속전각이, 제일 아랫단에는 삼층석탑이 놓여 있다. 아래에서는 오를 길이 없고 계곡 건너편에서 아슬아슬하게 내어놓은 길과 아미타전 뒤로 가파르게 내려온 산길이 전부이다. 그래서 처음 오는 자들은 계곡 건너 울창한 나무에 가려진 무장사를 보지 못하고 지나쳐가기 일쑤였다.

불이 켜진 곳은 아미타전과 그 아래로 이어진 부속채뿐이다. 사람은 보이지 않는다. 부친은 저 부속채 안채에 머무르니 수억은 저리 향했을 것이 분명하다. 경신은 아미타전 뒤를 돌아 아래로 향했다. 전각 사이로 보이는 삼층석탑은 달빛에 길게 늘어져 있다. 그리고 고개를 돌리는 순간 둔탁한 소리가 귀에 울렸다. 그리고 마치 몸이 허공에 붕 뜬 듯 정신이 몽롱했다.

'정신을 차려야 한다…. 정신을….'

하지만 경신의 눈앞에 어른거리는 불빛은 점점 더 작아져갔다.

:: "깊은 자리, 깊게 묻은 쇠 끓는 소리" −무장사 삼층석탑

"나으리, 경신 나으리, 정신 차려 보십시오."

'수억이 목소리다. 죽지는 않았다.'

정신이 들자 한쪽 머리가 깨질 듯 아파져 온다. 눈을 뜨자 곧 주변이 서서히 보이기 시작했다. 어둠 저쪽에 수억이가 바둥거리며 계속 경신을 부르고 있다.

"괜찮다…. 여기가 어디냐?"

"예, 저 예전 인부들이 묵던 곳 같습니다."

인부들이 묵던 곳이라면 무장사에서 계곡 바깥으로 더 올라간 자리에 외따로 떨어져 있는 곳이다.

"어떻게 된 일이냐? 아….."

경신이 묶인 손목을 비틀자 더 죄어온다.

"큰 나으리의 처소에 불이 켜져 있어 그리 달려가는 중에 누군가 저를 잡아채어 사정없이 때렸사옵니다. 그리고 묶어 이리 가두었습니다. 한 식경쯤 지나자 나으리도 정신을 잃은 채 끌려 왔습니다."

"그래 놈들을 보았느냐?"

"달빛을 등지고 들어와 볼 수 없었습니다. 놈들이 벌써 큰 나으리도 어찌 한 듯합니다."

이미 놈들이 무장사에 은밀히 사람을 붙여 놓은 듯했다. 이미 하루가 다 되어 가니 그러고도 충분할 시간이다. 놈들이 여기 숨겨져 있는 것을 알고 온 것인지? 아니면 단지 경신을 잡기 위해 온 것인지 알 수 없었다.

"밀지… 밀지를…."

경신은 밀지를 가져갔다는 생각에 몸을 바둥거렸다. 하지만 곧 밀지가 자신에게 없음을 알아차렸다.

‘밀지는 수억이의 승복에 있다.’

옷을 바꿔 입으며 경신은 일부러 밀지를 승복의 안자락에 두었다. 혹 이런 일이 있을까 방비를 해두었던 것이 다행이었다. 수억은 기둥에 묶인 채 결박을 풀려 몸을 이리저리 흔들고 있다.

‘아마 수억이까지 뒤지지는 않았을 일이다.’

만파식적을 놈들이 찾아갔다면 앞으로 어찌될지 모를 일이다. 물론 경신은 대성 공의 뜻만 받드는 것으로 알려져 있기에 그 책임은 면하겠지만 상대등과의 약속이 지켜질지 알 수 없다. 만파식적의 회수는 선왕과의 거래가 파기됨을 의미한다. 그렇다면 경신과의 약속도 지킬 필요가 없다.

‘이제 서라벌에 피바람이 불 것이다.’

회화나무 아래서 불어오던 푸른 바람이 생각났다.

‘내가 뜻한 바는 언제나 이상에 불과하다. 현실에서는 불 수 없는 바람을 기다린 것이다.’

경신의 눈이 다시 감겼다. 깊은 허무함이 버티던 기운을 빼앗아 갔다.

‘깊이 잠들 수 있을 것 같다.’

‘여기는 감산사 아래 동곡사(洞鵠寺: 숭복사崇福寺의 옛 자리) 자리가 아닌가?’

낯이 익은 풍경에 경신은 여기저기를 둘러보았다. 사람들이 터를 파기도 하며 무언가를 세우기도 하며 분주하다.

‘지해가 아닌가?’

지해가 심각해진 얼굴에 불경을 외고 있다. 가만히 들어보니 관무량수경(觀無量壽經)이다. 곧 사람들이 줄을 지어 올라왔다. 하지만 모두 흰색 옷을 입고 고개를 숙이고 있다. 곧 장정들이 어깨에 올린 커다란 뭔가를 들여왔다. 상여였다. 사람들 속에는 수억이의 모습과 본가 가솔들도 보였다. 그리고 어린 시절 함께했던 낭도들도 보였다. 하지만 모두 슬픈 얼굴로 울고 있는 자도 있다.

관을 내릴 자리가 물이 차오르는 자리이다. 하늘이 송두리째 웅덩이 속에 내려와 고여 있다.

'바싹 마른 연못은 또 하나의 세계이다. 오직 혼자만 갇혀 버릴 세계, 저곳에 갇힌다면 최악의 불행은 권태가 아닌가?'

매일 새벽 최초의 빛에 감동하는 고독이 아니라 밤새 잠 못 이루는 무료한 권태, 나는 저곳에 갇혀 지독한 권태를 느끼리라. 매일 밤 같은 꿈을 꾸고 과거를 되새김하며 목구멍에서 불편한 기억이 넘어오는 고통을 참아야 할 것이다.

매일 지난 일들의 메스꺼움만 구역질하는 벌을 받으리라. 비록 잠 못 이루고 홀로 나선 길이지만 최초의 빛은 최초의 인간을 비추는 감동을 주었다. 이제 저곳에 잠들면 다시는 일어나지 못한다. 물속에 썩어가는 기억더미, 그 속에서 허우적거리며 꿈을 꾸리라. 다시는 일어날 일 없는 불면(不眠)의 밤을….'

그들은 관을 묻는 대신 그곳에 기둥을 박아 세우고 널을 가로놓아 관을 걸었다. 그리고 흙을 채웠다. 끝없이 채워갔다. 흙을 채우자 질퍽하던 장지가 서서히 굳어진다. 맑은 하늘 곡하는 소리가 온 산에 울려 퍼지고 있다. 사람들의 울음소리가 커져 간다. 울음소리가 들리자 경신도 눈물이 난다. 이내 목을 놓아 울기 시작한다.

'아, 여기가 어디인가? 내가 너무 멀리 왔다.'

바람이 불어오자 사람들이 하나 둘 사라진다. 그리고 그 자리를 푸른 바람이 채워간다. 바람이 모여 푸른 봉분이 된다. 죽은 자의 풀, 사초(死草)가 질퍽하던 온 땅에 자랐다. 청량한 바람이 산을 휘감아 퍼져간다.

울음소리인가? 바람소리인가?

"나으리… 나으리… 이제 일어나 보시죠."

바람 사이로 누군가의 목소리가 들려온다. 순간 경신이 화들짝 놀라 일어난다. 머리가 깨질 듯 아프다. 주위를 서둘러 살폈더니 자신이 예전에 묵던 처소다.

"꿈이었구나…."

"눈물을 흘리면서 뒤척였습니다. 어찌 그리 슬피 우시는지…."

"어떻게 된 일이냐? 여기 어떻게…."

"네 묘시(卯時: 오전 6시)쯤에 큰 나으리께서 오셔서 구해주셨습니다."

"아버님은 무사하시냐?"

"네, 조금 다치신 듯한데 괜찮으십니다."

경신은 얼굴을 들었다가 이내 머리를 다시 눕혔다.

"치료는 하긴 했지만 쉬셔야 한답니다. 제가 큰 나으리께 아뢰겠습니다."

경신은 아무 말 없이 눈을 감고 꿈속의 장면을 다시 떠올렸다. 모든 것이 생생했다. 슬피 우는 사람들을 보았다. 마치 생시인 듯 그들이 곡하는 소리, 불경을 외는 지해의 목소리도 생생했다. 깨고 나서도 목을 놓아 울던 슬픔이 사라지지 않는다. 목에 피를 토한 듯 아프다.

곧 방문을 열고 부친이 들어왔다.

"그래 괜찮으냐?"

효양도 급습을 당했는지 팔을 어깨에 천으로 고정시키고 있다.

"아버님, 어떻게 된 일입니까?"

"나도 자세한 내막을 잘 모르겠다."

"지난밤 자시(子時: 자정)쯤에 밖에서 인기척이 있어 나왔더니 변복을 한 사내들이 나를 덮쳤다. 그리고 광에 가두어 버렸다. 아침에 왕산리에 동정을 살피러 보냈던 아이들이 돌아와 나를 풀어주었다. 뭘 찾으려고 했는지 온 절을 다 뒤지고 갔더구나. 도대체 무슨 일인지 모르겠다."

"아마 저를 찾으러 온 듯합니다. 제가 대성 공으로부터 비밀스러운 물건을 하나 받았는데 그것을 찾았을 것입니다."

"그래, 그 일은 어찌 되었느냐?"

경신이 뒤에 서 있는 수억이를 손짓했다. 수억이 다가오자 경신은 옷 안을 뒤져 밀지를 꺼냈다.

"아직 제 손에 있으니 큰일은 없을 듯합니다."

"그래 공의 뜻이니 잘 받들거라."

효양은 더 묻지 않고 돌아갔다. 수억이도 식사를 가지러 나가자 경신은 다시 눈을 감았다. 놈들이 무장사에서 분명 무언가를 찾으려 했다. 자신이 없는 무장사에서 찾을 거라곤 만파식적뿐이다. 태후가 이미 만파식적을 손에 넣은 것이 분명했다.

'부족한 내가 할 수 있는 일이 아니었다. 이제 큰 혼란이 발생할 것이다.'

어제 하루가 마치 꿈을 꾼 듯했다. 대성 공의 죽음도, 아미타불에서 밀지를 찾은 것도, 지해와 묘정이 어둠 속으로 사라진 것도 모두 꿈같다. 아침이 되자 몇 해를 돌아 여기 제자리에 있다. 경신은 무장사 여기저기를 서성이며 어제 일을 다시 생각했다.

해가 뜨자 서릿발이 대숲을 적셨다. 부친은 아래의 군사들이 물러

갔다는 얘길 듣고 사정을 살피러 내려갔다. 길이 열려 있다면 서라벌에 다녀오실 것이다. 태후는 이제 원하는 것을 얻었으니 나를 찾을 필요가 없다. 동악신의 숨겨진 도상은 내버려둬도 괜찮다 생각할 것이다. 만파식적을 찾을 길이 없었을 때 밀지가 중요했지만 이제는 달라졌다. 하지만 도대체 어떻게 무장사에 숨긴 걸 알았을지 궁금했다.

'밀지를 보지 않고서는 알 수가 없다. 밀지를 본 사람은 죽은 대성공과 나, 그리고… 지해뿐이다.'

경신은 순간 지해의 생사가 궁금했다. 태후에게 잡혀 내용을 말했을 수 있다. 지해가 아니라면 알 길이 없다. 무장사에 놈들이 급습한 시각이 자시였다면 시간도 얼추 맞는 듯했다.

경신은 지해가 제 옷을 입고 가 더 쉽게 의심을 샀으리라 생각되었다. 지해가 분명했다. 무엇보다 기림사를 해석해냈으니 무장사를 밝히는 일은 그리 어렵지 않았을 것이다.

'지해와 묘정을 찾아야 한다. 그들이 위험하다.'

경신은 수억을 찾아 서둘러 아래채로 향했다.

자시(子時: 자정)가 다 되었는데 병부의 군사들이 도착하지 않았다. 확인하러 보낸 수하가 서둘러 돌아왔다.

"저… 군사들이 도착하긴 했는데 행색이 관군이 아닙니다."

"관군이 아니라니? 무슨 말이냐?"

그때 횃불을 높이 든 무사들 사이로 한 사내가 천천히 나오고 있다.

"병부령, 누굴 그렇게 기다리십니까?"

김옹은 당황했다. 상대등 양상이었다.

"아무리 그 권세가 대단한 병부령이지만 이리 군사를 동원한 일은 분명 짚고 넘어갈 것입니다!”

상대등의 목소리는 낮고도 단호했다. 그리고 상대가 말을 할 틈을 주지 않았다.

“태후 계신 곳이 어디입니까!”

“그래 아직도 군사들이 오지 않았는가?”

임시로 설치한 막사 밖이 술렁이자 태후는 다시 물었다.

“병부의 군사들은 오지 않습니다. 제가 모두 돌려보냈습니다.”

상대등이 안으로 들어서자 태후의 좁은 미간이 찡그려졌다. 곧 예를 표하고 맞은편 자리에 앉았다. 막사 한편에는 김주원이 입을 다물고 앉아있다.

“안에 아무도 들이지 마시오. 여기 온 것은 임금의 모후가 염려돼서 조언을 드리러 온 것이니 소란들 피우지 마십시오.”

상대등이 뒤따라 들어오던 병부령에게 고개도 돌리지 않고 일렀다. 김주원이 일어나려 하자 태후는 손짓을 해 앉혔다. 잠시 시간이 흐르고 태후는 태연하게 상대등의 말을 기다렸다.

“무엇을 그리 기다리십니까? 아님 무엇을 그리 찾으십니까?”

“잃어버린 것을 찾고 있소. 왕실의 정통성을 찾고 있소!”

태후는 가까스로 참으며 대답을 했다.

‘이 늙은이가 나를 모욕하고 있다.’

“저는 상대등으로 이번 일에 대해 조언을 드리고 싶어 왔을 뿐입니다. 절대 다른 뜻은 없사옵니다.”

“그럼, 저 밖의 사병들은 무엇이오? 그대가 임금의 모후인 나를 치러 온 것이 분명하거늘 어디서 조언을 한다 만다 하시오? 내 한마디

면 상대등은 태후를 죽이려 한 역적이 될 것이오. 저 김융의 역모를
벌써 잊은 게요?"

태후는 기세등등하게 말을 내뱉고 손을 내리쳤다.

"누가 누구를 죽이려 한다 말입니까? 신은 왕실을 지켜야 할 신하
이옵니다. 가당치 않습니다. 그리고 김융은 선왕의 뜻을 지키려 한 신
하지 역모를 한 자가 아닙니다."

"그대가 왕실을 지켜준다? 어린 건운과 내가 어찌하여 왕실을 지
키고 있는데, 어디서 그런 해괴한 말을 하시오? 그리고 이제는 무엄
하게 반당들 편까지 드는 모양이오."

상대등이 태후의 언성이 높아지자 약간 숙이고 있던 고개를 들었다.

"그렇습니다. 임금과 모후가 어찌 왕실을 지키고 있는지 잘 생각하
십시오. 어떻게 왕위에 오를 수 있었는지 잘 생각해보십시오. 선왕이
남긴 유지가 아니었다면 그리 될 수 없는 일입니다. 신하들은 모두
선왕께서 간절히 남긴 뜻을 지키기 위해 어린 임금일지라도 성심을
다해 모시고 있습니다. 그런데 어찌하여 그 뜻을 모르십니까?

선왕께서는 어린 왕자를 위해 충신들을 모아 당부를 하셨습니다.
더 이상 권력을 두고 피를 부르는 보복과 숙청이 없어야 한다며 신분
을 차별하지 말고 인재를 고르게 쓰기를 당부 또 당부하셨습니다. 하
지만 그리하여 등용된 관리들이 선왕 승하 후 모두 반당이라며 쫓겨
나거나 죽임을 당했습니다.

강직한 자들은 허리가 꺾여 죽임을 당하고 허약한 자들은 허리를
굽실거려 권세를 누리니 어느 누가 선왕의 뜻이 이어진다 여기겠습
니까? 나라에 변고가 이어지고 도적이 들끓는 이유가 선왕이 뜻을 전
한 신하들을 저 대공의 난 때 모두 반당이라 구족을 죽여 씨를 말렸

기 때문입니다."

"상대등, 지금 자네가 나를 겁박하는 것인가? 어찌 왕실을 위협해 역모를 꾸민 자들을 충신 운운한단 말인가!"

태후는 이미 이성을 잃고 있었다. 입술을 깨물어 노여움을 겨우 참아내고 있다.

"어찌 겁박이라 하십니까? 태후께서 선왕의 뜻을 잠시 잊은 듯해 다시 일러 드리는 것입니다. 그것이 신하된 자의 일입니다."

"왕실의 뜻에 반하는 추악한 신상을 파괴하고 내가 왕실의 보물을 다시 찾아 내황전에 가져다 놓으려는 뜻이 그리 잘못된 것이오? 그것은 이 왕실의 후손을 위해 문무대왕이 남기신 것이니 주인은 바로 내 아들 건운이오. 원래 주인이 잃어버린 물건을 찾아가려 한다는데 어찌 상대등이 이래라저래라 한다 말이오."

"잃어버린 물건과 주인이라 하셨습니까? 누가 무엇을 잃어버렸단 말씀이십니까? 오직 왕만이 볼 수 있는 만파식적을 말씀하시는지요? 그것은 오직 제왕의 자리에 오를 자만 보고 만지고 넘겨받을 수 있습니다. 그러니 누가 그것을 강탈한단 말씀입니까?

선왕께서는 누구에게도 빼앗기지 않았습니다. 단지 지금의 임금에게 전해주지 않았습니다. 그것을 두고 잃어버렸다 하는 것은 어불성설입니다. 정확히 말하면 임금은 선왕에게서 만파식적을 받지 못했습니다. 이것이 바로 선왕의 뜻입니다. 임금께서는 더 이상 주인이 아니옵니다."

상대등의 거침없는 말에 태후는 말을 잇지 못하고 있다. 상대등은 쉬지 않고 나지막이 말을 이어갔다.

"만파식적을 가진 자가 신라의 왕이 될 자임을 증명하는 것인데 임금께서는 제 자신을 증명하지 못했습니다. 그런데도 신라왕이 되어 왕실의 대통을 잇고 있습니다. 이는 임금의 덕이 아니라 오직 선왕이 신들에게 간곡히 남긴 뜻 때문입니다. 그런데 태후께서 그것을 부정하신다면 더 이상 그 뜻을 받들 수 없습니다. 오직 하늘이 뜻을 내린 자가 제왕에 오를 수 있습니다.”

“하늘이 뜻을 준 자라니? 그럼 반역이라도 하겠다는 뜻이냐?”

태후가 벌떡 일어서며 날카로운 소리를 내자 밖의 군사들이 검을 뽑아들고 들어왔다. 병부령은 태후의 눈을 보며 검을 뺄 준비를 했다.

상대등은 마치 기다렸다는 듯 천천히 일어나 머리를 숙이며 모두 들으라는 듯 크게 외쳤다.

“승하하신 경덕대왕의 비이자 임금의 모후인 태후께서 선왕의 뜻을 받든다면 신은 왕실을 지키는 데 성심을 다할 뿐입니다.”

태후는 주먹 쥔 손을 부르르 떨었지만 아들의 정통성을 거론하는 노련한 상대등을 이길 수 없었다.

“대성 공의 뜻을 받은 자에게 이미 당부를 해두었습니다. 제가 그 자를 항시 살펴볼 것입니다. 저는 이미 대성 공과 표훈대덕의 일거수 일투족을 지켜봤습니다. 이는 그자들의 목숨이 아니라 선왕의 뜻을 지키려 한 뜻입니다. 그자들은 선왕의 뜻이 지켜지고 있음을 확인할 수 있는 징표이옵니다. 태후께서도 그자의 목숨을 지켜주시어 선왕의 유지를 받드소서.”

눈을 감고 말없이 듣던 김주원이 천천히 일어나 입을 열었다.

“상대등의 뜻을 물리치지 마소서. 지금 이 나라는 매해 변란과 재해로 백성들이 고통스러워하고 있습니다. 여기서 임금의 모후와 귀족을 대표하는 상대등이 등을 돌리신다면 어린 임금을 누가 지켜주겠습니까? 태후께서 넓은 아량으로 상대등의 뜻을 거두어 주소서. 그리고 선왕의 뜻을 받드소서.”

태후는 눈치가 빠른 여인이다. 왕실에 비로 들어오고 나서 한순간도 마음을 놓아 본 적이 없는 여인이었다. 왕자를 낳지 못하면 언제든 내쳐질 운명이었기에 살아남는 법을 스스로 익혔다.

지금은 상대등을 이길 수 없다. 게다가 김주원도 태후에게 상대등의 뜻을 받아들일 것을 권하고 있다. 태후의 뒤에는 누구도 없다. 그들을 몰아세울 반역의 증거, 밀지를 얻지 못했기에 상황은 더 나빠진 셈이다. 모두 입을 다물고 태후의 입을 지켜보았다. 상대등은 허리를 굽히고 미동도 하지 않았다. 약간 떨리는 목소리지만 조금 전 쇳소리와 달리 근엄한 목소리로 말했다.

“음… 내 선왕의 유지를 잊은 적이 없다. 그자의 목숨이 곧 선왕의 뜻이라 지킬 것이니 상대등은 왕실을 위해 더 성심을 다하시오!”

상대등은 다시 허리를 숙여 예를 표하고 돌아섰다. 태후는 그러자 고개를 돌려 버렸다.

‘저 자를 베어 버리면 내 노여움은 사라지겠지만 왕실은 위기에 처할 것이다. 영악한 자가 머리를 숙여 선왕의 뜻을 입에 올리다니…”

태후의 계획은 실패했다. 하지만 여전히 거래가 유효하다는 상대등의 제안에 더는 시간을 끌 수가 없었다. 그들도 태후도 여전히 아무것도 얻지 못했다. 밀지는 단 하루 세상에 나왔지만 달라진 것은 없다.

수억이 암곡마을에 내려오자 군사들은 이미 물러가고 없었다. 지난밤 막사를 세운 흔적과 불을 피운 흔적만 마을 주변에 널려 있다. 말을 맡겨 두는 촌로 집에 가자 말 두 마리가 없다. 효양이 서라벌로 간 듯했다. 수억은 말에 오르자 곧장 추령 쪽으로 달렸다.

하지만 곧 기와를 굽는 가마가 보이는 와곡(瓦谷)을 지나 고선사 부근에 이르자 지해와 묘정이 말에 올라타 천천히 가고 있었다.

"스님, 무사하셨습니다."

"아…. 그래 반갑구나…. 경신도 무고한가?"

"네, 좀 다치기는 했지만 무장사에 잘 도착하셨습니다. 그나저나 나으리가 스님 걱정이 태산 같으셔서 서둘러 확인하라 해 이리 찾는 중이었습니다."

"그 사람도, 참…. 이리 잘 있다네…. 우린 어제 고선사에서 하루를 묵었더니 군사들이 다 갔다해 이리 나왔네."

"그럼, 무장사로 가시지, 어디로 가십니까?"

"일단 서라벌 대성 공 본가에 갈 생각이다. 아직 소식이 전해졌을지도 모르겠고 이 아이도 공의 가시는 모습은 안 봐야겠나…. 대덕도 오실 듯하니 가는 길이네."

"아…. 네…. 그러면 그리 전하겠습니다."

"경신에게는 당분간 몸을 숨기는 게 좋을 듯하다 전하거라. 여기 일은 끝났지만 월성에서 다툼이 남아 있지 않은가…. 그런데 기림사에 간 사람들이 무장사에는 어떻게 갔느냐?"

"네, 함월산을 넘어서 무장사로 내려갔습니다. 그런데 놈들이 숨어 급습을 하는 바람에 나으리가 좀 다쳤습니다."

"응? 놈들이 무장사에? 이상한 일이구나…. 내 듣기로는 무장사에 아무도 오르지 않았다 들었는데…. 그건 그렇고 기림사에서는 특별한 일은 없었느냐?"

"네, 나으리는 용칫골 근처에서 머무르다 갑자기 무장사로 가자 하

셨을 뿐입니다. 아마 몸을 숨기기에는 손바닥 보듯이 훤한 무장사가
낫다고 생각하신 게지요.”

“그래⋯. 그렇구나⋯. 수억아, 은밀히 경신에게 이르거라. 어제 무
장사에 간 자들이 누군지 다시 한번 알아보라고⋯.”

“수억아, 경신랑에게 나도 무사하다 안부 꼭 전해줘⋯.”

“알겠다. 몸 조심히 다녀오거라.”

지해와 묘정은 손을 흔들며 서라벌로 향했다. 수억도 지해의 말을
듣고 이상하다 생각했다. 마을로 들어와 말을 묶고 촌로에게 넌지시
물었다.

“어르신, 어제 군사들이 혹 산으로 올랐습니까?”

“산, 무장사로? 웬걸 마을 부근에서만 지키고 앉았다 자시쯤 다 돌
아갔는걸.”

“네⋯. 자시(子時)⋯?”

“참 지난밤은 아니고 아침에 자네가 내려오고 곧 누가 길을 물어
올라갔었네.”

수억은 서둘러 산을 타기 시작했다. 절반쯤 오르자 누군가 내려오
고 있다. 건장한 체격의 사내는 아무런 무장 없이 터벅터벅 내려오고
있다. 수억이 아래 위를 살피자 기분 나쁘다는 듯 쳐다보고 지나친다.

‘혼자 왔으니 뭔가 소식을 전하러 온 모양이다.’

수억은 걸음을 재촉해 무장사로 향했다. 빨리 지해의 말을 전해야
할 듯했다.

“나으리, 나으리, 어디 계십니까?”

수억은 경내에 들어서자마자 경신을 찾았다. 경신은 아미타전 한
쪽에서 뭔가를 들고 서 있었다. 표정이 아주 어두웠고 오른쪽 관자놀

이를 연신 누르고 있다. 머리통이 오거나 일이 생기면 짓는 버릇이다.

"그래, 지해 소식을 들었느냐?"

"네. 방금 다녀간 그 사내는 누구입니까?"

"녀석, 지해 소식부터 말해 보거라."

"아…. 네. 마침 서라벌로 향하고 있어 곧 만났습니다. 두 사람 다 무고합니다. 대성 공 본가에 가신다 하였습니다."

경신은 고개를 끄덕였다. 마치 알고 있었다는 듯 수억을 재촉해 보낼 때와는 태도가 달랐다. 그리고 곧 자리를 찾아 조용히 앉았다.

"나으리, 스님이 조용히 전하라 하셨습니다. 어제 급습한 자들의 정체를 다시 알아보라 하셨습니다. 제가 마을 촌로에게 확인해보니 어제 무장사로 오른 태후의 군사들은 없었다 합니다. 그들은 이미 자시에 떠났다 합니다. 아무래도 이상합니다."

경신은 아무 말 없이 고개를 끄덕이고는 다시 이마를 짚었다.

"수억아, 어제 아버님을 구한 아이가 여기 있느냐?"

"문우는 아침에 큰 나으리를 따라 서라벌로 갔습니다."

경신은 수억과 마주친 사내로부터 서신을 전해 받았다. 상대등이 직접 적어 보냈다.

> 지난밤 두 개의 거래가 모두 이루어졌다.
> 달라진 것은 없다.
> 대성 공이 너를 택한 것은 그들이 아닌 유일한 자였기 때문이다.
> 명심하거라. 모두 그들이며 너를 지켜볼 것이다.

태후는 아무것도 가지지 못했고 선왕의 거래는 여전히 유효했다. 그리고 그들은 암곡에서 무장사로 오지 않았다. 수억이 전해준 내용과 일치했다. 지해는 잡히지 않았고 밀지는 여전히 경신의 품에 있다.

'그럼 누구인가?'

경신은 모두가 의심되었다. 지난밤 만났던 모든 이들이 경신을 쫓는 것 같다.

'모두가 그들이다. 그러지 않고서는 어찌 가는 길을 다 알 수 있단 말인가? 분명한 것은 누군가 무장사로 왔고 암곡에서는 오르지 않았다. 놈들은 내 뒤를 따른 후 앞질러 아버님을 가두고 기다렸다가 나를 급습했다. 그렇다면 추령에서부터 미행이 붙었을 테다.'

경신은 상대등이 순순히 자신을 놓아주고 뒤를 추격한 것이라는 생각이 들었다. 상대등은 대성 공의 죽음부터, 경신이 감은사로 향한 것, 추령으로 온 행적까지 모두 알고 있었다. 그리고 심지어 자신을 기다린 듯했다.

경신이 기림사로 향한 마지막 행적을 아는 자는 또한 지해가 있다. 생각해보니 골굴에 얻어 탄 말도 마치 준비된 듯했다. 지해라면 사미승을 치료해준 옛일도 알 수 있다. 의홍이란 자가 정말 그때 그 사미가 맞는지도 의심이 된다. 모두 다 허상 같다. 지해도 자신이 알던 그 사람이 아닌 듯하다. 마치 깨지 못하는 지리한 꿈같다.

경신은 살얼음이 녹기 시작한 축대 위를 수도 없이 오고갔다. 생각의 정리가 필요했다. 두려움이 이끄는 의심이 아니라 이치를 따져 사건의 본질을 들여다봐야 한다.

'만약 만파식적이 목적이라면 내가 신물을 찾길 기다렸다가 뺏으면 될 것인데, 오기를 기다렸다는 듯이 급습했다. 그렇다면 놈들의 목적은 밀지였다. 밀지가 목적이라면 지해는 아니다. 지해는 밀지를 돌려줬고 오히려 만파식적의 단서를 주고 갔으니 그라면 신물을 찾길 기다렸을 것이다.

하지만 상대등이라면 산막에서 밀지가 없음을 알고 놓아줬다가 뺏으려 했을 가능성이 있다. 또는 태후가 밀지가 내 손에 있다고 믿게 한 후 밀지를 직접 숨기려 했던 것일까? 그렇다면 자신을 보내준 것은 시간을 벌기 위해서일 것이다. 상대등이 태후를 만난 후 은밀히 회수하려 했을지도 모른다.

모두 다 의심이 된다. 하지만 분명한 것은 전갈에 따르면 태후가 아무것도 얻지 못했다는 것, 그리고 밀지도 여기 있으니…. 그 누구도 아무것도 얻지 못했다. 만파식적은 아직 여기 있다!'

누가 자신을 급습했든 만파식적은 여전히 봉인되어 있다. 경신은 곧 의심 가는 곳 여기저기를 뒤지기 시작했다. 부친이 불사를 하기 전부터 있었던 전각과 터를 중심으로 살폈다. 작은 피리일 테니 큰 공간이 필요하지 않았다. 경신은 오래전부터 자리를 잡았던 아미타전에 들어가 벽을 죄다 만져보고 살폈다. 시간이 꽤 흐르고 불단 뒤를 뒤지고 있었다.

그때 누군가 안으로 들어왔다.

"경신이 여기 있느냐?"

부친의 목소리였다.

경신은 불단에 가려 효양의 모습이 보이지 않자 크게 대답을 했다.

"네, 아버님, 제가 찾을 것이 있어 좀 어지럽혔습니다. 곧 나가겠습니다."

부친은 대답이 없었다.

그리고 곧 경신은 목 뒤에서 서늘한 기운이 느껴졌다.

경신이 조심스레 고개를 돌리자 빛을 등지고 서 있는 자가 긴 검을 겨누고 서 있다.

"아… 아버님…"

효양이 검의 날을 아들의 목에 대고 있다. 다친 오른팔로 검을 쥐고 있다.

"뭘 그리 찾고 있느냐?"

"아버님… 어찌 이러십니까?"

"말하거라! 네가 찾는 것이 도대체 무엇이냐?"

효양은 노기 어린 목소리가 아미타전의 냉랭한 기운 사이로 뻗쳤다. 경신은 과묵했지만 늘 관대했던 부친의 모습에 크게 당황했다.

"저는 혹 이곳에 만파식적이 있을지 모른다는 생각이 들어 확인하고 있었습니다."

"너는 그 신물이 누구나 볼 수 있고 만질 수 있는 것이라 생각하느냐?"

경신은 순간 지난밤 자신을 가두었던 자가 누구인지 비로소 알았다. 지해도, 양상도, 태후도 아닌 제 애비였다.

'아, 결국 아무도 나를 쫓지 않았건만 내가 나를 죽이려 했구나.'

만파식적이라는 허상에 스스로 적을 만들고 집착하였으니 마치 처음 욕망에 눈을 뜬 듯 부끄러웠다.

"내 너에게 스스로 포기하게끔 기회를 줬건만 어찌 어리석게 신물을 넘본단 말이냐? 어리석은 놈!"

"아버님… 그럼 아버님이 만파식적을 지키는 자입니까?"

지난밤 효양은 수억이 무장사로 와 여기저기를 살피자 경신이 가까이 왔음을 알아차렸다. 아들이 제 애비를 찾아온 것이 아니라 만파식적을 찾기 위해 온 것이다. 효양은 종 하나를 시켜 수억이를 가두고 경신이 오기를 기다렸다. 한 식경쯤 지나 경신이 나타나자 효양은 직접 경신의 머리를 내리쳐 산막에 가두었다. 아침이 되자 누군가가 만파식적을 찾아갔다고 여긴 경신은 포기하는 듯했다.

아버지는 아들이 그렇게 포기하기를 원했다. 더 이상 무장사에 신물이 없다고 믿기를 바랐다. 서라벌로 향했다고 하고 몰래 지켜보던 효양은 더 이상 경신을 내버려 둘 수 없었다. 이제 아들을 제 검으로 베어야 할 일이다.

"아버님, 아버님이 어찌 만파식적을…"

문무대왕이 승하하자 신문왕은 정치적으로 중요한 결정을 해야 했다. 전쟁이 마무리되자 신흥 귀족들과 토착 귀족들 간의 권력투쟁이 본격화되었고 점령지의 복잡한 지배관계도 쉽게 정리되지 않았다. 문무대왕은 말년에 이 문제를 해결하려 노력했지만 결국 신문왕이 짊어져야 할 정치적 과업이 되었다.

백제와 고구려를 패망시킨 후 신라의 마지막 상대는 당나라였다. 모든 전력을 한수(漢水) 일대 전선에 투입하고 넓어진 점령지를 관리하던 어려움은 결국 배후 적에 대한 경계의 소홀로 이어졌다. 문무대왕이 토함산 너머 동해구 일대에 집착했던 이유가 여기에 있다. 수십 년 동안 당과의 외교가 끊기자 신라는 당과 왜가 동맹을 맺어 공격을 해올까 두려웠다. 동해구는 신라의 생존과 직결된 전략적 요충지이기도 했다.

서라벌로 오는 가장 가까운 경로였던 토함산 일대는 김씨 왕실과는 불편한 관계에 있던 토착귀족들의 땅이었다. 이들은 과거 사로국부터 이 땅의 주인이었다. 하지만 내물대왕이 왕위를 차지한 이후 그들은 소외되었다. 국호가 신라가 되면서 이들은 더 이상 주인행세를 할 수 없었다. 많은 이들이 바다 건너 왜로 건너가기도 했고 일부는 남아서도 왕실과 긴장관계에 있었다.

왕실은 바다 건너에서 여전히 세력을 유지하던 백제유민과 왜가 동해구 일대의 세력과 결탁할까 노심초사했다. 또한 바다 건너 왜로 간 귀족들이 신라를 위협할 것을 걱정했다. 왕실은 이들을 달래기 위해 탈해왕의 뼈로 상을 만들어 신당에 안치하는 회유를 하기도 했지만 갈등은 해결되지 않았다.

신문왕은 즉위 이듬해 임오년(壬午年)68)에 감은사를 완공하고 이미 선왕이 확보한 동해─감은사─기림사로 이어지는 동해구 북단을 중심으로 장기간 이어진 대규모 행차를 했다. 명분은 동해의 용이 되겠다던 선왕의 넋을 기리고 감은사 완공을 알리는 데 있었지만 이면에는 문무대왕의 신격화와 만파식적의 권능을 세우는 데 있었다. 임오년 왕의 행차는 동해구 일대에 왕실의 권위를 높이는 데 결정적인 계기가 된다.

효양의 부친 위문은 통일전쟁 당시 장군으로 활약했던 의관의 자제였다. 그는 패기 있고 신망이 두터운 젊은 귀족으로 당시 왕의 행차를 수행했다. 특히 그는 신문왕의 태자 시절부터 곁을 지킨 동무였다. 신문왕은 당시 기림사에서 조부에게 따로 지시를 내렸다.

조부는 효양이 장성하자 무장사를 지킬 것을 당부했다. 효양이 시중을 지낸 유력한 귀족의 자제였음에도 관직에 나가지 않고 권력다툼에서 살아남았던 이유가 여기에 있었다. 효양은 무장사에서 신문왕이 남긴 밀명을 받들고 있었다.

"그럼, 아버님은 선왕의 거래조차도 모르셨단 말입니까?"

---

68) 683년. 신문왕 3년.

"이번 일과 관련해 지시를 받은 적이 없다. 왕은 자신을 이을 계승자에게만 만파식적의 존재를 알려주지 다른 지시란 애초에 있을 수 없다. 하지만 선왕이 승하한 후 지금의 임금은 오지 않았다. 이제 만파식적은 누구도 찾을 일 없는 신물이다. 내가 죽으면 더 이상 아는 자가 없어야 한다. 그것이 선왕의 뜻이다.

그러니 만파식적을 찾으러 오는 자들은 선왕의 뜻과 상관없이 오는 자들이다. 그들을 막는 것이 내 역할이다."

"그럼 고통받는 백성들이 기다리는 피리 소리는 영원히 들을 수 없군요."

경신은 모든 일을 이해한 듯 혼자 체념하듯 말했다.

"누가 피리라 하더냐? 네가 본 적이 있느냐?

신문왕이 얻은 것은 대나무다. 문무대왕에게서 받은 것은 대나무였다."

"대나무…?"

"문무대왕이 그 아들에게 남겨준 것은 전쟁의 유산뿐이었다. 전쟁 후 신라를 위협하던 백제와 고구려는 사라졌지만 오랜 전쟁 후 손에 든 것은 이제 쓸모없는 창과 검, 투구뿐이었다. 신문왕이 호국룡에게서 받은 것이 바로 그 창이다. 대나무로 만든 창이 바로 선왕의 유산이었다. 신문왕은 선왕의 유산을 가지고 새로운 시대를 열어가는 상징물을 내놓은 것이다."

사람을 죽이는 대(竹)와 사람을 살리는 대(竹), 둘로 쪼개졌다가 다시 합쳐지는 의미, 대피리는 죽창의 의미 변화였다. 문무대왕에게서 받은 대나무는 바로 무장사에 묻었던 병기를 의미한다. 전쟁이 끝난 후 평화로운 시대를 열겠다며 투구와 죽창들을 묻은 선왕의 뜻에서 새로운 의미가 만들어졌다. 사람을 죽이는 무기가 아니라 고통스러운 만파(萬波)를 잠재우는 피리를 만들었다. 왕은 무장사의 대나무로 피리를 만들어 월성에 모셨다.

신문왕은 새로운 시대에 맞는 권능을 만든 왕이었다. 문무왕이 군사적 힘으로 통일을 완성하고 지배했다면 신문왕은 종교와 신성(神性)의 힘으로 지배하고자 했다. 무력을 가진 선왕에게 호국룡의 불멸성을 부여하고 신을 만든 것이 바로 임오년(壬午年) 행차였다.

인간인 왕을 신으로 만드는 일은 저항을 받기 마련이다. 토착신을 전복하고 새로운 신을 만든 다음에는 곧 정치적 숙청이 이어졌다. 동시에 귀족들의 경제적 기반인 녹읍을 폐지하고 관료전을 지급해 재정 확보와 군권 장악을 이루었다. 통일 후 되레 중앙군이 급격히 늘어났던 이유가 바로 전제왕권 구축의 결과였다.

"하지만 신문왕 이후 누구도 피리를 보지 못했다 합니다. 그럼 후대 왕들은 더 이상 피리를 만들지 않았습니까?"

"효소왕대 만파식적을 분실하고 나서 왕은 그 실체를 숨겨야 했다. 피리는 대나무의 변용일 뿐이다. '호국룡의 대나무' 의미를 전해 받은 후대 왕들은 피리 대신 다른 변용을 만들었다. 바로 선왕의 공덕을 기리는 범종(梵鐘)에 대나무 피리 모양의 용통을 만들어 그 의미를 담았다. 오직 신라 종에만 있는 용통이 바로 새로운 만파식적이다. 가깝게는 봉덕사의 신종부터, 사천왕사의 종, 감은사의 종 모두 만파식적의 소리를 내는 대나무의 변용이다."

호국룡의 대나무가 바로 밀지의 마지막 구절 '죽림에 든 동해를 지키는 용'의 의미가 분명했다. 저 무장사 뒤 회화나무의 너른 터가 죽음의 무기가 묻힌 곳이며 그 앞의 죽림(竹林)이 생명의 소리를 내는 곳이다.

"하지만 봉덕사의 신종은 지금 임금이 만든 것 아닙니까?"

"모르는 소리다. 그 종의 정식 이름은 성덕대왕신종이다. 선왕이 부친인 성덕왕에게서 전해 받은 만파식적을 담은 범종이지 지금의 왕 것이 아니다. 그 범종에 새겨진 만파식적의 의미를 모르니 피리라 생각하고 태후가 저리 찾는 것이다."

그랬다. 피리는 대나무라는 본질에서 나온 일개 현상에 불과했다. 본질의 의미를 모르니 사람들은 피리라는 허상에 갇혀 집착하고 있다. 만파식적의 물질적 본질은 문무대왕의 대나무이며 의미적 본질은 고통을 잠재우는 소리에 있다. 만파식적을 등에 업은 용이 새겨진 범종의 '소리'야말로 만파식적의 본질이다.

현상은 때가 되면 소멸하고 생성하고 변화한다. 저 토함산의 신이 동악신에서 호국룡으로 다시 부처로 바뀌듯이 만파식적도 죽창에서 피리로 다시 범종으로 그 모습을 바꾸었다. 하지만 토함산의 신이 백성의 오랜 신앙인 것은 여전하고 만파식적은 고통을 잠재울 소리라는 본질은 그대로이다.

오랜 시간이 흐르면서 이 땅에서도 사람이 태어나고 죽어가며 주인의 얼굴도 달라졌다. 그리고 그들의 믿음도, 최고의 보물도 달라졌다. 우리는 죽어 가는 자신을 인정하지 않고 여전히 과거의 껍데기에 매달려 고통스러워하고 있다. 제 자신이 사라질 것을 인정하지 않아서이다.

부처를 친견하기를 원하고 보물을 소유하기를 원하는 이유는 그를 통해 자신의 존재를 알고 싶기 때문이다. 내가 왕인지, 깨달음을 얻은 자인지, 권세를 가진 자인지 알고 싶어 한다. 동악신도, 만파식적도 껍데기를 봐서는 본질을 절대 알 수 없다. 그러니 원하는 것을 얻어도 알아보지 못한다. 저 토함산 석굴의 불상 앞에서 무릎을 꿇어도, 무장사의 너른 대숲을 지나쳐도 알아보지 못한다.

"너는 신물을 탐할 아이는 아니다. 하지만 진실에 대한 욕심이 네 목숨을 걸게 했다. 그것도 역시 탐욕이다. 이제 모두 다 말했다. 네가 진실을 원해 말했지만 이는 오직 왕만이 알 내용이다."

경신은 새벽의 생생한 꿈이 생각났다. 목의 통증이, 슬픔이 다시 떠올랐다.

"아버님, 죄송합니다. 먼저 가는 자식을 용서하소서."

효양이 천천히 손목을 비틀어 검의 날을 세운다. 경신은 엎드렸던 허리를 세우고 목을 내었다. 바람에 문이 슬며시 열렸다. 밖은 눈부셨다. 어느 날보다 눈부셨다. 이제 눈을 감았다.

"들거라! 만파식적의 비밀을 아는 자 죽거나 오직 왕이 될 자이다. 너는 왕이냐? 죽을 자이냐?"

눈을 감은 경신의 앞이 하얗게 질려 온다.

매일 안개를 헤치고 나서던 고요한 시간이다. 그리도 더디게 찾아 오던 최초의 시간이다.

껍질이 벗겨지자 눈을 감아도 보인다. 신(神)도 신물(神物)도 형상(形象) 없이도 볼 수 있다. 허상(虛像)은 서서히 최초의 빛에 흩어졌다.

오직 남은 것은 비어 있는 바람….

만파식적의 소리는 울어대는 바람의 소리였다.

저 운무를 토해내는 산정의 절대자여…

함월산 너른 억새밭을 넘실대는 죽림의 푸른 바람이여….

Ⅵ. 해인삼매(海印三昧), 가만히 물길에 비추다

무인년(戊寅年)[69] 십이월(十二月) 마지막 날이다. 하늘은 높고 청명하다. 벌써 따뜻한 남서풍이 불어 오는지 발걸음을 재촉하는 지해의 이마에 땀이 맺힌다. 임금은 언젠가 감산사 아래 동곡사 자리에 자신의 능을 써줄 것을 부탁했었다. 지해는 지금 동곡사에 가고 있다.

'벌써 스무 해도 훨씬 지났다.'

갑인년(甲寅年)[70] 십이월(十二月)의 그 일이 있은 지 꼭 스무네 해가 지났다. 당당한 체구의 지해도 시간을 비켜 갈 수는 없는 듯 서서히 져가고 있다. 주름진 얼굴의 땀을 닦으며 길가 바윗돌에 앉았다. 임금은 몇 달 전 자신의 꿈을 들려주었다. 갑인년 그날 잠시 꾸었던 꿈을 너무도 생생하게 기억해 신기할 정도였다.

'그날도 참 맑은 날이었다.'

지해는 대성 공 장례가 마무리되자 황룡사에 머물렀다. 경신을 다시 본 것은 그로부터 두 해가 훨씬 지나서였다. 그 사이 서라벌에서는 이찬 김은거(金隱居)가 반란을 일으켰고 시중 정문(正門)과 이찬 염

---

69) 798년, 원성왕 14년.
70) 774년, 혜공왕 10년.

상(廉相)도 거병을 해 죽임을 당하였다. 특이한 점은 그들은 이전 반역자들과 달리 태후의 사람들이었다.

한 해 전 병진년(丙辰年)71)에 임금이 감은사로 행차를 해 호국룡 문무대왕께 제를 올렸을 때 백성들은 임금이 만파식적을 다시 받으러 간 것이라며 한껏 기대를 했다. 돌아온 임금은 섭정을 물리고 친정을 해 나가며 국학에 나가는 등 의욕을 냈으나 삼월(三月)과 사월(四月)에 서라벌에 지진이 나 민가와 궁성이 허물어지는 등 혼란이 끊이질 않았다. 서라벌에서는 임금이 만파식적을 잃어버려 나라가 혼란스러워졌다는 말들이 조금씩 돌기 시작했다.

경신을 다시 만난 것은 그해 시월(十月)이 되어서였다. 이찬 김주원이 시중에 오르면서 새로이 주요 관등을 내렸는데 경신의 이름도 있었다. 경신은 이찬의 관등을 받아 호사가들의 입에 오르내렸다.

상대등 김양상과 시중 김주원, 그리고 이찬 김경신까지 그날의 사람들이 모두 신라의 주요 자리에 올랐다. 이미 그해 봄 상대등이 임금에게 글을 올려 시국에 대해 극론하는 등 귀족들이 동요하고 있었기에 김주원이 시중에 오른 것은 의외였다. 가장 가까운 왕실 인척이 시중 자리에 오르자 태후의 입김이 여전히 상대등을 능가하는 듯했다. 하지만 김주원이 시중 자리에 오를 수 있었던 것은 그가 상대등과 태후를 중재해 서둘러 갈등을 봉합했기에 가능했다. 김주원은 왕실 인척이지만 귀족들과도 원만한 관계를 유지하고 있어 따르는 자들이 적지 않았고 능력도 탁월한 자였다. 상대등은 김주원이 시중에 오르는 것을 반대하지 않았고 태후도 왕실의 외척을 관직의 수장으로 둘 수 있어

---

71) 776년, 혜공왕 12년.

원하는 바를 이룰 수 있다 생각했다. 경신을 발탁한 자는 표면상 김주원이었지만 상대등이 시중자리를 놓고 경신을 추천했다고 알려졌다.

경신은 월성으로 향하던 중 밤늦게 황룡사에 들렀다. 그날의 일에 대해서는 말이 없었지만 월성에 나가는 연유는 더 물을 수 없었다. 쉽게 변할 성품의 사람이 아니었지만 몇 해가 지난 그는 더 속을 알 수 없는 얼굴이었다. 대신 돌보고 있던 묘정의 안부를 묻고 잘 부탁한다는 말을 남기고 돌아갔다.

그날 그의 그림자는 어느 때보다 길었다. 달이 뜨는 날이면 제 그림자를 슬며시 돌아보던 청년의 그림자는 계속 자라고 있었다. 달이 차면 그림자도 길어진다. 길어진 그림자는 채워 가는 달을 뜻한다. 경신은 그만큼 채워져 있었다. 하지만 맑은 샘 같던 청년의 얼굴은 더 이상 보이지 않았다.

그날 심부름 갔던 묘정은 경신을 보지 못하자 며칠을 토라져 있었다. 경신의 사정을 안 지해는 묘정을 보내지 않고 제가 데리고 있었다. 다음 해 봄에 다시 지진이 나 불국사의 담장이 허물어지기도 했다. 토함산의 불사는 이때도 계속되고 있었는데 갑인년(甲寅年) 이후에는 나라에서 맡고 있었다.

경신년(庚申年)72) 정월부터 누런 안개가 자욱해 백성들이 불안해했다. 이월(二月)이 되자 서라벌에는 흙비가 수일 동안 이어져 개조차도 누렇게 해 돌아다녔다. 백성들 사이에는 선왕이 하늘의 상제(上帝)에게 부탁해 아들을 얻은 대가로 나라가 혼란에 빠졌다는 소문이 온 성을 돌았다.

---

72) 780년, 혜공왕 16년.

망국(亡國)의 징조가 연이어 나타나는데도 임금은 만파식적이 없어 나라를 편안히 하지 못하고 또한 원래 딸이었던 자가 아들이 되었으니 대를 이을 후사도 얻지 못할 것이라 했다. 그 소문은 사실이기도 했다. 선왕의 비밀 거래는 어느새 온 서라벌이 다 아는 비밀이 된 셈이다.

이에 귀족들 사이에서는 새 임금을 세우지 않는 한 나라는 망한다며 공공연히 이름을 거론하곤 했다. 그들이 기다렸던 때가 오고 있었다. 더 이상 은밀한 거래를 지킬 필요가 없었다. 하늘은 모두에게 그때가 왔음을 알려주었다.

누런 안개와 흙비가 서라벌을 뒤덮고 있던 새벽, 이찬 김지정(金志貞)이 군사들을 모아 월성에 들어가 문을 걸고 나오지 않았다. 반란을 일으켰다고 하나 월성으로 들어간 김지정은 태후의 총애를 받는 자였고 궁을 차지하고도 임금과 태후는 무사했다. 대신 관리와 귀족들은 사월(四月)까지 월성에 한 발짝도 들여놓지 못하였다. 곧 월성에서 나오지 못했던 몇몇 귀족들이 김지정에게 죽임을 당하였다. 그들은 모두 왕실과 불편한 관계에 있던 자들이었다.

사월(四月)에 안개와 흙비가 모두 그치자 상대등을 중심으로 귀족들이 거병을 했다. 노회한 상대등과 함께 선두에 있던 자는 경신이었다. 이틀 밤낮을 공격해 결국 해자를 넘어 궁으로 들어갔다. 그곳에서 김지정과 반란군들을 잡아 죽였으며 임금과 태후를 찾았으나 이미 주검이 되어 있었다.

비밀거래의 내용을 시녀들까지 수군대자 자신과 아들이 궁에서 쫓겨날 거라 두려웠던 태후가 스스로 반란을 일으켜 귀족들을 제거하려 했던 일이라 하였다. 반란 당일 귀족들이 눈치를 채고 월성을 빠져나가 버려 뜻대로 되지 않은데다 상대등이 군사들을 일으키자 극단적인 선택을 한 듯했다. 태후는 그토록 죽음을 두려워했지만 스스로 죽음을 택했다. 누군가에게 죽는 일이 가장 두려웠던 태후에게 달리 다른 선택이 없었던 모양이다.

임금은 후사가 없어 왕실의 적통이 없었다. 가장 가까운 인척은 시중 김주원이었지만 그는 이번 반란이 일어나자 본가인 북촌 너머에 물러나 있었다. 그는 태종대왕의 혈통을 받은 유력한 후손이기도 했지만 김지정 반란의 책임도 완전히 면하기 어려워 쉽게 나서지 못하는 형편이었다. 귀족들 사이에서는 이번 기회에 새로운 왕실을 세우자는 의견이 많았다. 선왕과의 거래로 위태롭게 유지되던 왕실의 존재 명분이 사라져 버렸다. 이미 백성들 사이에서도 현재 왕실의 후손은 환영받지 못할 일이기도 했다. 통일전쟁 후 신라 왕을 독점했던 강력한 왕실은 이렇게 사라져갔다.

이제 유력한 귀족들이 원하는 혈통은 태종대왕의 혈통이 아니라 김씨의 중시조 내물대왕의 후손이라는 명분이었다. 오랫동안 상대등 자리에 있던 김양상이 추대를 받아 왕위에 올랐다. 그는 성덕왕의 외손자이기도 했지만 내물대왕 10대손이라는 명분을 내세워 귀족의 지지를 받았다. 이는 통일 이전 왕조의 계승과 복원을 뜻하는 동시에 새로운 왕실 개창이었다. 또한 경덕왕과 거래를 통해 그 지위를 회복하려던 그들이 이제 전면에 나서게 되었다.

김양상은 왕위에 오르자 경신을 귀족의 수장인 상대등으로 삼았다. 반란을 진압하는 데 큰 공을 세우기도 했지만 경신의 상대등 발탁은 놀라운 일이었다. 하지만 웬일인지 유력한 귀족들 사이에서도 큰 반발이 없었다.

경신의 선대 조상 의관은 문무대왕이 무열왕계 왕실의 독점적 왕실을 잇기 위해 제거한 유력 귀족 중 하나였다. 대당총관이었던 의관은 고구려와의 전투에서 패했다고 하여 파면을 당했다. 그리고 경신의 모친 박씨는 모량부 출신으로 효성왕의 왕비 박씨와 한 가문이었다. 효성왕의 비 박씨가 폐위되면서 경신의 가문도 경덕왕 대에는 철저히 정치적으로 소외되었다. 경신 가문 역시 바로 그들 중 하나였다. 하지만 상대등에 올랐음에도 경신은 전면에 나서지는 않았다. 시중 자리는 물러났지만 여전히 병부령으로 군권을 쥐고 있던 김주원이 상재(上宰) 자리에 있었고 자신은 스스로 그 아래라 자처하였다.

새 임금은 김주원을 상재상에 두면서 이전 왕실세력과도 대립하기보다 원만한 관계를 유지하려 했다. 새 혈통으로 왕실을 열었지만 강력했던 지난 왕실에 비하면 귀족들을 장악하기는 쉽지 않았다. 또한 백성들 사이에서 어린 나이에 죽은 혜공왕에 대한 동정도 있었다. 시간이 지나자 임금이 왕위에 오르기 위해 태후와 혜공왕을 죽였다는 소문도 돌았다. 임금은 전 왕실세력과 귀족들 사이에서 원만한 관계를 유지하려 애썼지만 그 점이 새로운 시대를 기대했던 백성들에게 과거를 다시 찾는 빌미가 되었다.

그해 서라벌에 역병이 돌았고 임금도 역병에 걸렸다는 소문이 났다. 귀족들은 모두 제각기 다음 임금을 누굴 세울지 의논했으나 쉽사리 결론이 나지 않았다. 귀족들 중에서는 상재인 김주원이 그 서열상 가장 앞서나 그는 전왕실의 후손이라 정치적 보복이 두렵기도 했다.

을축년(乙丑年)73) 정월 십삼일, 이른 봄비가 내리는 날 임금(선덕왕)이 죽었다. 봄비답지 않게 빗줄기는 거세었고 그날 저녁 화백회의

---

73) 785년, 선덕왕 6년.

가 열렸다. 강한 빗줄기에 월성 아래 문천(文川)도 넘실대고 있어 오가는 자가 끊겼다. 김주원은 이때 본가에 머물렀다가 북천물이 불어나 이십 리 밖의 월성 근처에도 오지 못했다. 서열상으로 가장 높은 자리를 차지한 김주원이 자리에 빠지자 회의는 길어졌다.

이때 대각간(大角干) 자리에 올라있던 경신의 부친 효양이 뭔가를 내놓았다. 사라졌던 만파식적이었다. 사라졌던 만파식적을 확인하자 귀족들은 자리에 오지 못한 김주원 대신 상대등 경신을 왕에 추대했다.

경신은 갑인년(甲寅年)에 이미 만파식적을 얻었던 것이다. 그리고 오직 왕이 될 자만 가질 수 있다고 알려진 신물(神物)을 그들 앞에 내놓았다. 만파식적을 가진 자 왕이 될 자라는 정통성은 여전히 위력적이었다. 김주원은 문무대왕의 후손이지만 만파식적을 얻지 못한 면에서 혜공왕과 다를 바 없었다. 누구도 뚜렷한 명분이 없었던 상황에서 만파식적은 오히려 문무대왕의 후손이면서도 신물을 받지 못한 김주원에게 더 불리했다. 왕실이 왕권강화를 위해 내세웠던 호국룡과 만파식적은 이제 새로운 왕실을 여는 계기가 되었다. 그는 문무대왕의 신물을 받음으로써 선덕왕이 갖지 못했던 정통성을 확보했다.

경신이 임금이 된 다음 해 병인년(丙寅年) 시월(十月)에는 바다 건너 일본 문덕왕이 신리를 치려다 만파식적이 있다는 소리에 군사를 돌렸다는 소문이 온 서라벌에 돌았다. 만파식적은 이제 하늘의 뜻으로 해석되었다. 백성들은 만파식적의 등장에 환호했다.

지해는 종종 궁에 들어가 임금과 이야기를 나누곤 했다. 그 자신이 선택받은 자로 태어나지 않고 저 들판을 같이 걷던 곤궁한 자라며 예를 받는 대신 항시 내려와 손을 잡아줬다. 늘 머리 한쪽을 누르고 앉아 있던 모습은 낯설지 않았지만 예전 담담함에서 느껴지던 맑은 표정 대신 늘 초췌해 보였다. 임금은 가진 영화보다 고뇌가 더 크다는 점을 잘 알고 있었다.

임금은 언제 묘정을 데려오라 했지만 등극 후 여덟 해가 지나 지해에게 강론을 청하자 그때 묘정을 궁으로 데려갔다. 갑인년에 일곱 살이었던 묘정은 이제 여인이 되었다. 묘정은 경신을 다시 만난다는 생각에 잠을 이루지 못하고 눈이 부은 채로 궁에 들어갔다. 처음 화엄경(華嚴經)을 강론하는 자리에 묘정이 뒤에 있었지만 임금은 바로 알아보지 못했다. 어린아이가 열여덟 해를 보냈으니 알아볼 수 없었다. 강론이 끝나고 임금과 조용히 있게 되자 지해는 묘정을 알렸다.

임금은 크게 놀라며 묘정을 가까이 앉혀 지난 일을 확인했다. 이 아이가 언젠가 경신이 건네준 염주를 허리띠에서 풀어 보여 주자 임금은 싱긋이 웃었다. 임금은 묘정을 궁에 머물게 하고 왕비에게 옛일을 얘기하며 묘정을 잘 보살펴 줄 것을 당부했다. 특히 곱게 단장을 하고 경신의 목숨을 살렸던 이야기가 알려지자 임금을 비롯한 궁궐 사람들에게 아낌을 받았다. 몇 해 전 태자를 잃어 상심이 컸던 임금은 밝고 쾌활한 묘정을 제 가족처럼 아꼈다.

그해 가을에 사신을 당나라에 보내게 되자 임금은 묘정이 함께 갈 수 있도록 허락했다. 언젠가 당나라에 가보고 싶다던 어린 묘정의 꿈을 임금은 잊지 않았다. 당나라로 떠나는 묘정에게 임금은 염주를 대신해 옥구슬을 쥐어 주었다. 묘정은 당나라로 떠났지만 돌아오는 사신과 함께하지 않았다. 사신에게서 당 황실에 머물게 되었다는 소식을 들은 임금은 그저 고개를 끄덕이며 더 묻지 않았다. 항상 지는 해를 보고 제 부모를 그리워하던 아이가 더 먼 서방으로 향했으리라 여겼다.

을해년(乙亥年)74)에 당나라 사신이 다녀간 후 괴이한 소문이 돌았다. 함께 온 명주(溟州)사람 둘이 동천사(東泉寺)의 동지(東池) 청지(青池)에 있던 용과 분황사(芬皇寺) 우물의 용을 잡아 갔다 했다.

동천사의 연못은 동해용이 와서 불법을 듣는다던 신령스러운 장소였다. 동천사의 승려들로부터 소식을 들은 임금은 친히 그들을 급히 쫓았다. 그리고 잡혀가던 용을 다시 제자리에 모셨다고 해 백성들이 안도했다. 명주는 김주원의 식읍이 있던 곳으로 그의 일가와 따르는 자들이 모여 살아 왕실과는 불편한 관계에 있었다.

지해는 이 기이한 이야기를 듣는 순간 그 옛날 태후가 동악신을 찾았던 이야기가 떠올랐다. 신라왕에게는 호국룡과 용이 하사한 만파식적 두 개의 권능이 있다. 문무대왕의 후손이었던 김주원 세력이 조상인 용을 모셔 가려 한다는 소문은 바로 정치적 명분을 놓고 다투는 갑인년(甲寅年)의 하루와 다를 바 없었다. 단순한 소문일 수도 있었지만 임금은 그 복잡한 의도를 잘 알았기에 직접 말을 달려 의혹을 일축했다.

다행히 이 사건을 통해 임금은 호국룡을 지켜낸 왕이 되었다. 신문왕이 선왕을 호국룡으로 모시고, 하사받은 만파식적을 통해 신라를 지배하였듯 임금도 호국룡을 지키고 만파식적을 받은 계승자의 권위를 세운 셈이다. 대성 공이 남겨준 밀지를 통해 정치적 의미를 이해했던 임금은 숨겨진 뜻을 제대로 지키고 있었다.

경신은 늘 대성 공이 왜 자신에게 이 일을 맡겼는지 의아해했다. 하지만 대성은 밀지의 중의적 의미를 알고 경신을 선택했다. 경덕왕은 후왕에게 만파식적을 전할 수 없지만 누군가가 찾을 수 있도록 여

지를 남겼다. 대성은 권력욕이 있는 자가 아니라 이치에 맞게 사용할 수 있는 자에게 남기고자 했다.

밀지에 담긴 두 가지 권능은 진실을 보지 못하는 자들은 결코 찾을 수 없다. 동악신의 형상도, 피리의 형상도 아니기에 권력에 눈먼 자들 대신 그 뜻을 살필 수 있는 자만이 밀지를 해석할 수 있었다. 경신은 단순히 지키는 자가 아니라 그것을 제대로 쓸 줄 아는 자로 선택된 것이다.

동곡사 경내에는 얕은 연못이 있었다. 자신의 관을 내리는 자리가 물이 차올랐다 했으니 여기가 임금이 말한 자리였다.

"이보게 지해, 사실 난 그날 죽을 운명이었네. 하지만 자네와 묘정의 도움으로 살았고 정작 스스로 죽음을 선택할 수 있던 순간에 죽지 못했네. 살려고 했지. 부친께 살려 달라 했지. 나는 모함을 당했을 때는 도망쳤고 죽을 때는 살려 달라 하는 염치없는 자였네. 내 늘 염치없는 자들을 경멸했건만 내가 그리 살았다네. 스스로 죽지 못했으니 대가를 치러야 했지. 죽을 자가 죽지 못하고 왕이 되어 살았다네.

매일 질퍽한 땅에 관이 매달리고 밤마다 목을 놓아 울었다네. 그날 죽어 묻혔을 곳으로 보내주게. 관을 마른 땅에 내리지 말고 널을 들어 매달아 두게. 그 아래로 바람을 채우고 소리를 듣게 해주게. 바람이 내는 소리는 울음의 소리이고 만파식적의 소리였네. 내 꿈에서 봤던 푸른 바람에 실려 구천을 떠돌도록 해주게. 내 용기 없어 죽지 못한 죗값을 그렇게 치르도록…"

임금은 널에 들린 관이 어떤 의미인지 매일 밤 생각했다. 새벽이 되어야 잠들곤 하던 임금에게 왕위는 살기 위해 얻은 지독한 업보 같았다.

:: "널을 들어 관을 매달아두게. 그 아래로 바람을 채우고 소리를 듣게 해주게." -괘릉

지해는 말라붙은 썩은 연잎이 가득한 연못을 바라보며 혼잣말을 했다.
'경신, 자네가 모르는 것이 있네.

어린 묘정은 김양상에게 대성 공의 일을 매일 알려주고 있었다네. 묘정이 매일 밤 비밀장소로 갔던 일도 공의 소식을 알리기 위함이었고 대성 공이 마지막 서신을 남긴 날 밤에도 그 내용이 상대등에게 전해졌다네. 그래서 감은사에서 상대등의 사병들이 준비를 하고 있었던 것이지. 상대등은 밀지를 얻은 일도 묘정을 통해 이미 알고 있었네. 우리가 불국사에 돌아갔던 사이 묘정이 전갈을 했었네.

어린 묘정을 대덕에게 맡긴 자가 바로 김양상이었네. 양상은 김융이 죽자 그 손녀를 은밀히 데려와 숨겼네. 묘정은 어린아이였지만 제 가문의 비극을 잘 알고 있었다네.

사실 거래를 주선했던 자는 선왕과 표훈대덕이었네. 대성 공은 신상복원에 관한 지시를 받았을 뿐이고 상대등은 중재자가 아니라 그들의 수장이었네. 처음 거래를 한 당사자 중에 김융이 있었네. 양상은 김융이 죽자 후계자로 나섰고…. 그러니 자네를 제외하고는 모두 그들이었네. 내 젊은 시절 그리 자네를 들이려 했던 함담회가 바로 그들이었네.'

함담(菡萏)은 만개하기 전 연꽃의 봉우리를 가리킨다. 함담회는 선왕과 거래를 한 당사자였다. 하지만 이들은 밀지가 세상에 알려지기를 원하지 않았다. 그것은 때가 되기 전 개혁의 원대한 이상을 품고 관직에 나갔던 수많은 청년 함담들이 외척과 왕의 정치논리에 희생되었기 때문이다.

밀지를 통해 정치적 거래를 시도했던 김융의 희생 후 김양상은 그 수장으로 오르면서 조직의 생존을 위해 밀지의 봉인을 가장 중요하게 생각했다. 밀지를 숨기고 있어야 함담회는 생존할 수 있었다. 외척은 밀지에 대한 두려움에 그날 이후 정치보복보다 회유에 나섰다. 때가 되면 나약한 왕실과 썩은 외척세력은 밀지를 놓고 서로를 의심하며 자멸할 일이었다.

오래전부터 대성 공과 표훈대덕을 감시하고 밀지의 공개를 막고 있었던 배경은 여기에 있었다. 묘정은 아주 어린아이 때부터 대성 공의 수발을 들으며 감시했고 지해 역시 대덕의 제자가 되기 위해 승려가 되었다. 밀지는 그날 하루 세상에 나왔을 뿐 다시는 나타나지 않았다. 왕실은 밀지의 힘을 빌리지 않고도 무너졌고 함담회는 그 실체를 드러내지 않아도 되었다. 결국 경신은 끝까지 상대등을 중재자로 알고 있었지 그들의 실체를 몰랐다. 물론 지해와 묘정의 그날일도 알지 못했다.

'내 자네를 죽령의 양상에게 보낸 것까지 이미 의도했던 일이지만 자네가 만파식적을 그리 찾을 줄은 생각지도 못했네. 그때 자네가 내딛는 발걸음을 결코 막아서는 안 될 듯싶었네. 찾았으리라 생각했지만 그리 걱정하지도 않았다네. 단지 자네가 신물(神物)을 가지는 순간 괴로움에 빠져들까 걱정 되었을 뿐이지.

소문으로 돌던 거래는 대부분 사실이었네. 혜공왕의 등극, 동악신과 만파식적, 그리고 여아(女兒) 대신 남아(男兒)를 얻은 사실까지…. 대덕이 입적하기 전 말을 해주었네. 선왕이 밀지에 만파식적의 의미까지 담아둔 연유가 바로 아이 때문이었다고…. 밀지의 진실을 꿰뚫어보는 눈을 가지면 스스로 자신을 증명할 단서를 얻게 되는 셈이었지.

하지만 그 사실을 자네에게 말할 필요가 없었네. 만파식적의 주인은 결국 하늘이 정해주는 것이 아닌가. 사실 자네를 빼고 모두 그들이었네. 하지만 자네의 목숨을 구한 자는 누구도 아닌 제 자신이었네.

곧게 서 있어도 올려다보면 기울어져 보이는 법.

신의 권능을 쓰는 자는 그 고통을 알아야 하는 법이지. 그 긴 밤을 고뇌하고 염치없다 스스로를 탓했다면 부처의 고행 못지않았을 고통이네. 잠을 자지 못하는 고통스러운 자가 아니라 밤새 제 자신을 닦아 맑게 하는 자였네.

그 고행이 끝나는 매일 새벽, 자네는 최초의 빛이 내리는 순간에 선 최초의 인간이었네.

스스로 그것을 증명한 것이니 이제 다 내려놓고 아미타불께 귀의하게.

나무 아미타불, 나무 아미타불, 나무 아미타불.'

해인삼매 (海印三昧)

고독을 마주할 수 없는 사람들,
고독과 마주하여 제 자신을 볼 용기가 없는 사람들,
고독 속에 제 자신을 띄워 인내할 줄 모르는 사람들,
그들이 나를 탓한다.

고독을 피하고자
사람들이 모여드는 번잡한 시간을 지나
해 오를 때를 기다려 길을 나선다.

침묵과 사색(思索) 그리고 관조(觀照)
가만히 물(海)길 속에 그가 비치기를(印) 기다려 본다.

아, 여기가 어디인가?
너무 멀리 왔거나… 너무 멀리 가지 못했다.

여기 곧게 올려 선 자에게 들리는 소리가 있다.
저 푸른 竹林에서 불어오는 바람의 소리.

끝.

작품 후기
- 「신공사뇌가」, 사실(寫實)과 추상(抽象) 사이 -

1.

「신공사뇌가(身空詞腦歌)」는 원성왕(元聖王)이 인생의 이치를 깨달아 지었다고 하는 향가(鄕歌)의 제목이다. 이야기는 통일신라 혜공왕(惠恭王) 10년, 갑인년(甲寅年, 774년) 12월 김대성(金大城, 불국사, 석굴암 창건주)이 사망한 날로부터 이틀 동안 사건이 전개된다.

석굴암(石窟庵), 불국사(佛國寺), 만파식적(萬波息笛) 등 통일신라 중대의 주요한 문화재를 대상으로 그 조성 배경과 의미를 파헤쳐 나가며 특히 '새로운 가설'을 중심으로 사건을 해결하는 미술사 전문소설 형태의 문화재콘텐츠이다.

이야기의 핵심 인물인 김경신은 후에 원성왕이 되나 그가 왕위에 오르기 전의 행적은 자세히 알려진 바가 없다. 여기에 등장하는 젊은 김경신의 이틀간의 행적은 역사적 사실이 아니라 소설적 허구이다. 그가 이 소설의 주요 인물로 등장한 것은 김경신이 부친 효양으로부터 만파식적을 받았다는 삼국유사의 기록이 단서가 되었다.

「신공사뇌가」의 분명한 사실은 우리 문화재의 가치와 의미에 대한 연구가 그 출발이라는 점이다. 그리고 그 형태가 사실을 다루는 보고서 형식이 아니라 이야기라는 점에서 추상적 창조물이다. 그런 점에서 이 책은 사실과 추상 사이에 있다.

이야기의 뼈대를 이루는 가설은 기존 미술사 연구에서 전개되었다. 그리고 대중에게 설득력 있는 스토리 개발을 통해 전문분야와 대중을 잇는 일종의 가교모델을 설정하고자 했다. 「신공사뇌가」의 사실과 추상 사이는 기존 문화재 연구와 대중 사이의 간격에 대한 고민이라고 할 수 있다.

미술사를 포함한 인문학은 허구가 아닌 사실을 다루는 학문이다. 당연히 이와 관련한 출간물도 사실을 다루는 것이 일반적이다. 하지만 가끔 역사를 비롯한 인문학 소재의 창작물을 두고 사실을 규명하려는 논리도착의 경우도 종종 목격된다. 그래서 이 이야기를 독자들에게 내놓을 때 스스로 사실과 추상 사이라고 밝혀야 할 것이란 조급함이 앞섰다.

흥미롭게도 미술사는 사실을 규명하기 위해 가설을 세워 보는 과정에 학술적 지식뿐 아니라 상상력이 요구된다. 여기서 우리 문화재를 다루는 미술사가 가지는 새로운 가능성이 있다. 바로 창조적인 스토리 형식을 갖춘 기존 연구와 대중문화를 잇는 전문콘텐츠로서 가능성이다. 그런 면에서 이 글은 불교미술사 연구를 스토리로 개발한 미술사 전문소설이자 문화재 전문콘텐츠이다. 또한 이 글을 작업하기 위해 준비한 문화재콘텐츠 개발모형에 따른 결과물이기도 하다.

무엇보다 많은 학자들의 소중한 연구가 바탕이 되어 이 글을 채울 수 있었다. 이 점이 가장 굳건한 사실이다. 동시에 이 글은 분명히 소설이다. 소설이 되자 논문에서는 결코 연결 지을 수 없었던 여러 아이디어가 새로운 스토리로 꿰어졌다. 학술연구의 엄격성을 벗어난 창작(創作)은 다양한 가능성을 제시했다.

2.

애초 소설로 쓸 생각이 없던 주제였다. 논문 준비를 위해 이런저런 가설을 메모하던 얘깃거리였다. 마지막 자료 정리에 한창이던 2009년 봄, 새벽이 되어 겨우 잠들던 날이 이어졌다. 매일 밤 뒤척이다 그를 만나게 되었다. 이야기를 나누다 잠이 들면 그자의 꿈을 꾸었다.

그는 엄숙한 얼굴을 하고 매일 그 시간에 서 있었다.

해가 떠오르면 사라지는 시간이 있다. 지난밤 불면(不眠)의 시간을 보낸 자가 힘들게 만나는 최초의 순간에 그가 서 있었다. 그는 억지로 잠을 자는 대신 그 시간을 온전히 살아가고 있었다.

그는 한창 준비하던 그 주제를 자신의 얘기처럼 말했다. 내 것이라 했지만 굳은 얼굴로 하던 얘기를 이어갔다. 그렇게 며칠이 지나자 그를 다시 만나지 못할까 두려웠다.

이제 그의 얘기라는 말을 믿기로 했다. 난 오래전부터 불면증(不眠症)에 시달리며 사라진 그들이 들려주었던 이야기를 기억하지 못하는 아쉬움이 있다.

그가 누구인지 뒤졌다. 사라지기 전에 찾아야 했다. 인생의 곤궁함을 노래했다는 짧은 옛 기록에서 새벽의 그자를 찾았다.

그렇게 이 글이 시작되었다.

그해 여름, 작업실에서 전화를 꺼둔 채 이 일에 매달렸다. 새벽이
면 길을 나서 토함산과 함월산을 수없이 오르내렸다. 연필로 그었던
무장사 길을 찾아 나선 그날, 사람을 보지 못했다. 해가 지자 제 키를
넘는 억새 사이로 울음소리가 들렸다. 파묻힌 죽창 소리, 나는 그 소
리를 들었다.
이 글은 그 소리를 담고자 했다.

새벽 바람소리에 제 그림자를 찾아 나선 사람,
그자를 아는 당신에게 이 글이 오랜만의 소식이 되었기를….
그는 여전히 걷고 있다.

2009년 봄부터 2012년 봄까지 적다
김진영

〈부록〉 연대기[75]

문무왕 21년(신사년 681년) 문무왕 사망.

유언에 따라 동해어구 큰 바위에 장사 지냈으며 전하기를 왕이 화(化)하여 용이 되었다 하고 그 바위를 가리켜 대왕석(大王石)이라 함.

신문왕 2년(임오년 682년) 감은사 완공.

5월 감은사로 행차하여 만파식적 받음 -『삼국유사』

성덕왕 11년(임자년 712년) 이찬 위문(魏文)을 중시로 삼음.

효성왕 6년(임오년 742년) 왕이 죽어 시호를 효성이라 하였고 그 뼈를 동해에 뿌렸다.

경덕왕 원년(임오년 742년) 경덕왕 왕위 등극.

경덕왕 2년(계미년 743년) 왕비를 폐위하고 김의충(金義忠)의 딸(만월부인)을 새로 왕비를 들였음.

경덕왕 4년(을유년 745년) 이찬 대정(大正: 김대성과 동일인물)을 중시로 삼음.

---

75) 『삼국사기』 기록을 바탕으로 정리, 삼국유사 기록은 추가로 붙임.

경덕왕 6년(정해년 747년) 중시(中侍)를 시중(侍中)으로 고침.

경덕왕 9년(경인년 750년) 봄 정월에 시중 대정이 관직에서 물러남.

경덕왕 10년(신묘년 751년) 김대성이 토함산 불사를 시작.

경덕왕 16년(정유년 757년) 관료전 폐지, 녹읍 부활.

경덕왕 17년(무술년 758년) 가을 7월 23일 왕자가 태어남. 천둥과 번개가 쳤고 절 16곳에 벼락이 떨어짐.

경덕왕 19년(경자년 760년) 이찬 김옹(金邕)을 시중으로 삼음. 가을 7월에 왕자 건운(乾運)을 왕태자로 책봉.

경덕왕 23년(갑진년 764년) 아찬 양상(良相)을 시중으로 삼음.

경덕왕 24년(을사년 765년) 경덕왕이 죽었다.

혜공왕 원년(을사년 765년) 혜공왕 등극, 왕이 여덟 살이었으므로 어머니 만월부인(滿月夫人)이 섭정.

혜공왕 2년(병오년 766년) 봄 정월에 해가 두 개 나타남.

혜공왕 3년(정미년 767년) 여름 6월에 지진이 일어났음.

혜공왕 4년(무신년 768년) 가을 7월에 일길찬 대공(大恭)이 아우 아찬 대렴(大廉)과 함께 반란을 일으켜 33일간 왕궁을 에워쌌으나 왕의 군사가 이를 평정하고 구족(九族)을 목 베어 죽임.

혜공왕 6년(경술년 770년) 가을 8월에 대아찬 김융(金融)이 반란을 일으켰다가 목 베여 죽임을 당함. 가을 11월에 지진.

혜공왕 10년(갑인년 774년) 가을 9월에 이찬 양상을 상대등으로 삼음, 12월 김대성 사망.

혜공왕 11년(을묘년 775년) 이찬 김은거가 반란을 일으킴. 가을 8월에 이찬 염상(廉相)이 시중 정문(正門)과 반역.

혜공왕 12년(병진년 776년) 봄 정월에 교서를 내려 관직을 옛것으로 회복, 왕이 감은사에 거동하여 망제(望祭)를 지냄.

혜공왕 13년(정사년 777년) 봄 3월과 여름 4월에 지진. 상대등 양상이 왕에게 시국의 정치를 극론. 가을 10월에 이찬 주원(周元)을 시중으로 삼음.

혜공왕 15년(기미년 779년) 봄 3월에 지진.

혜공왕 16년(경신년 780년) 봄 정월에 누런 안개가 끼고 2월에 흙이 비처럼 내림. 이찬 김지정(金志貞)이 반란을 일으켜 궁을 침범. 여름 4월에 상대등 양상과 이찬 경신이 군사를 일으켜 김지정을 죽였으나 왕과 왕비도 반란군에게 죽음(또는 김양상에게 시해되었다. ―『삼국유사』).

선덕왕 원년(경신년 780년) 내물왕 10세손 김양상이 왕위에 등극. 이찬 경신을 상대등으로 삼음.

선덕왕 6년(을축년 785년) 왕이 병으로 죽어 뼈를 동해에 뿌릴 것을 유언.

원성왕 원년(을축년 785년) 내물왕 12세손 김경신이 왕위에 등극. 왕의 아버지 대각간 효양(孝讓)이 만파식적을 왕에게 전했다. ―『삼국유사』

원성왕 2년(병인년 786년) 10월 일본왕 문경(文慶)이 신라를 침범하려다 만파식적이 있다 하여 군사를 돌림. ―『삼국유사』

원성왕 4년(무진년 788) 봄에 독서삼품과를 제정, 실력에 따라 인재 등용.

원성왕 7년(신미년 791년) 봄 정월에 왕태자가 죽었다.

원성왕 8년(임신년 792년) 가을 7월에 당나라에 사신을 보내어 미녀 김정란(金井蘭)을 바침. 그 여자는 나라 안에서 제일가는 미인으로 몸에서 향내가 났다(또는 황룡사 승려 지해智海와 궁에 왔던 사미沙彌

묘정妙正이 사신과 함께 당나라로 갔다. −『삼국유사』).

원성왕 10년(갑술년 794년) 태자 차남 의영(義英)이 죽었다.

원성왕 11년(을해년 795년) 당 사신과 함께한 하서국(河西國) 사람
이 동천사와 분황사 용을 잡아가려다 왕이 잡아 풀어줌. −『삼국유사』

원성왕 14년(무인년 798) 겨울 12월 29일에 왕이 죽어 유언에 따라
널을 들어 봉덕사 남쪽에서 태웠다(또는 왕의 능은 토함산 서쪽 동곡
사에 있다. −『삼국유사』).

〈부록〉 지도

용연(기림폭포)
무장사
기림사
함월산
골굴암
월성
고선사
주령
감은사
석굴암
동해
대왕암
불국사
토함산
장항사
조항산
모벌군성

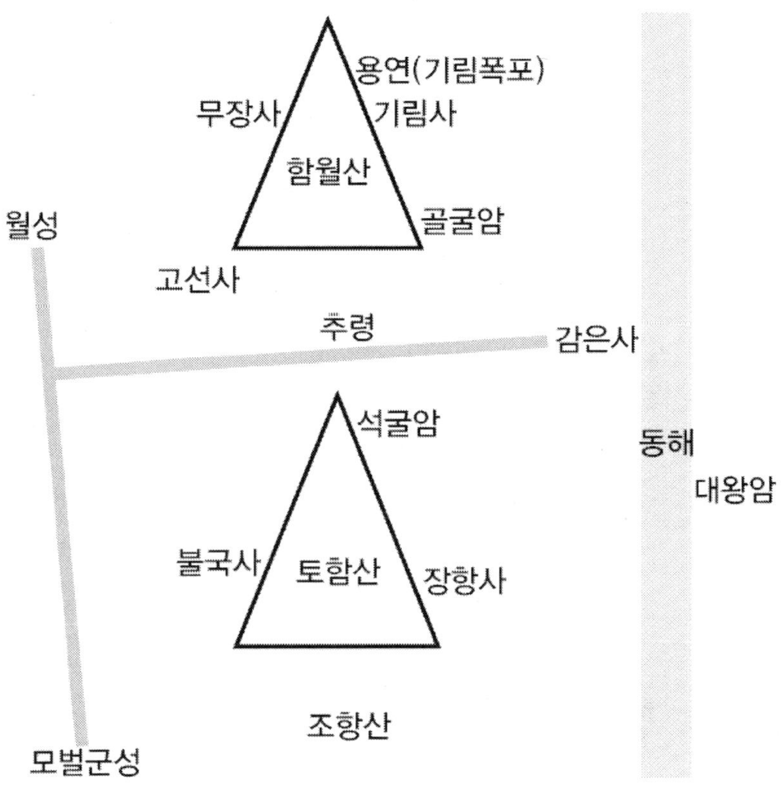

콘텐츠북 「신공사뇌가(身空詞腦歌)」 분석연구

글. 곽동해, 김진영

Ⅰ. 연구개요

「신공사뇌가(身空詞腦歌)」는 통일신라 중대를 배경으로 당대 조성된 석굴암(石窟庵), 불국사(佛國寺) 같은 문화재를 주요 대상으로 사건이 전개되는 미술사 전문소설 형식의 문화재콘텐츠이다.

이 스토리(story)는 역사적 사실(fact)을 허구적 소재로 삼은 기존 소설과 달리 우리 문화재를 콘텐츠로 개발하기 위해 소설적 형식을 선택하고 있다. 즉, 원형(原形)이 상상력을 위한 도구적 소재로 사용되는 것과 달리 미술사 원형을 창조적으로 해석, 발전시키기 위해 스토리 형식을 적용한 것이다. 특히 문화재의 콘텐츠 개발과 관련한 사례연구가 부족하고 구체적인 전략과 개발모형에 따른 개발결과에 대한 후속연구가 미비하다는 점에서 스토리 형태의 이 콘텐츠는 문화재콘텐츠 개발을 위한 전략과 개발모형이 적용된 구체적 사례로서 연구가치가 있다.

본 연구는 미술사연구를 바탕으로 한 창조적인 스토리 개발 사례를 분석하여 문화재콘텐츠 개발과정을 검토하고자 한다. 먼저 콘텐츠 작품으로서 기존의 학술 원형(原型－미술사 이론)과 어떻게 차별화를 이루는지를 분석하여 작품의 창조적 가치를 알아본다. 또한 콘텐츠 작품을 개발하는 과정에 적용된 전략과 개발모형의 적절성과 가치를 검토하는 계기가 될 것이다.

연구범위는 미술사이론을 바탕으로 한 콘텐츠 개발물인「신공사뇌가」에 대해 1) 스토리 분석과 2) 개발과정의 전략과 방법 등이 어떻게 적용되었는지에 대한 분석을 중심으로 한다. 특히 해당 작품의 배경이 된 미술사 이론을 점검하고 무엇보다 새로운 가설 제시를 통해 학술지식과는 다른 창조적인 내용물을 만든 과정을 주목한다.

구체적인 연구방법은 다음과 같다.

첫째, 개념 이해이다. 문화재콘텐츠의 개념과 전략, 개발모형 소개를 통해 문화재콘텐츠의 특성을 이해한다.

둘째, 작품 분석 단계이다. 스토리 구조 분석, 인물 갈등구조 분석 등을 통해 작품의 구조를 파악한다. 특히 배경이 된 미술사 이론과 작품의 차별성을 부여하는 새로운 가설 부분을 분석하여 전문성에 바탕을 둔 창조적 결과물로서 가치를 검증한다.

셋째, 문화재콘텐츠의 개발방법과 전략의 적용을 통한 개발과정 분석이다. 실제 개발사례를 통해 전략과 방법의 적절성과 발전 가능성을 검토하여 문화재콘텐츠 연구성과를 축적한다.

본 연구의 목적은 실제 개발사례 분석을 통해 문화재콘텐츠 개발모형의 타당성과 가능성을 점검하고 이를 통해 문화재 가치 계승의 수단으로 콘텐츠 개발의 가치를 확인하는 데 있다. 특히 실제 개발사례에 대한 후속 연구성과가 부족한 가운데 본 연구는 이론 정립에서부터 개발, 이를 분석, 규명하는 후속 연구로 이어지는 문화재콘텐츠 연구-개발-분석 모델로서 의미가 있다.

Ⅱ. 문화재콘텐츠 개발과 창조적 스토리콘텐츠[76]

1. 문화재콘텐츠의 특성과 개념

콘텐츠(contents)란 「문화산업진흥법」에 따르면 부호, 문자, 도형, 색채, 음성, 음향, 이미지 및 영상 등으로 표현된 모든 종류의 자료 또는 지식 및 이들의 집합물로 그 보존 및 이용에 효용을 높일 수 있도록 전자적인 형태로 제작 또는 변환된 것이다.

그 의미를 좁게 본다면 디지털 기술을 기반으로 한 '디지털 내용물'[77]이며 좀 더 확대된 의미로 콘텐츠는 미디어를 통해서 표출될 수 있으며 권리관계(원작권, 2차 저작권, 인접저작권 등)를 주장할 수 있는 모든 종류의 원작으로 정의하기도 한다.[78] 초기 정보통신(IT) 분야에서 기술적 형식에 담기는 내용물을 지칭하는 데서 시작한 콘텐츠 개념은 현재 기술적 형식과는 상관없이 '내용물'을 지칭하는 용어로 개념이 확대되었다. 특히 문화콘텐츠의 경우 그 의미가 기존의 문화산업과 혼용 사용되고 있을 정도로 개념 변화를 확인할 수 있다.[79] 결국 콘텐츠는 현대산업의 기술기반에 적합한 디지털 내용물을 지칭

---

76) 문화재콘텐츠 개념, 브리지콘텐츠 모형과 개발전략은 본 사례연구를 위한 주요 이론이므로 이와 관련한 내용은 해당연구 부분을 정리, 소개했다. 이하 각주 생략. 김진영, 「문화재콘텐츠 신전략과 개발모형 연구」, 동국대 석사학위논문, 2011 참조.

77) 김기덕, 「콘텐츠의 개념과 인문콘텐츠」, 『인문콘텐츠』 제1호, 2003.

78) 심상민, 「콘텐츠 비즈니스의 새 흐름과 대응전략」, 삼성경제연구소, 2002.7.29.

79) 문화산업이라는 용어는 산출물, 고용, 수입, 그리고 소비자의 수요를 만족시키기 위한 문화적 생산의 경제적 잠재력이라는 의미를 내포한다. 실제 명칭은 각 나라마다 달라 국내(문화산업, 문화콘텐츠 산업), 미국(엔터테인먼트 사업, 저작권사업), 영국(창조산업), 프랑스(문화산업), 일본(콘텐츠산업) 등과 같이 다양하게 사용되고 있다. 문화산업과 문화콘텐츠 산업의 개념은 현재 혼용되어 사용 중이다(한국문화콘텐츠진흥원, 『문화콘텐츠산업 산업분류연구』, 2004 참조). 문화체육관광부에서 제작하는 문화산업백서에는 문화산업을 문화콘텐츠산업으로 표기 발행.

하는 새로운 용어에서 현대사회에 사용되는 내용물 전체를 의미하는 보편적 개념으로 발전하였다.

　문화재콘텐츠는 문화재를 인문학적으로 연구하는 미술사의 전문성과를 바탕으로 콘텐츠를 개발, 활용하여 문화재 가치를 보존, 발전시키는 데 목적이 있다. 문화재 분야의 콘텐츠로서 높은 가치는 핵심 분야인 미술사가 가지는 분명한 미적 대상과 그에 대한 서사구조가 결합한 복합구조에 있다. 이미지(image)+스토리(story) 구조를 가진 미술사의 차별적 특징은 문자, 영상, 음향 등이 다양한 형태로 결합되어 제작되는 콘텐츠의 특징에 적합한 구조적 강점이 있다. 또한 무형적 형태의 콘텐츠를 현장에 있는 유형의 문화재와 연계할 수 있는 확장성을 가지고 있어 그 활용에서도 강점을 가지고 있다. 하지만 무엇보다 문화재콘텐츠의 핵심 가치는 문화재 가치와 콘텐츠 가치의 결합을 통한 창조적 계승방법에 있다. 문화재 가치는 문화원형에 대한 보존가치와 연결되어 있고 콘텐츠 가치는 활용가치와 이어져 있다. 즉, 보존과 활용이라는 가치융합을 통해 계승, 발전이라는 창조가치로 발달시키는 것이다.

　콘텐츠의 기술적 기반은 정보기술(IT)이다. 하지만 내용적 기반은 정보기술(IT)과 결합하는 다른 분야와의 융합(convergence)에서 나온다. 문화재콘텐츠는 문화재와 콘텐츠의 결합에 의한 융합분야라고 할 수 있다. 콘텐츠는 기술적 형식이며 문화재는 내용적 구성물이다. 융합은 단순한 물리적 결합이 아니라 일종의 화학적 합성물의 특성을 지닌다. 문화재콘텐츠 역시 기존 정보의 디지털 전환이 아니라 새로운 창조물을 만들어내는 데 궁극적인 목적이 있다. 여기서 중요한 것은 디지털화 같은 형식적 결과물이 아니다. 기존 문화재 관련 학술지식과는 다른 차별적이고 창조적인 내용물이 핵심 대상이다.

기존의 문화재 관련 콘텐츠 개발은 학술정보의 디지털 형식적 전환, 분류와 검색제공 같은 아카이빙(Archiving) 단계를 중심으로 진행되었다. 즉, 데이터베이스 구축－활용이라는 형태로 전개되어 왔다.[80] 여기서는 기존 학술지식과는 다른 내용적 차별성이나 창조적 결과물을 기대하기가 힘들었다. 문화재콘텐츠는 기본적으로 정보기술(IT)을 바탕으로 한 창조적인 융합결과물 개발을 그 목적으로 한다. 또는 넓은 의미로 오늘에 적합한 문화재를 대상으로 한 창조적인 내용물 전체를 가리킨다. 따라서 단순히 문화재 관련 지식과 정보가 디지털 형식을 갖춘 형태는 ‘문화재 정보화’로, 이 정보화 인프라를 바탕으로 개발된 창조적인 융합물은 ‘문화재콘텐츠’로 구분할 필요가 있다.

문화재콘텐츠의 개념을 이해하는 주요 특징은 IT 기반 기술적 형식, 융합이라는 결합형식, 창조성이라는 내용적 형식, 이 세 가지로 정리할 수 있다. 문화재콘텐츠란 문화재라는 내용과 IT 기반의 콘텐츠 형식이 융합을 통해 만들어내는 내용물로서 창조성이라는 독창적, 차별적 가치를 포함해야 하는 것이다.

---

80) 이와 관련해 콘텐츠 개발에 관련해 진행되어온 각종 사업도 ‘데이터베이스 구축’과 ‘콘텐츠 활용’ 두 방향을 중심으로 진행되어 왔다. 데이터베이스 구축에 해당하는 ‘국가지식정보화사업’과 활용에 해당하는 ‘문화원형 관련사업’이 대표적이라고 할 수 있다. 국가지식정보화사업은 1999년 학술적 DB 구축을 시작으로 2000년 「지식정보자원관리법」 제정으로 근거법령이 만들어졌다. 이 사업은 보존과 이용가치가 높은 자료를 향후 활용이 가능하게끔 디지털 정보화하는 것을 목적으로 하는 것이다. 이는 정보의 전산화와 아카이빙 단계로서 콘텐츠산업의 기초 인프라를 구축하는 종합적인 정보화사업이라고 볼 수 있다. 콘텐츠 활용에 해당하는 사업은 한국콘텐츠진흥원의 문화원형 관련 사업이 대표적이다. 이 사업의 목적은 ‘우리 고유의 문화원형을 발굴하고 콘텐츠화하여 문화정체성 확립에 기여하고 아울러 문화산업에 필요한 창작 소재 제공의 기반 조성’에 있다. 그동안 우리 문화원형 발굴과 문화산업기반을 위한 소재 개발에 주목적을 두고 진행되어 왔다. 문화콘텐츠 산업의 기반이 될 문화원형을 개발한다는 목적을 두었지만 실제 선정 주제는 대부분 기존자료를 디지털화하는 정보자료형이거나 하나의 주제로 새롭게 분류하여 활용하기 쉽게 기반을 구축하는 아카이빙단계에 가까웠다. 김진영, 앞의 글, pp.29~41 참조.

2. 핵심전략과 개발모형, 스토리콘텐츠의 가치

문화재콘텐츠는 우리 문화원형을 바탕으로 한 창조적 내용물이다. 분명한 것은 이 창조적 내용물이 IT 기반의 형식적 새로움만을 의미하는 것은 아니다. 단순히 정보화과정을 거쳤다고 기존의 내용물이 새로운 내용물이 되는 것이 아니다. 문화재 관련 정보와 학술지식이 데이터베이스화되었다고 콘텐츠라고 통칭되고 이 과정을 콘텐츠 개발이라고 부르기는 어렵다. 단순 정보화와 콘텐츠 개발은 인프라 구축－창작(創作) 개념으로 구분, 이해해야 한다. 문제는 기존의 콘텐츠 개발이 대부분 창작과는 거리가 멀었으며 결국 콘텐츠로서 핵심조건은 새롭게 만들어지는 '내용물'이 이전의 '정보'와 어떻게 다른가 하는 차별화이다.

브리지콘텐츠(Bridge Contents) 모형은 문화재 분야와 콘텐츠 산업 현장을 잇는 가교역할을 하는 영역을 통해 전문성과 산업성을 충족시키는 개발방법이다. 이 모형은 콘텐츠산업의 원형소재라 할 수 있는 O.S.(원천소스: Original Source) 분야를 설정하여 기존의 콘텐츠 전문가가 아닌 '문화재콘텐츠 전문가'라는 독립 전문가 개념을 설정한다. 이를 통해 기존 전문분야와 콘텐츠 분야와의 일대일 다이렉트 개발 방식에서 벗어나 가교역할을 하는 브리지콘텐츠 분야를 통해 창조적인 원천소스를 개발하는 것이다.

브리지콘텐츠는 창조적인 스토리 개발을 주요 결과물로 삼는다. 이미지와 스토리가 결합된 미술사의 특징은 학술지식을 바탕으로 구체적인 이미지와 결합된 창의적인 스토리 개발에 적합하다 할 수 있다. 또한 개발된 스토리는 미술사 원형을 넘어서 작품으로서 완성된 형태를 가져 그 자체로 가치를 평가받을 수 있어야 한다. 이 과정을 통해 브리지콘텐츠는 기존 지식의 정보화 활용을 넘어 창조적이며 완성도 높은 작품이자 원천소스가 되어 향후 다양한 콘텐츠 상품으로 만들 수 있는 매개 역할을 한다.

이런 의미에서 브리지콘텐츠는 원형콘텐츠이자 거점콘텐츠이다.[81] 브리지콘텐츠는 작품적 완결성은 원형콘텐츠를, 향후 활용을 염두에 둔 가교모델이라는 점에서는 거점콘텐츠이다. 여기서 원형콘텐츠와 거점콘텐츠를 나누는 것은 '전략적 의도성'이다. 즉, 브리지콘텐츠가 가교모델로 역할을 수행하기 위해서는 거점콘텐츠로서 향후 활용을 위한 적절한 전략을 반영해야 한다.

이를 반영한 문화재콘텐츠 개발의 기본 전략은 브리지콘텐츠를 파일럿 상품으로 활용하는 '1st Use & Multi Use(이하 1st USE & MU)' 전략이다. 이 전략은 완성된 작품의 형태인 브리지콘텐츠를 최초 활용사례로 개발, 이를 바탕으로 다각화하는 방식이다. 미술사 원형을 바탕으로 창조적인 스토리가 개발되면 이는 원형콘텐츠인 동시에 향후 활용이 가능한 거점콘텐츠이다. 이때 개발된 브리지콘텐츠는 제대로 된 우리 문화원형을 담은 전략적 의도가 반영되어 있어 장기적으로 가치 있는 문화재를 지향하게 된다. 이 전략은 전문분야에서 복잡한 형태의 콘텐츠를 개발하는 현실적 어려움을 고려할 때 문화재의 특징에 부합하는 가장 적절한 형태인 스토리 개발을 통해 문화재콘텐츠가 목표로 하는 창조적 계승을 달성할 수 있게 하는 의도를

---

81) 원형콘텐츠는 독립된 콘텐츠로서 대중성을 검증받아 브랜드가치를 확보한 콘텐츠를 말한다. 이에 비해 거점콘텐츠는 원형콘텐츠를 기반으로 대중적인 호응을 얻을 수 있는 적절한 장르로 전환된 것을 말한다. 한국문화콘텐츠진흥원, 『문화원형을 중심으로 한 스토리텔링 마스터플랜』, 2007, pp.24~25.

담고 있다.

문화재콘텐츠의 1st USE & MU 전략과 브리지콘텐츠 개발모형에 따른 구체적인 개발대상은 '스토리' 형식의 콘텐츠이다. 구체적 개발물로서 '스토리'의 필요성은 우선 그것이 콘텐츠 원형(原型)의 특징을 가장 적절하게 살릴 수 있는 형식이라는 점이다. 문화재콘텐츠의 원형은 미술사(美術史) 연구와 직접적이다. 미술사는 미적(美的) 대상을 두고 이를 서사(敍事) 형태로 해석을 시도하는 학문이다. 따라서 이를 바탕으로 이미지(image)를 고려한 스토리(story) 개발이라는 문화재콘텐츠만의 차별성을 확보하는 데 효과적이다.

두 번째는 융합성이다. 문화재콘텐츠는 기본적으로 문화재라는 내용과 콘텐츠라는 형식의 결합 형태이다. 기계적인 결합에 의하면 문화재콘텐츠는 단순히 '콘텐츠 형식을 갖춘 문화재'밖에 될 수 없다. 정보화 수준을 넘어서는 창조적인 내용물을 만들기 위해서는 이를 섞어 새로운 결과물을 만들 수 있는 형식이 필요하다. 스토리는 이 점에서 서사구조의 해석을 넘어서는 융합콘텐츠 형식으로서 가치가 있다. 문화콘텐츠 분야에서 스토리텔링(storytelling)은 기존의 서사학과는 다르게 '이야기하기'라는 상호작용성과 네트워크성, 복합성(통합성) 등 새로운 매체 환경을 적실하게 반영하고 있다는 특성을 갖고 있다고 본다.[82] 즉, 사실의 진술을 넘어서는 창조적 상상력을 담을

---

[82] 박기수, 「문화콘텐츠 스토리텔링의 생산적 논의를 위한 네 가지 접근법」, 『한국언어문화』32집, 한국언어문학회, 2007. p.8.
스토리텔링에 대해 이인화는 사건에 대한 진술이 지배적인 담화형식으로 스토리, 담화, 이야기가 담화로 변하는 과정의 세 가지 의미를 모두 포괄하는 개념으로 정의한다(이인화 외, 『디지털 스토리텔링』, 황금가지, 2003. p.13). 최혜실은 스토리텔링을 'story', 'tell', 'ing'이라는 구성요소로 구분하고 이야기성, 현장성, 상호작용성을 그 특징으로 제시한다(최혜실, 「스토리텔링의 개념」, 『문화원형을 중심으로 한 스토리텔링 마스터플랜』, 한국문화콘텐츠진흥원, 2007. p.16).

수 있는 개방적 형식을 갖고 있어 사실(fact)과 허구(fiction)의 결합이 가능한 융합형식이 될 수 있다.

세 번째는 스토리가 가지는 창조성이다. 융합성은 창조성과 직접적이다. 학술적 엄격성을 바탕으로 한 정보화 수준의 콘텐츠에서 창조적 콘텐츠를 기대하기는 힘들다. 사실과 허구의 결합으로 탄생한 팩션(faction) 같은 융합결과물은 발상의 전환과 새로운 가설을 통해 미술사에 바탕을 둔 스토리의 독창성을 얻게 한다. 사실에 바탕을 두지만 기존의 것과는 다른 창조적 이야기, 그것이 스토리 형식의 가치이다.

네 번째는 전환성이다. 스토리는 다양한 미디어 형식으로 전환될 수 있는 높은 활용도를 가지고 있다. 영화, 출판, 음악, 공연 같은 미디어의 형식뿐 아니라 계층별로 세분화한 콘텐츠로 다각화할 수 있어 원천소스로서 효과적인 형태이다.

하지만 무엇보다 스토리가 가지는 가장 큰 가치는 개별 콘텐츠를 묶을 수 있는 통합콘텐츠 역할이다. 스토리와 스토리의 합뿐 아니라 음악, 영상, 미술 등의 다른 범주의 콘텐츠를 하나의 스토리로 엮을 수 있는 확장성에서 문화재콘텐츠의 가교(架橋)모델과 파일럿 형태로서 적합하다.

브리지콘텐츠가 완성된 작품으로서 '창조성'을 확보해야 한다는 점, 향후 다양하게 '전환'될 원천소스 역할을 수행하는 파일럿 형태라는 점에서 볼 때 다양한 콘텐츠와 '융합'할 수 있는 '통합형 스토리'의 개발이 문화재콘텐츠의 핵심개발 대상이 될 수 있다.

Ⅲ. 스토리콘텐츠 내용 분석

1. 창조적 가설(假說) 제시

「신공사뇌가(身空詞腦歌)」[83]는 원성왕(元聖王)이 인생의 이치를 깨달아 지었다고 전해지는 향가(鄕歌)의 제목이다. 소설은 통일신라 혜공왕(惠恭王) 10년, 갑인년(甲寅年, 774년) 12월 김대성(金大城)이 사망한 날과 다음날 이틀 동안 벌어진 사건을 주요 내용으로 한다.

이 소설은 통일신라 불교미술사에 대한 연구를 바탕으로 하였다. 석굴암(石窟庵)과 불국사(佛國寺), 만파식적(萬波息笛) 등 여전히 많은 의문을 자아내는 미술사의 오랜 쟁점을 바탕으로 그 조성 배경과 의미를 파헤쳐 나가며 새로운 가설을 중심으로 사건을 해결하는 추리적 기법의 스토리이다. 『삼국유사(三國遺事)』의 혜공왕 출생 설화, 만파식적 설화, 석탈해 설화 등 기본적으로『삼국사기』와『삼국유사』에 등장하는 인물과 사건을 배경으로 구성하였고 당대 문화재를 주요 공간적 배경과 사건의 배경으로 삼아 전개한 미술사 전문소설이다.

소설의 줄거리는 다음과 같다.

> 갑인년(甲寅年) 12월 어느 날, 김대성은 그 아래서 일하던 경신에게 표훈대덕을 만나라는 서신을 남기고 숨을 거둔다.
> 감은사(感恩寺)에 머물던 표훈은 경신에게 선왕(景德王)이 반대 세력과 했던 은밀한 거래에 대해 들려준다. 그 내용은 어린 혜공왕(惠恭王)의 왕위 등극을 보장하는 대신 고대 동악신상(東岳神像)의

---

83)『삼국유사』기록에 의하면 "대왕은 참으로 인생의 곤궁하고 영화로운 이치를 알았기 때문에 「신공사뇌가 (身空詞腦歌)」를 지었다"라고 전한다. 하지만 현재 그 가사는 전하지 않는다. 大王誠知窮達之變, 故有身 空詞腦歌(三國遺事 紀異 第二).

복원과 만파식적(萬波息笛)을 봉인하는 두 가지 조건이었다. 무열왕계(武烈王係) 왕실의 권능(權能)을 상징하던 호국룡(護國龍)과 만파식적이라는 신물을 봉인함으로써 그들은 왕실의 권능을 제한하려 했던 것이다. 이 내용과 관련한 밀지가 김대성에게 있었고 어린 아들의 정치적 입지에 대한 불안으로 만월부인(滿月婦人)은 밀지를 찾아 신상을 파괴하기 위해 경신을 쫓는다.

경신은 승려 지해(智海)와 대성의 어린 종 묘정(妙正)과 함께 동해구(東海口) 일대를 배경으로 밀지를 찾는다. 정토불교(淨土佛敎)에 대한 이해를 바탕으로 밀지를 찾은 경신은 곧 동악신상이 은밀히 세워진 곳도 찾게 된다. 그리고 또 다른 거래 내용인 만파식적에 대한 단서를 얻게 되어 오직 왕만이 볼 수 있는 신물(神物)을 찾아 나선다.

소설은 경덕왕이 남긴 밀지의 행방과 그 안에 담긴 두 가지 거래, 동악신상의 위치와 만파식적의 봉인장소에 대한 내용을 중심으로 전개된다. 여기에 바탕이 되는 미술사 학술 원형(原型)은 크게 세 가지로 '불국사 금동비로자나불(金銅毘盧遮那佛) 연구', '석굴암 본존불(本尊佛) 존명(尊名)에 관한 연구', '한국 범종(梵鐘)의 만파식적 상징설' 등이다. 구체적으로 밀지의 행방에 관해서는 불국사 금동불상이, 밀지에 담긴 동악신상에 관해서는 석굴암 본존불이, 만파식적과 관련해서는 범종의 용통에 담긴 만파식적 상징설이 직접적인 미술사 원형이 된다.

문화재콘텐츠가 '콘텐츠 작품'으로서 그 바탕이 되는 '콘텐츠 원형'과 차별화를 이루고 독창성을 획득하기 위해서는 무엇보다 스토리의 창조성이 중요하다. 원형이 사실 규명과 해석이라는 서사형식이라면 작품은 통합성을 갖춘 융합 스토리여야 한다. 즉, 원형의 사실을 바탕으로 한 창의적인 스토리로 기존의 학술지식과는 다른 '무엇'이 되어야 한다. 이 무엇을 위해 '창조적 가설(假說)'을 제시한다. 창조적 가설의 설정과 적용은 작품으로서 독창성을 부여하는 동시에 전문콘텐츠만의 차별점이기도 하다. 창조적 가설이 기존의 소설적 허구와 다른 점은 미술사 연구의 전문성을 통해 나온 결과물이라는 점이다.

소설의 핵심이 되는 창조적 가설은 밀지에 나온 두 가지 문제에 관한 해결방법으로 제시했다. 제시한 가설은 다음과 같다.

1. 십육관법(十六灌法)의 길: 관경(觀經)에 따른 동해구 공간구성
2. 만파식적(萬波息笛)의 길: 동해(東海)-함월산(含月山) 용연(龍淵)-무장사(鍪藏寺)를 잇는 가상의 선(線)

기존의 미술사 원형은 사건전개에, 새로운 가설은 사건해결의 단서가 되는 구조이다. <표 3-1>은 소설의 핵심사건, 전개를 위한 원형과 가설을 정리한 것이다.

::**표 3-1** 핵심사건의 원형(原型)과 가설(假說)

사건	사건 전개	사건 해결
형태	원형	가설
밀지의 행방	불국사 금동비로자나불	십육관법(十六灌法)의 길
밀지 내용 1-동악신상	석굴암 본존불	
밀지 내용 2-만파식적	만파식적 상징설	만파식적의 길

2. 새로운 가설과 미술사 배경 분석

1) 불국사(佛國寺) 금동비로자나불(金銅毘盧遮那佛)

(1) 비로자나불

화엄경(華嚴經)에 따르면 비로자나불은 모든 부처님의 본체, 곧 진리의 몸 그 자체이다. 바이로챠나(Vairocana) 또는 비로챠나(Virocana)란 산스크리트어(범어)를 한역하여 비로자나 또는 비로사나라고 부른다. 그 뜻은 '빛을 발하여 어둠을 쫓는다'는 의미이다. 부처의 다신화(多神化) 과정에서 가장 궁극적인 모습의 진신(眞身)이자 법신불(法身佛)로서 비로자나불이 나오게 되었다. 비로자나불은 실체 없는 빛과 같은 존재라서 석가모니불이나 아미타불처럼 실체가 있는 불상의 '법체(法體)', 즉, 그 본질적 존재로 표현하고 있다. 하지만 화엄 관련 경전에서는 비로자나불의 존재에 관해서는 나오지만 그 구체적 모습에 대해서는 나타나고 있지 않다.

그 구체적 모습은 이후 밀교(密敎)계 경전에 등장한다. 사자국(스리랑카) 출신 불공(不空, 705~774)이 밀교경전을 번역하는데 비로자나불의 형상을 구체적으로 묘사하여 언급하고 있다.84) 이에 따르면 비로자나불은 금강보관에 장신구를 한 보살형이며 지권인에 사자좌의 둥근 연화대에 앉아 있는 모습이다. 특히 지권인에 대해 양손을 주먹으로 쥐고 왼손 둘째손가락을 기둥처럼 세운 다음 이를 오른손 주먹으로 잡고 심장 부근의 가슴에 대는 것이라고 구체적으로 묘사하고 있다. 또 대일여래는 여래형(如來形)과 같고 지권인(智拳印)을 결하고 있

---

84) 『金剛頂經一字頂輪王瑜伽一切時處念誦成佛儀儀軌』.

다고 기록[85]하고 있어 비로자나불의 구체적 도상을 제시하고 있다.[86]

(2) 양식적 검토와 비로자나불 조성배경

불국사 금동비로자나불의 제작 시기는 크게 그 시기를 세 가지로 나누어보고 있다. 먼저 8세기 중반에서 9세기 초에 조성되었다는 설이다. 이는 불상의 양식적 특징을 바탕으로 한 것이다. 8세기에서 9세기 사이에 만들어진 불상과의 비교를 통해 그 시기를 추정하고 있다.

두 번째는 9세기 말 조성되었다는 견해인데 이는 불국사고금창기(佛國寺古今創記)에 나오는 최치원의 조상찬문(造像撰文)을 근거로 한 문헌적 연구를 바탕으로 하고 있다.[87] 그 내용은 887년 수원(秀圓) 비구니가 헌강왕(憲康王)의 명복을 빌기 위해 조성하였다는 것인데 이에 대한 견해는 근거가 되는 사료의 내용에 대한 진위문제와 그 대상이 불국사 비로자나불이 아니라 다른 대상일 것이라는 견해가 있다.[88]

세 번째는 불국사가 임진왜란 때 소실되었고 현재 불상은 이후 타 사찰에서 옮겨왔을 거라는 견해이다.[89] 불국사고금창기(佛國寺古今創記)에는 임진왜란 때 대부분이 불에 탄 가운데 금상(金像) 등이 불에 타지 않고 남았다는 기록이 있는데 이를 금동비로자나불과 금동아미타불이라고 추정하였다.

불국사 금동비로자나불은 현재 비로전(毘盧殿)에 봉안되어 있으며 높이는 1.77m, 대좌(臺座)와 광배(光背)는 없으며 광배를 걸었던 걸쇠

---

85) 『金剛峯樓閣一切瑜伽瑜祇經』.

86) 이숙희, 「통일신라시대 비로자나불상의 신라적 변용과 특성」, 미술사학연구, 250권, 한국미술사학회, 2006, p.41.

87) 문명대, 「佛國寺 金銅如來坐相 二軀와 그 造像讚文의 硏究」, 『美術資料』 제19호, 1976.

88) 정우택·김익준, 『吐含山地域 佛敎遺蹟 調査硏究』, 경주대학교 경주문화연구소, 2000.

89) 민영규, 「佛國寺古今歷代記」, 『學林』 3집, 연희대학교 문과대학 사학연구회, 1954.

가 두 개 남아 있다. 이전에는 극락전에 아미타불과 함께 있었으며 1973년 비로전 복원 후 지금 자리에 있다.

이 불상은 머리에 육계가 뚜렷이 솟아 있으며 머리카락은 분명한 나발이고 소라껍질 모양으로 정교하게 표현되어 있다. 얼굴은 완만한 사각형이며 양 눈썹선은 콧등선과 연결되어 코끝으로 이어지며 이 표현은 불국사 금동아미타불과 백률사 금동약사여래불에서도 그대로 보인다. 목에는 삼도가 뚜렷하게 표현되어 있으며 양감이 풍부하여 세 개의 둥근 고리를 하고 있는 듯 표현되었다. 법의는 편단우견(偏袒右肩)[90]을 하고 있으며 옷 주름은 양감 있게 사실적으로 표현되어 있다. 불상의 오른쪽 팔꿈치 부분과 왼쪽의 소매부분에는 접합부분이 보인다. 이는 주조 당시 팔 부분을 분할하여 결합한 것이라고 한다.[91]

:: 불국사 금동비로자나불

---

90) 오른쪽 어깨를 드러낸 착의법으로 양쪽 어깨를 다 덮은 형태는 통견이라고 한다.

91) 이를 분주법이라고 하며 불국사 금동아미타불에도 같은 흔적이 남아 있다. 진홍섭, 「금동불」, 대원사, 1995, p.32.

수인은 비로자나불임을 알려주는 지권인을 하고 있으나 그 손 모양이 일반적인 모습과는 반대로 되어 있다. 지권인은 중생계(왼손)와 불계(오른손)가 따로 존재하는 것이 아니라 서로 이어져 있음을 상징하고 의문과 깨달음, 어리석음과 지혜가 서로 별개의 것이 아님을 표방하고 있는 수인이다. 뒤바뀐 형태의 지권인을 좌권인(左拳印)이라고 부르는데 그 이유에 대해서는 아직까지 분명하게 알려진 것이 없다. 다만 이 좌권인 형식의 비로자나불은 불국사의 불상 외에도 약 9구가[92] 더 있어 단순한 제작 착오보다는 일정한 범례나 의도가 있었을 것이란 추측도 가능하게 한다.

여기에 대해 좌권인의 양식은 그 모본이었을 가능성이 높은 석굴암 본존불의 인체 표현을 지나치게 의식해 만들어졌을 수도 있다고도 보고 있다.[93] 다른 가능성으로 우측어깨를 드러낸 착의법 특성상 드러난 가슴부위를 손으로 가리지 않게 하기 위해 좌우를 바꾸었을 가능성도 있다. 이는 같은 착의법을 한 불국사 금동아미타불 역시 수인이 똑같이 바뀌어 있는 점 등이 그 가능성을 생각해보게 하는 경우라고 하겠다.

전체적으로는 권위와 위엄을 갖춘 형상이며 장신화 경향도 엿보인다. 이 불상의 특징을 정리해보면 분명한 육계와 정교한 나발, 풍부한 양감의 삼도, 사실적인 옷 주름 등이라 할 수 있다.

불국사 금동비로자나불과 비교하는 대상으로는 8세기 중 후반에

---

92) 논문에 의하면 전국의 비로자나불상은 약 50여 구인데 그중 좌권인은 9구가 알려져 있다고 한다. 강원도 홍천 물걸리 석조비로자나불상, 경북대학교박물관 소장 석조비로자나불좌상, 광주 증심사 철조비로자나불상, 은적사 비로자나불상, 구례 대전리 석조비로자나불입상, 경남 진양군 한산사 석조비로자나불상 등이 있다. 이숙희, 「통일신라시대 밀교계 도상연구」, 홍익대학교 박사학위 청구 논문. 2003. p.113.

93) 최완수, 『한국불상의 원류를 찾아서』 3권, 대원사, p.142.

만들어졌다고 보는 석굴암 본존불, 불
국사 금동아미타불, 백률사 금동약사
여래불 등이 있다.

불국사 금동아미타불은 높이와 수
인만 제외한다면 거의 동일한 불상이
라고 봐도 될 정도로 유사하다. 높이
가 1.66m이고 수인은 아미타구품인
중 중품하생인(中品下生印)94)이다. 이
역시 비로자나불과 마찬가지로 수인

:: 불국사 금동아미타불

이 일반적인 것과 반대로 되어 있다. 그 외에 네모난 얼굴형, 편단우견
의 법의 표현, 뚜렷한 삼도 표현, 높은 육계의 모습까지 거의 같은 표현
이므로 동일한 시기, 인물이 만든 것으로 추정할 수 있다.

백률사 금동약사여래불은 높이는 1.77m이며 양손은 없는 상태이다.
이 불상 역시 육계가 분명하고 나발이 정교하며 눈썹은 콧등으로 이어
지고 있다. 삼도의 표현은 아주 풍부한 양감으로 가지고 있으며 법의
는 통견으로 이중 착의법이 나타나며 양감이 풍부하게 표현되어 있다.

앞선 불상보다 제일 앞선 시기 것으로 보는 석굴암 본존불상을 살
펴보면 높이가 3.26m로 장대한 모습이다. 육계가 분명하게 솟아 있고
머리카락은 나발로 정교하며 양 눈썹이 콧등으로 이어져 있다. 삼도
역시 세 개의 고리를 한 듯한 풍부한 양감이 있으며 편단우견의 법의
에 우람한 상반신을 표현하고 있다. 옷 주름은 사실적으로 풍부하게

---

94) 아미타여래의 정토인 서방극락세계에서 왕생하는 사람들에게는 그의 업의 얕고 깊음에 따라 상중하 삼품
    의 구별이 있고 각각 삼생이 있어 총 구품이 있다. 극락정토에 왕생할 수 있는 사람들에 대한 9계단에 상
    응한 구품의 정토가 있어서 이에 따라 아미타불의 수인도 다르다.

표현되어 있고 옷자락은 부채꼴 표현이다.

8세기 양식으로 보는 이 불상들과의 양식적 비교를 해본다면 분명한 육계와 정교한 나발, 삼도의 양감, 사실적이고 양감 있는 옷 주름 표현 등에서 공통점을 찾아볼 수 있다.

이와 비교할 수 있는 9세기의 불상은 전남 장흥 보림사의 철조비로자나불좌상(859년), 강원도 철원의 도피안사 철조비로자나불좌상(865년), 동화사 석조비로자나불(863년), 경북 봉화 축서사 석조비로자나불좌상(867년) 등이 있다. 이 9세기 불상들의 특징을 살펴보면 삼도의 표현이 빈약해지거나 없어지는 경향을 보인다. 옷 주름은 양감이 없어지고 점차 평면적인 주름형태로 바뀌어간다. 육계도 8세기 경우보다 낮아지거나 모호해지며 나발의 표현도 정교하지 않다. 8세기의 불상들이 뚜렷하게 비슷한 특징을 갖고 있는 데 반해 9세기 불상들은 그 지역적 차이만큼 양식적인 차이점을 가지고 있다.

불국사 금동비로자나불은 육계의 표현, 나발의 정교함, 삼도의 양감, 사실적인 옷 주름 등에서 양식적으로 8세기 불상과 공통점이 분명하며 9세기 불상과는 많은 차이를 보이고 있다. 따라서 양식적 비교를 통한 조성시기는 석굴암 본존불이 만들어진 이후 8세기 후반에서 9세기 초로 보는 것이 타당해 보인다.[95]

불국사 금동비로자나불이 만들어진 배경으로 9세기 제작의 근거가 되는 최치원의 글에 나온 수원 비구니의 선왕에 대한 명복을 빌기 위해 만들었다는 설과 경덕왕의 초상으로 만들어졌다는 견해가 있다.[96]

---

95) 양식적 검토는 다음 논문을 참고했다. 이숙희, 「통일신라시대 밀교계 도상연구」, 홍익대학교 박사학위 청구 논문. 2003. 「통일신라시대 비로자나불상의 신라적 변용과 특성」, 미술사학연구, 250권, 한국미술사학회, 2006. 참조

96) 최완수, 앞의 글. p.141.

그렇다면 연대가 확실한 비로자나불의 개별적인 조성 배경 중 공통
점은 무엇인지 알아보고 이를 통해 불국사 금동비로자나불의 조성
배경도 추정해보자.

통일신라 하대가 되면 정치적으로나 사회적으로나 매우 혼란했던
시기로 일반신도들은 현실의 고통을 극복하기 위한 대안으로 기복적
인 신앙을 선호하고 요구했을 것이다. 이런 사회적인 배경과 요구는
비로자나불의 조상기에 반영되어 있다. 즉, 왕실이나 중앙귀족을 비롯
해 지역의 향도들과 개인에 이르기까지 다양한 계층이 죽은 자의 명
복과 현실의 안녕 등의 목적으로 비로자나불상을 조성하고 있는 것이
다. 그래서 유행한 것이 무구정광대다라니경(無垢淨光大陀羅尼經)에 의
거해서 무구정탑을 세우는 것이 대표적인 사례이다. 이는 사실 밀교적
인 의례이지만 통일신라하대에 오면 대부분의 종파에서 이를 수용하
고 있다. 실제로 이 시대 조성된 많은 탑에서는 다라니경과 소탑이 출
토되고 있어 밀교적인 신앙형태가 널리 유행하고 있었음을 알 수 있다.

여기서 우리가 주목할 점은 무구정탑의 건립이 비로자나불의 조성
과 함께인 경우가 많다는 점이다. 불국사, 동화사, 축서사, 보림사 등
에서 비로자나불 조상과 무구정탑 성격의 탑이 거의 같은 시기에 조
성되었다는 사실을 확인할 수 있다.97) 특히 죽은 자의 명복을 빌기
위해 만들어진 목적이 분명한 경우가 동화사와 축서사, 해인사의 비
로자나불이다.

동화사의 비로자나불은 죽은 민애왕(閔哀王)의 명복을 빌기 위해서
조성했다고 나오며98) 축서사의 비로자나불도 이찬 김양종의 명복을

---

97) 서지민, 「통일신라시대 비로자나불상 연구」, 충북대학교 대학원 석사학위 청구논문, 2005. pp.78~79.
98) 동화사 비로암 삼층석탑에서 출토한 석탑사리호의 내용에는 죽은 민애대왕을 위해 탑을 세워 추모한다는 명

빌기 위해 만들어진 배경이 있다.99) 여기에 최근에 묵서가 발견된 해인사 법보전의 목조비로자나불은 죽은 대각간(大角干)의 명복을 빌기 위해서 만들었다고 발표되었다.100) 통일신라시대 조상문이 있는 비로자나불의 조성배경은 죽은 자의 명복을 빌기 위해 만든 경우가 3건이며 그렇지 않은 경우가 2건이다. 이는 비로자나불이 대체로 죽은 자의 명복을 빌기 위해 만들어졌다고 그 배경을 추정해볼 수 있다. 그렇다면 불국사 금동비로자나불도 왕이나 귀족 등의 명복을 빌기 위해 만들었을 가능성이 있다.101)

(3) 불국사 금동비로자나불상의 조성 배경과 그 가능성

이러한 비로자나불의 배경을 바탕으로 한다면 불국사 금동비로자나불의 조성 배경을 추정해볼 수 있다. 사실 양식적으로 석굴암 본존불에 가깝지만 석굴암 본존불상이 가지는 탄탄한 긴장과 비례미 등과 비교해서는 불국사 금동비로자나불은 그 제작 수법과 표현이 차이가 있음을 알 수 있다. 여기서 당대 가장 완성도 높은 석굴암 본존불을 모본으로 제작을 했다면 기법의 수준이 떨어진다기보다는 표현하고자 하는 대상이 달랐던 것은 아닐까 생각해볼 수 있다. 즉, 이 두 불상이 양식적으로 크게 차이가 나지 않는데 구체적 표현이 다른 것

문이 발견되었다. 황수영, 「신라 애장대왕 석탑기」, 『사학지』 제3권, 단국대학교 사학회, 1969, pp.59~60.

99) 축서사 석탑 사리호에는 '석언전의 모친 명단과 돌아가신 아버지 이찬 김양종 공의 막내딸 이 친히 스스로 서원을 일으켜 전담으로 불탑을 세운다…. 불사리 10알이 들어 있고 무구정광대다라니경 1면을 만들어 넣었다….'라고 새겨져 있다.

100) 해인사 법보전의 목조비로자나불에서 명문이 나왔는데 그 내용 중에 죽은 대각간을 위해 불상을 조성했음을 추측하게 한다. 이 대각간에 대해서는 진성여왕 당시의 위홍이라고 추정하고 있으며 이에 대해서는 여러 가지 이견도 있다(김상현, 「명문 내용으로 본 조선배경 해인사 비로자나불 학술 강연회─9세기 해인사 비로자나불의 역사성과 예술성─」, 법보종찰 해인사, 2005, p.37).

101) 최강국, 「불국사 금동비로자나불좌상 연구」, 영남대학교 석사학위논문, 2007, p.55.

은 표현하고자 하는 대상의 차이일 수도 있다. 석굴암 본존불이 이상적인 부처의 모습을 표현하고자 했다면 불국사 금동비로자나불은 속계의 전륜성왕(轉輪聖王)을 나타내고자 했던 것은 아니었을까?

당대의 많은 불상들이 왕들의 초상을 모본으로 했던 사례와 무열왕계 왕들이 스스로를 전륜성왕과 그 땅을 불국토라고 내세웠던 점, 그리고 그 배경으로 불국사가 조영되었던 점은 불국사에 경덕왕의 초상으로 불상이 조성되었을 가능성을 열어두고 있다. 특히 이 금동불이 한 구가 아니라 쌍둥이처럼 닮은 금동아미타불이 있다는 점과 두 불상의 수인이 똑같이 일반적인 경우와 달리 거꾸로 되어 있다는 점 등은 두 구 이상의 불상으로 조성되어 한 곳에 놓였다는 추측을 해볼 수 있다.

특히 좌권인 수인과 관련하여 단순한 착오라기보다는 의도성을 갖춘 경우라고 보는 것이 더 가능성이 높다. 지방의 불상도 아닌 중앙의 불상 양식이 더군다나 수용 초기 지권인 수인이 뒤바뀐 점은 단순 착오가 아니라면 어떤 의도성이 있었을 것이다. 먼저 편단우견의 신체적 특징을 살리기 위해 손 모양을 바꾸었을 양식적 측면의 의도성이 있다. 그리고 동일한 모본을 두고 여러 구를 제작했을 가능성이다. 그렇다면 협시불의 가능성도 있다. 하지만 비로자나불은 법신불로서 그 격이 어느 부처보다 높다. 지권인 수인을 바꾸어 법신불을 단순하게 협시불로 놓았을 가능성은 낮다고 하겠다. 하지만 만약 그 표현하고자 하는 대상이 전륜성왕을 표방한 경덕왕이었다면 불격이 달라졌을 것이다. 하나가 아닌 다른 수인의 여러 구를 제작해 봉안했다면 금동비로자나불이 주불이 아닌 협시불로 놓였고 그것을 고려해 좌우 손을 바꾸었을 개연성도 있다고 보겠다.

2) 석굴암 본존불(本尊佛) 존명(尊名)

토함산(吐含山)에 위치한 석굴암(石窟庵)은 인공적으로 돌을 쌓아 만든 축조석굴(築造石窟)이다. 석굴은 초기 자연적인 형태의 굴을 이용해 예배나 수도를 했으나 점차 굴을 파는 형태의 굴착석굴(掘鑿石窟), 인위적으로 굴을 쌓은 축조형태로 다양화된다. 인도나 중국의 경우와 달리 우리나라에는 자연석굴 형태의 사원이 그리 많지 않고 대부분 소규모이다. 이는 우리나라의 암반이 대부분 굴착하기 어려운 화강암 재질이라 석굴사원을 조성하기가 어려웠기 때문이다. 토함산 석굴암은 정교하게 돌을 쌓고 그 안에 예배공간을 둔 석실형태의 사원이다. 삼국유사 기록에는 석불사(石佛寺)라 했으며 조선시대 임진왜란 이후의 기록에는 대부분 석굴암이라 지칭하고 있다.

석굴암의 창건에 관한 중요한 사실은 다음과 같다.[102]

석굴암은 김대성(金大城)이 그의 전세부모(前世父母)를 위해 창건했으며 현세부모(現世父母)를 위해서는 불국사를 창건했다고 한다. 삼국유사의 기록에 따르면 석굴암 창건은 부모를 위한 효(孝) 차원에서 이루어진 것이며 이는 부모의 명복과 극락왕생(極樂往生)을 위해 불사를 하는 조성 배경을 설명하고 있다.

하지만 창건주(創建主)로 등장하는 김대성(金大城)은 경덕왕(景德王)대 대상(大相)이다. 유력한 귀족인 김대성의 토함산 불사는 개인적인 원찰이 아니라 국가적 불사로 해석하는 것이 옳다고 보는 견해가 많다.

석굴암 조성은 동해구의 대왕암(大王岩)과 연관시켜 해석하고 있기

---

102) 황수영, 『석굴암』, 열화당, 1989. pp.24~28 참조.

도 하다. 석굴암이 대왕암을 보고 있다는 의미에서 동해용이 된 문무왕(文武王)과의 관계, 확대해서 외세를 막는 항마(降魔) 의지가 반영되었다고 해석한다. 또한 그 위치와 관련해서 예로부터 동악신(東岳神)이라 불렸던 토함산 일대의 석탈해(昔脫解) 관련 설화도 중요한 내용으로 볼 수 있다.

이러한 조성 배경에 다양한 견해는 석굴암 본존불의 존명(尊名)에 대한 연구와 이어져 있다. 본존불의 명칭은 석가불(釋迦佛)로 널리 알려져 있었다. 일반적으로 존명을 밝히는 주요한 근거인 수인(手印)이 항마촉지인(降魔觸地印)이었고 해방 전 일본인 연구자들에 의해 석가불로 통칭되었다.

이에 반해 본존불이 아미타불(阿彌陀佛)일 가능성도 제기 되었다. 그 근거로 석굴암의 옛 현판이 미타암(彌陀庵)이란 기록과 암자에 수광전(壽光殿)103)이라는 현판이 존재했다는 점을 지적했다. 또한 일반적으로 석가불의 수인이라고 보는 항마촉지인이 8세기 신라에서는 아미타불의 특징으로도 해석했다. 부석사(浮石寺) 무량수전(無量壽殿)의 아미타불과 군위 삼존불(三尊佛)의 불상이 촉지인 형식을 갖추고 있어 이를 당시의 아미타불 형식으로 보았다. 또한 전세부모를 위해 창건한 배경을 볼 때 정토신앙에 따라 서방정토를 주재하는 아미타불이 봉안되었다는 견해이다. 무엇보다 8세기 당시 신라 불교의 주요 신앙적 흐름이 아미타불을 중심으로 한 정토신앙이었다는 사상적 배경이 바탕이 되었다고 본다. 즉, 본존불은 부석사의 아미타불과 마찬가지로 동향을 하고 있어 서방에 위치한 부처라는 서방불(西方佛)이

---

103) 아미타불은 무량수(無量壽), 무량광(無量光)이라 불린다. 또한 아미타불을 모신 전각을 무량수전(無量壽殿), 수광전(壽光殿), 미타전(彌陀殿) 등으로 불린다.

며, 이는 죽은 전세의 부모가 서방정토에서 극락왕생하기를 바라는 신앙적 배경과 관련 있다고 보는 것이다.104)

이와 달리 본존불의 존명이 석가불이라는 견해의 근거는 다음과 같다.

먼저 항마촉지인을 한 불상은 석가불이 맞다는 보편론이다. 촉지인은 석가불이 성도(成道) 직전 마군을 물리치는 이야기를 배경으로 하고 있는 석가불만의 별인이고 예외적인 경우가 있겠지만 당시에는 석가불을 의미하는 수인으로 정착됐다고 본다.

다음은 본존불을 둘러싼 여러 보살과 제자상과의 관계이다. 문수(文殊), 보현(普賢) 보살은 석가불의 협시불이며 또한 아난과 가섭을 포함한 석가불의 10대 제자가 함께하는 배치로 볼 때 그 주인공은 석가불이 분명한다고 본다. 범천(梵天)과 제석천(帝釋天)이 석가불 이외의 다른 불상과 결합하지 않는다는 점, 본존불의 뒤로 십일면관음보살(十一面觀音菩薩)이 위치한 점도 석가불을 중심으로 한 도상이라고 보는 근거이다.

무엇보다 석굴암은 법화경(法華經), 화엄경(華嚴經)을 포함한 신인종(神印宗)의 사상적 배경이 있다고 보며 그 구체적 배경은 관불삼매해경(觀佛三昧海經)을 바탕으로 하고 있다는 견해이다. 관불삼매해경의 내용에 따라 부모께 효도하고 진호국가(鎭護國家)를 위한 항마, 외세의 퇴치를 위해 길이 24척 높이 18척의 석굴을 조성하고 이 속에 장육석가불상을 봉안 영원히 상주하게 했다는 내용이다.105) 이 견해는 석굴암의 조성배경을 왜구라는 마군을 항복시키는 항마에 두고 있으며 그 도상적 특징을 주요 근거로 한다는 점에서 중요하다.

---

104) 황수영, 앞의 책, pp.74~91 참조.

105) 문명대, 『토함산 석굴』, 한언, 2000, pp.212~224, 309~312 참조.

　석굴암 본존불에 대한 또 다른 검토 대상은 석탈해(昔脫解)와 관련된 부분이다. 탈해는 토해(吐解)라고도 불렸으며 토해(吐解)와 토함(吐舍)은 같은 말로서 각각 인명과 산명이 되었다고 본다.106) 석탈해 설화에 따르면 탈해는 도읍으로 향하는 과정에 토함산에 올라 석총을 쌓고 기도를 드렸다고 한다. 이때 요내정(遙乃井)이라는 우물이 등장하는데, 이 부분이 석굴암과의 관계에 중요한 단서가 된다고 본다. 실제 일제시대 석굴암의 중수 때부터 등장하는 감로수의 존재가 그것이다. 이 감로수는 석굴암의 바로 아래에 위치하고 있으며 이것이 석탈해의 요내정을 가리키는 것으로 추정한다. 이후 문무왕의 꿈에 탈해왕이 나타난 후 왕릉에서 뼈를 파내어 소상을 만들어 토함산에 모셨으며 이후 탈해왕이 동악신으로 불렸다는 내용이 등장한다. 이때 동악신이 모셔진 신당의 위치는 석탈해의 행적과 관련 있는 곳에 위치했을 것으로 추정한다.107)

　본존불의 존명을 중심으로 석굴암의 조성배경을 정리해보면 당시의 정토신앙을 중심으로 한 사상배경을 중심으로 아미타불설이 주장되었다. 또 항마라는 호국신앙과 도상적 근거를 바탕으로 한 석가불설이 있으며 석굴암의 위치와 관련해서 전통신앙인 동악신 석탈해의 관련성이 주장되었다.

---

106) 황패강 외, 『교감·역주 삼국유사』, 정신문화연구원, 1999 참조.

107) 장충식, 「吐含山石窟의 點定과 그 背景」, 『石窟庵의 新硏究』, 경주시신라문화선양회, 2000 참조. 강인구, 「석탈해와 토함산, 그리고 석굴암」, 『정신문화연구』 82호, 한국정신문화연구원, 2001 참조.

3) 십육관법(十六觀法)의 길 – 관무량수경(觀無量壽經)에 의한 정토 구현

(1) 아미타(阿彌陀) 신앙의 유행

토함산 일대 불사의 사상적 배경은 아미타신앙을 중심으로 한 정토신앙이었다. 통일 이후 불교계에 주된 흐름은 의상(儀相)과 원효(元曉) 등에 의한 화엄(華嚴)사상이었다. 동시에 이전 귀족 중심의 불교보다 대중화된 특징을 보였다. 아미타신앙은 교학적인 특징을 지닌 화엄사상의 실천적 방법이었다고 볼 수 있다. 특히 아미타신앙이 가지는 '중생 구제'라는 대중적 요소가 통일전쟁기를 거치는 동안 시대적 혼란을 배경으로 많은 백성들이 불교를 내세적 구원수단으로 받아들이면서 널리 성행했다고 볼 수 있다. 삼국유사에 등장하는 불교신앙사례의 형태를 보면 다음과 같다.

::표 3-2 삼국유사에 나타난 신앙사례[108]

신앙대상	미륵	아미타	관음	지장	약사	밀교
진지왕	1					
진평왕	1		1			
선덕왕	3					
문무왕		3	3			1
신문왕	1		1			1
효소왕		1	1			
성덕왕	1	3	1	1		
경덕왕	5	7	2	1	1	
계	12	14	9	2	1	2

<표 3-2>에서 보면 가장 대중적인 신앙이라고 할 수 있는 미륵,

---

108) 김영미, 『新羅佛敎思想史硏究』, 민족사, 1994, p.116.

아미타, 관음 신앙의 사례가 많은데 그중에서도 아미타 신앙은 경덕왕 대를 중심으로 급격히 등장하는 횟수가 많다. 미륵신앙은 경덕왕 16년 이후 후반기에 들어 증가한 점을 볼 때 신라 중대 신앙의 중심은 아미타신앙으로 볼 수 있다.

아미타신앙의 가장 기본 경전은 무량수경(無量壽經), 관무량수경(觀無量壽經), 아미타경(阿彌陀經)이다. 아미타신앙은 고통받는 중생이 수행하여 내세에 극락왕생하는 것을 주 내용을 한다. 아미타불은 무량수불(無量壽佛), 무량광불(無量光佛)로 불리며 아미타불을 봉안한 전각을 미타전(彌陀殿), 무량수전(無量壽殿), 극락전(極樂殿), 안양전(安養殿) 등의 명칭으로 불린다. 아미타불은 서방에 위치한 극락정토(極樂淨土)를 주재하는 부처이며 여기서 정토란 정화(淨化)된 땅이란 뜻이며 극락(極樂)이란 지극히 즐겁고 평안한 곳으로 뜻 그대로 안양(安養)이라고 불리기도 하며 서쪽에 위치했다고 하여 서방정토(西方淨土)라고 불린다.

대중이 서방정토에 위치한 아미타불을 만나기 위해서 구체적으로 십육관법(十六灌法), 칭명(稱名), 염불(念佛) 등의 방법을 제시하고 이를 통해 내세에 극락에 태어나는 것을 왕생(往生)이라고 한다. 아미타신앙을 중심으로 한 정토신앙이 백성들에게 널리 퍼진 배경은 그 수행방법이 어려운 교학적(敎學的) 방법이 아니라 아미타불의 이름을 외는 염불과 아미타불의 모습을 떠올려 보는 것으로도 왕생할 수 있다는 대중적 수행방법이었기 때문이다. 실제 아미타신앙의 최종목적인 서방정토에 왕생한 설화가 경덕왕 대에 집중적으로 등장한다. 왕생(往生) 성불(成佛)에 관한 기록은 삼국유사에 총 5건이 있는데 <표 3-3>과 같다. 그 수행방법이 염불법이 주가 되며 대상자도 노비에서부터 모든 계층에 나타나는 특성을 보여 주고 있다.

	시기	왕생 성불자	수행방법
1	문무왕	광덕, 엄장	칭명염불, 십육관법
2	경덕왕	다섯 비구	만인염불회, 칭염
3	경덕왕	욱면(郁面婢)	만인염불회, 염불, 시주
4	경덕왕	발징화상, 염불회향도	만인염불회, 염불, 시주
5	경덕왕	달달박박	(禮念彌陀)

이 외에도 통일신라 중대에는 아미타신앙과 연관한 사찰조성과 불상 봉안 등에 관한 기록110)이 많아 당시 신앙적 배경인 아미타신앙의 유행을 잘 설명하고 있다.

(2) 관무량수경(觀無量壽經)

아미타신앙의 구체적 수행방법으로 가장 널리 유행했던 것은 염불법과 관법이었다. 염불은 부처의 이름을 외는 방법이며 관(觀)은 관찰, 관상(觀想)하여 진리를 들여다보는 방법으로서 서방정토에 이르는 방법이다. 아미타신앙에 등장하는 관법은 관무량수경(觀無量壽經: 이하 관경)에 나오는 십육관법으로 이는 마가다국의 태자에게서 고통받던 위제희 부인이 서방극락세계에 태어날 수 있는 방법을 청하자 석가불이 나타나 그 방법을 십육 단계로 설명한 내용이다.

그 서문에 나타난 내용은 다음과 같다.

석가불이 기사굴산에 계실 때 마가다국의 태자 아사세가 부왕을 감옥에 가두고 모친 위제희 부인까지 살해하려고 왕궁의 깊은 곳에

---

109) 김영미, 앞의 책, p.122.

110) 아미타신앙과 관련된 각종 기록은 『삼국유사』에 15건이 있다. 대부분은 죽은 사람의 극락왕생을 기원하는 목적이 많다.

유폐시킨다. 이에 큰 슬픔과 고통에 위제희 부인은 석가불의 왕림을 기원하게 된다. 이 청을 들은 석가불이 공중에 나타나 광명을 발하며 십방세계(十方世界)의 정토(淨土)를 보여 주자 위제희 부인은 그중에서도 아미타불의 극락세계에 태어나기를 원하고 그 방법을 간청했다. 그러자 석가불은 부인을 위해 아미타불을 관(觀)하는 십육관을 설(說)하였다. 부인은 이 설법을 듣고 진리를 깨달았으며 그 이하 500명의 시녀들도 극락왕생을 원했다고 한다.

관경(觀經)은 아미타불을 관상(觀想)하는 경전으로서 십육 단계의 관법을 통해 수행하여 정토에 왕생하는 내용을 담고 있는 경전이다. 관경에 나오는 십육관법이 통일신라에서 극락왕생의 구체적 방법으로 활용되었는지는 문무왕대의 광덕(廣德)·엄장(嚴莊)설화[111]에서 확인할 수 있다. 이 설화에서 광덕은 "한결같은 소리로 아미타불을 염(念)하고 혹은 십육관(觀)을 지었다"고 하여 구체적 수행법으로 염불법과 십육관법을 실천하였음을 확인할 수 있다.

십육관은 일상관(日想觀), 수상관(水想觀), 지상관(地相觀), 보수관(寶樹觀), 보지관(寶池觀), 보루관(寶樓觀), 화좌관(華座觀), 상관(像觀), 진신관(眞身觀), 관음관(觀音觀), 세지관(勢至觀), 보관(普觀), 잡상관(雜想觀), 상배관(上輩觀), 중배관(中輩觀), 하배관(下輩觀)으로 이루어진다. 이 중 십삼관까지를 정선 십삼관(定善 十三觀)이라 하고 뒤의 삼관을 산선 구품(散善 九品)이라 나눈다. 정선 십삼관이 자력(自力)적인 요소가 강한 특징인 데 반해 산선 삼관에 나타난 구품은 무량수경에 나타난 상중하(上中下) 삼배(三輩)가 다시 상중하로 나뉜 것으로 부처의 자비로

행해지는 타력(他力)적인 성향이 강하다. 결국 십육관 중 대중이 수행을 위한 방법으로는 정선 십삼관이 해당된다.

일상관(日想觀)은 서쪽으로 넘어가는 태양을 보며 눈을 감으나 눈을 뜨나 그 영상이 한결같도록 하는 것이다. 수상관(水想觀)은 맑은 물이 얼음으로 변하고 그것이 다시 유리로 변하여 유리로 된 땅의 안팎이 훤히 비칠 수 있게 물의 속성과 변화를 생각해야 한다. 지상관(地相觀)은 물을 건너 극락세계의 땅 전체를 보는 과정이다. 보수관(寶樹觀)은 칠보(七寶)의 나무를 낱낱이 보는 것으로 그곳에는 광명의 숲이 있다. 보지관(寶池觀)은 극락의 물을 생각하는 단계로 그곳에는 여덟 가지 공덕을 갖춘 보배 못과 물이 있는데 그 물마다 일곱 가지 보배로 되어 있다. 다음은 보루관(寶樓觀)으로 온갖 보석으로 장식된 정토의 경계 위에 5백억의 보석누각이 있고 그 안에는 무수한 천인들이 천상의 음악을 연주하고 있다. 화좌관(華座觀)은 아미타불이 좌정한 연화대의 꽃잎, 구슬, 꽃받침 등을 생각한다. 상관(像觀)에서는 부처의 모습을 떠올려 32길상 80종호의 형상을 볼 수 있는 단계이다. 진신관(眞身觀)은 아미타불의 몸과 광명을 관조하는 것이고 관음관(觀音觀)에서는 관세음보살(觀世音菩薩)의 진신(眞身)을, 세지관(勢至觀)에서는 대세지보살(大勢至菩薩)의 진신을 보게 된다. 이 모든 단계를 거친 후 보관(普觀)에 이르면 자신이 서방극락에 왕생하여 연꽃 속에 가부좌한 모습을 상상하는 관법이다. 잡상관(雜想觀)은 관음보살과 대세지보살이 언제나 아미타불을 도와 중생을 구제하기에 이 보살들을 함께 생각해야 하는 내용이다. 상배관(上輩觀), 중배관(中輩觀), 하배관(下輩觀)은 각각 3단계로 더 나누어 구품에 따라 중생의 극락왕생하는 차이를 주는 내용이다.[112]

정리하자면 관경은 처음에 태양이 서쪽 하늘에서 지는 모습을 관상(觀想)하면서 시작하여 서방정토의 구체적 모습과 장엄(莊嚴)을 보고 아미타불, 관음, 대세지보살의 진신을 마주하게 되는 과정을 거쳐 자신이 왕생한 모습을 들여다보는 것으로 끝나게 된다. 이처럼 관경은 십육관법을 통해 극락정토로 가는 중생의 측면이 강조되어 있다는 데 특징이 있다.

(3) 가설 – 십육관법의 길

불교 교리와 사상적 배경은 이를 따르는 사찰 가람 구성의 특징을 결정짓는다. 토함산의 불사가 당시의 정토신앙을 바탕으로 이루어진 사상적 배경이 있다면 그 구체적 내용이 불사에 반영되어 있을 것이며 이는 석굴암의 조성배경을 이해하는 데 도움을 줄 것이다.

기존의 토함산 불사의 배경으로 중요하게 다루어졌던 사건 중의 하나가 화장(火葬)되어 동해에서 치러진 문무왕의 장사(葬事)이다. 이를 통해 호국룡으로 거듭난 문무왕의 외세를 막는 항마(降魔) 의지가 석굴암에 반영되었다는 근거가 되었으며 동시에 죽은 자의 극락왕생을 기원하는 정토신앙적 배경도 반영되었다고 보았다. 하나는 석가불설의 주요 근거이고 하나는 아미타불설의 주요 근거가 되었다.

삼국사기와 삼국유사의 기록에는 문무왕 이후 총 8명의 화장기록이 있다. 이 중 화장하여 뼈를 뿌린 산골(散骨)한 왕은 총 4명이다. 효성왕(742), 선덕왕(785), 진성왕(897), 경명왕(924)이며 이 중 동해에 산골한 경우는 효성왕, 선덕왕 두 명이다. 문무왕은 산골 형태인지 장골(臟骨) 형태인지 확실하게 알 수 없으나 그 장사지로 동해가 구체적

---

112) 청화 역, 『정토삼부경』, 성륜각, 1994. pp.259~281.

으로 언급되었다. 이 외에도 감산사지에서 출토된 두 구의 석조불입상(石造佛立像) 명문(719년, 720년)에 김지전의 부모가 돌아가시어 동해 바닷가에 뿌렸다는 기록이 나온다. 이를 통해 볼 때 문무왕 이후 죽은 자의 뼈를 뿌리는 산골처로 동해가 등장하는 것은 어떤 특정 배경이 있다고 추정해볼 수 있다. 113)

문무왕의 동해 장사는 기록에서 확인할 수 있듯이 호국불교를 배경으로 호국룡이 되고자 하는 정치적 의도가 분명하다. 하지만 이후 효성왕의 산골과 성덕왕대 김지전 부모의 동해 산골 등에 관한 기록을 보면 당시 귀족계층까지 동해 산골이 어느 정도 일반화되었음을 짐작해볼 수 있다. 이에 대해 황수영 박사는 동해구 일대가 통일 후 화장법이 유행하면서 산골을 위한 왕실의 공동능역이었으며 전세부모를 위해 창건된 석굴암은 왕실의 선조들이 극락왕생하기를 기원하며 건립된 배경이 있다고 했다.114) 즉, 죽은 자를 산골한 동해와 이들의 극락왕생을 기원하는 의도로 한 토함산 불사가 연관성을 갖고 있으리라는 추측이 가능하다.

문무왕대의 신앙적 배경이 신인종을 바탕으로 호국불교였다면 이후에는 앞서 검토한 것처럼 정토신앙이 유행을 하고 있었다. 그렇다면 이후 산골처로 동해가 등장한 것은 문무왕의 호국신앙과는 다른 의도성이 있었을 것이며 그 배경으로 정토신앙과의 연관성을 추정해볼 수 있다.

동해구 일대의 공간은 문무왕 이후 '산골처'라는 특정 의미가 전개된 것에 주목할 가치가 있다. 이것은 동해구 의미가 최초 호국신앙의

---

113) 석명철, 「통일신라 경주지역 화장묘 연구」, 경주대 석사학위 논문, 2006, p.7.
114) 황수영, 앞의 책, p.24

성지에서 다른 방향으로 전개되어 가는 의미의 연결이자 확대과정이다.

호국신앙을 바탕으로 하면 석굴암의 본존불은 토함산에서 동해로 들어오는 외세를 바라보게 된다. 하지만 죽은 자를 위한 극락왕생의 정토신앙적 관점에서 본다면 동해에서 석굴암을 올려다보는 방향이 된다. 석굴암에서 동해를 바라보는 항마의 시선이 아니라 동해에 산골된 망자(亡者)의 시선이 석굴암을 바라볼 때 동해구는 '극락을 향하는 길'이라는 공간으로 재구성된다. 시선의 변화는 부처가 대중을 구원하는 방식에서 중생이 스스로 부처를 구하는 자력신앙으로 형태 전환을 의미하며 이는 당시 불교 신앙이 개인의 염불과 관법 등을 통해 유행한 것과 의미를 같이한다. 이는 중생이 서방의 정토에 계신 부처를 찾아가는 자력신앙 방법인 십육관법이 동해구 일대 공간구성의 배경이 되었을 것이란 가설이 가능하게 한다.

관경은 태양이 서쪽 하늘로 지는 광경을 관상(觀想)하면서 시작하여 서방정토의 모습과 아미타불, 관음, 대세지보살의 진신을 마주하게 되는 과정을 거치는 과정을 구체적으로 묘사하고 있다. 동해구 공간을 십육관법으로 해석해보면 다음과 같다.

동해에 서서 보면 토함산을 비롯한 동해구 일대의 공간은 방향상 서방이다. 먼저 동해바다에 서서 서쪽으로 지는 해를 바라보는 일상관(日想觀) 후 그 사이에 있는 동해바다를 통해 맑은 물을 찾는 수상관(水想觀)을 행한다. 이후 바다를 건너 땅에 이르게 되면 지상관(地相觀)의 단계이다.

지상관은 극락의 대지를 관상하는 것으로 물과 다른 대지의 평탄함을 강조한다. 바다 건너 땅에 도착한 후 구체적인 대지의 모습을 보게 되는데, 이에 대해 극락의 도로 양옆에는 7줄의 나무가 서 있고

:: 불국사 안양문과 구품연지 터

칠보로 장식된 이 가로수들은 무한한 광명을 발하고 있다고 묘사하
고 있다. 이를 보수관(寶樹觀)이라 하는데, 칠보로 장식된 숲은 불국사
극락전으로 오르는 칠보교(七寶橋)가 그 구체적 형상이며 무한한 광
명은 극락전 앞의 석등(石燈)을 가리킨다. 보지관(寶池觀)에서는 연못
을 구체적 대상으로 묘사하는데 오색연화(五色蓮花)가 핀 연못은 극락
의 구성물 중 가장 중요한 곳으로 극락세계는 이 연못을 중심으로 전
개된다. 불국사 칠보교 아래에 있었던 것으로 확인된 구품연지(九品蓮
池)115)가 바로 여기에 해당된다.

　다음은 보루관(寶樓觀)인데 이는 구체적으로 누각(樓閣)을 가리킨
다. 이 누각은 극락의 경계에 보석으로 둘러싸여 있으면 그 속에는
천인(天人)들이 천상(天上)의 음악을 연주하고 있다고 묘사한다. 이 누

---

115) 1973년 불국사 복원 공사 당시 연화칠보교 아래에 연못지가 확인되었다.

각은 칠보교 위에 극락전의 문 격인 안양문(安養門)의 모습이다.

이후 화좌관(華座觀), 상관(像觀), 진신관(眞身觀), 관음관(觀音觀), 세지관(勢至觀)은 극락에 자리한 아미타불과 두 보살의 모습을 묘사하는데 이는 극락전에 모신 불상과 보살상을 가리킨다.

이처럼 동해바다에 뿌려진 망자가 서쪽 해를 바라보며 바다를 건너 동해구의 대지를 밟고 불국토(佛國土)인 토함산 불국사 극락전으로 오르는 구체적인 경로가 십육관법을 통해 설명이 가능하다.

그렇다면 여기에 등장하지 않은 석굴암의 역할은 무엇인가에 대한 의문이 남는다. 이 대목에서 우리는 관경 서문에 나온 마가다국의 이야기를 다시 한번 확인할 필요가 있다. 위제희 부인에게 십육관법의 가르침을 설한 부처는 아미타불이 아니라 석가불이다. 석가불은 궁궐의 공중에 그의 제자들과 함께 나타나 서방극락세계로 향하는 방법을 일러주었던 역할을 했다. 즉, 석가불은 그 자신이 목적이 아니라 아미타불에게 이르는 방법을 일러준 안내자였다. 그래서 십육관법을 구체적으로 대입하는 대목에서는 석가불과 관련된 내용은 등장하지 않는다. 하지만 공중에서 십육관법을 일러준 장면을 동해구에 적용시켜 보면 <그림 3-1>과 같이 '동해-석굴암-불국사'의 공간적 구성이 분명해진다. 위제희 부인이 있던 고통스러운 궁궐(망자의 바다: 동해)-공중의 석가불(석굴암)-서방정토(불국사)로 이어지는 삼각형의 공간이 형성된다.

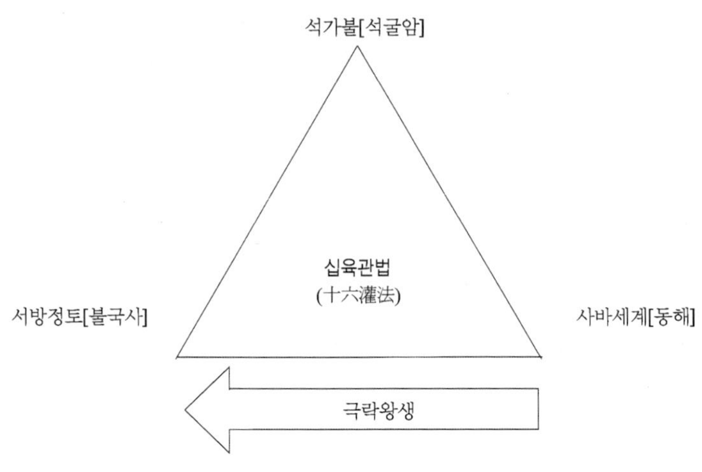

::**그림 3-1** 관경(觀經)에 의한 동해구 공간 구성

아미타불을 주존으로 모시는 정토계열 사찰의 대표적인 사례는 부
석사(浮石寺)이다. 부석사는 주존을 아미타불로 둔 무량수전을 중심으
로 가람이 구성되어 있다. 실제 사찰의 석축과 계단의 구성도 관무량
수경을 근거로 구성되어 있다는 견해가 있다.116) 부석사의 가람구성
은 화엄사상과 정토신앙에 대한 단일교리로 구성되어 있는 데 반해
불국사의 경우에는 그 영역이 극락전 중심이 아닌 대웅전 중심으로
구성되어 있는 형태이다. 법화경(法華經)에 근거한 석가모니불의 대웅
전 영역과 정토경전에 근거한 아미타불의 극락세계, 화엄경(華嚴經)에
근거한 비로자나불의 연화장세계(蓮華藏世界)까지 복합적인 형태를 보
이고 있다. 이에 대해 불국사고금창기(佛國寺古今創記)에 대웅전과 무설
전(無說殿)은 신문왕(神文王) 1년(681)에 창건되었다고 하여 김대성의 중
창 때는 극락전을 중심으로 건물을 지었다고 보인다. 그러므로 김대성

---

116) 김지견, 「新羅 華嚴學의 系譜와 思想」, 『學術院文文集』, 人文社會科學篇, 12, pp.54~56.

에 의해 이루어진 극락전을 중심으로 한 불국사의 중창은 경덕왕 대의 아미타신앙에 근거한 극락정토 건설을 목적으로 했다고 볼 수 있다.[117)

불국사의 극락전 영역을 중심으로 보면 십육관법을 비롯한 정토사상을 배경으로 한 구체적인 형태가 집적되어 있다. 입구의 칠보교와 정문인 안양문, 그리고 그 아래 구품연지의 흔적, 석탑 없이 석등만 놓여 있는 구조[118)는 극락세계를 잘 묘사하고 있다. 하지만 이 부분은 굳이 관경의 십육관이 아니라 하더라도 그동안 정토경전을 바탕으로 한 사찰의 일반적 구조로 충분히 설명이 가능한 부분이다. 극락전 일대가 십육관법에 의해 구성되었음을 구체적으로 확인할 수 있는 증거는 대웅전과 극락전이 이어지는 연결 계단에서 확인할 수 있다. 대웅전의 회랑 측면에서 극락전으로 이어지는 곳에는 16개의 계단이 3줄로 나뉘어져 있다. 3줄은 삼배를, 16단은 16관법을, 이 합인 48은 아미타불의 48원을 상징한다고 해석한다.[119) 삼배는 관경의 마지막 단계에서도 제시한 상품, 중품, 하품을 의미하고 48원은 무량수경에 나오는 법장비구의 48원[120)을 의미한다. 숫자 4는 인도에서 완전함을 의미하기도 하며 배수인 8과 3의 배수 6, 4의 제곱인 16은 불교에서 중요한 의미를 지니고 있다. 실제 48원은 완전한 수 4와 이의제곱이 결합된 형태로 완전성의 의미가 함축된 상징수로 해석할 수 있다.[121)

---

117) 김영미, 앞의 책, p.155 참조.

118) 아미타불은 열반에 들지 않고 법계에 충만하므로 탑을 세우지 않고 석등만 둔다. 부석사의 경우에도 무량수전 앞에 석등만 있으며 석탑은 동편에 위치해 석가불의 사리탑을 상징, 동측 사바세계를 의미한다. 김봉열・이광노, 「극락정토신앙과 정토계 사찰의 가람구조」, 대한건축학회 논문집 제4권, 대한건축학회, 1988.8, p.67.

119) 장충식, 『신라석탑연구』, 일지사, 1987, p.150

120) 무량수경에는 아미타불의 성불인연으로서 世自在王 여래 시절에 한 국왕이 여래의 감화에 의해서 국왕의 신분을 버리고 출가하여 법장비구가 된 사연에 관해 기록하고 있다. 이때 법장비구가 가르침을 받은 내용을 간추려서 세자재왕과 여러 대중 앞에서 48원을 발휘하게 된다는 내용이다.

:: 불국사 극락전

불국사의 중심영역은 동쪽에는 대웅전을, 서쪽에는 극락전을 병렬로 배치한 형태이다. 이 두 영역은 고저 차가 있는데 대웅전 영역이 높은 위치를 점하고 있다. 대웅전은 청운교(靑雲橋)와 백운교(白雲橋)의 33계단을 통해 상징되는 수미산 33天 위에 자리하고 있다. 즉, 석가불은 수미산의 정상에 위치한 반면 아마타불은 평지에 위치하는 형태이다. 무량수경에는 이에 대해 극락세계는 수미산을 비롯한 일체의 산이 없는 평지라고 설명하고 있다. 즉, 불국사의 대웅전과 극락전의 고저 차는 불격(佛格)에 의한 구분이 아니라 그 교리를 배경으로 하고 있기 때문이다.122) 이것은 십육관법에 따른 동해구 공간구성의

---

121) 염중섭, 「佛國寺 '3道 16階段'의 이중구조 고찰」, 『신라문화』제31집, 동국대 신라문화연구소, 2008. pp.141~142.

122) 염중섭, 앞의 글. pp160~161.

:: 불국사 삼도십육계단

형태가 불국사 내에서도 그대로 적용되고 있음을 확인할 수 있는 증
거이기도 하다. 즉, 높은 곳에 위치한 석가불이 서방의 평지에 자리한
극락세계로 향하는 십육관의 길을 열어 주는 모습을 3도 16계단을 통
해 상징하는 것이다. 동해구 전체에 적용된 16관법에 따른 '동해-석
굴암-불국사'의 삼각형태가 불국사 내에서도 '대웅전(석가불)-극락

전(서방극락)'으로 석가불의 안내에 의해 16계단을 통해 극락세계로 연결되고 있다. 서쪽으로 지는 해를 바라보는 것으로 시작되는 관무량수경의 십육관법의 적용 가능성은 동해구 일대가 토함산을 정점으로 하는 불국토라는 새로운 의미를 부여받게 되고 곧 정토 신앙의 공간구현이 되는 것이다.

기존 연구에도 건축적으로 사찰가람을 불교 교리에 따라 해석하려는 시도가 있어 왔다. 불국사 역시 정토신앙을 통한 선행연구가 이루어졌다. 하지만 관경에 의한 동해구의 공간구성에 대한 가설은 다음과 같은 점에서 차별적 요소가 있다.

첫째, 토함산이 동악(東岳)에서 서방(西方)으로 바뀐 시점의 변화에 따른 방향의 변화이다. 관경에 의한 동해구 공간구성의 핵심은 시선의 변화이다. 토함산은 동악(東岳)이라 불리며 탈해 군신(軍神)이 지키는 땅이었다. 즉, 도읍을 중심으로 봤을 때 신라로 들어오는 외세를 막아내는 '동측'의 경계였다. 이것이 불국토(佛國土)가 되며 서방정토로 의미가 변한다. 토함산이 동악이 아닌 서방으로 바뀐 것은 나라를 지키는 호국신앙에서 왕생을 원하는 정토신앙으로 사상적 배경이 변한 것이며 여기에 대한 단서를 동해에 산골에서 찾을 수 있었다. 나라를 지키는 시선이 아니라 죽은 자가 서방을 향하는 시선의 변화를 통해 십육관법의 구체적 공간으로서 동해구 구성이 가능했다.

둘째, 신앙에 따른 사찰가람 연구대상을 불국사, 석굴암이 있는 토함산에서 동해구 전체로 확장해서 적용한 점이다. 이를 통해 부분적으로 사찰가람에 반영되었다고 보던 관경 십육관법이 동해구 공간 전체에 적용될 수 있었다.

셋째, 고통받는 중생을 서방정토로 안내하는 석가불의 역할에 대한 발견이다. 정토신앙에서 석가불이 중생들에게 십육관법을 설하여 극락왕생할 수 있도록 한 관경 서문(序文)의 내용은 정토계열 사찰에서 석가불의 도상적 근거에 대한 중요한 단서를 제공할 수 있다. 실제 불국사의 3도 16계단에 대해 이미 건축적·사상적 연구는 있었지만 관경에서 석가불과 아미타불의 관계를 고려한 해석은 이루어지지 않았다. 본 가설은 십육관법이 석가불을 통한 아미타불을 찾는 중요한 방법으로서 관경에 내용적 근거가 있음을 밝힌 데 의미가 있다.

(4) 관경(觀經) 적용에 따른 석굴암 본존불의 존명(尊名) 검토

석굴암의 창건 배경에 관해서 호국룡을 중심으로 하는 항마의 의미가 그 주요 배경이 되었다는 견해부터 동악신으로 모셔졌던 석탈해 연관설까지 지금까지 다양한 연구가 이루어져 왔다. 이에 따라 본존불의 존명도 석가불에서부터 아미타불, 최근에는 비로자나불까지 여러 의견이 제시되고 있다.

::표 3-4 동해구 공간 구성의 변화

	고신라	통일전쟁기	통일안정기
시기	~6세기	7세기	8세기
주요 인물	석탈해	문무왕	경덕왕
주요 신	탈해신(동악대왕)	동해룡	아미타불
주요 설화	석탈해(시조)	만파식적(호국)	김대성 설화(효, 극락왕생)
주요 가치	부족수호	항마	극락왕생
신앙	전통신앙(오악)	호국불교(신인종)	정토신앙(화엄종)
신앙 성격	부족신앙	국가불교	대중불교
동해구 의미	변방	군사적 전진기지	불국토
주요 유적	요내정	대왕암, 감은사	석굴암, 불국사

하지만 이와 같은 창건 배경은 석굴암이 8세기 중반 이후 완공되었던 점을 감안한다면 시기적으로 혼재되어 있다는 것을 알 수 있다. 즉, 석탈해 신앙의 고 신라기부터 7세기 통일전쟁기, 이후 8세기 통일신라 중대까지 그 시간적 배경이 무척 다양하다는 점이다.

존명 위주의 기존 해석은 결국 시대적 배경과 불상 형식이 차이가 나는 한계를 극복하지 못한다. <표 3-4>에서 보듯 석가불설은 통일전쟁기의 호국사상을 배경으로 하고 있어 양식적 분석의 보편성에도 불구하고 시대성을 정확히 설명하기 어렵다. 특히 도상적 특징은 석가불과 일치하나 이는 시대적 배경과 불교사상사적인 측면에서는 차이가 있고 아미타불설은 거꾸로 당시의 시대적 특징을 제대로 반영하고 있으나 미술사 분석에 있어서 우선되는 양식적 특징과 차이가 있었다. 기존 연구를 정리하면 정토신앙을 바탕으로 한 토함산 불사라는 분명한 배경과 도상적·양식적으로는 석가불이라는 양면을 동시에 설명할 수가 없었다.

관경에 의한 동해구의 공간구성은 정토에 이르는 십육관법을 설하는 석가불과 십육관에 이르는 세계를 동해구에 구현하였다. 동해에 산골한 망자가 토함산을 보는 시점에 십육관을 설하는 석굴암의 석가불이 위치하고 있다. 따라서 본존불의 도상은 당연히 보편적인 석가불 도상인 마군을 물리치는 항마상에서 가져온 것이다. 이는 본존불이 석가불이지만 정토신앙을 사상적 배경으로 하고 있어 8세기 당시의 신앙배경과 도상적 특징을 동시에 설명할 수 있다. 이 설명이 가능하게 되면서 지금까지의 각종 존명에 관한 섞여 있던 배경이 정리가 된다.

결국 신앙의 누적체로서 동해구와 석굴암을 이해할 필요가 있다. 이를 정리하자면 전통신앙의 성지 위에 호국룡의 의미를 담은 항마상의 도상을 한 정토불교의 길을 가르쳐 주는 석가불을 세움으로써 불교 특유의 신앙의 습합과 누적, 과거 정권으로부터의 명분과 신앙적 정통성을 동시에 확보하게 된다. 결국 동해구에 누적되어 있는 동악신앙과 동해룡의 호국신앙, 그리고 정토신앙이 차곡차곡 쌓이며 거대한 신앙체를 만들었다. 그래서 이 모든 신앙적 배경이 다 이유가 될 충분한 근거가 있었다. 다만 석굴암 창건기의 사상적 배경과 도상, 양식적 특징이 일치하지 않았던 점을 설명하기가 어려웠다. 관경에 의한 십육관법 구현은 여기에 새로운 가설을 제시한 것이다.

정토신앙을 중심으로 구현된 토함산이지만 전통 오악신앙과 호국불교 유산의 바탕 위에 새로운 신앙을 쌓아올림으로써 통일신라 사회가 요구하는 화합, 통합, 안정적 가치를 추구하고 있다. 따라서 하나의 가치를 선택하기 위해 기존의 가치를 부정하는 방식이 아니라 기존의 가치 위에 새로운 가치를 재탄생시키는 방식, 그것이 대결과 갈등의 과정을 거치며 고통스러운 과거를 극복할 수 있는 아미타정토의 이상적 가치이자 시대적 요구가치였을 것이다. 이를 통해 신라 사회의 변화가 동해구 공간의 확대와 재생산으로 이어지는 구체적 모습을 확인할 수 있다.

4) 만파식적의 길, 신라범종과 만파식적

(1) 가설-만파식적의 길

만파식적(萬波息笛)은 신문왕이 동해룡이 된 선왕(문무왕)에게서 받은 신물(神物)로 통일신라 중대왕실의 권능(權能)을 상징한다. 『삼국유사』에 따르면 다음과 같은 내용을 기록하고 있다.

신문대왕 즉위 다음 해 임오년 오월 초하루에 해관 파진찬 박숙청이 "동해 가운데에 있던 작은 섬 하나가 감은사 쪽으로 내려와 파도를 따라 왔다 갔다 합니다." 고 아뢰었다.

왕이 이 말을 듣고 점을 치도록 하자 일관이 왕께 아뢰었다.

"돌아가신 임금께서 지금 동해의 용이 되어 삼한을 지키며, 또 김유신 공이 삼십삼천(三十三天)의 한 아들이 되어 대신이 되었습니다. 두 성인께서 덕을 같이 하여 보배를 내리시려고 하는 것입니다. 만약 폐하께서 바다로 나가시면 반드시 진귀한 보배를 얻으실 것입니다."

왕은 기뻐하며 이견대로 가서 그 산을 바라보고 사신을 보내 살펴보게 했다. 산의 형세는 거북이 머리 같고 그 위에 대나무 한 그루가 있었는데 낮에는 둘이 되고 밤에는 하나로 합쳐졌다. 사신이 와서 아뢰자 왕은 감은사로 가서 기다렸다. 이튿날 오시에 대나무가 합치자 천지가 진동하고 이레 동안 폭풍우가 쳐 하늘이 어두워졌다가 그 달 십육 일에야 바람이 멈추고 파도가 조용해졌다.

왕이 배를 타고 그 산으로 가니 용이 검은 옥대(玉帶)를 바쳤다. 왕은 용을 영접하여 자리에 앉았다. 왕이 이 산과 대나무가 떨어졌다가 다시 합치는 것은 무슨 까닭이냐고 물었다

그러자 용이 대답했다.

"이 대나무란 물건은 둘이 합친 후에야 소리가 나게 되어 있으니, 왕께서 소리로써 천하를 다스릴 징조이며 이 대나무를 얻어 피리를 만들어 불면 천하의 평화를 얻을 것입니다. 지금 돌아가신 왕께서는 동해 큰 용이 되셨고 김유신은 천신이 되었습니다. 두 성인께서 한마음이 되어 귀한 큰 보물을 내려 주신 것입니다."

왕은 기뻐하며 오색 비단과 금옥으로 답례하고는 대나무를 베어서 나오자 산과 용이 갑자기 사라졌다. 왕은 감은사에서 묵고 십칠 일에 기림사 서편 시냇가에 이르러 행렬을 멈추고 점심을 먹었다. 태자 이공이 대궐을 지키다가 말을 달려와 축하하고 천천히 살펴본 후 아뢰었다.

"이 옥대의 나뉜 쪽들은 진짜 용입니다."

"네가 그것을 어떻게 아느냐?"

"한쪽을 떼서 물에 넣어 보시면 됩니다."

그래서 왼쪽에서 두 번째 쪽을 떼어 물에 담갔더니 곧바로 용이 되어 하늘로 올라갔고 그 자리는 못이 되었다. 그래서 용연(龍淵)이라 불렸다.

왕은 궁궐로 돌아와 대나무로 피리를 만들어 월성 천존고(天尊

庫)에 보관했는데 이 피리 소리에 적군이 물러가고, 병을 치료하고, 가물 때는 비를, 장마 때는 비가 그치고, 바람이 그치고, 파도가 잠잠해졌으므로 만파식적(萬波息笛)이라 부르고 나라의 보물로 삼았다.

-『삼국유사(三國遺事)』 기이(紀異) 第二 만파식적(萬波息笛) -

설화에 따르면 만파식적은 문무왕이 그 아들 신문왕에게 내려준 대나무로 만든 피리이다. 신문왕은 대나무와 흑옥대를 얻어 감은사를 거쳐 기림사 부근에서 쉬어간다. 이때 용이 오른 곳을 용연(龍淵)이라 하여 구체적으로 장소를 명시하고 있다. 그리고 궁궐로 돌아갔다고 기록하고 있다. 만파식적을 획득한 후 궁궐로 돌아가기까지의 이동한 공간은 동해-감은사-기림사 부근 용연-궁궐이다.

만파식적은 이후 효소왕 대(693년)에 분실하였다가 다시 찾았다고 하며 나라가 어지러울 때 그 영험을 보였다고 해 만만파파식적(萬萬波波息笛)이라고 불렀다 한다.[123]

이후 만파식적의 행방에 관한 주목할 기록은 원성왕(元聖王)의 등극과 관련한 짧은 기록이다.

왕의 부친 대각간(大角干) 효양(孝讓)이 조종의 만파식적을 받아 왕에게 전했다. 왕은 만파식적을 얻었기에 그 덕이 크게 빛났다.

-『삼국유사(三國遺事)』 기이(紀異) 第二 원성대왕(元聖大王) -

이에 따르면 만파식적은 어찌 된 일인지 왕실의 천존고에 있지 않고 원성왕의 부친 효양이 그 아들에게 전해준 것으로 기록하고 있다.

---

123) 『삼국유사(三國遺事)』 탑상(塔像) 백률사(栢栗寺).

원성왕의 등극은 785년으로 만파식적은 효소왕 대 이후 횟수로 90여
년 만에 다시 기록에 등장한 셈이다. 이는 혜공왕을 마지막으로 만파
식적을 신물(神物)로 받들던 중대왕실이 붕괴된 후 행적이 묘연했던
만파식적을 다시 찾았다는 정황으로 볼 수 있다. 특히 그 시점이 원
성왕의 등극과 일치하고 아비가 아들에게 권능을 부여한다는 점에서
신문왕의 경우가 크게 다르지 않다. 이는 원성왕이 만파식적을 통해
이전 왕실의 정통성을 획득하려고 했던 의도가 뚜렷하다. 하지만 짧
은 기록 때문에 어떤 경로로 다시 등장하는지에 대해서는 추측하기
가 쉽지 않다. 다만 만파식적을 전해준 효양에 관한 기록이 다음과
같이 전한다.

> 월성에서 동북으로 20리쯤 떨어진 암곡촌 북쪽에 무장사(鍪藏寺)가
> 있는데 신라 38대 원성대왕의 부친 명덕대왕(明德大王)으로 추봉된 대
> 아간(大阿干) 효양(孝讓)이 숙부 파진찬(波珍湌)을 위해 세운 절이다.
>
> －『삼국유사(三國遺事)』 탑상(塔像)
> 무장사미타전(鍪藏寺彌陀殿)－

같은 기록에는 또 원성왕의 손자인 소성왕(昭聖王)의 비 계화왕후
(桂花王后)가 소성왕을 기려 무장사에 미타전을 세웠다고 하고 있어
무장사가 원성왕 집안의 오랜 원찰(願刹)이었던 것으로 보인다. 그런
데 무장사의 창건과 관련해 흥미로운 내용이 같은 글 말미에 있다.
그 내용은 문무왕[124]이 삼국을 통일한 후 병기와 투구를 골짜기 가운
데 갈무리하였다 하여 무장사(鍪藏寺)라 이름 지었다고 적고 있다. 이

---

124) 기록에는 태종이라고 표기하나 통일 이후라고 그 시기를 명시한 것으로 보아 일반적으로 문무왕의 오기
라고 본다.

를 정리하자면 문무왕이 병기를 묻은 곳이 무장사이고 이곳을 원찰로 하는 효양이 그 아들에게 만파식적을 전달했다는 것이다.

그렇다면 문무왕이 병기를 묻은 곳인 무장사와 문무왕이 내린 만파식적의 연관성은 무엇일까? 바로 대나무이다. 여기에 대해 주목할 만한 해석이 있다. 만파식적의 본질적 의미가 죽창이라는 '무기'로부터 '악기'로 전환되는 데 있다고 본 것이다.[125] 무장사에 묻은 죽창과 만파식적 대나무 형상은 '문무왕의 대나무'라는 동일한 대상을 가리키고 있다. 즉 신문왕이 대나무를 받은 곳은 동해이고, 원성왕이 만파식적을 받은 곳은 무장사이지만 두 곳 다 '문무왕의 대나무'라는 동일한 속성을 가지고 있다. 원성왕은 그 아비 효양으로부터 만파식적을 받았지만 만파식적을 주는 본질적 존재는 문무왕이라고 볼 수 있다. 만파식적의 권능은 동해의 용이 된 문무왕에게서 나왔기 때문에 효양은 전달자의 역할이다.

앞서 신문왕이 만파식적을 받은 과정을 정리하면 다음과 같다.

문무왕 - 동해 - 감은사 - 기림사 용연

그리고 원성왕이 만파식적을 받은 과정은 다음과 같다.

무장사 - 원성왕

이 두 과정을 하나의 선으로 연결하면 무장사를 연결고리로 하는

---

125) 배병삼, 「통일 이후를 위한 만파식적의 정치적 독해」, 『창작과 비평』 1999년 여름호, 창작과비평사, 1999, pp.402~403.

만파식적이 문무왕에서 원성왕으로 전달되는 가상의 선이 생긴다.

문무왕 – 동해 – 감은사 – 기림사 용연 – 무장사 – 원성왕

흥미로운 점은 이 전달 과정이 만파식적이 이동한 경로를 추정할 수 있는 가설 모형이 된다는 점이다. 이를 통해 만파식적이 이동한 가상의 선, '만파식적의 길'을 추정해볼 수 있다.

만파식적 설화에서 신문왕은 궁궐로 가기 전 마지막으로 기림사 서측의 용연에 머물렀다. 이 용연은 현재 기림사 입구에서 산속으로 약 30여 분을 더 올라 있는 기림폭포를 가리킨다. 그런데 무장사의 위치는 놀랍게도 기림폭포가 있는 곳에서 반대편 서측 계곡에 위치하고 있다. 함월산(含月山) 정상을 사이에 두고 동측의 용연과 서측의 무장사가 나란히 있는 것이다. 앞선 만파식적 설화에서는 신문왕 행렬이 용연에서 궁궐로 갔다고 했지만 이 두 지점을 바로 연결하면 그 중간에 무장사가 위치하고 있다. 특히 신문왕의 행렬이 궁궐로 향하는 경로가 일부러 함월산의 깊은 곳으로 방향을 잡았다가 다시 돌아나갔다는 점을 볼 때 그 가능성을 살펴볼 수 있다.126)

이 가설의 핵심은 문무왕에서 원성왕으로 이어지는 만파식적의 전달과정에 무장사가 존재하고 이 무장사의 위치가 만파식적이 이동하는 경로이자 동시에 '문무왕의 대나무'가 숨겨진 위치로 추정해보는 것이다. 특히 가설 '만파식적의 길'은 용연과 무장사의 끊어진 연결선

---

126) 기림사의 위치는 감은사에서 궁궐로 가는 죽령으로 향하는 경로에서 벗어나 함월산 쪽으로 4km여 들어가 있다. 기림사에서 용연(기림폭포)은 산길로 다시 1km 못 미치는 거리이다. 기림사에서 용연까지는 도보로 30여 분 정도 걸린다.

을 이었다는 점에서 차별적 가치가 있다.

이 대나무 형상의 만파식적을 구체적으로 확인할 수 있는 문화재가 바로 범종(梵鐘)이다. 그렇다면 신라인들은 왜 범종에 만파식적의 상징을 새겨 둔 것일까?

만파식적 설화가 등장하는 시대는 삼국통일 후 혼란기였다. 통일은 되었지만 당나라와 단교와 왜의 압박, 그리고 백제, 고구려 유민들의 항쟁까지 실질적 통합을 이루기는 힘들었다. 이 시기 통일신라의 내부 단결과 화합, 그리고 강력한 왕실의 권위를 세우기 위해 필요한 것은 무기의 힘이 아니었다. 무기가 아닌 다른 힘이 필요했던 것이다. 이렇게 본다면 만파식적의 의미는 대나무 죽창 형태의 무기에서 악기로 전환되며 이는 적대로부터 상생으로 길을 잡는 의미였음을 범종을 통해 확인할 수 있다.

설화 속에는 다음과 같은 구절이 나온다.

> 이 대나무란 물건은 둘이 합친 후에야 소리가 나게 되어 있으니,
> 왕께서 소리로써 천하를 다스릴 징조이며 이 대나무를 얻어 피리
> 를 만들어 불면 천하의 평화를 얻을 것입니다.
>
> ー『삼국유사(三國遺事)』기이(奇異) 편 만파식적(萬波息笛) ー

여기서 핵심적 부분은 '소리로 천하를 다스릴 징조'이다. 대나무 피리는 소리를 만들어 내는 도구의 형태이다. 소설 「신공사뇌가」에서는 '만파식적의 형태적 이미지는 문무대왕의 대나무이며 의미적 본질은 고통을 잠재우는 소리에 있다'고 표현하였다. 즉, 만파식적이 새겨진 범종의 '소리'는 고통을 잠재우는 만파식적의 본질을 담았다고 할 수 있

다. 범종은 부처의 뜻을 온 세상에 알리는 생명의 소리를 담고 있다. 그 범종에 호국룡이 만파를 잠재울 대나무를 세워둔 것은 힘이 아니라 화합의 소리로 세상을 다스리겠다는 의지의 표현이라고 할 수 있다.

(2) 한국 종의 구조와 원통유절(圓筒有節)[127]

범종(梵鐘)은 불교에서 사용하는 종을 지칭한다. 하지만 불교가 발생한 인도에서는 범종이 사용되지 않고 중국을 통해 불교가 전래되면서 새롭게 만들어진 의식구의 하나이다. 동북아시아 지역에서 보편적으로 사용된 범종은 대략 5세기 이후 중국의 남북조 시대에서부터 등장했다고 보고 있다.[128] 한국에서 가장 오래된 범종은 725년에 조성된 오대산 상원사의 신라범종 개원(開元) 13년명 동종(銅鐘)이다. 하

:: 성덕대왕신종

지만 상원사 종 이전에도 문헌사료[129]와 고구려 안악 3호분(4세기 중반)의 동쪽 회랑벽화의 행렬도에 악종(樂鍾)의 모습이 그려져 있어 한국종의 등장이 중국과 비교해 뒤지지 않음을 확인할 수 있다.

한국 종만의 가장 독창적인 요소는 종고리 부분으로 중국과 일본의 고리가 두 마리의 용이 마주보고 있는 쌍용 형태인 데 반해 한국 종은 한 마리의

---

127) 이 글의 범종 관련 부분은 곽동해, 「한중일 종의 조형양식연구」, 동국대 박사학위논문, 1999; 『범종 ― 생명의 소리를 담은 장엄』, 한길아트, 2006의 주요 내용을 정리하여 작성되었다. 이하 각주 생략.

128) 현존하는 가장 오래된 중국범종은 진태건 7년 명종(陳太建七年銘鍾, 575년)이다.

129) 삼국유사 3卷 興法 第3 두 건의 기록에는 진흥왕 26년(565), 527년에 종에 관한 기록이 있다.

용과 음통으로 종고리가 구성되어 있다. 이 음통이 바로 음관, 용통, 원통유절, 만파식적 등으로 다양하게 불리는 한국 종만의 차별적인 요소라고 할 수 있다.

한국종의 음통에 관한 가설은 크게 용종모방설[130]과 만파식적 상징설로 나뉜다. 용종모방설은 중국 주대에 유행한 고동기 악종의 하나인 용종과의 조형적 유사성을 바탕으로 하고 있다. 용종의 제일 위에 솟아오른 용(甬) 부분이 한국 종의 음통에 해당한다고 주장하나 이는 단순히 형태적 유사성에만 초점을 맞추었기에 조형적 상징성을 고려하지 못한 설명이라고 하겠다. 특히 한국종의 음통이 소리의 발생과 관련 있는 기능적 측면[131]보다는 상징적 조형물일 가능성이 높다는 점에서 한계점이 있다고 하겠다.

만파식적 상징설은 황수영 박사가 처음 제기한 이론으로 신라 고유의 창출설로 그 기원을 상징성에 두고 있는 가설이다. 만파식적은 설화의 내용으로 보면 음통은 대나무로 만들어져 하며 그 특징인 둥근 원통형에 마디가 나누어져 있는 죽절(竹節)이 있어야 한다. 즉, 설화를 바탕으로 한 원통유절(圓筒有節)의 특징이 음통에 있다는 내용이다. 실제 용의 모습은

:: 성덕대왕신종 음통

---

130) 고유섭, 『조선명인전』 제2권, 조선일보사, 1939.
　　　김원룡, 『한국미술사』, 범문사, 1968.

131) 음통의 소리와 연관관계에 대해서는 자연과학적인 분석이 이루어졌으나 그 결과 음통은 종소리에 거의 영향을 주지 않는다는 결과를 내었다.
　　　염영하·곽재경·윤종호, 「한국범종의 음통(萬波息笛)에 관한 기초 연구」, 『범종』 5호, 1982.
　　　진용옥, 「에밀레 쇠북(성덕대왕신종)의 음향 진동특성」, 『성덕대왕신종 종합논고집』, 국립경주박물관, 1999.

두 발을 벌려 몸통 뒤에 음통을 지고 오르는 모습을 하고 있다. 이는 설화의 내용처럼 "동해의 용이 대나무를 등에 짊어지고 바다에서 육지로 힘차게 기어 나오는 모습"으로 해석할 수 있다.

(3) 대나무와 만파의 조형근거

이를 입증하는 핵심적 조형근거가 바로 원통유절의 대나무이다. 만파식적은 대나무이며 대나무의 특징인 원통유절이야말로 음통이 만파식적을 바탕으로 하고 있다는 상징설을 입증할 수 있는 조형적 증거이기 때문이다. 가장 오래된 범종인 상원사 종을 비롯하여 주요 범종들은 원통 형태에 각종 문양으로 장식되어 있고 마디가 구분되어 있다. 하지만 화려한 문양으로 장식되어 이를 대나무라고 단정하기에는 부족하다. 만파식적설의 근거는 반드시 대나무 형상의 음통이 존재해야 이를 입증할 수 있다.

이를 입증할 범종 두 구가 있는데 하나는 진주시 삼선암에 소장되어 있는 고려 전기 범종이다. 이 종의 용뉴는 여의주를 입에 문 한 마리의 용과 음통으로 되어 있는데 음통이 세 마디로 구성된 대나무의 형상을 하고 있다. 이뿐 아니라 전남 구례 화엄사에 소장되어 있는 강희 61년(1722년) 유마사명 동종에는 분명한 형태의 생죽(生竹)이 천판 위로 솟아 있다. 세 마디로 나뉜 대나무에는 문양이 그려져 있지 않아 원통유절의 대나무 특징을 그대로 보여 주고 있다. 이는 음통이 만파식적이라는 대나무 피리를 조형근거로 삼아 오랜 시간 제작되어 왔음을 알려주는 방증이 된다.

만파식적 상징이 범종에 구현된 내용이 하나 더 있는데 그것은 만파(萬波)의 의미이다. 만파는 동해의 파도를 나타내는 의미로서 당시

의 혼란스럽고 고통스러운 정세를 상
징하는 것이다. 용뉴가 용이 대나무를
짊어지고 수면 위로 솟구치는 형상을
묘사하였다면 그 아래 천판은 바다를
의미한다. 국립중앙박물관의 연천출토
고려 동종에는 용의 몸통과 천판이 맞
붙은 부분에 파도 모양이 조각되어 있
다. 이는 후쿠오카 시립미술관에 소장
된 고려동종을 보면 더 확실하게 파도
문양임을 확인할 수 있다. 용 주위로
둘러져 있는 거친 파도의 형태는 혼란
스러운 세상의 만파 속에서 동해용이

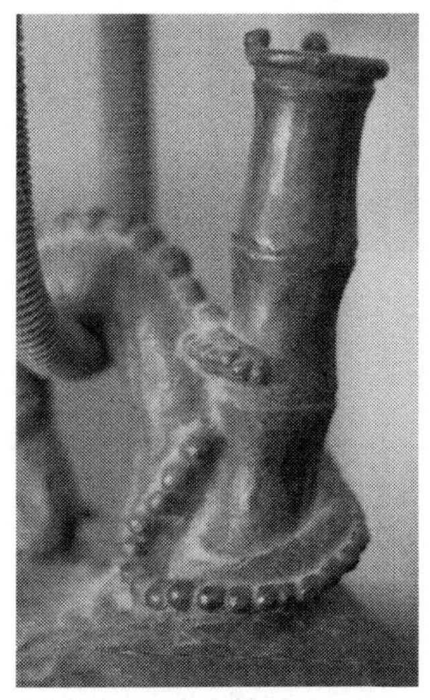

:: 화엄사 강희 61년 유마사명 동종

대나무를 짊어지고 솟아오르는 모습을 조형화해 만파식적의 의미를
범종에 새겨놓았음을 확인하게 해준다. 이러한 만파형상은 앞서 소개
한 음통의 대나무 형상과 더불어 한국 종의 음통이 대나무 형상과 더
불어 '만파식적 설화'를 바탕으로 창출된 신라 고유의 조형임을 확인
시켜 주는 결정적 방증자료라고 할 수 있다.

3. 스토리 구조 분석

「신공사뇌가」는 밀지에 적힌 두 비밀장소를 찾는 두 개의 스토리 구
조를 중심으로 구성되어 있다. 구조-A는 밀지 내용 중 동악신상의 위
치를 찾는 내용으로 석굴암 본존불 연구를 바탕으로 '가설 – 십육관법
의 길'을 통해 사건을 해결하는 구조이다. 구조-B는 만파식적 봉인 장

소를 찾는 내용으로 '가설-만파식적의 길'을 통해 사건을 해결한다.

기본적으로 소설은 공간을 중심으로 사건이 전개되는 형태를 취하고 있다. 모형에서처럼 두 개의 구조는 토함산과 함월산이라는 각 산을 중심으로 동측에서 서측으로 이동하는 형식이다. 구조-A는 십육관법의 실천에 따라 석굴암을 중심으로 서방정토로 향하는 구체적인 과정을 보여 준다. 구조-B는 대나무 모티브를 통해 만파식적과 무장사와의 연관성을 찾아 감춰진 길을 발견하는 과정으로 전개된다. 실제 동해와 나란히 이어져 있는 두 개의 산을 기점으로 하는 병렬형 순환구조라고 볼 수 있다.

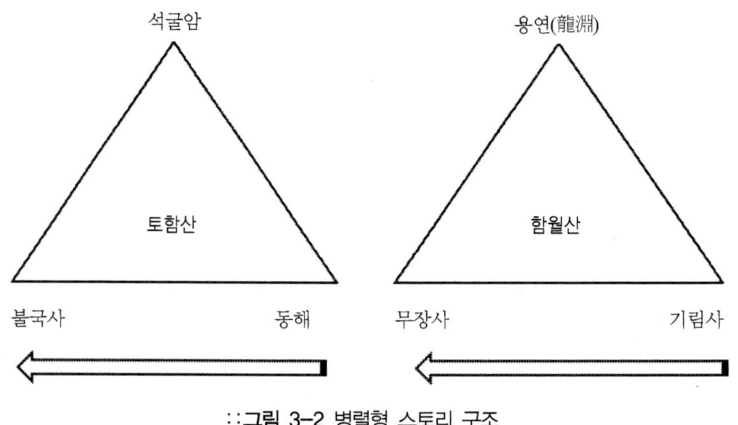

::그림 3-2 병렬형 스토리 구조

구조-A는 다시 두 개의 구조로 나뉘는데 그 기준은 사건전개와 해결의 방향성이다. <표 3-5>는 구조-A의 사건 전개와 해결 두 단계가 주인공의 시점변화에 따라 이루어짐을 정리한 것이다.

	A-1	A-2
사건단계	전개	해결
시점	내측→외측	외측→내측
방향성	서쪽→동쪽	동쪽→서쪽
주요 원형과 가설	호국불교(호국룡)	정토불교(십육관법의 길)
구체적 이동 경로	불국사→석굴암→감은사→동해	동해→석굴암→불국사

구조-A의 '가설-십육관법의 길'이 가지는 핵심적 내용은 시점의 변화이다. 즉, 토함산이 동악에서 서방정토로 변하는 방위의 변화이다. 동악은 내측에서 바깥의 동해를 바라보는 시점이고 서방은 바깥의 동해에서 내측의 토함산을 바라보는 시점이다. 동악은 안에서 외세를 막고자 하는 호국룡 신앙과 이어지고 서방은 망자(亡者)가 서방정토로 향하는 십육관법의 길과 이어진다. 사건전개 단계에서는 호국불교의 시각이라는 기존 시점에서 출발하여 불국사-석굴암-동해 순으로 이동하지만 사건해결 단계에서는 동쪽에서 서방으로 향하는 십육관법의 길을 따라 역순으로 돌아오는 전개방식을 택하고 있다.

「신공사뇌가」의 스토리 구조는 두 개의 산을 기점으로 공간을 이동하는 형태로 구성되어 있고 사건의 단계에 따라 그 바탕이 되는 원형과 가설의 방향성이 반영되어 있다. 이는 문화재콘텐츠가 현장의 유형문화재와 직접적으로 연결되는 확장성을 반영한 구조적 특징이라고 볼 수 있다.

4. 인물 갈등구조 분석

스토리의 구조는 사건 전개-해결의 바탕이 되지만 소설의 갈등은

인물 간의 대립을 통해 구체화된다. 이 갈등은 본질적인 욕망의 표현
방식에 따라 발생하며 이를 통해 인물 구조를 파악해볼 수 있다.

　<표 3-6>은 욕망을 어떻게 드러내는가를 기준으로 욕망을 드러낸
인물과 이를 숨기는 인물 두 그룹으로 나누어 보았다.

::**표 3-6 욕망의 표현방식에 따른 인물 구분**

욕망을 드러낸 인물	욕망을 숨기는 인물
태후	경신
김옹	지해
김지정	양상

　이 구분에 따르면 자신의 욕망을 드러냄으로써 갈등을 일으키는
인물과 이를 숨기거나 감추어 갈등을 피하고자 하는 인물로 나뉜다.
태후와 김옹, 김지정은 권력과 출세를 위해 노골적으로 적대관계를
만들고 뺏느냐, 빼앗기느냐의 이분법적인 사고로 문제를 해결하려 한
다. 이에 비해 경신과 지해, 김양상 등은 자신의 욕망을 숨기거나 감
춤으로써 내부적 갈등을 피하고 최선의 방식으로 방법을 이끌어내는
문제해결 방식을 보인다. 욕망의 표현방식에 따라 자연스럽게 인물
대립구도가 나뉘어져 소설의 대립관계-외척세력과 귀족세력의 갈
등실체가 뚜렷하게 구분된다.

　욕망을 드러내는 인물들은 다시 욕구의 정도에 따라 나누어볼 수
있다. 생존의 욕구와 같은 저차원 단계에서부터 자아실현 같은 고차
원 단계에 따라 인물은 욕망을 드러내는 정도가 달라진다. 모형은 인
물이 가지는 욕구의 차원에 따른 구분이다.[132]

---

132) 이 모형은 매슬로우(maslow)의 욕구단계이론을 바탕으로 구성했다.

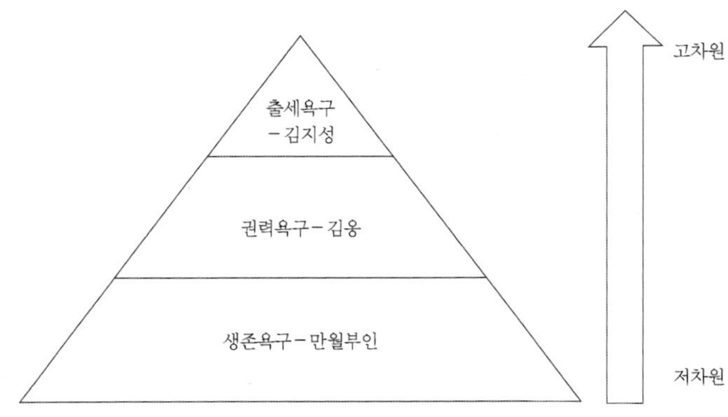

::**그림 3-3** 욕구의 차원에 따른 구분

모형에 따르면 태후는 가장 저차원의 생존의 욕구를 가진 인물이다. 태후는 밀지의 확보에 자신과 아들의 생존이 달려 있기 때문에 욕망을 가장 표면적으로 드러내며 갈등을 일으키는 주체가 된다. 하지만 김웅은 생존의 욕구보다는 높은 권력에 대한 욕구가 그 중심이고 자신의 권력만 유지된다면 욕망을 일순간 숨길 수 있는 인물이다. 또한 김지정은 기회를 이용해 출세를 하고자 하는 욕구를 보이는 데서 태후의 생존 욕구와는 그 정도가 다르다고 하겠다. 이 구분에 따라 갈등을 일으키는 중심인물의 행동특성의 근거를 파악할 수 있다.

반면 욕망을 숨기는 인물은 자신의 욕구를 감추기 때문에 그 정도에 따라 구분하기가 어렵다. 대신 이상(理想) 실현과 관련한 태도에 따라 구분해 볼 수 있다. 욕망을 숨기는 인물은 기본적으로 자신의 이상을 현실에 실현하는 데 있어 욕구를 조절해야 함을 알고 있는 인물이라고 할 수 있다. 이상주의자와 현실주의자 그 정도에 따라 인물의 특성과 문제해결방식을 구분해볼 수 있다.

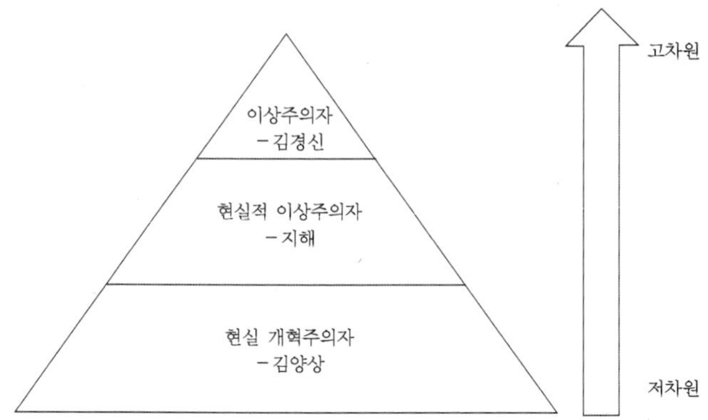

::**그림 3-4** 이상(理想) 실현을 위한 태도에 따른 인물 구분

　모형에 따라 구분하면 경신은 이상주의자에, 지해는 현실적 이상
주의자, 양상은 현실 개혁주의자에 가까운 형태이다. 따라서 밀지와
관련한 문제해결에서 경신은 본질을 탐구해 진실을 밝히고 이를 올
바로 사용해야 명분을 얻을 수 있다는 태도를 보인다. 하지만 지해는
그런 경신의 태도를 지지하나 현실적인 개혁을 위해 어느 정도의 현
실 타협이 필요하다는 유연한 태도를 보인다. 이에 비해 양상은 개혁
을 위해서는 현실에서 적절하게 투쟁하고 타협하는 인물로 가장 현
실주의자 면모를 가지고 있다.

　「신공사뇌가」의 핵심구조는 창의적인 가설에 의한 사건전개와 해
결에 있지만 소설이 전하고자 하는 메시지는 원성왕이 「신공사뇌가」
를 지은 의도와 다를 바 없다. 「신공사뇌가」는 인생의 곤궁하고 영화
로운 이치를 깨달아 지었다는 향가이다. 중심인물의 이상과 욕구, 그
리고 욕망을 해결하는 과정을 통해 갈등하고 번뇌하는 인간의 모습
을 구체화시킬 수 있다.

인물을 갈등의 표현에 따라 두 개의 실체로 나누고 각 그룹은 욕망과 이상을 추구하는 태도에 따라 구분하여 본 것은 이와 같은 소설이 전하고자 하는 근원적인 메시지를 이해하는 데 특별한 의미가 있다.

Ⅳ. 문화재콘텐츠 모형 적용과 가치

1. 전략과 개발모형 적용

미술사 전문소설 「신공사뇌가」은 불교 미술사의 학술연구를 바탕으로 창조적인 문화재콘텐츠로 개발하는 구체적인 사례이다. 개발을 위한 핵심대상으로 통일신라 중대의 불교문화재를 대상으로 삼아 다양한 관점으로 진행되어온 기존 연구에 창조적 가설 제시를 통해 개연성 있는 스토리를 개발하고자 했다.

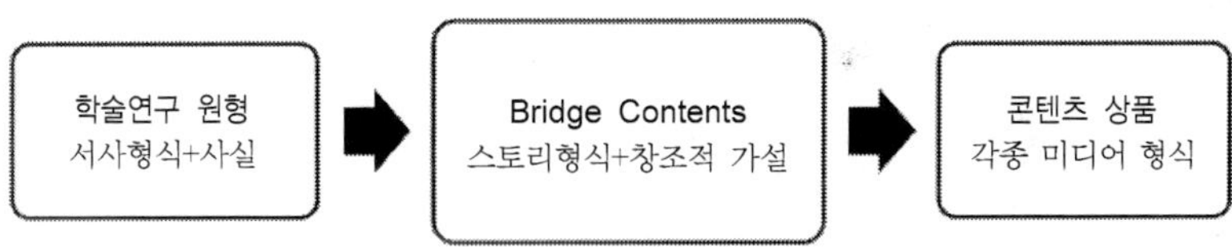

::그림 3-5 브리지콘텐츠 모형의 적용

개발의 구체적 방법으로 문화재콘텐츠 개발모형 '브리지콘텐츠 모형'을 적용하여 적합한 형식과 차별적 내용을 개발하려고 했다. 모형을 보면 기존의 원형 형식이 해석 위주의 서사구조 중심이었다면 브리지콘텐츠는 스토리 형식의 소설이며 차후 활용에는 다양한 미디어 형식에 맞게 전환될 것이다. 브리지콘텐츠가 가지는 차별성의 핵심은 새로운 콘텐츠 형식에 부합하고 창조적인 문화재 내용을 담는 것이라고 할 수 있다. 형식은 복합콘텐츠로서 활용성과 융합성의 가치가 뛰어난 스토리 형식을 취했고 내용은 기존의 학술원형을 바탕으로 한 창의적인 가설 설정을 통해 전개하였다.

무엇보다 창조적인 가설은 융합의 결과물로서 창조적인 콘텐츠 개발을 충족시키는 차별화 조건이다. 이를 통해 학술정보와는 다른 독립적인 작품이 개발될 수 있다. 브리지콘텐츠는 상품이 되기 위한 형태적 불완전성을 가진 반제품이 아니라 완성된 형태로서 진보하는 콘텐츠를 지향한다.

문화재 분야에서 기존 지식과 다른 새로운 콘텐츠 개발이라는 목적을 달성하기 위해서는 무엇보다 새로운 가설 설정을 통해 기존 미술사연구의 해석을 창의적으로 발전시키는 시도가 필요하다. 이 시도가 없다면 단순 정보화와 다를 바 없다. 창조적 가설 설정과 적용을 통한 새로운 단계의 작품으로서 콘텐츠, 이것이 브리지콘텐츠의 가치이자 개발 타당성이다.

전략적인 측면에서 보면 「신공사뇌가」은 그 자체로 완결된 작품이면서 향후 활용을 염두에 둔 파일럿 상품이다. 1st USE & MU 전략의 핵심은 원형콘텐츠 개발과 동시에 거점콘텐츠로서 활용 전략이다. 첫 작품인 원형콘텐츠를 통해 시장의 활용가치를 평가받고 차후 다양한 콘텐츠 상품으로 개발이 가능한 거점콘텐츠 역할을 수행할 수 있다.

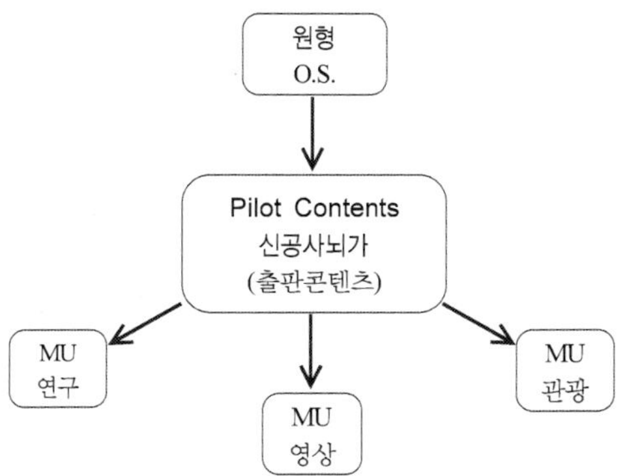

::**그림 3-6** 1st USE & MU 전략의 적용

이러한 전략을 고려한다면 파일럿 콘텐츠의 형식인 스토리 구조는 원형콘텐츠로서 완성도와 거점콘텐츠로서 전환성을 모두 충족시킬 수 있다는 점에서 콘텐츠 개발의 효과적 형식으로 볼 수 있다.

「신공사뇌가」는 초기 파일럿 상품으로 출판콘텐츠를 개발, 본격 미술사 전문소설로서 시장가치를 평가받는 것이 1차 활용(1st USE)이다. 크게 부각되지 않았던 신라 중대와 하대를 연결하는 혼란스러운 시기를 배경으로 그 속에 만개했던 우리 문화재를 조명하고 석굴암 본존불에 관한 연구, 만파식적 설화와 이를 조형화한 범종 등의 연구에 콘텐츠로서 창조성을 불어넣는다. 이 과정을 통해 원성왕이라는 새로운 역사인물의 깨달음이 이루어지는 차별적 내용으로 1차 활용에서는 미술사의 오랜 학술적 논쟁을 창의적으로 전개하여 화제성과 독창성을 부각시키고 이를 통해 우리 문화재의 가치를 대중들에게 알리는 문화계승 목적을 달성하고자 한다.

1차 활용 후 이어지는 다각화 활용 전략을 고려한 특징은 다음과 같다. 토함산-함월산-동해로 이어지는 동해구 일대를 배경으로 구

체적이고 명확한 공간적 배경과 하루 사이에 벌어지는 시간적 배경
은 영상콘텐츠의 구성에도 유리한 특성을 갖고 있으며 또한 문화재
의 새로운 가치를 담은 스토리가 부각되면서 지역의 문화유적 활용
을 위한 콘텐츠로 활용될 수 있다. 구체적인 공간을 향하는 콘텐츠
특성은 미술과 역사 같은 교육적 목적과 관광자원으로 현장과 연계
할 수 있는 강점을 가지고 있다.

이 작품은 문화재콘텐츠의 연구 성과 축적이라는 학술적 활용 의
도도 주요 전략에 반영되어 있다. 소설과 연구분석 발표를 통해 이미
출판콘텐츠, 연구 콘텐츠라는 두 개의 다각 활용(Multi Use)을 배출한
상태라고 할 수 있다. 연구 성과로서 가치를 입증하는 것은 스토리+
연구논문(또는 개발 매뉴얼)으로 구성되는 '콘텐츠북' 개발을 통한
전문성 확보와 고급 활용을 염두에 둔 전문화 전략이다. 단순한 스토
리 개발로 끝나지 않고 이를 분석한 연구논문을 추가함으로써 개발
과정을 검증하고 내용분석, 활용을 위한 가이드로서 기능을 수행할
수 있어 전문 콘텐츠로서 가치를 부각시키는 전략이다. 이후 고정된
형식과 내용의 콘텐츠가 아니라 창조적 전환을 통한 진화하는 콘텐
츠가 될 때 개발 매뉴얼 성격의 연구논문은 사실과 허구의 구분, 올
바른 작품가치를 파악하는 데 중요한 가이드북이 될 수 있다. 이를
통해 형식과 내용은 더 발전하면서도 애초에 작가가 의도했던 핵심
가치와 의도성은 유지될 수 있어 올바른 문화재 활용과 계승이라는
문화재콘텐츠의 의도를 살릴 수 있다.

콘텐츠 산업은 무형의 자산을 바탕으로 하는 지식산업이지만 그
활용은 정보기술을 바탕으로 한 기술집적형 산업이며 많은 비용이
들어가는 산업이다. 따라서 낮은 수준의 콘텐츠가 별다른 검증 없이

많은 비용과 시간을 들여 개발되어 문화가치를 평가받지 못한 채 소비되는 구조적인 문제를 해결할 필요가 있다. 특히 우리 문화를 바탕으로 한 원형자산과 아이디어를 가진 인문학자들이 산업체의 개발사업에 참여하는 기회를 얻거나 역량을 발휘하기가 쉽지 않은 것이 현실이다. 이런 점에서 자신의 전문자산을 콘텐츠 작품으로 개발하여 향후 활용가치를 평가받을 수 있는 1st 전략은 전문 분야의 콘텐츠 개발에 가장 현실적인 방법이자 경쟁력 있는 연구-개발 연계 활성화 전략으로 볼 수 있다. 콘텐츠 산업에서 가장 중요한 원천소스 전문가의 확보와 콘텐츠의 다양성, 전문화에 이 전략의 가치가 있다.

2. 문화재콘텐츠 개발 가치

「신공사뇌가」 개발을 통해 본 문화재콘텐츠 개발 가치는 다음과 같다.

첫째, 창조적 콘텐츠 가치이다. 미술사 이론을 바탕으로 한 사건 전개와 이를 해결하는 창조적 가설의 설정과 적용은 콘텐츠 작품을 만드는 핵심적인 내용이다. 문화재콘텐츠가 단순히 기존 학술지식을 정보화하는 수준이 아니라 창조적 콘텐츠로서 가능성을 확인할 수 있다.

둘째, 우리 문화를 담은 차별적 가치이다. 문화재콘텐츠는 문화원형과 결합한 스토리라는 내용적 강점을 가지고 있다. 형식은 콘텐츠 개념의 확대와 더불어 보다 보편화될 것이다. 콘텐츠의 개발 가치를 평가하는 것은 결국 내용적 강점이다. 허구적 소재로서 문화재가 아니라 창조적 대상으로서 문화재를 표현하기 위한 콘텐츠 개발이라는 점에서 이는 계승적 가치와도 연결된다.

셋째, 이미지 지향의 스토리 가치의 확인이다. 구체적인 이미지(대상)를 통해 사건이 전개되는 스토리의 이미지 지향성은 미술사를 중심으로 하는 문화재콘텐츠의 특성이자 콘텐츠로서 가능성이다. 소설은 구체적인 이미지를 중심으로 사건을 전개하여 독자에게 구체적인 형상을 전달하는 데 효과적이다. 이는 복합 콘텐츠로서 문화재콘텐츠의 형식적 장점이다.

넷째, 공간 활용 가능성이다. 소설은 특히 공간이동을 중심으로 전개되는 특징을 가진다. 이는 문화재콘텐츠가 가지는 현장 유산과의 연계성이라는 강점이 활용될 수 있는 강점이다.

다섯째, 융합형·통합형 콘텐츠로서 스토리 가치이다. 문화재+콘텐츠를 융합시키는 가장 효과적인 형식으로서 스토리는 가장 고전적이면서도 차후 다른 형식으로 전환성도 높다. 또한 개별 문화재에 대한 다양한 이론을 하나의 스토리에 꿰어 보는 통합 콘텐츠로서 스토리 형식의 개발이 효과적이다. 「신공사뇌가」에서 공간적·시간적으로 분리되어 있던 다양한 인물과 개별내용이 하나의 이야기로 엮을 수 있던 것은 이와 같은 스토리 형식의 융합성과 통합적 특징 때문이다.

「신공사뇌가」의 개발은 무엇보다 인문학 기반 콘텐츠 개발 모델의 사례로서 가치가 있다. 특히 개발 흐름이 산업계의 요구차원의 대응 개발이 아니라 전문 분야의 선행 연구—개발로서 콘텐츠 개발의 흐름을 개선한 사례로서 의미를 부여할 수 있다.

V. 연구결론

문화재콘텐츠는 문화재와 콘텐츠 분야가 결합한 융합 분야이다.

여기서 문화재 가치는 내용적 가치이며 콘텐츠 가치는 형식적 가치이다. 이 두 분야의 결합 형태는 '콘텐츠 형식을 갖춘 문화재'이다. 하지만 융합의 결과물은 그 이상의 새로운 '무엇'을 의미한다. 전자가 엄밀히 말해 문화재 정보화라는 결합 형태라면 후자가 문화재콘텐츠라는 융합분야이다.

융합에 가장 효과적인 형식은 스토리 형태이다. 스토리는 특유의 창조성과 통합성, 전환에 유리한 특징을 가지고 있으며 이미지+스토리 형태의 미술사의 콘텐츠적 강점에도 적합하다. 융합콘텐츠의 구체적 형태로서 스토리는 문화재 이론을 대중적 형식의 콘텐츠로 만드는 데 가장 효과적인 특성을 가지고 있다.

스토리가 형식적 요소라면 내용적 요소는 창조적 가설 제시를 통해 구체화시킨다. 미술사 전문소설 「신공사뇌가」는 문화재 분야의 학술지식을 바탕으로 형식은 스토리 구성을 통해, 내용은 새로운 가설 적용을 통해 개발한 문화재콘텐츠이다. 「신공사뇌가」는 '가설-십육관법의 길, 만파식적의 길'을 통해 스토리를 구성하여 문화재콘텐츠의 특성인 공간 위주의 사건 전개와 유형의 이미지(문화재)를 구체적으로 연결하는 특징을 갖고 있다.

스토리 형식과 창조적 가설은 문화재콘텐츠의 개발모형인 브리지콘텐츠의 구체적 형태로서 이전의 학술정보와는 차별화하고 동시에 활용을 위한 파일럿 상품으로 의미가 있다. 「신공사뇌가」는 1차 활용으로 출판콘텐츠 형식으로 파일럿상품을 개발하고 차후 활용 가능성과 평가를 받아 다각 활용하는 1st USE & MU 전략을 바탕으로 하고 있다.

이 글은 다음과 같은 두 가지 목적에서 작성되었다.

하나는 문화재콘텐츠의 신전략과 개발모형에 따라 개발한 사례를 분석하여 이전 연구를 보완하는 후속 연구차원이다. 이것은 문화재콘텐츠 연구가 '기초 학술연구－콘텐츠 개발－개발과정 분석'이라는 응용연구 형태로 자리 잡을 수 있는 구체적인 실천연구이다.

또 하나는 연구논문의 개발 매뉴얼 역할에 대한 기대이다. 스토리 개발 과정을 개발자가 직접 내용을 분석하여 개발의도와 메시지를 담음으로써 콘텐츠의 전문성을 확보하고 향후 활용을 위한 전문 가이드북 역할을 해내는 것이다.

문화재콘텐츠는 문화재의 기본가치를 바탕으로 콘텐츠의 활용성·시장성·효율성이라는 현대적 도구를 활용, 창조적인 문화가치를 달성하는 데 목적이 있다. 앞으로 다양한 형태의 창조적인 문화재콘텐츠 개발사례 연구가 축적되면 연구의 모형을 다시 한번 재검토하여 문화재콘텐츠 개발에 적합한 모형과 전략을 보완하고자 한다.

문화재콘텐츠 연구가 사실이 아니면 왜곡이라는 이분법적인 해석을 넘어 사실에 바탕을 둔 창의적 콘텐츠라는 새로운 가교(架橋)를 통해 우리 문화재의 창조적 계승에 기여하길 바란다.

참고문헌

| 문화재콘텐츠 관련 문헌

단행본

김기덕, 『한국 전통문화와 문화콘텐츠』, 북코리아, 2007.
미디어문화교육연구회, 『문화콘텐츠학의 탄생』, 다할미디어, 2005.
백승국, 『문화기호학과 문화콘텐츠』, 다할미디어, 2004.
이인화 외, 『디지털 스토리텔링』, 황금가지, 2003.
인문콘텐츠학회, 『문화콘텐츠 입문』, 북코리아. 2006.
최혜실, 『문화콘텐츠 스토리텔링을 만나다』, 삼성경제연구소, 2006.
______, 「스토리텔링의 개념」, 『문화원형을 중심으로 한 스토리텔링 마스터플랜』, 한국문화콘텐츠진흥원, 2007.

발간자료 및 기타

대한불교조계종, 『불기2552(2008)년 통계자료집』, 2009.
문화체육관광부, 『2008 문화산업 백서』, 2009.
______________, 『2009 콘텐츠산업 백서』, 2010.
______________, 『2009 문화정책 백서』, 2009.
한국문화콘텐츠진흥원, 『문화콘텐츠산업 산업분류연구』, 2004.
__________________, 『문화원형창작소재 개발 중장기 로드맵 수립』, 2006.
__________________, 『문화원형을 중심으로 한 스토리텔링 마스터플랜』, 2007.
__________________, 『문화원형콘텐츠 총람 2009』, 2009.
심승구 외, 『문화재 활용을 위한 정책기반연구』, 문화재청, 2007.
문화재청 문화재활용팀 강경환, 「디지털 기술을 활용한 문화재의 복원 및 활용사례」, CT포럼 3차 - 문화유산과 CT 발표문, 2008.
김재영, 「원형이론의 이해: 칼 융과 그 이후의 논리를 중심으로」, 인문콘텐츠학회 워크숍 자료, 2005. 2.

관계법령

「문화재보호법」
「문화산업진흥법」
「문화예술진흥법」
「지식정보관리자원법」

논문

김기덕, 「영상역사시록의 사회적 의미」, 『역사민속학』 14호, 한국역사민속학회,
      2002.
______, 「역사가와 다큐멘터리-<역사스페셜>의 사례를 중심으로」, 『사학연구』,
      2002.
______, 「콘텐츠의 개념과 인문콘텐츠」, 『인문콘텐츠』 창간호, 인문콘텐츠학회,
      2003.
______, 「문화원형 디지털콘텐츠 사업의 사회적 효용」, 『인문콘텐츠』 5호, 인
      문콘텐츠학회, 2005.
김기덕・이상훈, 「인문학 영상 아카이브센터의 필요성과 설립방안」, 『역사민
      속학』 17호, 한국역사민속학회, 2003.
김교빈, 「문화원형의 개념과 활용」, 『인문콘텐츠』 제6호, 인문콘텐츠학회, 2005.
김진영, 「문화재콘텐츠 신전략과 개발모형연구」, 동국대 석사학위논문, 2011.
김창민, 「전통문화의 디지털콘텐츠화 방안」, 『민속연구』 제16집, 안동대학교 민
      속학연구소, 2007.
김영순, 「인문학기반 문화콘텐츠학과 교과과정 검토」, 『인하교육연구』 제10호,
      인하교육학회, 2004.
김 현, 「인문콘텐츠를 위한 정보학 연구 추진방향」, 『인문콘텐츠』 창간호, 2003.
김 호, 「문화콘텐츠와 인문학」, 『인문콘텐츠』 창간호, 인문콘텐츠학회, 2003.
박경하, 「영상기록현황과 역사민속학에서의 활용」, 『역사민속학』 14호, 한국
      역사민속학회, 2002.
______, 「한국문화원형콘텐츠 개발 현황과 과제」, 『인문콘텐츠』 3호, 인문콘텐
      츠학회, 2004.
박기수, 「문화콘텐츠 스토리텔링의 생산적 논의를 위한 네가지 접근법」, 『한
      국언어문화』 32집, 한국언어문학회, 2007.

박성미, 「영상기록보존소로서의 영상실록아카이브」, 『역사민속학』 14호, 한국
　　　역사민속학회, 2002.
심상민, 「문화원형 디지털콘텐츠 사업의 산업적 활용을 위한 기초연구」, 『인
　　　문콘텐츠』 5호, 인문콘텐츠학회, 2005.
＿＿＿, 「콘텐츠 비즈니스의 새 흐름과 대응전략」, 삼성경제연구소, 2002.
이남희, 「문화콘텐츠학 현황과 과제: 한국문화 역사자료의 디지털화를 중심으로」,
　　　『한국종교』 18호, 2004.
이재수, 「유비쿼터스 시대의 불교문화콘텐츠 연구」, 동국대 불교학과 박사학
　　　위논문, 2007.
안인자, 「문화분류와 문화콘텐츠 산업분류에 관한연구」, 『한국비블리아학회지』
　　　제17권, 한국비블리아학회. 2006.
유동환, 「불교문화유산의 디지털 콘텐츠화 현황과 전략연구 - 디지털복원과정
　　　에서 디지털스토리텔링의 역할」, 『전자불전』 제8집, 동국대학교 전자
　　　불전문화콘텐츠연구소, 2006. 12.
＿＿＿, 「한국전통문화유산 콘텐츠 개발 현황과 과제」, 『국학연구』 12집, 한국
　　　국학진흥원, 2008.
＿＿＿, 「불교의 대중화와 뉴미디어: 한국불교문화유산의 세계문화콘텐츠 전
　　　략연구」, 『불교학보』, 동국대학교 불교문화연구원, 2008.
정병조, 「21세기 한국문화의 불교적 고찰」, 『불교연구』 제19집, 한국불교연구원,
　　　2003.
태지호, 「문화콘텐츠학의 체계정립을 위한 기반구축에 관한 연구 - 분과학문
　　　으로서의 위상 정립을 중심으로」, 『인문콘텐츠』 5호, 2005.
최혜실, 「디지털 문화환경과 서사의 새로운 양상: '스토리텔링 개념 등장의 시
　　　대적 배경'」, 『문학수첩』 1권 3호, 2003. 가을.
황동열, 「문화원형의 디지털콘텐츠 개발모형에 관한 연구」, 『한국비블리아학
　　　회지』 14-1, 한국비블리아학회, 2003.
황동열·윤미화, 「문화원형기반 창작아카이브의 특성과 활용방안에 관한 연구」,
　　　『한국무용기록학회지』, 2007.

| 신공사뇌가(身空詞腦歌) 관련 문헌

일　연 지음, 김원중 역,『삼국유사』, 민음사, 2007.
김부식 지음, 정구복 외,『삼국사기』, 한국정신문화연구원, 1997.
청화 역,『정토삼부경』, 성륜각, 1994.
한국불교연구원,『한국의 사찰-1, 佛國寺』, 일지사, 1974.
한국정신문화연구원,『민족문화대백과사전』, 1992.
문화재관리국,『석굴암수리공사보고서』, 1967.
　　　　　　　　,『석굴암의 과학적 보존』, 1990.

강인구,「석탈해와 토함산, 그리고 석굴암」,『정신문화연구』82호, 한국정신문
　　　　화연구원, 2001.
고유섭,『조선명인전』제2권, 조선일보사, 1939.
고익진,『한국밀교사상연구』, 동국대학교출판부, 1986.
곽동해,「한중일 종의 조형양식연구」, 동국대 박사학위논문, 1999.
　　　　,『범종 - 생명의 소리를 담은 장엄』, 한길아트, 2006.
김동욱,「정토사상의 전개와 원왕생가」,『신라가요연구』, 국어국문학회, 1990.
김리나 · 이숙희,「통일신라시대 지권인 비로자나불상 연구의 쟁점과 문제」,
　　　　『미술사논단』제7권, 한국미술사연구소, 1998.
김봉열 · 이광노,「극락정토신앙과 정토계 사찰의 가람구조」,『대한건축학회
　　　　논문집』제4권, 대한건축학회, 1988.8.
김상현 · 김동현,『불국사』, 대원사, 1992.
김원룡,『한국미술사』, 범문사, 1968.
김용정,「관무량수경의 16관법」,『한국불교학』3집, 한국불교학회, 1995.
김완진,『향가해독법 연구』, 서울대출판부, 1980.
김상현,「명문 내용으로 본 조선배경 해인사 비로자나불 학술 강연회-9세기
　　　　해인사 비로자나불의 역사성과 예술성-」, 법보종찰 해인사, 2005.
김영미,『新羅佛敎思想史硏究』, 민족사, 1994.
김지견,「新羅 華嚴學의 系譜와 思想」,『學術院文文集』, 人文社會科學篇, 12
김지은,「경덕왕대의 대일외교」,『신라문화』제30호, 동국대학교 신라문화연
　　　　구소, 2007.
김재식 · 김기문,『경주풍물지리지(慶州風物地理誌)』, 보우문화재단, 1991.
김호상 · 김재현,「新羅王京 所在 火葬墓의 構造와 出土人骨分析」,『신라문화제

학술발표논문집』 제26집, 동국대학교 신라문화연구소 2005.2.
김화경, 「석탈해 신화의 연구」, 『어문학』 통권 제69호, 한국어문학회, 2000.2.
디트리히제켈, 이주형 역, 『불교미술』, 예경, 2002.
문명대, 『토함산 석굴』, 한언, 2000.
______, 『한국의 불상조각 전4권』, 예경, 2003.
______, 「佛國寺 金銅如來坐相 二軀와 그 造像讚文의 硏究」, 『美術資料』 제19호, 1976.
______, 「석굴암 불상조각의 연구」, 동국대학교 대학원, 1987.
민영규, 「佛國寺古今歷代記」, 『學林』 3집, 연희대학교 문과대학 사학연구회, 1954.
박찬흥, 「石窟庵에 대한 연구사 검토」, 『신라문화제학술발표논문집』, 제21집, 동국대학교 신라문화연구소, 2000.8.
배병삼, 「통일 이후를 위한 만파식적의 정치적 독해」, 『창작과 비평』 1999년 여름호, 창작과비평사, 1999.
신재홍, 『향가의 해석』, 집문당, 2000.
서지민, 「통일신라시대 비로자나불상 연구」, 충북대학교 대학원 석사학위 청구논문, 2005.
석명철, 「통일신라 경주지역 화장묘 연구」, 경주대 석사학위 논문, 2006.
염영하·곽재경·윤종호, 「한국범종의 음통(萬波息笛)에 관한 기초 연구」, 『범종』 5호, 1982.
염중섭, 「佛國寺 ‘3道 16階段’의 이중구조 고찰」, 『신라문화』 제31집, 동국대 신라문화연구소, 2008.
이근직, 「新羅의 喪葬禮와 陵園制度」, 『신라문화제학술발표논문집』 제28집, 동국대학교 신라문화연구소, 2007.3.
이기백, 『신라사상사 연구』, 일조각, 1986.
이숙희, 「통일신라시대 비로자나불상의 신라적 변용과 특성」, 『미술사학연구』 250권, 한국미술사학회, 2006.
______, 「통일신라시대 밀교계 도상연구」, 홍익대학교 박사학위 논문, 2003.
이영태, 「16관법의 특성을 통한 <광덕엄장>조의 시론적 연구」, 『국어국문학』 제129권, 국어국문학회, 2001.12.
이종욱, 『화랑세기』, 소나무, 1999.
장충식, 『신라석탑연구』, 일지사, 1987.
______, 「吐含山石窟의 點定과 그 背景」, 『石窟庵의 新研究』, 경주시신라문화선양회, 2000.
정우택·김익준, 『吐含山地域 佛教遺蹟 調査研究』, 경주대학교 경주문화연구소, 2000.

진용옥, 「에밀레 쇠북(성덕대왕신종)의 음향 진동특성」, 『성덕대왕신종 종합 논고집』, 국립경주박물관, 1999.

진홍섭, 『금동불』, 대원사, 1995.

______, 『한국미술사연표』, 일지사, 1981.

최강국, 「불국사 금동비로자나불좌상 연구」, 영남대학교 석사학위논문, 2007.

최완수, 『한국불상의 원류를 찾아서』 3권, 대원사, 2007.

황수영, 『석굴암』, 열화당, 1989.

______, 『황수영 全集』, 혜안, 1999.

______, 「石窟庵에서 搬出된 塔像」, 『미술사학연구(구 고고미술)』 제2권 제8호, 한국미술사학회, 1961.8.

______, 「신라 애장대왕 석탑기」, 『사학지』 제3권, 단국대학교 사학회, 1969.

______, 「문무대왕릉과 만파식적설화」, 『한국일보』, 1981.

______, 「석굴암 본존 아미타여래좌상소고」, 『미술사학연구(구 고고미술)』 136·137호, 한국미술사학회, 1998.

______, 「石窟庵本尊 名號考」, 『신라문화제학술발표논문집』 제21집, 동국대학교 신라문화연구소, 2000.8.

황패강 외, 『교감 역주 삼국유사』, 정신문화연구원, 1999.

김진영

문화재콘텐츠 전문가, 전문작가
경북대학교 철학과를 나왔고 CMC의식경영컨설팅(주) 콘텐츠팀 연구원으로 경영·출판콘텐츠 기획 및 개발자였으며 동국대학교 문화예술대학원에서 문화재콘텐츠 연구로 석사학위를 받았다. 현재 동악문화재콘텐츠연구소 연구기획팀장으로 각종 문화재 연구조사에 참여하고 있으며 다양한 형태의 문화재 콘텐츠북을 기획, 집필하고 있다.

저서로 『그리스 미학기행』(2012)이 있다.

곽동해

미술사학자, 불교미술가
동국대학교에서 불교미술을, 동 대학원에서 미술사 석·박사를 마쳤다.
문화재청 문화재전문위원, 조계종 성보문화재 전문위원, 동국대학교 문화예술대학원 문화재전공 책임교수를 역임했다. 현재 서울시 문화재전문위원, 인천시 문화재위원으로 있으며 동악문화재콘텐츠연구소 대표이다. 단청과 불교미술, 범종 분야 전문가이며 불교 미술가로 꾸준하게 활동하고 있다.

저서로 『한국단청의 원류』(2011), 『생명의 소리를 담은 범종』(2006), 『전통불화의 맥』(2006), 『한국의 단청』(2002), 『단청장, 중요무형문화재 48호』(2001) 등 있고 작품전으로 「곽동해 작품전」(2011, 반달갤러리), 「관세음, 그 다양한 응신의 화현」(2006, 가회박물관) 외 다수가 있다.

문화재콘텐츠
연구와
Cultural Heritage - Contents Studies and Art Historical Novel *ShinGongSaNoiGa*
전략과 개발모형, 콘텐츠소설 활용의 실제
미술사소설
신공사뇌가

초판인쇄 | 2012년 6월 15일
초판발행 | 2012년 6월 15일

지 은 이 | 김진영·곽동해
펴 낸 이 | 채종준
펴 낸 곳 | 한국학술정보㈜
주   소 | 경기도 파주시 문발동 파주출판문화정보산업단지 513-5
전   화 | 031) 908-3181(대표)
팩   스 | 031) 908-3189
홈페이지 | http://ebook.kstudy.com
E-mail | 출판사업부 publish@kstudy.com
등   록 | 제일산-115호(2000. 6. 19)

ISBN   978-89-268-3522-7 93090 (Paper Book)
          978-89-268-3523-4 98090 (e-Book)